Abaixo as armas!

Bertha von Suttner

Abaixo as armas!

Tradução
Sibele Paulino

Colaboração de
Ângelo Balbinotti

Palas Athena

Título original: *Die Waffen nieder! Eine Lebensgeschichte*
Bertha von Suttner - Erstdruck: Dresden (Edgar Pierson) 1889.

Grafia segundo o Acordo Ortográfico da Língua Portuguesa de 1990,
que entrou em vigor no Brasil em 2009.

Coordenação editorial: Lia Diskin
Preparação e revisão de texto: Neusa Maria Valério
Projeto gráfico: Vera Rosenthal
Revisão de provas: Rejane Moura
Capa e diagramação: Tony Rodrigues

Dados Internacionais de Catalogação na Publicação (CIP)
(Câmara Brasileira do Livro, SP, Brasil)

Suttner, Bertha von, 1843-1914
Abaixo as armas! / Bertha von Suttner ; tradução Sibele Paulino ; colaboração de Ângelo Balbinotti. -- 1. ed. -- São Paulo : Palas Athena, 2022.

Título original: *Die Waffen nieder! : Eine Lebensgeschichte*
ISBN: 978-65-86864-21-2

1. Ficção alemã I. Balbinotti, Ângelo. II. Título.

22-117697 CDD-833

Índices para catálogo sistemático:
1. Ficção : Literatura alemã 833
Cibele Maria Dias – Bibliotecária – CRB-8/9427

1ª edição, agosto de 2022

Direitos de edição para o Brasil: Palas Athena Editora
Alameda Lorena, 355 • 01424-001 • São Paulo, SP • Brasil
Fone (11) 3050-6188
@associacaopalasathena
www.palasathena.org.br
editora@palasathena.org.br

Prefácio

Dra. Carmen Magallón*

Já faz bastante tempo, era um verão ao final dos anos 80, quando uma amiga[1] veio à minha casa com algo que logo descobrimos ser um grande achado: um livro chamado – *Abaixo as armas!* Havia sido editado na Argentina, em 1948, e sua autora, Bertha von Suttner, ainda nos era desconhecida. Ela o comprara em uma loja de livros velhos na praia pelo preço módico de 100 pesos. Encontrarmos uma argumentação pacifista, do final do século 19 (o livro fora publicado pela primeira vez em 1889), e que viesse das mãos de uma mulher, nos pareceu uma façanha de grande importância. Na contracapa destacavam que sua autora havia recebido o prêmio Nobel da Paz em 1905, era algo que atestava ainda mais a nossa ignorância do mundo geral. Entretanto, não deixava de ser significativo que, apesar de ela ter ganhado um Nobel e mesmo que fossemos muito interessadas em tudo o que estivesse ligado ao tema do pacifismo, nunca houvéssemos escutado sobre ela. Procurei saber mais sobre sua vida e sua obra, consegui encontrar outro exemplar do livro que, na sua época, possivelmente teve muitas edições. Mas nada havia sobre a mulher que o havia escrito e, como isso aconteceu antes do acesso fácil à internet, não era possível simplesmente escrever seu nome e encontrar diversas referências, como acontece agora. Finalmente, soube sobre sua vida através do livro de uma professora norueguesa[2] e mais tarde através de uma visita ao Museu do Nobel de Estocolmo.

---

* Doutora em Física, diretora da Fundación Seminario de Investigación para la Paz, em Zaragoza, Espanha. Autora de vários livros, entre eles *Mujeres en pie de paz*, onde consta o texto deste prefácio, publicado pela Siglo XXI, Madri, 2006, p. 177-183.

1. Trata-se de Maruxa Paz, amiga com quem durante muitos anos compartilhei do cotidiano, viagens, conversas, compromissos pela paz e criação de nossos filhos, Guillermo e Sergio.

2. Birgit Brock Utne (1985), *Education for Peace*, Oxford, Pergamon Press.

Bertha Felicie Sophie von Suttner nasceu no dia 9 de junho de 1843, como condessa Kinsky, em Praga. E faleceu no dia 21 de junho de 1914. Era filha caçula de um Marechal, e neta, por parte de mãe, de um Capitão de cavalaria, cresceu numa atmosfera aristocrata profundamente influenciada pela tradição militar. Sua mãe, que era parte da corte austríaca, perdeu toda a fortuna familiar com jogos de azar. Como Bertha fora educada por um tutor, desenvolveu um gosto peculiar pela leitura e a música e, junto da mãe, viajou pela Europa, visitando as cidades onde havia cassinos. Quando acabou o dinheiro, próximo de seus 30 anos, ela precisou buscar trabalho remunerado. E o encontrou em Viena, como professora e tutora das quatro filhas dos von Suttner, que eram moças entre os 15 e 20 anos. Lá conheceu aquele que mais tarde viria a se tornar seu marido: o filho mais jovem da família Suttner, Arthur, naquela época ainda um estudante de direito. Em 1876, através de um anúncio de jornal, ela ficou sabendo que um eminente homem rico que vivia em Paris, buscava uma secretária que conhecesse vários idiomas. Bertha se candidatou e conseguiu o emprego. O ilustre senhor se revelou como o inventor Alfred Nobel, à época um desconhecido para ela. Nobel fez o possível para que ela se sentisse à vontade, mas ela trabalhou em sua casa apenas algumas semanas, pois os Suttner se opunham ao seu casamento, e, sendo assim, Bertha partiu para encontrar-se e casar-se com Arthur em segredo. A partir de seu casamento, sendo ele o barão Artur Gundaccar von Suttner, ela tornou-se a baronesa von Suttner.

Nessa época foi deflagrada a guerra entre a Rússia e a Turquia, e o casal arrecadou dinheiro para ajudar as vítimas da guerra e Arthur começou a escrever para os jornais austríacos sobre o conflito. Ela, que acreditava em igualdade entre os sexos, pensou que também poderia dedicar-se a essa tarefa e começou a escrever. Desde então no início de 1880, até o fim de sua vida, não deixaria de fazê-lo. Devido à profunda discriminação e falta de reconhecimento pelo trabalho das mulheres naquela época, Bertha se viu obrigada a publicar seus livros sob vários pseudônimos. Com o nome de B. Oulot, escreveu uma série de histórias curtas e um livro sobre a felicidade de viver e trabalhar junto da pessoa amada, um evidente tributo ao seu marido. O livro se chamava *Es Löwos* (1883). Em 1885, após ler a Darwin e Spencer, escreveu um romance, *Inventarium einer Seele* (Inventário de uma alma), que foi um completo sucesso, e no qual faz uma ligação entre o progresso social e a paz. Essa foi a primeira vez que expôs seus pontos de vista pacifistas, desenvolvidos através de intensos debates com Arthur.

O casal estava vivendo na Caucásia havia nove anos quando os pais dele finalmente aceitaram o matrimônio e solicitaram que voltassem à Áustria. Por meio de um amigo, Bertha soube da existência da Associação pela Paz e Mediação Internacional (*International Arbitration and Peace Association*)[3] em Londres e de grupos similares no continente. Essas organizações colocavam em prática os ideais que haviam concebido em seus escritos: a substituição da força armada pela mediação e a paz. Sua vontade imediata foi de colaborar, algo que fez através dos argumentos que expôs naquele que é considerado um dos seus melhores livros, Das Maschinenzeitalter [A era das máquinas], publicado sob o pseudônimo Jemand, em 1889. Os críticos se entusiasmaram com a obra, que criticava o nacionalismo excessivo e o gasto com armas. Diziam que devia ter sido escrita por *um homem inteligente, de grande conhecimento e habilidade*. Ao ouvir os comentários favoráveis ao seu livro em uma conversa em um restaurante, disse que iria comprá-lo, mas recebeu o conselho para que não o fizesse, pois o livro não era recomendado para mulheres.[4] Após a publicação, o casal viajou para Paris para passar uns dias com Alfred Nobel. Ao longo dos anos, Bertha havia enviado seus escritos e havia mantido comunicação com ele, faziam um debate intenso sobre os fins e os meios. Estava preocupada com os rumores que havia sobre uma nova guerra e os planos de vingança que formulavam muitos homens influentes; queria fazer algo pela paz e pensou que para mobilizar as pessoas contra a guerra seria mais útil escrever um romance atrativo, do que uma tese sólida sobre o tema.[5]

Ao final de 1889, publicou *Die Waffen Nieder!* (*Abaixo as armas!*) uma narrativa que teve um enorme impacto. Nela apresenta uma intensa e sensível argumentação contra a guerra e as razões que a sustentam. Mesmo ao falar de guerras do passado, nas quais os homens iam matar-se uns aos outros, quase corpo a corpo, também toca em aspectos relacionados a todo tipo de guerras, como a questão de conquistar e ganhar, de ser o mais forte, de ser o melhor e dos motivos que geram admiração social.

3. Fundada em 1880 pelo pacifista inglês Hodgson Pratt (1824-1907).
4. Anedota relatada no livro de Ursula Jorfald (1962), *Bertha von Suttner og Nobels fredspris*, Oslo.
5. Bertha von Suttner (1910), *Memoirs of Bertha von Suttner: The Records of an Eventful Life*, Boston, Ginn, 2 vols.

> A guerra é apresentada como um mal necessário, mas ao mesmo tempo como o estimulante por excelência das mais belas virtudes humanas, isto é: o valor, a renúncia e o espírito de sacrifício, como fonte do maior esplendor, e finalmente como fator mais importante do desenvolvimento da cultura. Os grandes conquistadores e fundadores dos chamados Impérios – Alexandre, César, Napoleão – são mencionados como os exemplos mais sublimes da grandeza humana e recomendados a serem admirados; os triunfos e vantagens da guerra são destacados da maneira mais viva, enquanto as desvantagens incalculáveis que ocorrem em sua decorrência – embrutecimento, empobrecimento, degeneração moral e física – são silenciadas por completo.[6]

Ao princípio teve grandes dificuldades para encontrar um editor que aceitasse sua publicação; vários o rejeitaram, um deles escreveu-lhe uma carta onde explicava sua negativa: o *establishment* militar podia sentir-se ofendido; outro se ofereceu para publicá-lo sempre e quando um homem de Estado corrigisse o manuscrito e eliminasse tudo aquilo que pudesse supor um ataque aos círculos políticos e militares. Bertha respondeu-lhe que preferia queimar o manuscrito antes que submetê-lo a uma censura oportunista. O livro foi finalmente publicado em sua versão original. Além de ser um ataque ardente contra a mentalidade que conduz à guerra, ou que a permite, o livro é também uma história de amor. No herói pacifista de sua narrativa, Bertha descreveu um retrato de seu próprio marido. O livro foi muito popular e vendeu-se amplamente. Só na Alemanha foram feitas 31 edições, e foi traduzido a diversos idiomas. A razão pela qual o livro foi imediatamente um best-seller, segundo a própria autora, estava relacionada ao fato de que o militarismo da época havia chegado a tais extremos e exercia tamanha pressão sobre as pessoas que a solução – o abandono das armas – encontrava um grande eco entre elas. O romance chegou ao coração, não apenas das massas, mas também dos grandes homens de seu tempo, entre eles Tolstói e Alfred Nobel. Peter Rosegger escreveu em uma resenha:

6. Bertha von Suttner (1989), *Die Waffen nieder!* [Tradução: *Abajo las armas!*, Buenos Aires, 1948, p. 190-191]

> A leitura de *Abaixo as armas!*, foi uma grande experiência. Enquanto estava lendo tive um grande desejo: que fosse traduzido em todos os idiomas, que todas as bibliotecas do mundo tivessem um exemplar, e que fosse lido em todas as escolas. Que assim como se criam sociedades para propagar a Bíblia, se formasse alguma para difundir este livro, uma obra que contém valores e repercussões fundamentais.[7]

Tolstói comparou o livro com *A cabana do Pai Tomás*, de Harriet Beecher Stowe. E escreveu a Von Suttner dizendo que assim como aquele livro havia contribuído para abolir a escravidão, acreditava que o seu contribuiria para abolir a guerra. Porém, o livro também foi ridicularizado. Para alguns críticos Bertha se havia aventurado numa área que era incapaz de compreender. Um deles escreveu: "as conclusões que evidencia, para um político sério, só podem ser recebidas com um sorriso". O professor Félix Dahn criticou-a através de um poema dirigido aos homens e mulheres opositores às armas, dizendo "Sim às armas!", confrontando seu "Não às armas!". A mensagem principal do poema era que os homens eram livres e gostavam de lutar. Lutar era um trabalho e um dever dos verdadeiros homens, um dever que as mulheres não podiam entender e do qual, portanto, não podiam falar. As mulheres deviam se calar. Não era assunto seu tratar de questões relativas à guerra e a paz; tais questões deviam ser deixadas aos homens que são quem têm capacidade para tratar deles adequadamente, aqueles que não queriam lutar eram chamados *homens de saias*. O romance foi editado pela primeira vez na Espanha em 1906, traduzido por Emília Pardo Bazán, e em Buenos Aires em 1948.[8]

Bertha von Suttner chegou a ser líder do movimento pacifista, ao qual dedicou a maior parte do seu tempo e suas energias. Criou sociedades e jornais pacifistas, participou de congressos e conferências internacionais e manteve correspondência com gente de todo o mundo, para promover seus projetos de paz. Em 1891, ajudou a criar um grupo pela paz em Veneza, iniciou a Sociedade Austríaca pela Paz, da qual foi presidenta durante muito tempo, e iniciou a criação do fundo para estabelecer a Oficina da Paz de Berna. Com A. H. Fried fundou um jornal pacifista, em 1892, *Die Waffen Nieder*, convertido em 1899 em *Friedenswarte*, editado por Fried. Foi ela quem manteve Alfred

7. U. Jorfald (1962), op. cit., p. 29.
8. Para as vicissitudes e detalhes das sucessivas edições em espanhol, busque: Bea Porqueres (2005), "*¡Abajo las armas! Palabras por la paz*", no catálogo da exposição *Deposeu les armes! Tres creadores contra les guerres*, p. 68-70.

Nobel informado sobre os progressos do movimento pela paz. Em janeiro de 1893, Nobel escreveu-lhe uma carta dizendo que desejava estabelecer um prêmio pela paz, e o fez, como se confirmou em 1896, após sua morte.[9]

Os Suttner apoiaram ativamente o manifesto que o czar Nicolau II havia encarregado ao seu Ministro de Negócios Exteriores, conde Mouravieff, no qual convocava uma Conferência de Paz em Haia, em 1899. Tratava-se de um manifesto a favor do desarmamento que cobrava um debate internacional sobre o tema e que teve uma grande repercussão no Ocidente.[10] Entre ambos organizaram comitês, deram palestras e escreveram artigos, com o objetivo de popularizar a ideia de uma Corte Permanente de Mediação. Após a morte de seu marido, em 1902, Bertha seguiu realizando o trabalho que antes faziam juntos.

Devido às suas atividades e escritos Bertha von Suttner recebeu o Prêmio Nobel da Paz em 1905, prêmio que ela contribuiu na sua criação através de sua amizade com Alfred Nobel.

Nos anos seguintes à concessão do Nobel, Suttner teve papel destacado no Comitê da Amizade Anglo-Germânico, formado no Congresso da Paz de 1905, para buscar a conciliação entre ambos os países. Alertou dos perigos da militarização da China e do uso militar do crescente desenvolvimento da aviação, e contribuiu com palestras, artigos e entrevistas ao Clube Internacional que se formou na conferência de paz de Haia, de 1907. Falou no Congresso da Paz de Londres, de 1908, insistiu na ideia de que a Europa é uma e que apenas ao uni-la se poderia prevenir a catástrofe que parecia avizinhar-se. Quando estava próxima aos 70 anos, fez uma turnê de conferências pelos Estados Unidos; era a segunda que fazia naquele país, após ter assistido ao Congresso Internacional pela Paz, celebrado em Boston, em 1904. Morreu em 21 de junho de 1914, dois meses antes do início da Primeira Guerra Mundial, contra a qual tão intensamente havia trabalhado.

Tradução do original em espanhol:
Dra. Camila Negreiros

---

9. Sobre a relação entre Alfred Nobel e Bertha von Suttner, e sobre o Prêmio Nobel da Paz, que inclui as opiniões que tinha B. von Suttner sobre o mesmo, ver o artigo de Irwin Abrams (1962), "Bertha von Suttner and the Nobel Peace Prize", *Journal of Central European Affairs*, vol. 22, nº 3, outubro, p. 286-307. [Disponível em www.irwinabrams.com/articles/bvs.html. Acesso: 22 jul. 2022].

10. Carlos Eymar (1999), "Primer centenario de la Conferencia de Paz de La Haia", Grupo de Estudios Estratégicos, *Analisis*, nº 4. [Disponível em http://www.gees.org/articulos/primer-centenario-de-la-conferencia-de-paz-de-la-haya. Acesso: 24 jul. 2022].

PRIMEIRO VOLUME

PRIMEIRO LIVRO

1859

Aos dezessete anos eu era uma criatura exaltada. Hoje já não saberia dizer se não o seriam as páginas conservadas de meu diário. Entretanto, o entusiasmo que há muito se dissipou, os pensamentos que nunca mais se formularam, os sentimentos que nunca mais se sentiram eternizaram-se ali, e agora posso avaliar quão exaltadas eram as ideias naquela bela cabecinha tola. Também os retratos antigos são capazes de mostrar essa beleza que o meu espelho já não pode mais. Bem posso imaginar a criatura invejada que teria sido a condessa Martha Althaus, jovem, de beleza celebrada, rodeada de todo luxo! O diário peculiar – de encadernação vermelha – indica, porém, muito mais uma melancolia que alegria de viver. A pergunta é: era eu tão tola a ponto de não reconhecer os benefícios de minha situação ou apenas uma entusiasta para acreditar que só as sensações melancólicas seriam valorosas e sublimes, a ponto de ganharem a expressão em prosa e, como tal, o registro nos cadernos vermelhos? Meu destino parecia não me satisfazer, pois ali está escrito:

"Oh, Joana D'Arc, – a abençoada donzela guerreira, fosse eu como você! Balançar a auriflama, coroar meu rei e depois morrer, morrer pela pátria, idolatrada."

A mim não se ofereceu ocasião para realizar tais humildes pretensões de vida. Da mesma forma não me foi acessível tornar-se mártir cristã ao ser dilacerada por um leão no circo – uma outra missão invejada por mim (segundo registro de 19 de setembro de 1853) – e, dessa maneira, não me restou outra coisa senão sofrer de uma clara consciência de que os grandes feitos, dos quais minha alma era sedenta, teriam de permanecer irrealizados pela eternidade, de que minha vida, no fundo, havia falhado. Ah, por que não vim ao mundo como rapaz (também uma acusação infrutífera, proferida tantas vezes contra o destino nos cadernos vermelhos)? Assim, poderia ter ansiado por feitos elevados e os executado. Do heroísmo feminino a história legou muitos poucos exemplos. Quão raro é ter por filhos os Graco, lançar nossos homens para os portões de Weinsberg ou nos deixar bradar por magiares com seus sabres na mão: "Viva Maria Teresa, nosso rei!". Mas quando se é um homem, basta inserir a espada na bainha e lançar-se ao mundo para conquistar louros e glórias – conquistar um trono, como Cromwell; um império, como Bonaparte! Recordo-me que o conceito mais elevado da grandeza humana parecia-me ser a personificação do heroísmo bélico. Tinha na mais alta conta os eruditos, poetas, descobridores de terras, porém admiração, de fato, só me despertavam os vencedores de batalhas. Eles sim eram os detentores primorosos da história, os condutores do destino das nações. Em termos de importância, de superioridade, de quase divindade, eram tão superiores aos outros quanto o topo dos Alpes e do Himalaia à relva e às flores do vale.

Com tudo isso, não preciso inferir a natureza heroica que me dominava. A questão era simples: eu era dotada de entusiasmo e de paixão; naturalmente que me entusiasmava com fervor pelo que meus livros escolares e meu entorno mais exaltavam.

Meu pai fora general no exército austríaco e lutou, em Custozza, sob o comando do "pai Radetzky", que o meu idolatrava. Quantas anedotas de campanha não tive de ouvir! Meu bom papai tinha tanto orgulho de suas vivências de guerra e falava com tanta satisfação sobre as "campanhas das quais participou", que eu sentia uma pena involuntária de todo homem que não possuísse recordações semelhantes. Quanta desconsideração para com o sexo feminino excluí-lo da atuação mais grandiosa que o senso de honra e dever proporciona! Se eu ouvia falar das aspirações das mulheres por direito de igualdade – e, em minha juventude, ouvia-se pouco disso e ainda em tom de deboche e condenação – compreendia, então, os desejos por emancipação de apenas uma forma: as mulheres deveriam ter o direito de lançarem-se armadas para a guerra. Ah, como é bom extrair da história de uma Semíramis ou Catarina II: "ela conduziu uma guerra com esse ou aquele Estado vizinho, conquistou esse ou aquele país..."

Ensinava-se à juventude sobretudo a *História!*, a fonte principal de admiração pela guerra. Assim, inculcava-se na mente infantil que o chefe das forças armadas não cessava de dar ordem de batalha; que eram elas o veículo, por assim dizer, sobre o qual os destinos dos povos deslizavam por entre as épocas; que elas eram o cumprimento da lei inevitável da natureza e voltavam de tempos em tempos, como tempestades marítimas e terremotos; que horror e atrocidade estão atrelados a elas, mas que vêm a ser compensados: para a coletividade, pela importância dos resultados; para os indivíduos, pelo esplendor da glória que se alcança ou, ao menos, pela consciência do cumprimento mais elevado de dever. Existe morte mais bela que aquela no campo da honra? Imortalidade mais nobre que aquela do herói? Tudo isso emerge de todos os livros educativos de um modo claro e unânime "para o uso escolar", onde, ao lado da verdadeira história, apresentada somente como uma longa cadeia de acontecimentos bélicos, também as mais diversas narrativas e poemas relatam apenas feitos heroicos com uso de armas. Isso é parte do sistema patriótico de educação. Deve-se fazer de todo estudante um defensor da pátria, por isso ser necessário já despertar o entusiasmo da criança para o seu primeiro dever de cidadão; fortalecer seu espírito contra a repulsa natural que o horror da guerra pode provocar, ao se narrar os mais terríveis banhos de sangue e carnificinas como algo totalmente usual, necessário, da forma mais natural possível, deste modo imprimindo toda ênfase na porção ideal desse velho costume popular – e, assim, é possível formar uma geração intrépida e combatente.

As moças, ainda que não impelidas ao campo de batalha, são educadas nos mesmos livros que incutem nos meninos o cultivo pela vida de soldado, e dessa forma surge entre a juventude feminina a mesma visão, que se dissolve em inveja pela não permissão de participar e em admiração pelo status militar. O que se exibe a nós, moçoilas delicadas, exortadas no mais à gentileza e à suavidade, são imagens arrepiantes de todas as batalhas da Terra, desde as guerras bíblicas, macedônicas e púnicas, até a guerra dos trinta anos e as napoleônicas. Ali, vemos queimarem as cidades e saltarem os habitantes "sobre a lâmina" e serem maltratados os vencidos – isso sim é diversão... É evidente que, por meio desse amontoamento e repetição de atrocidades, a compreensão *de que* se trata de uma atrocidade fica embotada; tudo que pertence à rubrica da guerra não se examina sob o ponto de vista da humanidade. Ela ganha, isso sim, contornos muito especiais de consagração mística, histórica e política. É assim que *tem* que ser – é a fonte mais elevada de honra e grandeza – isso as meninas percebem muito bem: pois também tiveram de decorar poesias e tiradas de glorificação à guerra. E assim surgem as mães espartanas e as "madrinhas de estandarte" e as inúmeras condecorações concedidas aos oficiais em danças de cotilhão*, durante o "momento em que a dama o tira para a dança".

Não fui educada em convento, como muitas de minhas companheiras de mesma classe, e sim em casa por governantas e professores. Perdi minha mãe cedo. Quem tomou o lugar de mãe para nós, crianças – tinha ainda três irmãos mais novos –, foi uma tia, uma senhora canonisa. Passávamos os meses de inverno em Viena, o verão em uma propriedade da família na Baixa Áustria.

Eu era a alegria de meus educadores e professores, disso me recordo, pois era uma aluna esforçada, dotada de boa memória e de particular ambição. Se não podia satisfazer minha ambição de vencer batalhas como donzela heroína, como já observado, contentava-me em tirar boas notas nas lições e arrancar admiração de meu entorno com minha sanha em aprender. Alcançava quase a perfeição nas línguas francesa e inglesa; em geografia, astronomia, história natural e física, internalizava o máximo que podia dentro do acessível ao programa de ensino para meninas; sobre a matéria de "história", no entanto, estudava ainda mais do que me era exigido. Pegava da biblioteca de meu pai exemplares volumosos sobre história, os quais estudava durante minhas horas vagas. Acreditava me tornar um pouco mais sábia a cada vez que assimilava um acontecimento, um nome, uma data de épocas passadas. Opunha-me com veemência às aulas de piano, o que também constava no plano de estudos. Não tinha nem talento, nem vontade para a música e sentia que isso não satisfazia minhas ambições. De tanto pedir e implorar para não diminuir meu tempo de dedicação a meus outros estudos em prol daquele tamborilar sem propósito, meu bom pai me absolveu daquele trabalho musical forçado. Para grande lamento da tia, que pensava não haver instrução de fato sem o piano.

Comemorei meus dezessete anos no dia 10 de março de 1857. "Já são dezessete anos", constava no registro daquele dia no diário. Esse "já" é modo de expressão. Não há comentário algum sobre, é provável que eu quisesse dizer com isso: "e ainda não fiz nada pela imortalidade". Hoje, esses cadernos vermelhos prestam-me um grande serviço, já que almejo esboçar recordações de minha vida. Eles me permitem retratar nos mínimos detalhes os acontecimentos passados, os quais ficaram gravados em minha

* Dança social muito popular no século XVIII na Europa e na América. Originalmente para quatro casais em formação quadrada, era uma versão cortês de uma dança country inglesa, precursora da quadrilha e nos Estados Unidos, da square dance. [N. da R.]

memória tão somente como contornos borrados, e a reproduzir, em palavras, toda uma sequência de ideias há muito esquecidas, ou de conversas há muito dissipadas.

Eu seria apresentada à sociedade no carnaval seguinte. Tal perspectiva não me extasiava de maneira tão extraordinária como era de costume entre as jovens. Meu espírito aspirava algo mais elevado que os triunfos de um salão de baile. A que eu aspirava? Nem eu teria sido capaz de responder a essa pergunta. Talvez ao amor... mas não sabia. Todos esses sonhos ardentes de aspirações e ambições, que inflam o coração de adolescentes, e que desejam se concretizar sob todo tipo de formas – sede de conhecimento, vontade de viajar, ímpetos de ação – são, em sua maioria, apenas empenhos inconscientes da pulsão apaixonada que desperta.

Naquele verão, foi prescrito à minha tia um tratamento de banhos em Marienbad. Achou por bem me levar junto. Embora minha apresentação oficial àquele mundo fosse ocorrer somente no inverno vindouro, tive a permissão de ir a alguns pequenos bailes no local, como uma espécie de treino para dança e conversação, de modo que eu não adentrasse meu primeiro carnaval muito tímida ou desajeitada.

E o que aconteceu no primeiro "evento" em que participei? Uma paixão imensa e mortal. Claro que por um tenente hussardo. Os civis presentes no salão, perto dos militares, pareciam insetos diante das borboletas. E dentre os uniformizados presentes eram os hussardos os mais destacados e, por fim, dentre os hussardos, era o Conde Arno Dotzky o mais brilhante. Com seus mais de 1,80 de altura, olhos escuros, capazes de olhar com tanta doçura e profundidade, diante da pergunta "Está livre para um cotilhão, condessa?", percebi que ainda era possível haver outros triunfos, tão grandiosos quanto o estandarte da donzela de Orleans ou a defesa do cetro por Catarina, a Grande. E é provável que ele, um rapaz de vinte e dois anos, tenha sentido algo parecido, quando atravessou o salão ao dançar em ritmo de valsa com a moça mais bela do baile (depois dos trinta, tenho permissão para constatar algo assim). Ele certamente pensou: possuí-la, doce criança, compensaria todo campo de batalha.

– Mas Martha, Martha! – resmungou a tia, quando caí em minha poltrona ao lado dela, sem fôlego, fazendo a nuvem de tule de meu vestido rodopiar em volta de sua cabeça.

– Oh, perdão, titia! – pedi e me sentei direito. – Não tive como...

– Não estou falando disso, censuro é o teu comportamento com esse hussardo. Não se aconchegue dessa forma quando dançar... e é assim que se faz, olhar desse jeito nos olhos de um homem?

Enrubesci por completo. Será que não havia me comportado como uma mocinha? Terei causado má impressão no cavalheiro incomparável?

Libertei-me desses temores ao longo do baile, pois, durante a valsa após o jantar, o incomparável me sussurrou:

– Ouça-me, não consigo mais, a senhorita precisa saber ainda hoje: eu a amo.

Isso soou pouco mais agradável que as "vozes" formidáveis de Joana... Ainda assim, porém, não fui capaz de responder algo ao continuarmos a dança. Ele deve tê-lo percebido, pois parou. Ficamos em um canto vazio do salão e pudemos prosseguir a conversa sem sermos ouvidos:

– Diga-me, condessa, devo ter esperança?

– Não o compreendo – menti.

– Não acredita em "amor à primeira vista"? Até então acreditava que isso era fábula, mas hoje se provou ser verdade.

Meu coração estava acelerado! E eu em silêncio.

– Meu destino virou de cabeça para baixo – prosseguiu – A senhora ou ninguém! Decida minha sorte ou minha morte... sem a senhora não posso e não quero viver... Deseja ser minha?

Tive de revidar à pergunta tão direta. Procurei por uma formulação bem diplomática, que, sem pôr fim àquela esperança, não me fizesse abrir mão de minha dignidade. Por fim, acabei produzindo nada mais que um suspiro de um "sim" trêmulo.

– Então, poderei amanhã mesmo pedir sua mão à sua tia e escrever ao conde Althaus?

De novo um "sim" – dessa vez mais firme.

– Oh, que afortunado! E da mesma maneira à primeira vista? Você me ama?

Respondi apenas com os olhos – e eles, acreditei, disseram o "sim" mais evidente.

Em meu aniversário de dezoito anos estava casada antes mesmo de ser apresentada ao "mundo" e, à imperatriz, fui apresentada como "noiva". Depois da cerimônia fizemos uma viagem à Itália. Arno tirou férias mais longas com essa finalidade. Que ele saísse da vida militar, isso estava fora de cogitação. Embora tivéssemos ambos um patrimônio considerável, meu marido amava sua posição e eu também. Tinha orgulho de meu oficial hussardo todo enfeitado e antevia, com satisfação, o momento de sua progressão para capitão da cavalaria, coronel e, um dia, a comandante-geral! Quem sabe se ele não estava predestinado a algo ainda maior: talvez acabasse figurando na história nacional como grande comandante de guerra.

É uma pena que os cadernos vermelhos apresentem uma lacuna justamente na época feliz do noivado e durante a lua de mel. Ainda que eu tivesse registrado aqueles dias de júbilo, mesmo assim eles teriam se evaporado, dissipado, se desfeito em nada; porém, ao menos, um reflexo disso estaria afixado por entre as páginas. Mas não: meus lamentos e dores não encontravam queixas, travessões e pontos de exclamação o suficiente; era preciso anunciar as aflições, com diligência, aos meus contemporâneos e à posteridade; os belos momentos, no entanto, eu os aproveitei em silêncio. Não me orgulhava de minha felicidade e, por isso, não informava, nem anunciava a ninguém – nem a mim mesma em meu diário –; tomava apenas o sofrimento e a saudade como um tipo de merecimento, por isso me vangloriava deles. Como eram fiéis esses cadernos vermelhos ao espelhar minhas condições de tristeza, enquanto as folhas não deixaram registros das épocas de alegria. Que tolice! É como se, durante um passeio, alguém quisesse levar uma lembrança disso para casa e recolhesse tão somente o que tivesse encontrado de mais feio no caminho; como se enchesse sua caixa de botânica somente com espinhos, cardos, minhocas e sapos e deixasse as flores e as borboletas para trás.

Ainda assim, recordava-me: foi um tempo maravilhoso. Uma espécie de sonho de conto de fadas. Tinha tudo que o coração de uma jovem poderia desejar: amor, riqueza, classe, propriedade. Era tudo tão novo, tão surpreendente, tão emocionante! Amávamo-nos loucamente, meu Arno e eu, com todo o fogo da juventude repleta de beleza e de vida que era a nossa. E por acaso meu radiante hussardo era, diga-se de passagem, um jovem bom, de bom coração e bem-intencionado, dotado de uma erudição sofisticada e de humor jovial (ele bem poderia ter sido um ser humano ruim e grosseiro, qual era a garantia que o baile de Marienbad ofereceu?) e, por acaso, eu também era um ser agradável e de inteligência moderada (nesse mesmo baile, ele poderia igualmente ter se apaixonado por uma perua bela e instável). E assim foi que nos encontrávamos completamente felizes e que, por consequência, o grande livro dos lamentos, de capa vermelha, ficou vazio por um bom tempo.

Um momento: acabo de encontrar aqui um registro feliz, o êxtase pelo coroamento da maternidade. Em primeiro de janeiro de 1859 (*esse* foi um presente de ano novo!), nasceu nosso filhinho. É evidente que esse acontecimento despertou de tal modo nossa admiração e orgulho, que é como se tivéssemos sido o primeiro casal a quem algo assim aconteceu. Por isso também o retorno do registro em diário. A posteridade precisa saber o porquê dessa peculiaridade, dessa importância dada por mim. O tema da "jovem mãe" está longe de ganhar a preferência da arte e da literatura. Ele pertence aos bem entoados ideários, traçados com diligência. Para tanto, deve-se ajustá-lo, da melhor maneira, à forma mística e sagrada, tocante e patética, ingênua e adorável, em suma, com imensa poeticidade. Para o cultivo dessa atmosfera, como no cultivo da admiração pela guerra em livros escolares, contribuem bastante todas as coletâneas possíveis de poesia, periódicos ilustrados, galerias de pintura e dizeres edificantes do meio popular, sob a rubrica "amor materno", "felicidade materna", "orgulho materno". O que mais se produziu para a adoração de heróis (ver o *hero-worship* de Carlyle) em matéria de idolatria, as pessoas o fazem em *baby-worship.* Nisso é claro que eu também não fico para trás. Meu pequeno e amado Ruru era para mim o milagre mais importante no mundo. Ah, meu filho – meu esplendoroso Rudolf, já crescido – o que eu sinto *por você,* diante disso empalidece todo maravilhamento imaturo por bebês, diante disso, todo esse amor devorador de jovem mãe, cego e caricatural, é tão insignificante como um bebê mesmo o é diante de um homem feito...

Também o jovem pai não era menos orgulhoso de seu descendente e fazia os mais belos planos de futuro para ele. "O que ele será?" Tal pergunta ainda não tão urgente era feita com frequência sobre o berço de Ruru, e a resposta era sempre unânime: soldado. Às vezes, despertava-se um débil protesto por parte da mãe: "Mas e se ele perecer na guerra?". "Ah, qual!" era a objeção, "todos morrem, de um jeito ou de outro, conforme se está predeterminado". Mas Ruru também não seria o único filho; se Deus quisesse, um se tornaria diplomata, outro iria se dedicar à agricultura, um terceiro à vida religiosa, mas o mais velho elegeria para si a mais bela das profissões, a de seu pai e de seu avô - iria se tornar um soldado.

E assim foi. Já aos dois meses de vida promovemos Ruru a cabo. Não são os príncipes reais designados a comandantes de regimento tão logo nascem? Por que não podíamos decorar nosso pequeno com um posto imaginário? Esse era o nosso divertimento principal, o brincar de soldado com um bebê. Logo que o seu menino entrava no quarto nos braços da ama, Arno prestava continência. Nós a chamávamos de vivandeira, e o que armazém de forragem poderia significar, isso deixo para que adivinhem. O berreiro de Ruru dizíamos que era sinal de alarme, e "Ruru está sentado sobre o lugar de exercícios militares" deixo de novo para adivinhar.

* * *

No dia primeiro de abril, no dia em que se completou o terceiro mês de seu nascimento (teria havido pouca ocasião para se comemorar os aniversários com festas), Ruru foi promovido de cabo a sargento. Nesse dia aconteceu algo sombrio; algo que me oprimiu o coração e me deu oportunidade para despejá-lo em meus cadernos vermelhos.

Há muito que certo "ponto negro" era visível no horizonte da política. Sobre seu avanço havia os comentários mais intensos em todos os jornais e todas as conversas dos salões. Não tinha prestado atenção nisso até então. Quando meu marido, meu pai e seus amigos militares diziam, e com frequência, em minha frente, que "logo irá acontecer algo à Itália", meu entendimento não atentava para o fato. Como se eu tivesse tempo e vontade de me preocupar com política! Em minha volta, podia-se debater o quanto fosse, e com avidez, sobre a relação da Sardenha com a Áustria ou sobre o comportamento de Napoleão III, que ajudou Cavour e, dessa maneira, o assegurou por meio da participação na Guerra da Crimeia; podia-se falar o quanto fosse da tensão que essa aliança provocou entre nós e o vizinho italiano – eu não dava a menor atenção. Até que, naquele primeiro de abril, meu marido me disse com toda seriedade:

– Sabe, amor, logo vai chegar a hora.

– Chegar a hora do quê, meu querido?

– A guerra contra a Sardenha.

Fiquei apavorada.

– Pelo amor de Deus! Isso seria terrível! Você tem que participar?

– Espero.

– Como você pode dizer uma coisa dessas? *Espero* – longe de esposa e filho?

– Se o dever chama...

– Então é preciso se resignar. Mas *esperar*... isso significa desejar que esse dever amargo prevaleça...

– Amargo? Uma guerra, assim, nova e feliz só pode ser algo esplendoroso. Você é uma esposa de militar, não se esqueça disso.

Joguei-me em seus braços.

– Oh, meu amado! Fique tranquilo: eu também posso ser valente... O quanto não simpatizei com os heróis e as heroínas da história, com o sentimento elevado que devia ser o de ter de partir para a batalha. Pudera eu ir junto, lutar do seu lado, cair ou vencer!

– Falou muito bem, minha esposa, mas isso é absurdo. Teu lugar é aqui ao lado do berço do pequeno, no qual também um defensor da pátria deve ser criado. Teu lugar é em nossa horda, para protegê-la e resguardá-la do ataque inimigo. Para garantir a paz de nossa terra e de nossas mulheres, vamos nós homens para a guerra.

Não sei por que essas palavras, tantas vezes ouvidas e lidas por mim em versões semelhantes, e com as quais eu concordava, dessa vez me soaram como lugar-comum. Não havia uma horda ameaçadora, nem bárbaros estavam diante dos portões, era simplesmente uma tensão entre dois ministérios. Se meu marido estava empolgado por ir à guerra, não o era por causa de uma necessidade premente de proteger esposa, filho e pátria, era muito mais uma vontade de partir para a marcha aventureira, sedenta de mudança de ares, sede de honrarias, promoção. Era ambição, isso sim. Foi a minha conclusão: aquilo não passava de uma bela e justificada ambição, vontade de cumprir um dever com valentia!

Seria bom da parte dele *se* tivesse de partir para o campo de batalha, porém nada estava definido ainda. Talvez a guerra não fosse estourar, e mesmo se fosse o caso de haver o combate, quem sabe se Arno teria de comandar algo – nem sempre é necessário todo o exército para enfrentar o inimigo. Não, toda felicidade grandiosa e equilibrada que o destino me proporcionou tão bem, ele também não iria se destroçar com tanta brutalidade. Oh, Arno, meu esposo amado, seria horrível imaginá-lo em perigo... Essas e outras ladainhas preenchiam as páginas do diário naqueles dias.

Dali em diante, os cadernos vermelhos ficaram um bom tempo cheios de politicagem: Louis Napoleão é um causador de intrigas... A Áustria não vai ficar muito tempo assistindo... a guerra vai chegar... Sardenha irá temer e sucumbir à supremacia... a paz será mantida... Apesar de todo encantamento teórico pelas batalhas passadas, é claro que meus desejos voltavam-se fervorosos para a manutenção da paz, mas o desejo de meu marido clamava abertamente pela outra alternativa. Ele não o dizia com todas as letras, porém trazia as notícias sobre o aumento do "ponto negro" com brilho nos olhos. As expectativas de paz que por vezes surgiam, e infelizmente eram cada vez mais escassas, ele constatava com certa prostração.

Meu pai também era puro entusiasmo pela guerra. A vitória sobre Piemonte seria uma brincadeira de criança, e, para reforçar tal afirmação, voltavam a chover anedotas de Radetzky. Ouvia sobre a ameaça da campanha sempre pelo ponto de vista estratégico, das chances reais de como e onde derrubar o inimigo e das vantagens que "poderíamos" tirar disso. Não se considerava o ponto de vista humano, aquele sobre quem perde e ganha, sobre as inúmeras vítimas, as que morrem e as que ficam, geradas pelas batalhas. Os interesses que se colocavam em questão apresentavam-se como acima de todo destino individual, de tal modo que eu me envergonhava da ninharia de minha visão, quando por ventura me ocorria o pensamento: "Ah, de que serve a vitória para os pobres dos mortos, para os pobres aleijados, para as pobres viúvas?". E logo vinham como resposta a tais anseios de novo os velhos ditirambos dos livros escolares: a tudo compensa a *glória*. E se é o inimigo que vence? Uma vez fiz essa pergunta em voz alta no círculo de meus amigos militares, e foi recebida com sussurros de vergonha. A mera menção à possibilidade de uma sombra de dúvida já é algo antipatriótico. Ter a certeza de ser insuperável é parte dos deveres de soldado. Até certo ponto, da mesma maneira dos deveres de uma esposa leal de tenente.

O regimento de meu marido ficava em Viena. De nossa casa, tínhamos a vista do Prater, e quando chegávamos à janela, entrava o vento promissor do verão. Era uma primavera magnífica. O ar era tépido e recendia a violetas, e as ramagens brotavam mais cedo que nos anos anteriores. Não conseguia me conter de alegria ante os passeios pelo Prater que estariam por acontecer no mês seguinte. Havíamos adquirido para esse fim uma carruagem extraordinária, movida a quatro cavalos húngaros. Já naqueles dias esplêndidos de abril íamos passear quase que diariamente pelas alamedas do Prater, mas essa era só uma prévia do que seria de fato um deleite para maio. Ah, se a guerra pelo menos não estourasse até lá...

– Graças a Deus! Finalmente acabou essa indecisão! – anunciou meu marido quando chegou em casa na manhã do dia 19 de abril, vindo dos exercícios militares. – O ultimato está dado.

Fiquei apavorada.

– Como? O que significa isso?

– Significa que já está dada a última palavra das negociações diplomáticas, de onde vem a declaração de guerra. Nosso ultimato para a Sardenha exige que ela se desarme. Claro que a exigência não será cumprida, então iremos para o fronte.

– Por Deus! Talvez eles se desarmem?

– Aí a briga estará terminada e a paz se mantém.

Ajoelhei-me, não podia fazer outra coisa. Em silêncio e, ainda assim, enérgica como se gritasse, agitava-se em minha alma o pedido em direção ao céu: "Paz, paz!".

Arno me ergueu.

– Tola!

Entrelacei meus braços em volta de seu pescoço e comecei a chorar. Não era uma irrupção de dor, pois a fatalidade ainda estava por se decidir, mas a notícia me abalou de tal maneira que meus nervos estremeceram e causaram uma torrente de lágrimas.

– Martha, Martha, assim vou ficar bravo – Arno me repreendeu. – Onde está minha valente esposa de militar? Já esquece que é filha de general, esposa de primeiro-tenente e – disse sorrindo – mãe de um sargento?

– Não, não, Arno... Não estou me entendendo... Foi só um rompante... eu mesma sou empolgada pela glória militar... mas não sei. É que, antes, quando você disse que tudo dependia de *uma* palavra que tem de ser dada agora, um sim ou não desse tal de ultimato, e esse sim ou não deve decidir se escorrerá o sangue de milhares ou se irão morrer, e morrer nesses dias abençoados, ensolarados. Era como se o anúncio de paz devesse ser pronunciado. Não pude fazer outra coisa senão ajoelhar-me e orar...

– Para informar ao querido Deus, bobinha?

O sino da casa tocou. Enxuguei rapidamente minhas lágrimas. Quem poderia ser tão cedo?

Era meu pai, que entrou precipitado.

– Então, meus filhos – anunciou sem fôlego ao jogar-se sobre uma poltrona. – Já sabem da grande notícia... o ultimato?

– Acabo de contar à minha mulher.

– Diga, papai, o que o senhor acha. – perguntei apreensiva. – Ele irá evitar a guerra?

– Não sabia que um ultimato alguma vez pudesse evitar uma guerra. O mais razoável é que esse bando de chorões italianos cedesse e não nos levasse a uma outra Novara... Ah, não tivesse nosso bom pai Radetzky morrido no ano passado... Acho que, com seus noventa anos, teria se postado diante de seu exército e, por Deus, eu estaria junto para a marcha... Nós dois já mostramos como acabar com essa gentalha românica. Ainda não aprenderam, esses *maledetos*, precisam ainda de uma segunda lição! O que é apropriado: nosso reino lombardo-vêneto pode muito bem ficar maior com a região de Piemonte. Já vejo a chegada de nossas tropas em Turim.

– Mas, papai, o senhor fala como se a guerra já tivesse sido declarada e o senhor estivesse feliz com isso. E se Arno tiver de ir? – e as lágrimas voltaram a brotar de meus olhos.

– Ele terá também, esse rapaz invejável.

– E meu medo, o perigo...

Ah, perigo, o quê! Também voltamos da guerra para casa, a meu exemplo. Participei de mais de uma campanha, graças a Deus, e fiquei ferido mais de uma vez, e ainda estou vivo, porque tive que permanecer vivo.

E de novo aquela conversa de destino! A mesma que serviu para a escolha profissional de Ruru e se evidenciou, para mim, como um quinhão de sabedoria, ainda hoje.

– Isso se meu regimento me designar – começou Arno.

– É mesmo – interrompi – ainda resta essa esperança.

– Então, pedirei transferência, se for possível...

– É possível, sim – assegurou meu pai. – Heß está recebendo o alto comando e é um grande amigo.

Meu coração estremecia, ainda assim, não conseguia deixar de admirar aqueles dois homens. Com que serenidade falavam de uma campanha militar, como se planejassem um passeio. Meu valente Arno queria até mesmo voluntariar-se, mesmo se o dever não o chamasse, e meu pai abnegado achava isso normal e natural. Recompus-me. Que eu deixasse aqueles temores infantis, de gente fraca! Era necessário mostrar-me digna diante de meus dois amores, afastar os receios do coração e dar espaço somente à bela consciência: meu esposo é um herói.

Saltei e estendi ambas as mãos a ele:

– Arno, tenho orgulho de você!

Levou minhas mãos até os lábios, depois dirigiu-se a meu pai, com uma expressão radiante no rosto:

– O senhor deu uma bela educação à moça, meu sogro!

Recusado! O ultimato foi recusado! Assim aconteceu em Turim, no dia 26 de abril. Os dados tinham sido lançados e a guerra, "estourado"!

Há uma semana vinha me preparando para a catástrofe, ainda assim recebi sua chegada como um duro golpe. Joguei-me no sofá, soluçando, a cabeça mergulhada na almofada, quando Arno trouxe a notícia.

Sentou-se a meu lado e me consolou suavemente.

– Minha querida, coragem, calma! Não é tão ruim assim... em pouco tempo voltamos para casa, vitoriosos... Aí seremos duplamente felizes. Não chore desse jeito, isso me corta o coração... quase me arrependo de ter-me comprometido em participar de qualquer maneira... não, não, reflita: se meus camaradas vão, qual o direito de eu ficar em casa? Você mesma iria se envergonhar de mim... Chegou a vez de meu batismo de fogo, antes de isso acontecer não me sinto um homem e um soldado de fato. Pense como será bom quando eu retornar com uma terceira estrela no colarinho – quem sabe até uma cruz no peito.

Recostei-me em seu ombro e continuei chorando. Voltei à minha pequenez: estrelas e cruzes pareciam-me ninharias naquele momento... Nem dez cruzes sobre aquele peito estimado poderiam substituir a terrível possibilidade de que uma bala o estilhaçasse...

Arno beijou-me a testa, afastou-me suavemente e levantou:

– Tenho que ir, querida, até meu comandante. Chore tudo que tiver de chorar... quando eu voltar, espero encontrá-la recomposta e feliz. Preciso disso para não ser perseguido por ideias nebulosas. Agora que atravessamos um período decisivo, não irá minha esposa arrancar-me a coragem, abrandar meus ímpetos de ação? Adeus, meu amor. – E saiu.

Recompus-me. Suas últimas palavras continuaram retumbando em meus ouvidos. Era evidente: meu dever não era só o de não enfraquecer sua coragem e ímpetos de ação, como também, no melhor dos mundos, elevá-los. Essa é a única maneira de nós, mulheres, podermos cumprir nosso patriotismo, de termos alguma participação na glória que nossos maridos trazem dos campos de batalha... "Batalha... campos". Estranho como, agora, de repente essas palavras me vêm à mente em dois significados básicos diversos. Em parte, no sentido habitual, histórico, patético, a suscitar um encantamento elevado; em parte, pela palavra batalha, de sua vizinha a palavra brutal, sanguinária e aversiva "abate"... sim, elas ficariam estiradas no campo, *abatidas*, as pobres pessoas, com as feridas abertas, vermelhas, e entre elas, talvez... Imaginei tal coisa gritando alto.

Minha criada, Betti, entrou correndo assustada. Ela havia me ouvido gritar.

– Pelo amor de Deus, Senhora Condessa, o que aconteceu? – perguntou, trêmula.

Olhei para a moça: também ela estava com os olhos vermelhos de chorar. Entendi: ela soube da notícia, e seu amado era soldado. Tive vontade de abraçar minha companheira de infortúnio.

– Não há de ser nada... – disse, branda. – Os que irão partir acabam por voltar...

– Ah, minha nobre senhora, nem todos – respondeu, desfazendo-se novamente em lágrimas.

Então, minha tia veio até mim e Betti se afastou.

– Vim para lhe consolar, Martha – disse a velha senhora, abraçando-me – e professar-lhe resignação nessa prova.

– Então a senhora já sabe?

– Toda a cidade já sabe... Há júbilo por toda parte, essa guerra é bastante popular.

– Júbilo, tia Marie?

– Claro, entre aqueles que não verão um ente querido ser levado. Sabia que você ficaria triste, por isso corri para cá. Teu pai chegará logo, mas não para consolar, e sim dar os parabéns: ele não se contém de alegria por a guerra ter chegado, e vê na participação de Arno uma chance maravilhosa para ele. No fundo ele tem razão... para um soldado não há nada melhor que a guerra. E assim você deve também ver a situação, minha criança. Realização profissional faz todos crescerem. O que *tem* que ser...

– Sim, a senhora tem razão, tia, o que *tem* que ser: o irrevogável.

– O que Deus quer – reforçou tia Marie.

– É preciso aguentar com a calma e a resignação.

– Muito bem, Martha. Tudo acontece como determina, de antemão, a Providência sábia e benevolente em Sua decisão irrevogável. O momento da morte de todos já está escrito no momento do nascimento. Por isso, vamos rezar muito por nossos queridos combatentes e com muito fervor.

Por pouco não questionei a contradição que reside em ambas as declarações: a de que a morte é *predeterminada* e, ao mesmo tempo, passível de se evitar com orações. Para mim, isso já não era tão claro e tinha uma vaga lembrança de que, quando fui educada, apregoava-se não ser permitido aproximar questões racionais de coisas tão sagradas. Tivesse tido o escrúpulo de fazê-lo diante de minha tia, ela teria ficado terrivelmente ofendida. Nada poderia ofendê-la mais do que alguém colocando dúvidas racionais sobre certas coisas. "Não refletir sobre isso" é a ordem de decoro diante de todos os mistérios. Assim como não é permitido dirigir perguntas a um rei, também é um tipo de quebra de etiqueta, uma blasfêmia, quando alguém deseja testar e investigar um dogma. "Não refletir sobre isso" é, a propósito, um mandamento fácil de ser cumprido e, naquela ocasião, estava disposta a me resignar. Por isso, não dei início a uma controvérsia com minha tia, agarrei-me, isso sim, ao consolo a que a oração levava. De fato, durante toda a ausência de meu esposo, quis suplicar, com fervor, à proteção celeste, que ela desviasse todas as balas de Arno... Desviar? Para onde? Para o peito de outro, para quem provavelmente também recebia orações? Sem contar o que havia sido demonstrado durante meus anos de aluna, das consequências infalíveis e computáveis das matérias e de seu movimento? De novo uma dúvida? Melhor afastá-la.

– Sim, tia – disse alto para interromper aquelas contradições que cruzavam meu espírito. – Sim, vamos orar com diligência e Deus irá nos ouvir: Arno ficará intacto.

– Viu só, viu só, criança, como a alma encontra refúgio na religião em horas difíceis. Talvez Deus esteja mandando essa provação para que deixe de lado sua fraqueza.

De novo não consegui aceitar muito bem o fato de que toda indisposição entre a Áustria e a Sardenha, que vinha ainda desde a guerra da Crimeia, todas as tratativas, a imposição do ultimato e a sua recusa tivessem sido realizadas por Deus apenas para fortalecer minha fraqueza.

Expressar essa dúvida também não teria sido de bom tom. Tão logo alguém pronuncia o "amado Deus", isso lhe confere uma certa imunidade sentenciosa, segundo o provérbio. No que concerne à imputação de minha fraqueza, havia aí algum fundamento. A religiosidade de minha tia era profunda, a minha era uma devoção mais aparente. Nesse quesito, meu pai tinha uma completa indiferença, assim como meu esposo. Não tive estímulo nem de um, nem de outro para uma crença fervorosa. Nunca fui capaz de me aprofundar com entusiasmo em doutrinas religiosas. Nelas, mantive inconteste somente a utilização do princípio de "não refletir sobre isso". Ia todos os domingos à missa e uma vez por ano ao confessionário. Punha-me em tais cerimônias com muita devoção e reverência, entretanto tudo isso era como que um tipo de observância da etiqueta cabível à minha posição. Cumpria os deveres sociais religiosos com a mesma correção de quando executava as coreografias da *les lanciers** nos bailes ou a reverência à imperatriz, quando ela entrava no salão. Nosso capelão na Baixa Áustria e o núncio não podiam me reprovar, mas a imputação trazida por minha tia era muito justa.

– Pois é, criança – prosseguiu – com muita facilidade esquecemos de nosso Salvador na alegria e no bem-estar, mas se a doença ou o perigo de morte irrompe sobre nós ou, mais ainda, sobre nossos entes queridos, se estamos arrasados ou cheios de preocupação...

Nesse ritmo, ela teria prosseguido por um bom tempo, então a porta se abriu e meu pai irrompeu!

– Uhhuu! Chegou a hora! – foi a sua saudação. – Eles querem uma surra, esses *maledetos*? Surra é o que terão!

Foi uma época agitada. A guerra "estourou". Todos esquecem que se trata de dois punhados de pessoas que vão brigar entre si e todos consideram o acontecimento de tal forma, como se houvesse um terceiro elemento elevado que se prevalece, cuja "irrupção" força os dois punhados a brigarem. Toda a responsabilidade recai sobre esse poder que reside fora da vontade individual, poder que causa o cumprimento dos destinos predeterminados dos povos. Essa é a concepção tão obscura e respeitosa que a maioria das pessoas tem sobre a guerra e que também era a minha. Estava fora de

* Espécie de quadrilha muito popular nos séculos XVIII e XIX. [N. da R.]

questão uma revolta de meus sentimentos contra a condução da guerra, a *única coisa* que me fazia sofrer era que meu amado teria de partir para o perigo e eu seria deixada para trás com a solidão e os temores. Revirei todas as minhas impressões do tempo dos estudos de história, para fortalecer minha consciência e adquirir entusiasmo para o fato de que o dever humano mais elevado era o que chamava pelo meu querido, e que a ele seria oferecida a possibilidade de cobrir-se de glória e honraria. Estava vivendo, de fato, em meio a uma época histórica: essa era uma ideia de uma grandeza peculiar. De Heródoto e Tácito até os modernos, apresentavam-se as guerras sempre como os eventos mais importantes e com as consequências mais graves, por isso eu pensava que também ali estava em curso um evento mundial que serviria de capítulo para a historiografia futura.

Essa atmosfera entusiasmada, a transbordar de importância, era a que, a propósito, predominava. Não se falava em outra coisa nos salões e nas ruelas; não se lia outra coisa nos jornais; não se orava para outra coisa nas igrejas senão para isso: para onde se ia, eram sempre os mesmos rostos agitados e as mesmas rodas animadas de conversa sobre a eventual guerra. Todo o mais, o que de resto mantém o interesse das pessoas: teatro, negócios, comércio, arte – tudo passou a ser visto como secundário. Tinha-se a sensação de que ninguém tinha o direito de pensar em outra coisa, enquanto acontecia aquela entrada na história universal. E os diversos comandos do exército com as frases de efeito conhecidas sobre a consciência da vitória e a promessa da glória; e a marcha das tropas ao som das cornetas e ao balanço dos estandartes; e os editoriais e discursos públicos de lealdade e fervor pela pátria; esse eterno apelo à virtude, à honra, ao dever, à coragem, ao sacrifício; esse assegurar-se mútuo de que éramos a melhor nação, a mais nobre, destinada à grande expansão de poder, conhecidamente a mais destemida e insuperável: tudo isso dissemina uma atmosfera heroica, o que enche de orgulho toda a população e evoca em cada indivíduo a opinião de que ele é um grande cidadão de uma grande época.

As qualidades ruins, quando existem, são: avidez pela conquista, prazer de brigar, ódio, crueldade, artimanha. Claro que se levam em conta e admite-se serem passíveis de se revelar na guerra, mas sempre por parte do "inimigo". Sua ruindade era evidente. Exceto pela inevitabilidade política do campo de batalha a ser empreendido, bem como pelas vantagens inquestionáveis que surgem dali, a derrota do inimigo é uma questão moral, uma penalização executada pelo gênio da cultura... Esses italianos – que povo preguiçoso, incorreto, sensual, negligente e vaidoso! E esse Louis Napoleão, a síntese da ambição e do espírito da intriga! Quando se publicou o seu manifesto sobre a guerra em 29 de abril, com o lema "Itália livre até o Mar Adriático", houve uma avalanche de indignação entre nós. Eu me permiti uma pequena observação, de que isso, na verdade, seria uma bela ideia altruísta, que poderia levar ao entusiasmo dos patriotas italianos, mas logo fui silenciada. Não era permitido desfazer o dogma "Louis Napoleão é um vilão" enquanto ele era "o inimigo". Tudo o que vinha dele era de antemão "vilania". Veio-me uma dúvida sorrateira. Em todos os relatos históricos de guerra, havia achado que a simpatia e a admiração dos narradores se expressavam sempre por aquele lado que almejava livrar-se do jugo estrangeiro e que lutava pela liberdade. Embora não soubesse definir nem o conceito de "jugo" nem o de "liberdade", que se exalta com tanta efusividade, ainda assim me parecia evidente: a libertação do jugo e o anseio por liberdade dessa vez não residiam no lado austríaco, e sim no do italiano. Meu pensamento discreto e o fato de ainda ter expressado tal escrúpulo causou tumultos. Desastrada, voltei a tocar em um fundamento sacrossanto de que nosso governo, ou seja, aquele sobre o qual por acaso nascemos, jamais poderia oferecer um jugo, e sim uma bênção; de que aqueles que querem se apartar de "nós" não lutam pela liberdade, são, isso sim, rebeldes, e de que, sobretudo e sob quaisquer circunstâncias, "nós" estamos em nossos plenos direitos, sempre e onde quer que estejamos.

Os primeiros dias de maio estavam frios e chuvosos, por sorte. Um clima ensolarado e primaveril teria causado um contraste ainda mais doloroso. O regimento para o qual se alocou Arno saiu para a marcha. Às sete da manhã... ah, a noite anterior... que noite terrível! Tivesse meu querido partido somente para uma viagem qualquer de negócios, e a separação já me teria causado uma tristeza indizível. Separação já é tão dolorosa, mas para a guerra! Ir de encontro à chuva de fogo da artilharia inimiga! ... Por que naquela noite a palavra guerra me atingia não mais com seu sentido histórico elevado, e sim com o horror a ameaçar de morte?

Arno tinha adormecido. Respirava tranquilamente, seu rosto expressava alegria. Acendi uma vela e a postei atrás de um anteparo: naquele dia não era capaz de me manter na escuridão. Dormir estava fora de questão para mim – naquela *última* noite. Ao menos tinha como observar o seu rosto o tempo todo. Fiquei deitada de penhoar em nossa cama; o cotovelo sobre o travesseiro, o queixo apoiado sobre a mão, olhava para aquele que ressonava, e chorava em silêncio... "Como eu te amo, meu amor, e você vai sair de perto de mim... Por que o destino é tão cruel? Como vou viver sem você? Se ao menos você voltasse logo! Oh, Deus, meu bom Deus. Meu pai misericordioso que fica no céu, faça com que ele volte logo, ele e todos... faça a paz se restabelecer!... Por que não pode haver paz sempre?... Éramos tão felizes... felizes demais... não se pode ter uma felicidade plena na Terra... Oh, que bem-aventurança se ele retorna inteiro e, depois, volta a deitar-se a meu lado e não há risco de despedida para a manhã seguinte... Como ele dorme tranquilo, meu amor valente! Mas como você vai dormir lá? Lá não existe para você uma cama macia, coberta de sedas e de dobras. Você vai ter que se deitar na terra dura e molhada... talvez em uma canaleta, desamparado, ferido..." Esse pensamento não me fez imaginar outra coisa senão uma ferida entreaberta de sabre em sua testa, de onde escorreria sangue, ou um buraco em seu peito causado por uma bala... e me acometeu uma dor imensa de comiseração. Como eu teria gostado de entrelaçar o pobre e beijá-lo, mas não podia acordá-lo, precisava desse sono reparador. Mais seis horas ainda... tic, tac, tic: de uma rapidez impiedosa e, é claro, o tempo corria para aquele objetivo. Doía-me aquele tic-tac indiferente. Também a luz queimava indiferente atrás de seu anteparo, e como esse relógio fazia seu tic-tac com sua estatueta estúpida de bronze do Cupido... Não compreendiam todas aquelas coisas que aquela era a *última* noite? Minha pálpebra lacrimosa fechou-se, a consciência desaparecia cada vez mais, a cabeça recostada no travesseiro, até eu acabei adormecendo. Por um curto período de tempo, no entanto. Mal meu sentido perdia-se na neblina de um sonho disforme, e de repente meu coração se oprimia e eu despertava com uma batida mais forte que ele dava, com a mesma sensação de angústia de quando somos despertados por um chamado de socorro ou por alarme de incêndio... "Despedida, despedida!" Era o alarme.

Ao me sobressaltar do sono pela décima ou décima segunda vez, já era dia e a chama da vela ainda tremulava. Batiam à porta.

– Seis horas, senhor Primeiro-Tenente – informava a ordenança, que havia recebido a ordem de despertá-lo na hora certa.

Arno pulou da cama... Era chegada a hora, agora seria dita a palavra lamentosa de "adeus".

Ficou combinado de eu *não* o acompanhar até a estação de trem. Quinze minutos a mais ou a menos de companhia não entrava em questão. Não queria expor meu sofrimento da partida ante pessoas estranhas. Queria ficar sozinha em meu quarto quando o beijo de despedida fosse trocado, para poder me lançar ao chão, e gritar, gritar bem alto.

Arno trocou-se com rapidez. Enquanto isso dizia-me palavras de consolo:

– Seja forte, Martha! No máximo em dois meses a história acaba e eu estou de volta... Que diabos! Uma bala atinge seu alvo entre milhares e não vai ser essa que vai me atingir... outros já retornaram da guerra: veja teu pai. Uma hora isso tinha que acontecer. Você não se casou com um oficial hussardo com a ideia de que seu ofício seria o de cultivar jacintos. Vou te escrever sempre, tão frequente quanto possível e te relatar o quanto toda a campanha irá avançar e acontecer sempre vívida e alegre. Se algo ruim me estivesse predeterminado, como eu poderia estar me sentindo disposto? Buscarei uma medalha, mais do que isso nada... Cuide muito bem de si e de nosso Ruru. Se eu avançar, ele também poderá ser novamente condecorado. Mande-lhe saudações. Não quero repetir a despedida de ontem à noite. Um dia ele ficará encantado quando seu pai lhe contar que, no ano de 1859, esteve presente na grande vitória contra a Itália.

Eu o escutei com avidez. Aquela conversa confiante me fez bem. Ele partia com gosto e alegria. Minha dor era egoísta, por isso injusta. Esse pensamento iria me dar forças para superar.

De novo bateram à porta.

– Já está na hora, senhor Primeiro-Tenente.

– Já estou pronto, saio logo.

Estendeu seus braços:

– Bem, agora, Martha, minha esposa, minha querida...

Já me recostava em seu peito. Não conseguia falar. A palavra de adeus não me vinha aos lábios. Sentia que iria desmoronar se externasse tal palavra. Não podia estragar a tranquilidade, a alegria de sua partida. Deixaria a irrupção de minha dor para mim mesma, como espécie de compensação, para quando estivesse sozinha.

E então foi ele quem disse a palavra avassaladora:

– Adeus, minha vida, adeus! E apertou profundamente seus lábios nos meus. Não conseguíamos nos desvencilhar daquele abraço, já que era o último. Quando de repente senti seus lábios estremecerem, seu peito convulsionando ... e, ao me soltar, cobriu o rosto com suas mãos e soluçou alto.

Isso foi demais para mim. Acreditei estar ficando maluca.

– Arno, Arno! – clamei, prendendo-o com meu abraço. – Fique, fique! – sabia que exigia algo impossível, ainda assim persistia. – Fique, fique!

– Senhor Primeiro-Tenente! – chamavam-no lá de fora. – Já está na hora!

Um beijo ainda, agora sim o último. E lançou-se para fora.

Preparar bandagens; ler as notícias do jornal; fincar tachas no mapa para acompanhar os movimentos dos dois exércitos e, dessa forma, resolver tarefas de xadrez, com o objetivo de ter "Áustria avança e dá o xeque-mate"; rezar, na igreja, com fervor pela proteção dos entes queridos e pela vitória das armas da pátria; não falar de outra coisa senão das notícias vindas do palco da guerra: era isso que passou a preencher a minha existência e a de meus parentes e círculo de conhecidos. Os demais interesses ficaram de lado enquanto durou a campanha; tudo, até a pergunta "como e quando a guerra irá terminar?", perdeu a importância, quase que deixou de ser realidade. Comíamos, bebíamos, líamos, cuidávamos de nossos negócios, nada disso, porém, "valia" alguma coisa, gozavam de plena validade apenas os telegramas da Itália.

É claro que minha luz no fim do túnel eram as notícias que recebia eu mesma de Arno. Eram rápidas demais – escrever cartas nunca foi seu forte –, traziam-me, no entanto, o testemunho mais benfazejo: ele vivia ainda, e sem ferimentos. Nem sempre o envio dessas cartas e despachos eram regulares, pois, com frequência, as conexões eram interrompidas ou, se havia campo de batalha, o serviço postal era suspenso.

Se alguns dias se passavam sem que eu tivesse notícia de Arno e uma lista de baixas era publicada, qual não eram meus temores quando eu lia os nomes por inteiro!... A ansiedade é a mesma de alguém que procura o número de seu bilhete na lista dos premiados, mas em sentido contrário: o que se procura ali, sabendo (por obra divina) ter a seu lado o improvável, é o ganhador do infortúnio...

A primeira vez que li o nome dos combatentes mortos – havia quatro dias que não tinha notícias – vi que o nome "Arno Dotzky" não estava entre os deles –, juntei minhas mãos e disse em voz alta: "Meu Deus, obrigada!". Mal deixei escapar tais palavras, e aquilo me soou como uma dissonância estridente. Peguei a folha novamente e examinei pela segunda vez a lista de nomes. Quer dizer, porque Adolf Schmidt e Karl Müller e muitos outros, mas *não* Arno Dotzky, ficaram para trás é que agradeci a Deus? Seria justo a mesma gratidão ser oferecida aos céus pelo coração daqueles que estremeciam por Schmidt e Müller, caso tivessem lido "Dotzky" em vez desses nomes? E por que justo a *minha* gratidão deveria ser mais aprazível que a deles? De fato, isso foi a dissonância estridente de minha reza: a *pretensão* e o *egoísmo* presentes ali, ao acreditar que Dotzky me havia sido poupado e ao agradecer a Deus que não eu, mas somente a mãe de Schmidt e a noiva de Müller e quinze outras dessa lista irrompessem em choro e desespero...

No mesmo dia, voltei a receber uma carta de Arno:

> "Ontem tivemos um belo combate. Infelizmente... infelizmente uma derrota. Mas não fique triste, minha querida Martha, na próxima batalha venceremos. Esse foi meu primeiro grande duelo. Fiquei no meio de uma chuva de balas – uma sensação peculiar, vou te contar pessoalmente, mas é terrível *de fato*: os pobres rapazes que caem ao lado, agonizando, e que temos de deixar, apesar das lamúrias deploráveis, *'c'est la guerre!'* Até breve, meu amor. Quando fizermos os acordos de paz em Turim, daí você pode vir até mim. A tia Marie cumprirá bem o papel de cuidar de nosso pequeno sargento."

Se ao receber tais cartas era a luz do sol que preenchia meu ser, as noites, porém, eram tomadas de suas sombras mais escuras. Ao despertar do sonho bem-aventurado, e a realidade pavorosa postava-se diante de minha consciência com sua possibilidade pavorosa, era atingida por um sofrimento totalmente insuportável e por horas não conseguia adormecer. Não conseguia me livrar da ideia de que, naquele momento, Arno talvez estivesse gemendo e moribundo em uma cova, lambendo gotas de água, e saudoso, chamando por mim... Só era possível eu me acalmar aos poucos, se, com todas as forças, eu imaginasse o seu regresso. Isso era mais provável, muito mais provável, que uma morte no abandono. E concebia a cena de quando ele adentrasse o quarto e eu me lançasse em seu peito, de quando eu o conduzisse até o berço de Ruru e de quão felizes e alegres voltaríamos a ser...

Meu pai estava bastante aniquilado. Vinha uma notícia pior que a outra. Primeiro Montebello, depois Magenta. Não era só ele que estava aniquilado, toda a Áustria estava aniquilada. No começo havia tanta confiança de que mensagens ininterruptas de vitória trariam ocasião para hastearmos bandeiras em nossas casas e entoarmos o *Te Deum*. Em vez disso, as bandeiras se agitavam em Turim e lá cantavam os padres... Agora era lá que diziam: "Senhor Deus, nós o louvamos por nos socorrer e, assim, derrotarmos aqueles *tedescos* maus".

– O senhor não acha, papai – perguntei – que, se houver mais uma derrota de nossa parte, então a paz será estabelecida? Nesse caso, eu poderia desejar, que...

– Você não tem vergonha de dizer uma coisa dessas? Era preferível uma guerra de sete anos, de trinta anos, por fim eram nossas armas que teriam de vencer e *nós* ditarmos o acordo de paz. Para que iríamos à guerra, senão para que tudo tivesse logo resolvido, caso contrário poderíamos ter ficado em casa desde o começo.

– Assim teria sido melhor... – disse suspirando.

– Como vocês mulheres são covardes! Mesmo você, que recebeu bons fundamentos de amor à pátria e de sentimento de honra, agora está se acovardando e valoriza mais tua tranquilidade pessoal que a prosperidade e a glória do país!

– Sim, mas se eu não amasse tanto meu Arno...

– Amor ao cônjuge, à família, tudo isso é belo... mas secundário.

– Tem que ser assim?

A lista de baixas havia trazido vários nomes de oficiais que eu conhecia pessoalmente. Entre outros, o filho, o único, de uma senhora por quem eu nutria muita estima.

Quis vê-la naquele dia. Foi um passo pesado e constrangedor. Não era possível levar-lhe consolo, ao máximo chorar junto. Era, porém, um dever por afeto. E assim me pus a caminho.

Ao chegar à casa da Sra. von Ullsmann, hesitei em bater o sino. A última vez que estivera ali foi para um pequeno baile, por diversão. Naquele dia, aquela senhora tão amável estava ela mesma plena de jovialidade. "Martha", disse-me ela durante aquela noite, "somos as mulheres mais invejáveis de Viena: você tem o esposo mais belo e eu, o filho mais esplêndido". E hoje? Eu ainda tinha meu marido... quem sabe? Bombas e granadas explodiam ininterruptamente. O último minuto poderia ter-me tornado viúva...

E comecei a chorar diante da porta. Era o estado de espírito mais apropriado para aquela triste visita. Toquei o sino. Ninguém veio. Toquei uma segunda vez. De novo, nada.

Quando a cabeça de alguém assomou na porta de uma outra casa.

– A senhora está tocando à toa, a casa está vazia.

– Como? A Sra. von Ullsmann foi embora?

– Três dias já no manicômio. – E a cabeça voltou a desaparecer atrás da porta que se fechava.

Fiquei uns minutos sem reação, parada no mesmo lugar e, dentro de mim, via a cena que teria acontecido ali. Até onde foi o sofrimento da pobre mulher, até que a dor irrompesse em loucura!

E meu pai querendo que a guerra dure trinta anos, para o bem do país... quantas mães ainda terão de entrar em desespero?

Desci as escadas profundamente abalada. Decidi fazer uma outra visita a uma jovem amiga, cujo marido, assim como o meu, estava na guerra.

O caminho percorria a Herrengasse, passando pelo prédio da assim chamada Assembleia, onde estavam instalados os escritórios da "Associação Patriótica de Apoio". Naquela época, ainda não havia nenhuma Convenção de Genebra, nenhuma "Cruz Vermelha" e aquela associação era precursora daquelas instituições humanitárias, cuja tarefa era recolher para os pobres feridos todo tipo de doação em dinheiro, roupas, bandagens, utensílios para ataduras etc. e transportá-lo aos campos de batalha. As doações vinham de toda parte e em abundância; todo depósito seria para recebê-las, e mal os suprimentos eram embalados e despachados, logo voltavam a se empilhar outros.

Entrei ali; tive necessidade de entregar ao comitê todo dinheiro que havia em minha bolsa. Talvez ele pudesse levar ajuda e salvação a um soldado que estivesse sofrendo, e poupar uma mãe da loucura.

Conhecia o presidente.

– O príncipe C. está aí? – perguntei ao porteiro.

– No momento não. Só o vice-presidente Barão S. está lá em cima.

Mostrou-me o caminho para o local onde a doação de dinheiro era entregue. Tive de passar por várias salas, onde os pacotes estavam enfileirados sobre mesas compridas. Montes de peças de roupas, charutos, tabaco e, em particular, montanhas de bandagens... Estremeci. Quantos ferimentos teriam de sangrar, para que tantas fibras trançadas como aquelas pudessem ser usadas para cobri-los? "E meu pai", voltei a pensar, "querendo que a guerra dure mais trinta anos para o bem da nação... Quantos filhos desse país iriam sucumbir às suas feridas?".

Barão S. recebeu minha doação e agradeceu. Com a maior prontidão, respondeu às minhas diversas perguntas sobre a atuação da entidade. Era gratificante e um consolo ouvir o quanto se fazia de bom ali. O carteiro havia acabado de chegar com cartas e informava que havia dois carrinhos cheios de correspondência do interior a ser entregue. Sentei-me em um sofá no fundo da sala, para esperar a entrega dos pacotes. Entretanto, foram entregues em uma outra sala. Então, um senhor bem idoso chegou, cuja postura era a de um outrora militar.

– Permita-me, Sr. Barão – disse enquanto retirava a carteira e sentava-se em uma poltrona próxima a uma mesa – permita-me que eu contribua com uma pequena oferenda à sua bela obra.

E entregou-lhe uma nota de cem florins.

– Vejo a todos vocês da organização como verdadeiros anjos... Veja bem, eu mesmo sou um velho soldado (apresentou-se como tenente marechal de campo X) e, portanto, sou capaz de avaliar o quanto isso faz bem aos pobres rapazes que estão na luta... participei das campanhas de 1809 e 1813, não havia ainda associações patrióticas de apoio, ninguém enviava caixas com ataduras e bandagens aos feridos. Quando se esgotavam os suprimentos de socorro, quantos que ficavam lá, sangrando em estado lastimável, não poderiam ter sido salvos com envios como esses! É um trabalho abençoado o de vocês, pessoas boas e nobres, vocês não têm ideia, não têm ideia, do *quanto* de bom estão fazendo!

E duas grossas lágrimas escorreram pelo bigode grisalho daquele senhor.

Lá fora ouvia-se um barulho de passos e vozes. As duas folhas da porta de entrada se abriram e um soldado da guarda se anunciou:

– Sua majestade, a imperatriz.

O vice-presidente correu para fora, para o pé da escada, a fim de receber a ilustre visita com a devida reverência, mas ela já tinha chegado à sala contígua.

Observei a jovem monarca de meu pequeno esconderijo com admiração. Parecia-me quase ainda mais encantadora com sua roupa do dia a dia que em suas vestes suntuosas das festas da corte.

– Vim – disse ela ao Barão S. – porque recebi, hoje cedo, uma carta do imperador diretamente do campo de batalha, na qual ele me escreve quão úteis e bem-vindas são as doações da "Associação Patriótica de Apoio", então quis vir eu mesma inspecionar... e informar o comitê sobre o reconhecimento do imperador.

Em seguida, foram-lhe detalhadas todas as atividades da associação e ela observava, em detalhes, os diversos objetos empilhados.

– Veja, condessa – disse à sua primeira dama de companhia, ao pegar uma peça de roupa – que linho bom, e muito bem costurado.

Então, pediu ao vice-presidente que a conduzisse ainda às outras salas e deixou a sala ao seu lado. Dirigia-se a ele com clara satisfação e ainda a ouvi dizer:

– É um empreendimento belo, patriótico, para os pobres soldados...

Já não pude compreender o restante. "Pobres soldados": a expressão ficou um bom tempo ressoando em meus ouvidos, ela a havia enfatizado com muita compaixão. Isso mesmo, *pobre*. E quanto mais se enviavam consolo e auxílio, tanto melhor. E passou pela minha cabeça: mas e se eles não fossem enviados para toda aquela miséria, as pobres pessoas, não seria muito melhor?

Repeli tais pensamentos... tem que ser assim, tem que ser assim. Não havia outra desculpa para o horror da guerra a ser conduzida que não aquela da palavra "tem".

Segui, então, meu itinerário. A amiga a quem gostaria de visitar morava bem perto da "Assembleia", no Kohlmarkt. No caminho, entrei em uma livraria para comprar um mapa do norte da Itália. O nosso estava todo furado de tanto fincarmos as taxas. Além de mim, havia vários clientes ali. Todos pediam mapas, esquematismos ou algo do gênero. Até que chegou a minha vez.

– Também gostaria de um mapa com o palco da guerra? – perguntou o livreiro.

– O senhor adivinhou.

– Não é difícil. Já não vendo quase nada, além disso.

Trouxe-me o pedido e, enquanto o embrulhava, dizia a um senhor a meu lado:

– O senhor veja, professor, a coisa não está boa para quem escreve obras literárias ou científicas, ou as editam, ninguém mais pede por elas. Enquanto durar a guerra, ninguém terá interesse pela vida intelectual. É uma época ruim para escritores e livreiros.

– É uma época ruim para a nação – respondeu o professor – para a qual, isso é evidente, uma tal falta de interesse tem por consequência a decadência.

E meu pai, pensei pela terceira vez, desejando que a guerra dure trinta anos pelo bem da nação...

– Seus negócios não vão bem? – meti-me na conversa.

– Os meus somente? De todos, quase todos, minha senhora. – respondeu o livreiro – À exceção dos distribuidores do exército, não há um empresário a quem a guerra não trará prejuízos incontáveis. Tudo está parado: o trabalho nas fábricas, no campo, inúmeras pessoas estão sem trabalho e pão. A moeda está se desvalorizando, o ágio está subindo, toda vontade de empreender desaparecendo, várias empresas estão em bancarrota, em suma: uma lástima, lástima!

– E meu pai desejando... – repeti, em silêncio, ao deixar a loja.

Minha amiga estava em casa. A condessa Lori Griesbach partilhava de meu destino em mais de um sentido. Era filha de general, como eu, casou-se rapidamente com um oficial, como eu, e como eu, viúva de marido vivo. Em uma coisa ela me ultrapassava: não tinha apenas seu marido na guerra, mas também dois irmãos ainda. Lori, porém, não tinha uma natureza apreensiva. Ela era plenamente convencida de que seus amores estavam sob a proteção especial de um santo muito devoto seu. Tinha bastante na confiança no regresso deles.

Recebeu-me de braços abertos.

Olá Martha, bem-vinda! Que gentil de sua parte vir me visitar. Mas você está com uma aparência tão pálida e abatida... não há notícias ruins da guerra, não é?

– Não, graças a Deus, só tudo é tão triste...

– Ah, sim, você diz a derrota? Não se preocupe com isso, os próximos relatos podem trazer a vitória.

– Vencer ou ser vencido, a guerra por si só é terrível... Não seria melhor não haver nenhuma?

– Para que, então, haveria os militares?

– Sim, para quê? – ponderei – que não houvesse nenhum, então.

– Mas que absurdo! Uma bela existência para meros civis; estremeço só de pensar. Ainda bem que isso é impossível.

– Impossível? Você deve ter razão. *Quero* crer, do contrário não conseguiria entender que já não o tenha acontecido antes.

– Acontecido o quê?

– A abolição da guerra. Melhor: poderia dizer que os terremotos fossem abolidos...

– Não sei o que você está pensando. No que concerne a mim, fico feliz que essa guerra tenha estourado, porque espero que meu Ludwig seja condecorado. Também para meus irmãos é uma boa oportunidade. É tão difícil avançar na carreira, agora eles têm uma chance...

– Tem recebido notícias? – interrompi. – Estão todos bem?

– Na verdade, faz um bom tempo que não. Você sabe que é frequente os correios serem interrompidos, e quando estão bem cansados após um dia intenso de marcha ou batalha, também não sentem vontade de escrever. Estou bem tranquila. Tanto Ludwig quanto meus irmãos estão carregando amuletos abençoados, minha mãe mesma colocou-os neles.

– Lori, como você imagina uma guerra em que todos, em ambos os exércitos, carregassem um amuleto? Quando as balas voassem de um lado a outro, elas voltariam, inofensivas, para as nuvens?

– Não te entendo. Tua fé é tão frágil. Tua tia sempre reclama disso comigo.

– Por que não responde à minha pergunta?

– Porque você zomba de algo que é sagrado para mim.

– Zombar? Não, não... só uma consideração racional.

– Você sabe que é pecado dar força à razão, para que teça julgamentos sobre coisas que estão acima dela.

– Não falarei mais nada, Lori. Pode ser que tenha razão: refletir e especular não presta... há um tempo que todo tipo de dúvida paira sobre as minhas mais antigas convicções, e isso só me traz tormento. Se não tivesse mais a convicção de que seria necessário e bom iniciar essa guerra, não conseguiria perdoar aquele que...

– Você diz Louis Napoleão? Ele não passa de um causador de intrigas...

– Que seja ele ou qualquer outro, gostaria de acreditar piamente que não foram pessoas que ocasionaram a guerra, mas que ela "estourou" por si só, como o tifo ou a irrupção do Vesúvio...

– Você está tão exaltada, querida. Vamos conversar de forma racional. Me escute. Logo a campanha irá acabar e nossos maridos voltarão como capitães da cavalaria. Depois tentarei levar o meu para quatro ou seis semanas de férias em um balneário. Isso irá lhe fazer bem depois de tanta fadiga e também a mim, que tive de suportar muito calor, tédio e apreensão. Não pense que não sinto medo... Pode ser da vontade de Deus que um de meus queridos morra como soldado, e se for para ser essa morte bela e invejável... no campo da honra... para o imperador e a pátria.

– Fala como se fosse o primeiro e melhor comando militar.

– Seria terrível... pobre mamãe... se acontecesse algo a Gustav ou Karl... Não vamos falar disso! Bem, para descansarmos de todo esse temor, será preciso nos submeter a uma temporada agradável de banhos... De preferência em Karlsbad, estive uma vez lá quando menina e me diverti aos montes.

– E eu em Marienbad... Lá conheci Arno... Mas por que estamos, aqui, ociosas? Você não tem fios para trançarmos bandagens? Estive hoje na Associação Patriótica de Apoio, quando chegou sabe quem?

De repente, fomos interrompidas. Um serviçal entrou com uma carta.

– É de Gustav! – exclamou Lori, exultante ao romper o envelope selado.

Depois de ler algumas linhas, gritou, a folha caiu de suas mãos e ela se jogou sobre mim.

– Lori, querida, o que foi? – perguntei bastante comovida – teu marido?...

– Oh, Deus, oh, Deus! – gemeu – leia você mesma...

Peguei a folha do chão e comecei a ler. Posso reproduzir com exatidão o teor da carta, depois pedi a carta à Lori para que registrasse o conteúdo em meu diário.

– Leia em voz alta – pediu – não consigo ir até o final.

Fiz como desejava.

"Querida irmã! Ontem tivemos uma dura batalha, isso vai levar a uma imensa lista de baixas. Para que você, nossa pobre mãe, não saibam desse infortúnio por ela e para que você tenha tempo de prepará-la (diga que ele está ferido gravemente), resolvi escrever logo que, entre os combatentes que morreram pela pátria, está também nosso valente irmão Karl." Parei para abraçar a amiga.

Contendo minhas lágrimas e com a voz embargada, continuei.

"Teu marido está intacto, assim como eu. Que a bala inimiga tivesse me atingido: invejo Karl e sua morte heroica, ele morreu no começo da batalha, sem saber que ela de novo foi perdida. Isso é muito duro. Eu o vi morrer, pois cavalgava a seu lado. Pulei imediatamente para erguê-lo, por um curto momento, e já estava morto. A bala deve ter cravado seu coração ou pulmão! Foi um fim rápido e sem dor. Quantos não tiveram de sofrer por horas, estirados no chão e desamparados em meio à batalha, até a morte os redimirem. Foi um dia de homicídios, mais de mil cadáveres, companheiros e inimigos cobriram o campo de batalha. Entre os mortos reconheci alguns rostos conhecidos e queridos, entre eles (aqui era preciso virar a folha) o pobre Arno Dotzky..." Caí desmaiada no chão.

– Acabou, Martha! Solferino tomou a decisão: fomos derrotados.

Meu pai chegou correndo com essas palavras numa manhã até um lugarzinho do jardim, onde eu estava sentada, sobre a sombra das tílias.

Tinha voltado à casa paterna com meu pequeno Rudolf. Oito dias depois do golpe que me abatera, minha família mudou-se para Grümitz, nossa propriedade campestre na Baixa Áustria, e eu com ela. Sozinha teria entrado em desespero. Agora todos estavam em minha volta, como antes de casada: meu pai, tia Marie, meu irmãozinho e minhas duas irmãs, que floresciam. Todos faziam o possível para aliviar meu sofrimento, tratavam-me com um tipo de alta consideração que me fazia bem. Para eles, residia em meu triste destino uma certa bênção, o que me elevava sobre meu entorno, como uma espécie de mérito. Junto do sangue que os soldados derramavam no altar da pátria, as lágrimas derramadas nesse mesmo altar pelas mães, mulheres e noivas dos soldados formavam a libação sagrada. Havia um leve sentimento de orgulho, uma consciência de que era uma dignidade militar, por assim dizer, ter perdido um esposo amado no campo da honra, algo que aliviava a minha dor. E não era a única. Como muitas, muitas em todo país, agora estava em luto pelos entes queridos que descansavam em solo italiano...

Não conhecia mais detalhes sobre o fim de Arno. Haviam o encontrado morto, o identificado e enterrado, isso era tudo o que eu sabia. Certamente seu último pensamento estava dirigido a mim e ao nosso pequeno, e o consolo no último minuto deve ter sido: cumpri meu dever, *mais* que meu dever.

– Fomos derrotados – repetia meu pai, apreensivo, ao sentar-se a meu lado no banco.

– As vítimas foram sacrificadas à toa – disse suspirando.

– Devemos invejar as vítimas, porque não sabem nada da humilhação que nos atingiu. Mas nós vamos revidar, ainda que falem que a paz está para ser selada...

– Se Deus quiser! – interrompi – pobre de mim, para mim infelizmente tarde demais... ao menos milhares de outros serão poupados.

– Você pensa sempre em você e nos indivíduos, nessa matéria, porém, trata-se da Áustria.

– E ela não se constitui justamente de indivíduos?

– Minha filha, um império, um Estado, vive uma vida mais longa e mais importante que a dos indivíduos. Eles desaparecem de geração a geração, e o império continua se desenvolvendo, alcança a glória, a grandeza e o poder, ou declina e se encolhe e desaparece, quando permite que outros impérios o vençam. Por isso é que o mais importante e mais grandioso a ser ambicionado pelo indivíduo e o que ele deve querer sempre é a existência da grandeza, da prosperidade do império.

Guardei essas palavras para anotá-las, no mesmo dia, em meus cadernos vermelhos. Pareciam-me expressar com força e concisão aquilo que eu havia sentido a partir dos livros de história, durante minha época de ensino, e que fora banido de minha consciência nos últimos tempos, desde a partida de Arno para a guerra, por causa do medo e da compaixão. Queria me aferrar a essa ideia com todas as minhas forças, para encontrar nela o conforto e a resignação de que meu amado morrera por uma causa maior, de que meu próprio infortúnio era um componente dessa causa maior.

E de novo tia Marie tinha em mãos outras formas de consolo.

– Não chore, minha filha – costumava dizer, quando me via profundamente mergulhada no luto. – Não seja tão egoísta ao lamentar por aqueles que agora estão bem. Ele está entre os falecidos e a está abençoando lá de cima. Mais alguns anos que transcorram aqui na terra e você o encontrará de novo na glória. Para aqueles que ficaram no campo de batalha, o céu prepara as mais belas moradas... Felizes aqueles que são chamados no exato momento em que cumprem um dever sagrado. O soldado que morre lutando quase pode se comparar aos mártires.

– Então, devo me alegrar que Arno...

– Alegrar-se, não, isso seria demais. Mas carregar o seu destino com humilde resignação. É uma prova enviada pelos céus, da qual você sairá purificada e fortalecida em sua fé.

– Ou seja, para que *eu* tenha a prova e seja purificada é que Arno teve...

– Não por isso, e quem pode, deve querer entender os caminhos tortuosos da Providência? Certamente não eu.

Embora me fosse recorrente todo tipo de objeções contra as palavras de consolo de tia Marie, no fundo de minha alma, gostava de me entregar à visão mística de que o meu glorificado estivesse, agora, aproveitando, no céu, a recompensa de seu sacrifício e de que, entre as pessoas, sua memória estivesse ornada com a glória imortal do heroísmo.

Quão sublime, ainda que doloroso, havia sido o efeito da cerimônia de luto sobre mim, daquela que assisti no dia de nossa partida, na Catedral de São Estêvão. Era uma cerimônia fúnebre para nossos combatentes que haviam morrido em solo estrangeiro e lá foram enterrados. No meio da igreja, haviam colocado um catafalco alto, centenas de velas acesas em sua volta e o ornado com emblemas militares, bandeiras e armas. Do coro vinha o som tocante do réquiem e os presentes, em sua maioria mulheres trajando preto, choravam quase todos. E choravam não só por aquele que tivessem perdido, mas também por todos os outros que encontraram a mesma morte: todos eles juntos, os pobres e valentes irmãos de armas, haviam dado suas jovens vidas para todos nós, ou seja, para o seu país, para a honra da nação. E os soldados vivos que acompanhavam a cerimônia – o conjunto de generais e oficiais, que ficou em Viena, estava lá e várias companhias militares preenchiam o pano de fundo – todos estavam atentos e prontos para seguir seus camaradas mortos, sem hesitar, sem resmungar, sem temer... Com o incenso, o sino e os sons do órgão, com as lágrimas derramadas por uma dor coletiva, era certo que um sacrifício benfazejo ascendia aos céus e o Senhor de todos os exércitos iria derramar suas bênçãos sobre aquele para quem o catafalco havia se erigido...

Assim pensei eu naquela época. Ao menos são essas as palavras com as quais os cadernos vermelhos descrevem a cerimônia de luto.

Quatorze dias depois da notícia da derrota em Solferino, veio a notícia da assinatura das preliminares de paz em Villa Franca. Meu pai tentou de toda maneira me explicar que, por motivos políticos, éramos obrigados a selar o acordo de paz. A isso eu afirmava, de todo modo, parecer-me gratificante se a maldade da morte e do combate tivesse um fim. Meu bom pai, no entanto, insistia em me apresentar argumentos para dar desculpas àquele ato:

– Não creia que estamos com medo... Se parece que estamos fazendo concessões, não é que devemos algo à nossa dignidade, e sabemos o que fazemos. Não é por causa de nós, somente, que abrimos mão da partida depois desse joguinho de xadrez em Solferino. Não, não. Bastava ter enviado uma tropa e o inimigo logo teria de evacuar Milão... Mas sabe, Martha, trata-se de outros interesses e princípios gerais. Estamos abrindo mão agora de continuar lutando, para conservar outros principados em ameaça na Itália. O capitão dos ladrões na Sardenha, com a assistência do carrasco francês, quer tomá-los de assalto. Querem voltar-se contra Modena, Toscana, onde – você sabe – regem as dinastias que têm parentesco com nossa família imperial, até mesmo contra Roma, o papa – esses vândalos. Se entregarmos a Lombardia provisoriamente, manteremos, com isso, Vêneto, e podemos garantir o apoio aos Estados do sul da Itália e à Santa Sé. Percebe que é por motivos estritamente políticos e pelo interesse do equilíbrio europeu...

– Sim, pai, – interrompi – percebo. Ah, tivessem esses interesses prevalecidos logo em Magenta! – acrescentei com um suspiro amargo.

Então, para mudar de assunto, mostrei-lhe um pacote de livros que haviam chegado de Viena naquele dia.

– Veja, o livreiro nos enviou umas coisas para darmos uma olhada. Dentre elas, uma obra de um cientista natural inglês que acabou de ser publicada, de um certo Darwin: *The Origin of Species*. Ele nos chama atenção, para o fato de ela ser especialmente interessante, e pode marcar época.

– Ele que me poupe. Quem vai se interessar por esse tipo de bobagem em um período tão importante como o de agora? Como um livro sobre espécies de plantas e animais pode fazer época a nós, seres humanos? A Confederação dos Estados Italianos, a hegemonia da Áustria na federação alemã: *isso* são coisas de longo alcance; *isso* é que vai permanecer na história, enquanto ninguém mais saberá algo sobre esse livro inglês. Grave isso.

E gravei.

SEGUNDO LIVRO

TEMPOS DE PAZ

QUATRO anos depois. Minhas duas irmãs, uma com dezessete e a outra com dezoito, iriam ser apresentadas à corte. Decidi eu também aproveitar a ocasião e voltar ao "mundo".

O tempo que passara tinha cumprido o seu papel e, aos poucos, dirimiu minha dor. O desespero havia se transformado em luto, o luto em melancolia, a melancolia em indiferença e, finalmente, esta em alegria renovada de viver. Despertei, em uma bela manhã, com a consciência de que eu, na verdade, encontrava-me em uma situação invejável e promissora: vinte e três anos de idade, bonita, rica, de alta posição, livre, mãe de um garoto formidável, integrante de uma família amorosa, tudo isso não era o suficiente para tornar a vida feliz?

O breve ano de minha vida de casada ficara para trás, como um sonho. Sim, tinha tido uma paixão mortal por meu belo hussardo; sim, meu esposo carinhoso havia me feito muito feliz; sim, a separação havia me deixado muito aflita e levado a uma dor imensa, mas tudo isso havia passado. Esse amor, no entanto, não se arraigara tão fundo em minha alma, a ponto de eu não ser capaz de sobreviver ao rompimento, de não o superar. Nosso convívio havia sido muito curto para tanto. Havíamos nos idolatrado como dois apaixonados ardentes. Não tínhamos tido o vínculo profundo de dois corações, dois espíritos, que se formou pela alta estima e pela amizade recíprocas, como ocorre com alguns casais depois de muitos anos partilhando sofrimentos e alegrias. Também *eu* não havia sido seu fim último, imprescindível a ele. Por acaso não tinha ido embora de boa vontade e sem obrigação? O *seu* regimento nunca precisou marchar. Além disso, aos poucos fui me tornando outra pessoa naqueles quatro anos. Meu horizonte intelectual tinha se expandido muito. Alcancei conhecimentos e perspectivas dos quais não tinha tido a menor noção na época de meu casamento, e nem Arno – agora posso bem avaliar. Tivesse ele ressuscitado, iria estranhar, em certos aspectos, minha vida intelectual de agora.

Como isso pode ter acontecido comigo? Tudo se deu da seguinte forma:

Havia se passado um ano de minha viuvez, o luto se transformou em desespero – primeira fase. Não queria saber de jeito nenhum em reatar minhas relações sociais. Pensava que minha vida deveria se preencher tão somente da educação de meu filho Rudolf. Nunca mais o chamei de "Ruru" ou "sargento", as brincadeiras do casal apaixonado pelo filho ficaram para trás, ele se tornara "meu filho Rudolf", a centralidade santificada de toda minha aspiração, expectativa e amor. Para poder ser uma boa professora ou talvez para poder seguir seus estudos e tornar-me uma companheira para ele nessa jornada, queria adquirir eu mesma o máximo de conhecimento possível; além disso, ler era a única distração a que eu me permitia, então voltei a mergulhar nos tesouros de nossa biblioteca do castelo. Sentia-me compelida, em especial, a retomar o estudo de minha matéria outrora predileta: a história. Nos últimos tempos, quando a guerra havia exigido de meus contemporâneos e de mim mesma um sacrifício pesado, meu entusiasmo de antigamente havia esfriado e eu desejava voltar a instigá-lo com leituras correspondentes. E, de fato, às vezes conservava um certo consolo quando lia algumas páginas de relatos de batalhas com as glorificações dos heróis atrelada a elas, para pensar que a morte de meu pobre marido e meu próprio calvário de viúva tinha sua parcela em um grande acontecimento histórico semelhante. Digo "às vezes", não sempre. Já não podia me transportar de volta àquela atmosfera de minha adolescência, em que eu gostaria de fazer como a donzela de Orleans. Muito dos versos efusivos de glória que eu lia e que acompanhavam os relatos de batalhas soava-me falso e vazio, quando, ao mesmo tempo, visualizava os horrores das batalhas; tão falso e vazio como uma moeda de lata com o preço de uma pérola legítima. A pérola da vida estaria bem paga com frases de efeito tão valiosas quanto lata, como as dos necrólogos da história?

Logo esgotei o estoque de obras históricas disponíveis em nossa biblioteca. Pedi que nosso livreiro me enviasse uma nova publicação de história para dar uma olhada. Ele enviou *History of Civilisation*, de Thomas Buckle. "A obra não está completa", escreveu o livreiro, "mas os dois volumes que seguem e servem de introdução formam, por si só, um todo acabado e sua publicação causou sensação tanto na Inglaterra quanto no restante do mundo. Dizem que o autor lançou uma pedra fundamental para uma nova concepção da história".

De fato: bastante nova. Depois de ter lido e relido aqueles dois volumes, era como se eu tivesse sido tomada do espírito de alguém que, durante toda sua vida, vivera em um vale profundo e estreito e, pela primeira vez, subira até o topo da montanha, de onde é possível ver um amplo pedaço de terra, coberto de construções e jardins e ladeado por um mar sem fim. Não quero dizer com isso, que eu, uma mulher de vinte anos que recebera a famosa e mais elevada educação superficial para as filhas, tenha compreendido toda a dimensão do livro ou, para manter a imagem acima, que eu tivesse compreendido a magnitude das construções monumentais e a grandeza do oceano que se mostravam ao meu olhar surpreso. Mas eu estava fascinada, extasiada; via que, do outro lado de meu vale doméstico, tinha um mundo amplo, grande, sobre o qual eu, até então, não fora informada. Só depois de uns quinze ou vinte anos em que voltei a ler os livros, e depois de ter estudado outras obras concebidas no mesmo espírito, talvez possa me arrogar o direito de dizer que os entendi. Uma coisa, porém, já estava clara: a história da humanidade não se define por reis e estadistas, guerras e tratados, que culmina na ambição de um e na esperteza de outro, como se concebia antigamente, e sim pelo desenvolvimento gradual da inteligência. As crônicas da corte e das batalhas, que são enumeradas nos livros de história, apresentam-se como fenômenos individuais de suas respectivas condições culturais, e não como causas que as movem. Não encontrei, em Buckle, nada daquela *admiração* de outrora, com a qual outros historiadores costumavam narrar a vida de conquistadores e devastadores poderosos. Pelo contrário, ele atesta que a situação de guerra é inversamente proporcional à elevação cultural de um povo: quanto mais nos voltamos para a barbárie do passado, maior é a frequência do combate e mais estreitas as fronteiras da paz. Província contra província, cidade contra cidade, família contra família. Ele enfatiza que, para o progresso de uma sociedade, mais do que a própria guerra, é o *amor* pela guerra que desaparece. Isso me tocou profundamente. Essa diminuição foi tomando lugar dentro do meu ser. Ainda que eu tenha reprimido tais motivações por achá-las covardes e desonrosas, acreditando tornar-me a única culpada de tais sacrilégios, agora eu reconhecia que ocorria comigo apenas a débil reverberação do espírito de época; que eruditos e pensadores como esse historiador inglês, e inúmeras pessoas como ele, haviam perdido aquela veneração pela guerra, que, tal como uma fase de minha infância, apresentava-se nesse livro também como uma fase da infância da sociedade.

Com isso, acabei por encontrar no livro de história de Buckle o contrário do que eu buscava. Ainda assim, tomei esse achado como um ganho, senti-me entusiasmada, esclarecida, tranquilizada. Uma vez, tentei falar sobre esses novos horizontes com meu pai, mas foi em vão. Não queria me acompanhar na subida da montanha, ou seja, não queria ler o livro. Era inútil conversar com ele sobre coisas que só poderíamos perceber lá de cima.

Então, veio o ano – segunda fase – em que o luto se transformou em melancolia. Agora eu lia e estudava com mais empenho ainda. A primeira obra de Buckle havia me trazido o gosto pela reflexão e me feito saborear as alegrias de uma visão mais ampla de mundo. Passei a querer saborear ainda mais e, a esse livro, seguiram-se muitos outros concebidos no mesmo espírito. E o interesse, os prazeres, que encontrei nesses estudos, contribuíram para que eu adentrasse a terceira fase, aquela que fez a melancolia desaparecer. Mas quando a última transformação me aconteceu, ou seja, o novo despertar do prazer de viver, de repente os livros não me eram mais suficientes; de repente percebi que a etnografia e a antropologia e a mitologia comparada e outras logias e grafias não eram capazes de saciar minha aspiração nostálgica; percebi que, para uma jovem em minha condição, a vida ainda reservava alegrias para as quais bastava eu estender as mãos para alcançá-las... E assim chegou o momento em que eu, no inverno de 1863, ofereci-me para eu mesma apresentar minhas irmãs mais novas ao mundo da alta sociedade e criei meus salões na sociedade vienense.

Martha Condessa Dotzky, uma jovem viúva e rica. Esse nome promissor me colocava na lista de pessoas da "comédia do grande mundo". Preciso dizer que o papel me era bem-vindo. Não é pouco o deleite em receber homenagens de todos os lados, em ser celebrada por toda a sociedade, mimada, coberta de honrarias. Não é pouca a satisfação em alcançar um redemoinho de todo tipo de divertimento depois de quase quatro anos de reclusão; conhecer pessoas interessantes e importantes, participar quase todos os dias de festas radiantes e, com isso, sentir-se o centro de todas as atenções.

Nós, as três irmãs, recebemos o apelido de "deusas do Monte Ida" e são incontáveis os pomos da discórdia distribuídos a nós pelos diversos jovens Páris. Claro que eu, com meu passe privilegiado para aquele teatro, como mencionado anteriormente, "a jovem viúva e rica", costumava ter a preferência. Em minha família, a propósito, e também um pouquinho em mim mesma, era tido como certo que eu viesse a me casar novamente. As homilias de tia Marie já não faziam alusão ao meu glorificado, que "lá de cima me esperava", pois, se em meus poucos anos aqui na Terra que me separavam do sepulcro, obtivesse um segundo marido – uma possibilidade aventada e desejada pela própria tia Marie –, isso iria comprometer em muito a comodidade do reencontro celestial com o primeiro.

Todos em minha volta pareciam ter esquecido da existência de Arno, só eu que não. Ainda que o tempo tenha curado minha dor, sua imagem ele não apagou. Temos o tempo de lamentar por nossos mortos, o luto não depende da vontade, mas esquecê-los é o que não devemos fazer. Via nesse silêncio mortal de meu entorno ante um falecido um segundo extermínio tardio e evitava também eu *matar* o pobre em meus pensamentos. Tomei como tarefa diária falar com Rudolf sobre seu pai e, em suas orações diárias, a criança devia dizer sempre: "Deus, faça-me uma pessoa boa e valente por amor a meu pai Arno!".

Minhas irmãs e eu nos "divertíamos" aos montes, eu não menos que elas. Era como se eu também fosse a debutante. Na primeira vez, fui apresentada como noiva e recém-casada, o que, é claro, distanciou todos os potenciais pretendentes de mim, e tem atração maior na vida do "mundo" que os pretendentes? O estranho é que, embora me agradasse estar rodeada por um séquito de adoradores, nenhum deles me causava a menor impressão. Entre nós, havia uma barreira absolutamente intransponível. E essa barreira foi construída pelos meus três anos de estudos e reflexões solitários. Todos aqueles jovens radiantes, cujos interesses culminavam em esporte, jogo, balé, cortejos e, no melhor dos mundos, em ambição profissional (a maioria era militar), não tinham a menor ideia das coisas que eu desvendava em meus livros e com as quais meu espírito se deleitava. Essa linguagem, da qual eu conhecia somente os princípios, mas com a qual eu poderia encontrar as discussões mais acaloradas entre homens da ciência, essa linguagem era para eles não só estranha, como grego arcaico.

Estava certa de que não escolheria meu marido entre essa categoria de jovens. Não tinha nenhuma pressa de abrir mão novamente de minha liberdade, que muito me agradava. Conseguia manter meus galanteadores pretendentes a uma tal distância, que nenhum se atrevia a uma proposta e que não permitia que eu me comprometesse diante da sociedade: "Ela está se deixando cortejar". Meu filho Rudolf um dia ficaria orgulhoso de sua mãe, ao não descobrir uma só rachadura no vidro intacto de sua boa reputação. Mas se fosse o caso de que alguém voltasse a ser digno de meu coração, então estava inclinada a fazer valer meu direito a que minha juventude ainda possuía em termos de felicidade terrena, e assumiria um segundo casamento.

Enquanto o amor e a felicidade não apareciam, eu aguardava e aproveitava. Dança, teatro, aparência: encontrava em tudo isso divertimentos intensos. Não negligenciava, com isso, nem meu pequeno Rudolf, nem minha instrução. Não que me aprofundasse em matérias específicas, procurava, isso sim, me manter informada sobre o universo intelectual ao adquirir as publicações mais proeminentes do mundo todo e ler com atenção e regularidade artigos completos, também os científicos, da *Revue des deux Mondes* e periódicos semelhantes. É evidente que tal ocupação tinha como consequência aumentar ainda mais a barreira que me separava do universo masculino à minha volta, porém não me preocupava com isso. Gostaria de ter atraído para meu salão personalidades literatas e eruditas, mas isso não era praticável no meio em que me movia. Elementos burgueses não se misturavam à assim chamada "alta sociedade" austríaca, especialmente naquele tempo. Desde então esse espírito excludente tem mudado e tornou-se moda abrir os salões para representantes individuais da arte e da ciência. Na época sobre a qual estou falando, isso não vinha ao caso. O que não fosse comprovadamente nobre, ou seja, que não tivesse a evidência de 16 ancestrais, estava de antemão excluído. Nossa sociedade tradicional teria uma desagradável surpresa ao encontrar, em minha casa, pessoas sem nobreza, e não achariam de bom tom comunicar-se com elas. E essas pessoas, por seu turno, teriam achado um tédio insuportável meu salão repleto de condessas solteiras, esportistas, velhos generais e canonisas. Qual poderia ser a participação de homens de intelecto e de saber, escritores e artistas, nas mesmas discussões de sempre: onde houve dança ontem e onde haverá amanhã, se na casa de Schwarzenberg, Pallavicini ou na corte? Quais paixões a baronesa Pacher despertou? Qual partido a condessa Palffy recusou? Quantas propriedades o príncipe Croy possui? Qual a linhagem da jovem Almasy, a dos Festetics ou dos Wenkheim, e se é *uma* Wenkheim, cuja mãe fora uma Khevenmüller etc., etc., etc. Esses eram os temas da maioria das conversas em minha volta. As pessoas instruídas e intelectualizadas que, por ventura, encontravam-se em nossos círculos, estadistas ou algo do gênero, acreditavam ter por obrigação entrar nessa mesma frequência frívola e sem conteúdo quando interagiam conosco, a juventude que dançava. Como eu teria gostado de ficar em um canto, após o jantar, onde alguns de nossos diplomatas viajados, de nossos eloquentes conselheiros imperiais ou outros homens importantes estivessem discutindo questões importantes, mas isso não era cabível. Eu tinha que permanecer junto das outras jovens e conversar sobre quais vestimentas iríamos usar para o próximo baile. E se eu tivesse entrado naquele grupo, as conversas que estivessem tendo sobre economia nacional, poesia de Byron, teorias de Strauß e Renan teriam se interrompido de imediato e teriam dito: "Ah, condessa Dotzky... a senhora estava radiante naquele piquenique de damas ontem... e a senhora por acaso irá à recepção da embaixada russa?".

– Permita-me, querida Martha – disse meu primo Konrad Althaus – que eu lhe apresente o primeiro-tenente barão Tilling.

Consenti com a cabeça. Aquele que apresentou se afastou e quem fora apresentado permanecia calado. Tomei essa atitude como um convite para a dança e levantei-me de meu lugar, o braço esquerdo arqueado, pronto para pousá-lo no ombro do barão Tilling.

– Perdoe-me, condessa – com um sorriso fugidio, que denunciou os dentes brancos e brilhantes. – Não sei dançar.

Ah, tanto melhor – respondi, e voltei a me sentar – de qualquer modo, estava aqui, recolhida, para descansar um pouco.

– Havia pedido a honra de ser-lhe apresentado, minha cara senhora, para informá-la de algo.

Olhei admirada. O barão tinha uma expressão bastante séria. Era, de qualquer modo, um homem de aparência muito séria, não era tão jovem, algo como quarenta anos, um pouco de fios brancos nas têmporas, um aspecto geral distinto e simpático. Eu tinha por hábito observar cada um que me era apresentado com a pergunta: você é um galanteador? Eu te aceitaria? Nesse caso, a ambas as perguntas respondi a mim mesma com um rápido "não". Faltava a ele uma carga obrigatória de admiração que todos costumavam ter ao se aproximarem das mulheres com as tais "intenções". A outra pergunta já recebia a negativa por conta de seu uniforme. Não iria conceder minha mão a um soldado pela segunda vez, já estava decidida a isso. Não só por ser exposta uma segunda vez ao medo terrível de ver o esposo partir para a guerra, como também porque, desde então, havia alcançado, no geral, um ponto de vista sobre a guerra que jamais iria concordar com o de um combatente.

O primeiro-tenente von Tilling não quis aceitar meu pedido de sentar--se a meu lado.

– Não quero incomodá-la por muito tempo, condessa. O que tenho para informá-la não cabe a um baile. Gostaria de pedir-lhe permissão para ir até sua casa. A senhora poderia, por gentileza, definir um dia e uma hora em que eu possa lhe falar?

– Recebo visitas aos sábados entre duas e quatro horas.

– Então, aos sábados, entre duas e quatro, é provável que sua casa se pareça a uma colmeia, aonde as abelhas vão e vêm...

– E onde sou a rainha, o senhor deve pensar, isso é um belo elogio.

– Nunca faço elogios, muito menos usando mel, e de forma alguma irá me agradar essa hora, no sábado, em meio ao enxame. *Tenho* que falar com a senhora sozinho.

– O senhor está atiçando minha curiosidade. Vamos combinar amanhã, terça, no mesmo horário. Estarei disponível para o senhor e para mais ninguém.

Inclinou-se, agradecendo, e saiu.

Pouco depois meu primo Althaus passou por mim. Chamei-o, pedi que se sentasse a meu lado e solicitei informações sobre o barão Tilling.

– Ele te agrada? Causou-lhe bastante impressão para que viesse pedir informações em particular? Ele está disponível, ou seja, solteiro. Mas não quer dizer que seja livre... Há rumores de que esteja preso a uma dama de alta posição por correntes afetuosas (Althaus citou uma princesa da monarquia), por isso ele não se casa. Há pouco tempo que seu regimento foi transferido para cá, assim não o temos encontrado com frequência na alta sociedade. Ele também não suporta bailes ou coisas do gênero. Eu o conheci no cassino da nobreza, onde passa algumas horas diárias, mas em geral na sala de leitura, lendo jornais, ou mergulhado em alguma partida de xadrez com nossos melhores jogadores. Surpreendi-me de tê-lo encontrado aqui, ainda que seja a casa de sua prima, o que justifica sua presença. Já foi embora. Eu o vi saindo depois de se despedir de você.

– Você o apresentou a outras damas?

– Não, apenas a você. Mas não imagine que você tenha o agradado tanto que, por isso, pediu para ser-lhe apresentado. "O senhor pode me dizer, se uma certa condessa Dotzky, nascida Althaus, talvez sua parente, está aqui? Preciso falar com ela." "Sim", respondi apontando em sua direção, "lá, naquele canto, no sofá, de vestido azul". "Ah, essa? Peço, por favor, que me apresente." Eu o atendi prontamente, sem imaginar que isso perturbaria o seu sossego.

– Não fale bobagem, Konrad, não é tão fácil assim perturbar o meu sossego. Tilling? Que família é essa? É a primeira vez que ouço esse nome.

– Ah, você não costuma fazer concessão... Esse é um afortunado! Por três meses, usando todo meu poder de encanto, tentei chamar tua atenção, e nada. E esse frio primeiro-tenente, porque ele é frio e impassível, é preciso te dizer, vem, olha e triunfa. Você quer informações sobre a família "Tilling"? Creio de origem prussiana, ainda que seu pai tenha servido à Áustria, sua mãe é prussiana. Você deve ter percebido o sotaque do norte.

– Sim, ele fala um alemão muito bonito.

– Claro, tudo é bonito nele.

Althaus levantou-se.

– Agora preciso ir. Permita-me deixá-la com seus sonhos, quero tentar conversar com damas que...

– ... *te* achem bonito. Por certo que há o suficiente.

Fui embora cedo do baile. Minhas irmãs puderam ficar mais sob a proteção da tia Marie, a mim nada me prendia ali. Perdi a vontade de dançar, sentia-me cansada e desejava a solidão. Por quê?... será que não era para ficar pensando em Tilling em paz? ... Parece que sim. Ainda à meia-noite acrescentei aos cadernos vermelhos o registro com as conversas mencionadas anteriormente e fiz observações sobre isso, como se segue: "Que pessoa interessante esse Tilling... a importante mulher que o ama deve estar pensando nele agora... ou talvez ele esteja ajoelhado em seus pés neste momento e ela não está tão sozinha, sozinha como eu. Ah, poder amar alguém tão profundamente... não precisava ser Tilling... não o conheço... não é Tilling o que invejo na princesa, mas o seu estado apaixonado. E quanto mais apaixonado, mais fervoroso ele é a ela, tanto mais eu a invejo".

Meu primeiro pensamento ao despertar era de novo Tilling. Sim, claro: ele havia marcado comigo, hoje, a fim de me dar informações importantes. Há muito que não me sentia ansiosa por uma visita como estava por aquela.

Dei ordens para que, no horário combinado, ninguém pudesse entrar, senão aquele por quem esperava. Minhas irmãs não estavam em casa. Tia Marie, a incansável dama de guarda, as acompanhava à patinação de gelo.

Sentei-me em meu pequeno salão, vestida com uma bonita roupa de ficar em casa, um veludo de cor violeta (é sabido que a cor violeta fica bem em loiras), peguei um livro e fiquei esperando. Não precisei esperar muito: às duas e dez chegou o barão von Tilling.

– Como a senhora vê, condessa, fiz uso de sua permissão com pontualidade – disse ele ao beijar minha mão.

– Felizmente – respondi, sorrindo, indicando-o um lugar – caso contrário teria ficado muito impaciente, pois o senhor de fato me deixou bastante curiosa.

– Pois, então, vou dizer logo, sem delongas, o que tenho a dizer. Que não o tenha feito ontem, o fiz para não turvar seu estado de espírito alegre...

– O senhor está me assustando.

– Vou direto ao ponto: participei da batalha de Magenta...

– E o senhor viu Arno morrer! – exclamei.

– Isso mesmo. Tenho condições de lhe dizer o que aconteceu em seus últimos momentos.

– Fale – disse, trêmula.

– Não trema, condessa. Se esses últimos momentos tivessem sido tão terríveis quanto o foram a outros camaradas, não iria lhe falar sobre isso: não há nada mais triste do que presenciar uma pessoa estimada morrer agonizando, não é o caso aqui.

– O senhor me tira um peso da alma. Continue.

– Não irei repetir as frases de efeito, vazias, com as quais se costuma consolar um soldado que fica para trás: "Ele morreu como um herói", pois não sei bem o que se quer dizer com isso. Posso, por outro lado, oferecer-lhe um consolo de fato: ele morreu sem pensar na morte. Desde o começo, ele estava convencido de que nada iria lhe ocorrer. Ficamos muito juntos e me contava, com frequência, o quanto tinha uma família feliz, mostrou-me a foto de sua jovem e bela esposa e de seu filho. Convidou-me, "quando a campanha tivesse acabado", para visitá-lo em sua casa. Por acaso, estive ao seu lado no massacre de Magenta. Vou lhe poupar da descrição das cenas precedentes, não há como descrevê-las. Homens tomados pelo espírito de guerra ficam tão agitados em meio à fumaça de pólvora e à chuva de bala, que não sabem bem o que ocorre a sua volta. Dotzky era esse tipo de homem. Tinha fogo nos olhos, mirava com mãos firmes, ficava em completa embriaguez bélica, isso eu, como mais sóbrio, pude ver. De repente voou uma granada e caiu a alguns passos de nós. Quando explodiu, lançou para os ares dez homens, entre eles, Dotzky. Ouviam-se gritos de dor entre os atingidos, mas não da parte de Dotzky: ele estava morto. Eu e alguns camaradas nos abaixamos até eles, para socorrê-los, se fosse o caso. E não era. Todos lutavam contra a morte, dilacerados e despedaçados da forma mais brutal, presas de dores terríveis... apenas Dotzky, a quem me ajoelhei primeiro, não respirava mais. Seu coração não batia e, no lado atingido, brotava tanto sangue que, se estivesse desmaiado e não morto, não era necessário temer, caso voltasse a si...

– Temer? – interrompi, chorando.

– Sim, porque tínhamos que deixá-los desamparados: voltávamos a ouvir o sanguinário "urra!"; atrás de nós avançava a cavalaria, que iria passar por cima dos moribundos, feliz dele que estava sem consciência! Seu rosto tinha uma expressão muito tranquila e sem dor. E quando a batalha acabou e fomos buscar nossos mortos e feridos, encontrei-o no mesmo lugar, do mesmo jeito e com a mesma expressão de paz. É o que queria lhe dizer, condessa. Claro que eu poderia ter feito isso há alguns anos, e se não fosse encontrando-a, seria lhe escrevendo: mas a ideia me ocorreu apenas ontem, quando minha prima disse que esperava a bela viúva de Arno Dotzky entre seus convidados. Perdoe-me se desperto memórias dolorosas. Creio que cumpri um dever e a libertei de uma dúvida penosa.

Levantou-se. Eu lhe estendi a mão.

– Obrigada, barão Tilling – disse, secando minhas lágrimas – de fato o senhor me deu um presente valioso: o alívio de que o fim de meu querido marido tenha sido livre de dor e sofrimento... mas fique mais um pouco, eu lhe peço... Gostaria de ouvi-lo falar... Antes, o senhor se expressou de um jeito que despertou algo em minha alma. Sem rodeios: o senhor detesta a guerra?

O rosto de Tilling obscureceu.

– Perdoe-me – disse – se não entro nesse tema. Também lamento não me demorar mais tempo, estão me esperando.

Agora o *meu* rosto tinha assumido uma expressão fria: talvez a princesa o esperasse, a ideia me era desagradável.

– Não quero prendê-lo, senhor primeiro-tenente – retruquei, fria.

Curvou-se e saiu, sem ao menos pedir permissão para voltar.

O carnaval tinha acabado. Rosa e Lilli, minhas irmãs, tinham se "divertido a valer". Cada uma contabilizou uma meia dúzia de conquistas, ainda assim não havia nenhum partido desejável entre elas, não apareceu o rapaz "certo" para nenhuma. Tanto melhor: queriam aproveitar mais alguns anos de juventude antes de prenderem-se ao jugo do casamento.

E eu? As impressões do carnaval foram anotadas nos cadernos vermelhos conforme se segue:

"Estou feliz que a temporada de danças passou. Já começava a ficar monótono. Sempre os mesmos percursos e as mesmas conversas e os mesmos dançarinos: ora o tenente hussardo ou tenente dos dragões, ora o capitão da cavalaria dos ulanos. São sempre as mesmas reverências, as mesmas observações, os mesmos suspiros e olhares. Nenhuma pessoa interessante no meio, nenhuma. O único entre eles... não vamos falar dele, ele pertence à sua princesa. É uma bela mulher, é preciso admitir, mas eu a acho antipática."

Ainda que o carnaval e seus grandes bailes tenham acabado, os divertimentos sociais não paravam. *Soirées*, jantares, concertos: o redemoinho continuava. A apresentação de grande peça de teatro romântica estava para acontecer, mas isso iria acontecer só depois da Páscoa. Para a quaresma, entretanto, as ofertas de divertimento estavam moderadas, para tia Marie não tínhamos moderação o suficiente. Não conseguia me perdoar por não frequentar as missas de quaresma com regularidade. Ela compensava essa minha frouxidão ao arrastar Rosa e Lilli para os sermões dos pregadores mais famosos. As meninas gostavam de lhe fazer esse agrado: acabavam por se reunir, nas igrejas, com todo seu clã habitual – o padre Klinkowström era moda, entre os jesuítas, tanto quanto Murska o era na ópera. Em última instância, elas também eram de certa forma devotas.

Não era só das missas que eu mantinha certa distância, durante a quaresma também das *soirées*. De repente, perdi o gosto pelas reuniões sociais e, de vez em quando, adorava ficar sozinha em casa: brincar com meu filho e, depois de ser levado para a cama, sentar-me diante da lareira e ler um bom livro. Às vezes, meu pai me visitava e ficávamos conversando uma ou duas horas. Sempre vinham memórias da guerra. Contei-lhe o relato de Tilling sobre o fim de Arno. Recebeu a história com certa frieza. Se o fim de alguém fosse doloroso ou não, isso lhe parecia uma questão secundária.

"Ter ficado para trás", como é a morte em campo de batalha, era, segundo seu ponto de vista, uma coisa tão gloriosa, causada por uma fatalidade tão sublime, que os detalhes dos sofrimentos físicos que adviessem disso de modo algum entravam em questão. "Ter ficado para trás" soava, em sua boca, sempre como a constatação invejável de uma distinção especial e, segundo sua visão, o "ter ficado para trás" estava claramente de acordo com "ter sido abençoado". A maneira com que narrava sobre si mesmo com orgulho e, com respeito, sobre os outros, sobre terem se ferido nessa ou na outra batalha, em algum lugar específico, parecia ignorar o fato de que, na verdade, aquilo machucava. Que diferença da breve narrativa de Tilling: na descrição daqueles dez infelizes, que se dilaceraram na explosão da granada, irrompendo em agonia. Como havia, ali, um tom de compaixão emocionada! Não repeti as palavras de Tilling a meu pai, pois intui que elas lhe poderiam parecer indignas de um soldado, e isso teria comprometido o respeito pelo narrador e eu teria me aborrecido. O que calou fundo em meu coração foi justamente o horror, talvez indigno de um soldado, porém com certeza humano, com o qual narrou e viu o fim terrível de seus companheiros.

Como eu teria gostado de continuar conversando sobre esse tema com Tilling, ele parecia, porém, não querer cultivar uma amizade comigo. Quatorze dias haviam se passado desde sua visita, e ele nem a repetiu, nem eu o encontrei nos eventos sociais. Eu o vi apenas duas ou três vezes na Ringstraße e uma vez no Burgtheater: cumprimentou-me com deferência, eu agradeci com gentileza – nada mais. Nada mais?... Por que meu coração acelerava nessas ocasiões? Por que eu não conseguia, por horas a fio, esquecer o gestual de seu cumprimento?

– Querida filha, tenho algo a te pedir.

Foi com essas palavras que, numa manhã, meu pai entrou em minha casa. Tinha nas mãos um pacote embrulhado em papel.

– Trago algo para você.

Acrescentou, deixando o pacote sobre a mesa.

– Um pedido e um presente ao mesmo tempo? – ri – isso é suborno!

– Ouça meu pedido antes de abrir o pacote e ficar deslumbrada com sua imponência. Tem um jantar entediante em minha casa hoje...

– Pois é, eu sei, três generais e suas esposas.

– E dois ministros com as suas esposas. Em suma: uma história festiva, formal, enfadonha...

– Não está me pedindo para que eu...

– Sim, estou te pedindo. Para que as damas me honrem com sua presença, eu também tenho que fazer as honras estando acompanhado de uma.

– E não é tia Marie que assumiu esse posto?

– Hoje ela voltou com suas dores de cabeça, não me resta outra saída...

– ... senão levar a filha ao sacrifício, como outros pais já o fizeram na Antiguidade, a exemplo de Agamenão e Ifigênia? Eu me resigno.

– A propósito, entre os convidados há alguns elementos mais jovens: Dr. Bresser, que me fez um tratamento excelente contra minha última doença e a quem eu gostaria de mostrar cordialidade com algum convite; além disso, o primeiro tenente Tilling... você ficou vermelha, o que há com você?

– Eu? É a curiosidade: agora preciso ver o que você trouxe.

E comecei a desfazer o pacote.

– Não é nada para você, não espere um colar de pérolas, isso pertence ao Rudi.

– Sim, estou vendo, uma caixa de brinquedo. Ah, soldado de chumbo! Mas pai, a criança de quatro anos não deve...

– Eu brinquei com soldados já aos três anos. Nunca é cedo o suficiente para se começar. Minhas primeiras experiências foram com tambores e sabres, exercícios militares, comandos: só assim para despertar o amor pela função, só assim.

– Meu filho Rudolf não vai andar com soldados – interrompi.

– Martha! Eu sei que o desejo do pai dele...

– O pobre Arno não existe mais. Rudolf é a única coisa que tenho e não quero...

– ... que ele enverede pela profissão mais bela e mais honrosa?

– A vida de meu único filho não vai ser colocada em perigo numa guerra.

– Eu também fui filho único e me tornei soldado. Arno não tinha irmãos, até onde eu saiba, e teu irmão Otto também é filho único e eu o entreguei à academia militar. A tradição de nossa família exige que o rebento de um Dotzky e de um Althaus consagre sua vida a servir a pátria.

– A pátria irá precisar dele menos do que eu.

– Se todas as mães pensassem assim!

– Então, não haveria desfiles e revistas, e nenhuma muralha humana para atirar, nenhuma "bucha de canhão", como se costuma dizer. Isso não seria nenhum infortúnio.

O rosto de meu pai ganhou uma expressão muito brava. Mas depois deu de ombros:

– Ah, vocês, mulheres – disse, com desdém. – Por sorte, o menino não vai precisar te pedir permissão. O sangue militar corre em suas veias. Outra coisa, ele não vai continuar sendo teu único filho. Você precisa se casar de novo, Martha. Não é bom ficar sozinha em tua idade. Me conte: nenhum de seus pretendentes é digno de tua graça? Tem, por exemplo, o capitão da cavalaria Olensky, ele tem uma paixão mortal por você. Foi o que me falou, suspirando, de novo. Como genro, ele me agrada bastante.

– Mas não como meu esposo.

– Teria ainda o Major Millersdorf...

– É inútil me apresentar toda a guarnição de militares. Que horas é o teu jantar? Quando devo chegar? – perguntei para encerrar.

– Às cinco. Mas chegue meia hora antes. Agora, adeus. Preciso ir. Mande saudações a Rudi. O futuro comandante maior do exército imperial e real.

Uma história festiva, formal, enfadonha: assim meu pai havia chamado o jantar que estava para acontecer. E assim eu também teria compreendido a cerimônia, não fosse por um convidado cuja proximidade me estimulava de maneira peculiar.

Barão Tilling chegou pouco antes da refeição. Quando me cumprimentou no salão, tive muito pouco tempo para trocar algumas palavras com ele. À mesa, sentada entre dois generais já bastante grisalhos, o barão estava tão distante de mim, que era impossível eu trazê-lo para a conversa ao fim da mesa onde eu estava. Fiquei feliz com meu retorno ao salão. Ali, quis chamar o barão para o meu lado e sondá-lo ainda mais sobre a cena na batalha. Gostaria de ouvir mais uma vez aquele tom que havia me soado tão simpático.

No começo, porém, não tive ocasião para esse propósito. Os dois grisalhos mantiveram-se fiéis a mim e, depois do jantar, sentaram-se ao meu lado, quando me dirigi ao salão para o café. Juntaram-se a esse pequeno círculo ainda meu pai, o ministro ***, Dr. Bresser e também Tilling, mas a conversa girou em torno de temas genéricos. Outros convidados, entre eles todas as outras damas, sentaram-se em outro canto do salão, onde não se fumava. Ao passo que, em nosso canto, fumar era permitido, também eu acendi um cigarro para mim.

– Será que logo não teremos outra guerra? – perguntou um dos generais.

– Ahã – achava o outro – a próxima será contra a Rússia, penso eu.

– É necessário mesmo que haja uma *próxima* guerra? – disse, mas ninguém deu atenção.

– Antes com a Itália – assegurou meu pai. – Temos que tomar nossa Lombardia de volta... Gostaria de viver ainda mais uma marcha para Milão, como no ano de 49, com o pai Radetzky. Foi em uma manhã ensolarada...

– Ah, todos já conhecemos a história da marcha para Milão... – interrompi.

– Também a do valente Hupfauf?

– Eu já, e a acho bastante repugnante, por sinal.

– O que você entende disso?

– Conte-nos, Althaus, não conhecemos a história.

Meu pai não hesitou nem um instante.

– Hupfauf era do regimento de caçadores do Tirol e era ele mesmo tirolês. Havia executado uma façanha. Era o melhor atirador que se podia imaginar, era o rei de todos os tiros ao alvo, acertava quase sempre. O que o homem fez quando os milaneses se rebelaram? Pediu permissão para subir no topo da catedral e atirar de lá nos rebeldes. Ele teve a permissão e também cumpriu a tarefa. Os outros quatro estavam armados, mas não fizeram nada além de carregar suas armas e, sem cessar, as alcançavam a Hupfauf, para que ele não perdesse tempo. E assim ele matou noventa italianos um atrás do outro.

– Asqueroso! – exclamei. – Cada um desses italianos mortos, mirados por aquele que estava a uma altura segura, tinha mãe e esposa e estava na flor da idade.

– Todos eram inimigos, minha filha, isso muda totalmente a perspectiva.

– Isso mesmo – disse Dr. Bresser – enquanto o conceito de inimizade tem aprovação entre as pessoas, o imperativo da humanidade não pode gozar de validade geral.

– O que o senhor diz, barão Tilling? – perguntei.

– Eu teria concedido a ele uma ordem que lhe enfeitasse o peito valente e uma bala que lhe atravessasse o coração rijo. Teria merecido ambos.

Lancei um olhar caloroso de agradecimento ao interlocutor. Os outros, à exceção do médico, pareciam ter ficado desconfortáveis ante aquelas palavras. Uma rápida pausa se interpôs. Isso criou um mal-estar.

– O senhor já ouviu falar do livro de um cientista natural chamado Darwin, excelência? – agora era o médico que se voltava a meu pai.

– Não, nunca.

– Sim, papai... o senhor se lembra: há quatro anos, quando tinha acabado de ser publicado, nosso livreiro nos mandou o livro e o senhor falou naquela época, que logo ele seria esquecido pelo mundo.

– No que se refere a mim, eu esqueci.

– Em todo resto do mundo, no entanto, ele tem provocado sensação – disse o médico. – Em toda parte, discute-se contra ou favor da doutrina sobre a origem das espécies.

– Ah, o senhor está se referindo à teoria dos macacos? – perguntou o general ao médico, que se encontrava à minha direita. – Esse era o tema do cassino, ontem. É frequente os doutos senhores virem com ideias mirabolantes, como os seres humanos virem de orangotangos!

– De fato – anuiu o ministro (quando o ministro *** dizia "de fato" era sinal de que daria início a um longo discurso) – a questão soa estranha, mas não pode ser tomada como piada. Trata-se de uma teoria científica apresentada com talento e com um aparato de fatos reunidos com diligência. Ela, de fato, foi suficientemente questionada por especialistas. No entanto, como toda ideia aventuresca, não importa quão vulgar seja, causa certo efeito e ainda encontra seus defensores. Tornou-se moda travar discussões em torno de Darwin. Não vai durar muito tempo. Pode-se até inventar a palavra "darwinismo", por outro lado, depois a teoria assim chamada irá ela mesma cessar de ser levada a sério. É um erro as pessoas inflamarem-se na disputa por esse inglês esquisito, acabam conferindo à sua doutrina uma importância que não lhe condiz. Em particular, é o clero que vem se defendendo da impertinência, de fato degradante, segundo a qual o homem, criado à imagem e semelhança de Deus, agora, de repente, deve ser pensado como originário do reino animal, uma hipótese que, da perspectiva religiosa, é, de fato, bastante ofensiva. No entanto, é notório que a condenação eclesiástica de uma doutrina que se apresenta revestida de cientificidade não tenha condições de impedir a sua propagação. Ela só deixará de ser prejudicial, quando os representantes da ciência a levarem à condição de absurdidade, o que, ante a teoria de Darwin, de fato..

– Mas *que* absurdo! – interrompeu meu pai, temendo que uma longa cadeia de "de fatos" pudesse cansar o restante dos convidados. – *Que* absurdo: do macaco, o homem! Isso já é o suficiente para alguém de juízo perfeito rejeitar tais ideias, não há necessidade de refutações de doutores...

– Bem, não gostaria de tomar tais refutações como seguramente apodíticas – o médico tomou a palavra. – Algumas dúvidas foram levantadas, porém a teoria tem algo de provável em si e vai levar algum tempo até que os cientistas entrem em acordo.

– Creio que *esses* senhores *nunca* irão entrar em um acordo – observou o general à minha esquerda, que costumava falar com tom áspero e em dialeto vienense. – *Eles* vivem desses debates. Ouvi alguma coisa dessa história de macacos. Achei tolo demais para dar bola. Se for para cuidar de toda bobagem com que essa gente que observa astros, junta plantas e investiga coxa de sapo tenta nos confundir... Aliás, dia desses vi o rosto desse Darwin num jornal ilustrado, e parecia tanto ele mesmo com um macaco, que quase acreditei que o avô dele foi um chipanzé.

Essa última pilhéria, que tanto agradou o próprio narrador, levou a gargalhadas retumbantes, com as quais meu pai se juntou por gentileza anfitriã.

– De fato gargalhadas são uma arma – disse o ministro com seriedade – mas não prova nada. É possível contrapor ao darwinismo – e já utilizo essa palavra – também argumentos sérios, sobre bases científicas, e de maneira triunfal. É preciso desmontar o sistema de um autor sem autoridade, usando nomes como Linné, Cuvier, Agassiz e Quatrefages. Por outro lado, de fato não se pode negar que, entre ser humano e macaco, existe uma grande semelhança ancestral e que...

– Apesar dessa semelhança, há um abismo enorme – interrompeu o gentil general. – É possível imaginar um macaco que teria inventado o telégrafo? A própria linguagem coloca o ser humano muito acima desse animal...

– Perdoe-me, excelência – disse Dr. Bresser – Linguagem e invenções técnicas não estão desde a origem dos seres humanos. Até hoje um selvagem não irá construir um aparelho telegráfico. Tudo isso é fruto de um aperfeiçoamento e de um desenvolvimento graduais...

– Sim, meu caro doutor – interpôs-se o general – eu sei: desenvolvimento é a palavra de ordem da nova teoria, mas nenhum camelo surge de um canguru... e por que ninguém vê, hoje em dia, um macaco tornar-se ser humano?

Aí, então, voltei-me para o barão Tilling.

– O que o senhor diz? Ouviu falar de Darwin? O senhor é contra ou a favor dele?

– Já ouvi falar muito desse tema, condessa, porém não tenho como julgar, pois não li a obra em questão, *The Origin of Species*.

– Preciso confessar – disse o médico – que eu também não.

– *Ler* mesmo eu também não, de fato – confessou o ministro.

– Eu também não.

– Eu também não.

– Eu também não – disseram os outros.

– Mas – continuou o ministro – fala-se tanto no tema, os bordões do sistema estão na boca do povo, "batalha pela existência", "seleção natural", "evolução" etc., que podemos ter uma clara noção do todo e nos colocarmos, de forma resoluta, ao lado dos adeptos ou dos que são contra. Pertencem à primeira categoria de fato somente os exaltados que amam subversão ou querem causar sensação, ao passo que as pessoas com rigor crítico, sangue frio e que buscam as comprovações positivistas não conseguem assumir outro ponto de vista, senão aquele partilhado por especialistas importantes, um ponto de vista que, de fato...

– Não se pode fazer afirmações seguras, quando não se conhece os adeptos – complementou Tilling. – Para saber se vale a pena a contra-argumentação, que vemos ressoar em uníssono uma vez que surge uma ideia nova, é preciso se aprofundar nela. O que se costuma ouvir são os piores motivos e os mais superficiais pelo coro da multidão. Não me ocorre emitir um juízo sobre isso. Quando a doutrina de Copérnico surgiu, só aqueles que se deram ao trabalho de conferir os cálculos copernicanos é que puderam reconhecer que eles estavam corretos. Os outros, voltados para o veredicto da excomunhão, que, a partir de Roma, lançaram-se contra o novo sistema...

– Como já observei antes – interrompeu o ministro – em nosso século, hipóteses científicas, que são erradas, não são refutadas apenas pela perspectiva ortodoxa, mas também por aquela da ciência.

– Não só quando são erradas – interpôs-se Tilling – mesmo mais tarde, quando ganham verificação. Novas hipóteses, no começo, sempre são contestadas por reacionários entre os acadêmicos. Eles não gostam, ainda hoje, que se remexa em suas visões estabelecidas e seus dogmas. Como naquela época, em que não só o clero, como também os astrônomos, se voltaram contra Copérnico.

– O senhor está querendo dizer – irrompeu o general, áspero – que a teoria dos macacos do inglês maluco é tão certa quanto a Terra girar em torno do Sol?

– Não quero dizer, nem afirmar nada, porque, como já disse, não conheço o livro. Mas pretendo fazê-lo. Talvez só assim, e digo talvez, porque meus conhecimentos na área são exíguos, eu consiga formar um juízo sobre. Até lá, vou me limitar a uma opinião que se baseia na circunstância de que a teoria esbarra em dissensões generalizantes e impetuosas, uma circunstância que, *de fato*, me faz pender mais a favor que contra tal teoria.

"Mas que espírito audaz, preciso e brilhante", interpelei-o em pensamentos.

Por volta das oito horas, todos os convidados resolveram ir embora. Meu pai ainda quis que ficassem e, também eu, por hospitalidade, perguntei se não queriam ao menos mais uma xícara de chá, mas foi em vão. Cada um deu uma desculpa: um tinha marcado um compromisso no cassino; outro tinha uma *soirée*; uma dama tinha o seu dia de camarote na ópera e desejava ouvir o quarto ato dos huguenotes; a segunda tinha convidados a receber em casa. Tínhamos que deixá-los ir, o que não fizemos a contragosto.

Tilling e o Dr. Bresser, que haviam se levantado com os outros, foram os últimos a se despedir.

– O que os senhores têm de importante a fazer? – perguntou meu pai.

– Na verdade, nada – respondeu Tilling, sorrindo – mas já que todos os convidados se foram, seria uma pretensão...

– O mesmo vale para mim – interpôs-se o médico.

– Bem, então não vou deixar nenhum dos dois ir embora.

Alguns minutos depois, meu pai e o médico sentaram-se à mesa de jogo e mergulharam no *piket*, enquanto o barão Tilling sentou-se a meu lado, na lareira. "Uma 'história enfadonha' esse jantar? Não, na verdade, não poderia imaginar uma noite mais agradável e estimulante", ocorreu-me em pensamentos, e disse:

– Tenho de lhe fazer uma acusação, barão Tilling. Por que o senhor esqueceu do caminho até minha casa depois de sua primeira visita?

– A senhora não solicitou que eu voltasse.

– Eu lhe informei que, aos sábados, ...

– Ah, sim, sim, entre duas e quatro... Não espere isso de mim, condessa. Sinceramente, não posso conceber algo mais insuportável que os dias oficiais de visita. Entrar em um salão cheio de gente estranha; reverenciar a dona da casa; tomar assento bem no fim de um círculo; ouvir observações sobre o clima e, se por acaso alguém vier a sentar próximo a um conhecido, acrescentar um comentário próprio; a par de todos os impedimentos, ser agraciado por uma pergunta da dona da casa, que logo se responde, na esperança de que uma conversa possa ser travada com aquela a quem a visita se dirige. Em vão. De repente, chega um outro convidado, a quem se deve cumprimentar e que, depois, vai se sentar no próximo lugar vazio do círculo e, crente de que o tema não mudou, revolve uma nova observação sobre o clima; depois de dez minutos, quando o fluxo de visitas volta a crescer, possivelmente uma mãe com quatro filhas para casar, e para as quais já não há mais poltrona sobrando, levantar com outros convidados, despedir-se da dona da casa e ir embora... não, condessa, isso está para além de minhas habilidades sociais, já bastante débeis.

– O senhor parece manter-se afastado da sociedade, não o vemos em quase nenhum lugar. O senhor é misantropo?... Não, não, desconsidere minha pergunta. De algumas coisas que escutei do senhor, o senhor ama todas as pessoas.

– Eu amo a humanidade, porém todas as pessoas? Não. Muitas delas são indignas, limitadas, sanguinárias, não posso amá-las, embora lamente que não lhe foram permitidas circunstâncias e educação de serem dignas de amor.

– Circunstâncias e educação? O caráter depende sobretudo da predisposição nata, o senhor não acha?

– O que a senhora chama de predisposição nata nada mais é que circunstância, circunstância herdada.

– Assim sendo, o senhor é da opinião de que uma pessoa ruim não tem culpa de sua ruindade e que, por isso, não deve ser abominada?

– A consequência não está condicionada à premissa: sem culpa, sim, mas digna de ser abominada. A senhora não tem culpa de sua beleza e, por isso, é digna de admiração.

– Barão Tilling! Começamos como duas pessoas racionais conversando sobre coisas sérias. Será que eu mereço, de repente, ser tratada como uma dama de salão sedenta por elogios?

– Perdoe-me, não foi essa minha intenção. Só fiz uso de um argumento próximo a mim.

Houve um pequeno momento de silêncio. O olhar de Tilling fixou-se em meus olhos com uma expressão de admiração, quase de ternura, ao que não me desviei... Sabia que eu tinha de desviar o olhar, mas não o fiz. Senti que minhas bochechas ardiam e sabia que, se ele me achava bonita, naquele momento eu devia estar ainda mais... era um sentimento agradável, "malicioso", confuso e durou alguns segundos. Não podia durar muito. Cobri meu rosto com o leque e mudei minha postura. Disse, em tom indiferente:

– O senhor deu uma excelente resposta ao ministro "De fato".

Tilling sacudiu a cabeça, como alguém que é arrancado do universo onírico:

– Eu? ... Antes? ... Não me recordo. Pelo contrário: parece que gerei aborrecimentos com minha observação sobre Hopsauf, o mau, seja lá como se chama o valente atirador.

– Hupfauf.

– A senhora foi a única a quem agradei. Ao contrário dos excelentíssimos, a quem com certeza ofendi com minha análise bastante inapropriada para um primeiro-tenente do exército imperial e real... ofender o 'coração duro' de alguém que atira tão bem, e com tanta coragem, no inimigo: blasfêmia! Todos sabem que, quanto mais sangue frio tiverem para matar, mais bondosos são os soldados. Não há figura mais sentimental no repertório melodramático que o combatente terno e veterano de guerra: o perneta não é capaz de machucar uma mosca sequer.

– Por que o senhor se tornou soldado?

– Sua pergunta mostra que a senhora desvendou minha alma. Não foi o Friedrich Tilling, de trinta e nove anos, que viveu três campanhas militares, quem escolheu a profissão, mas o pequeno Dico, de dez ou doze anos, que cresceu entre cavalos de batalha de madeira e todo um regimento de soldadinhos de chumbo e a quem seu pai, um general condecorado, e seu tio, o tenente conquistador de mulheres, perguntaram: menino, o que você quer ser? O que mais senão um soldado de verdade, com um sabre de verdade e um cavalo real?

– Hoje também me trouxeram uma caixa de soldadinhos de chumbo para meu filho Rudolf. Não vou dar a ele. Mas por que o senhor não abandonou uma situação que se lhe tornou odiosa, quando o Dico havia se transformado em Friedrich?

– Odiosa? Isso seria demais. Odeio o estado de coisas que impõe deveres tão macabros a nós, seres humanos, como a guerra. Já que tal estado está aí, é inevitável, não posso odiar as pessoas, as quais tomam para si os deveres que surgem dele e os cumprem com diligência, dando o melhor de si. Se eu abandonasse o serviço militar, haveria menos guerra? Com certeza não. Um outro iria tomar meu lugar e fazer sua vida, isso posso eu mesmo fazer.

– O senhor não poderia ser mais útil ao próximo fazendo outra coisa?

– Não saberia dizer. Não aprendi outra coisa que não a carreira militar. É possível fazer algo de bom e útil em nossa volta. Não me faltam ocasiões para facilitar a vida de meus subalternos. No que concerne a mim, também sou uma pessoa, e eu desfruto do respeito manifestado à minha posição. Até que fiz uma boa carreira, os camaradas gostam de mim e fico satisfeito com tais êxitos. Não possuo patrimônios e, como civil, não teria nem meios, nem alguém de onde tirar benefícios. Por que iria abrir mão da minha carreira?

– Porque a batalha sangrenta o contraria.

– Quando é necessário defender a própria vida de um outro que esteja pronto para matar, aí a responsabilidade individual cessa. Com razão, é comum dizerem que a guerra é um assassinato em massa, mas o indivíduo não se sente um assassino. Entretanto, que a luta me contraria e que as cenas de miséria e lamento me instilam dor e asco, isso é verdade. Sofro com isso, sofro muito... Como o marinheiro que tem de sofrer enjoos durante uma tempestade e, ainda assim, se ele tem certa coragem, ele se mantém sobre o deque e se arrisca de novo a enfrentar o mar.

– Sim, quando tem de ser. E a guerra tem mesmo que acontecer?

– Isso é uma outra questão. Mas a gente *tem* que ir. E quando não temos vontade, ao menos temos força para cumprir o dever.

E assim continuamos a conversa durante um longo tempo. Baixinho, para não atrapalhar os jogadores de *piket*. Também para que não escutassem os pontos de vista trocados. Tilling contou, ainda, outros episódios do campo de batalha e sua repulsa diante delas. Compartilhei com ele das observações trazidas por Buckle sobre o fato de que uma civilização evoluiu, quando tem diminuído o seu espírito da guerra. Tais conversas não eram cabíveis aos ouvidos do general Althaus. Vi como um sinal de muita confiança da parte de Tilling abrir suas opiniões mais íntimas sobre esse tema com tanta franqueza. Uma corrente de simpatia passava de uma alma a outra...

– O que tanto vocês cochicham aí – exclamou meu pai enquanto embaralhava as cartas. – O que estão confabulando?

– Estou narrando histórias do campo de batalha à condessa.

– Ah é? Ela já está acostumada com isso desde criança. Costumo contar também. Seis, doutor, e o jogo de quatro...

Prosseguimos com nossos cochichos.

De repente, enquanto Tilling falava – seus olhos de novo cravados nos meus e, sua voz, o som da mais profunda intimidade – ocorreu-me a princesa.

Foi como uma agulhada e virei o rosto.

Tilling parou de falar no meio de uma frase.

– Por que ficou tão zangada, condessa? – perguntou, assustado. Disse algo que não lhe agradou?

– Não, não... foi só um pensamento constrangedor. Continue.

– Não sei mais do que estava falando. Prefiro que me conte o seu pensamento constrangedor. Fiquei o tempo todo lhe abrindo meu coração... a senhora me deve uma recompensa!

– É totalmente impossível contar-lhe no que estava pensando antes.

– Impossível? Posso tentar adivinhar? ... Tem a ver com a senhora.

– Não.

– Comigo?

Confirmei com a cabeça.

– Algo constrangedor sobre mim que a senhora não pode dizer?... Seria...

– Não quebre a cabeça. Recuso-me a dar qualquer informação! – levantei-me e olhei para o relógio.

– Já são nove e meia... Quero dizer tchau, papai...

Meu pai olhou de suas cartas:

– Você ainda vai para alguma *soirée*?

– Não, para casa. Fui muito tarde para a cama ontem...

– Ficou enfadada? Isso não parece um elogio ao senhor, Tilling...

– Não, não – protestei, sorrindo – o barão não tem culpa alguma... nossa conversa foi animada.

Despedi-me de meu pai e do médico. Tilling pediu permissão para me conduzir até minha charrete. Ele quem me auxiliou a colocar o casaco, no hall de entrada, e me deu o braço para descer as escadas. Enquanto descíamos, parou um momento e me perguntou, sério:

– Mais uma vez, condessa, eu a enfureci?

– Não, juro.

– Então, fico tranquilo.

Ao me ajudar a subir na charrete, apertou minha mão e a levou aos lábios.

– Quando posso lhe fazer uma visita?

– Aos sábados estou...

Inclinou-se e deu um passo para trás.

Queria lhe dizer algo mais, mas o empregado fechou a porta.

Me recolhi no canto e tive vontade de chorar, choro de birra, como de uma criança furiosa. Fiquei com raiva de mim mesma: como pude ser tão fria, tão mal-educada, quase grosseira, com uma pessoa que me instilou tanta simpatia... A princesa tinha culpa nisso, como a odiava! O que foi isso?... Ciúme? De repente, ficou claro para mim o que acontecia comigo: estava apaixonada por Tilling... "Apaixonada, apaixonada", as rodas crepitavam sobre a rua, "você o ama", as luzes dos postes me iluminavam, "você o ama", exalava o perfume de minha luva, que levei aos meus lábios, no lugar em que ele havia beijado.

No dia seguinte, registrei nos cadernos vermelhos: "O que as rodas das charretes e as luzes da rua me disseram não é verdade ou, no mínimo, exagerado. Uma feição simpática de uma pessoa nobre e sábia: sim, mas paixão? Não. Não vou dar meu coração a alguém que pertence a outrem. Do mesmo modo ele nutre uma simpatia por mim, nos entendemos em muitas coisas. Talvez eu seja a única com quem ele compartilha suas ideias sobre guerra, não por isso ele esteja apaixonado por mim, e muito menos eu devo me permitir estar por ele. Pode ser que o fato de eu não lhe oferecer um outro dia de visita, que não aqueles oficiais tão odiados por ele, não tenha parecido gentil, ainda mais depois de nossa troca tão confidente... Talvez seja melhor assim. Só depois de algumas semanas, quando passadas as impressões intelectuais que tanto mexeram comigo, é que poderei voltar a encontrar Tilling, com a ideia mais internalizada de que ele ama outra e de que seu contato gentil e estimulante me anima de maneira inofensiva. De fato, é um prazer interagir com ele, ele é tão diferente com relação a todos os outros. Estou muito feliz que, hoje, eu tenha esse discernimento. Ontem, por um momento, cheguei a pensar ter perdido minha calma e me tornado vítima de um ciúme atormentador... hoje esse temor passou".

No mesmo dia, visitei minha amiga Lori Griesbach, aquela por quem soube da morte de meu pobre Arno. Dentre as jovens de meu círculo de conhecidos, era com quem eu tinha maior intimidade. Não que concordássemos em tudo ou que nos entendêssemos totalmente, como deve ser uma verdadeira amizade. Quando crianças, porém, havíamos brincado juntas; casamo-nos na mesma época e, nesse tempo, interagimos quase que diariamente e, assim, surgiu uma espécie de confidencialidade entre nós. Apesar de algumas diferenças fundamentais, isso transformou nosso contato em algo bastante agradável. Havia um âmbito, bastante delimitado, no qual interagíamos e no qual nos dávamos muito bem. Boa parte de minha vida íntima não era acessível a ela. Nunca proferi uma palavra sobre as perspectivas e entendimentos que alcancei na época de meus estudos e não senti necessidade alguma disso. Como é raro alguém doar-se *totalmente* a outra pessoa! Com certa frequência percebi isso em minha vida. A alguns, consegui abrir uma parte de minha personalidade, a outros, uma outra. Tão logo vinha a interagir com uma pessoa, é como se ativasse um certo registro do teclado, e o restante das teclas ficasse em silêncio.

Entre mim e Lori havia temas suficientes que nos ofereciam matéria para horas de conversa: nossas recordações da infância, nossos filhos, eventos e ocorrências da alta sociedade, roupas, romances ingleses e coisas do gênero.

O filho de Lori, Xaver, era da idade do meu Rudolf e seu companheiro predileto de brincadeiras. E nós brincávamos que a filhinha de Lori, Beatrix, à época com dez meses, viria se tornar a condessa Rudolf Dotzky.

– Finalmente você de novo! – assim me recebeu Lori. – Você ficou tão reclusa nos últimos tempos. Há muito que não tenho a honra de receber a visita de meu futuro genro. Beatrix está ficando ressentida... Agora me conte, o que anda fazendo? ... Como vão Rosa e Lilli? A propósito, para Lilli tenho uma notícia interessante trazida por meu marido, ontem, do café: tem alguém muito apaixonado por ela, alguém que eu julgava estar fazendo a corte a *você*... mas conto isso mais tarde. Que bonito o teu vestido, é de Francine, não? Logo vi, ela tem uma característica peculiar... E o chapéu de Gindreau? Ficou lindo em você... Agora ele está fazendo roupas, não só chapéus... e com muito bom gosto. Por que não foi ontem à noite à casa de Dietriechstein? Nini Chotek vestia um Gindreau e quase ficou bonita...

E assim prosseguíamos e eu respondia no mesmo tom. Depois de minha agilidade em conduzir a conversa para as fofocas atuais do "mundo", fiz uma pergunta da forma mais descontraída possível:

– Você ouviu falar do relacionamento da princesa *** com um tal de barão Tilling?

– Ouvi algo assim, de qualquer modo são águas passadas. Hoje todo mundo sabe que a princesa está encantada por um ator do Burgtheater. Você está interessada por esse barão Tilling? Ficou vermelha? Não adianta negar com a cabeça, confesse! E depois, é inacreditável você ficar tanto tempo fria e sem sentimentos... Para mim, seria uma grande satisfação saber que você voltou a se apaixonar... Claro que Tilling não seria um bom partido, há pretendentes mais interessantes para você, ele parece não ter fortuna. Bem, você é rica o suficiente... ele também é muito velho para você... Quantos anos teria Arno hoje?... Foi tão triste naquela época... nunca vou me esquecer do momento em que você leu a carta de meu irmão... De fato, a guerra é uma instituição ruim... Para alguns, para outros é uma instituição maravilhosa. Meu marido não vê a hora de que venha outra, quer muito receber uma distinção. Consigo entender, caso fosse eu um soldado. Também iria desejar poder executar um grande feito ou progredir na carreira...

– Ou ficar aleijada ou ser morta?

– Nunca pensei nisso. Não se deve pensar nisso. Isso só atinge a quem está predestinado. Esse foi o seu destino, querida, o de se tornar uma jovem viúva.

– Por isso a guerra eclodiu?

– E se me for predeterminado ser a esposa de um general relativamente jovem...

– Daí é preciso haver um conflito entre os povos, para que Griesbach possa avançar logo na carreira? Você esboça o ordenamento do mundo como um processo muito simples. O que você queria me contar sobre Lilli?

– Que seu primo Konrad está interessado nela. Acredito que logo irá pedi-la em casamento.

– Duvido. Konrad Althaus é muito inconstante e indomável para pensar em casamento.

– Ah, indomáveis e inconstantes são todos e, ainda assim, casam-se quando estão enlouquecidos por alguém... Você acha que ele agrada Lilli?

– Não percebi nada.

– Ele é um partido muito bom. Quando seu tio Drontheim morrer, ele herdará toda a Selavetz. A propósito, você sabia que Ferdi Drontheim, o mesmo que desperdiçou sua fortuna com a dançarina Grill, deve se casar com uma rica filha de banqueiro? Bem, ninguém a irá receber... Você virá hoje à noite para a embaixada inglesa? De novo não? Você tem razão, ninguém se sente muito em casa nessas reuniões entre diplomatas: é tanta gente estrangeira e não sabemos se agem apropriadamente. Todo inglês viajante que se apresenta a seu representante é convidado, seja ele um rico burguês ou mesmo um industrial, algo assim. Gosto dos ingleses só nas edições Tauchnitz... Você já leu *Jane Eyre*? Não é mesmo maravilhoso? Quando Beatrix começa a falar, vou lhe recomendar uma governanta inglesa... Não estou satisfeita com a francesa de Xaver... Não faz muitos dias e a encontrei na rua, quando levava o menino para passear, e um jovem a acompanhava, parecia um caixeiro, e travavam uma conversa particular. De repente me coloquei na frente deles. Precisa ver o embaraço! A gente carrega uma cruz com as pessoas... E a minha criada se demitiu, porque vai se casar, agora que eu tinha me acostumado... nada mais insuportável que novas pessoas no serviço... O quê? Você já vai?

– Sim, querida, ainda tenho que fazer umas visitas inadiáveis... até mais.

Não me deixei abater pelos "fique ainda mais cinco minutos!", ainda que tenha mentido sobre a visita. Caso contrário, teria ficado mais algumas horas ouvindo aquela conversa superficial e ainda tendo que interagir, o que naquele dia estava me causando aversão. Tinha vontade só de uma coisa: de uma conversa como aquela de ontem à noite... ah, Tilling, Friedrich Tilling... As rodas entoavam o refrão correto! Algo mudou dentro de mim, fui levada a outro universo de emoções. Esses interesses insignificantes nos quais minha amiga estava mergulhada: roupas, governantas, histórias de casamento e herança da alta sociedade, isso tudo era muito desprezível, patético, sufocante... Avante a uma outra atmosfera da vida! E Tilling estava livre: a princesa estava interessada em um ator do Burgtheater. Não deve tê-lo amado... uma aventura passageira, *passageira*, nada mais.

Passei muitos dias sem ver Tilling. Ia toda noite ao teatro e, de lá, a uma *soirée*, com a esperança de encontrá-lo, em vão.

Em meus dias de visita, vinha muita gente, menos ele. Também não esperava por isso. Depois do seu "não espere isso de mim, condessa" e o que disse quando a porta da charrete bateu: "Não estou entendendo nada", não seria de se esperar que ele viesse me ver em um dia como aquele. Eu o ofendi, era evidente, e óbvio que evitava me encontrar. O que eu podia fazer? Ansiava por vê-lo de novo, por reparar minha falta de gentileza e ter de novo um momento de conversa como aquela na casa de meu pai. Um momento de conversa que me causaria ainda mais estímulo depois que me tornei consciente do meu amor.

Na falta de Tilling, ao menos sua prima apareceu no sábado seguinte, a mesma que organizou o baile onde o conheci. Quando ela entrou, meu coração disparou. Pelo menos agora eu poderia saber algo daquele que ocupava meus pensamentos. Não me atrevi, porém, a fazer uma tal pergunta. Sentia que não teria condições de dizer seu nome, sem que o rubor não me denunciasse e falei sobre muitas coisas com minha visitante, também sobre o clima, só não sobre o tema que meu coração pedia.

– Ah, Martha! – disse de repente – tenho um recado para dar: meu primo Friedrich mandou lembranças, partiu antes de ontem.

Senti o sangue subir em meu rosto.

– Partiu? Para onde? Foi transferido de regimento?

– Não, resolveu tirar umas férias curtas e viajar para Berlim, onde sua mãe encontra-se em leito de morte. O pobre... ele me causa pena. Sei o quanto adora sua mãe.

Dois dias depois, recebi a carta das mãos de um desconhecido, com o selo de Berlim. Antes de olhar o remetente, sabia que era Tilling. Assim dizia:

"Berlim, Friedrichstraße 8, 30 de março de 1863
Uma da madrugada.

Estimada condessa! *Preciso* desabafar com alguém... Por que justamente com a senhora? Será que tenho direito de fazer isso? Não, mas não resisti. A senhora terá empatia, tenho certeza.

Se tivesse conhecido a falecida, a senhora a teria amado. De coração manso, lúcida, sempre de bom humor, de uma grandeza e dignidade... e agora tudo isso irá para debaixo da terra, não há esperança...

Fiquei o dia todo a seu lado e passarei também a noite, sua última noite.

Ela sofreu muito, a pobre. Agora está tranquila, as forças estão desaparecendo, os batimentos estão quase parando. Além de mim, estão no quarto sua irmã e um médico.

Ah, que terrível dilaceramento é a morte! Sabemos que todos iremos morrer, ainda assim não entendemos direito que ela toma nossos entes queridos. Não sou capaz de dizer o que *essa* mãe foi para mim.

Ela sabe que está morrendo. Quando cheguei hoje pela manhã, recebeu--me com muita alegria:

– Então, posso ver você mais uma vez, meu Dico! Tinha medo de que chegasse tarde demais.

– Você vai ficar boa, mãe.

– Não, não, isso não entra em questão, meu menino. Não vamos consagrar esse nosso último encontro como momento de promessas aos moribundos, como se costuma fazer. Vamos dar o nosso adeus.

Caí de joelhos, soluçando, ao lado da cama.

– Você está chorando, Dico? Veja, também não vou te dizer, como é costume, "não chore". Fico feliz que você sinta pela despedida de sua velha e melhor amiga. Isso garante que não serei esquecida.

– Enquanto eu viver, mãe!

– Lembre-se que tive muitas alegrias com você. Só não a preocupação de suas doenças quando criança e o tempo de quando você estava na guerra. No mais, você só me causou sentimentos felizes e me ajudou a carregar tudo que o destino me impôs de sombrio. Eu te abençoo por isso, meu filho.

E aí ela foi acometida de um acesso de dor. Como ela lamentava e gemia, seu rosto se contorcia... foi de cortar o coração. De fato, a morte é um inimigo medonho e feroz. A visão dessa agonia trouxe à minha memória todas as agonias que vi nos campos de batalha e nos hospitais de campanha. Quando eu penso que nós, seres humanos, vez ou outra incitamo-nos à morte de forma arbitrária e de bom grado; que exigimos da juventude, com todo seu vigor, o desejo por entregar-se a esse inimigo, o qual o idoso frágil e cansado anseia combater ainda mais, tudo isso é ultrajante!

Essa noite está terrivelmente longa... Se a pobre doente pudesse dormir... permanece de olhos abertos, no entanto. Fico sempre a seu lado, inerte, uma meia hora, depois vou furtivamente até esta carta para escrever algumas palavras, aí volto até a doente. Já são quatro horas. Acabo de ouvir as quatro badaladas de todos os relógios de pêndulo. Vem-me uma sensação de frieza e de indiferença do tempo, que prossegue em constante firmeza por toda a eternidade, enquanto ele cessa para um ente tão amado, e também por toda eternidade. Quanto mais frio e indiferente o universo se comporta diante de nossa dor, tanto mais aspiramos nos refugiar no coração de um outro ser humano, o qual cremos bater com compaixão. Por isso que a folha branca de receita, deixada pelo médico em cima da mesa, me atraiu e por isso a estou enviando à senhora...

7 horas. Acabou.

'Adeus, meu menino' foram suas últimas palavras. Depois fechou os olhos e adormeceu. Durma bem, minha mãe!

Beija-lhe as mãos, em lágrimas, uma pessoa em luto.

Seu

Friedrich Tilling"

Ainda possuo essa carta. Como está amassada e amarelada! Não foram só os vinte e cinco anos transcorridos que causaram uma tal degradação, também as lágrimas e os beijos com os quais cobri, naquela época, a caligrafia estimada. Apesar de "uma pessoa em luto", senti-me em "júbilo profundo" quando a li. Ainda que não tivesse uma palavra sobre amor, era evidente que nenhuma outra carta seria capaz de mostrar que o remetente amava sua destinatária, e nenhuma outra. Num momento como aquele, no leito de morte da mãe, que ele desejasse derramar seu pranto não no coração da princesa, e sim no meu, isso suplantou qualquer dúvida ou ciúmes.

No mesmo dia, enviei uma coroa de flores com centenas de camélias e, dentro, uma rosa vermelha quase em botão. Esperava que ele entendesse que as flores pálidas e sem perfume era para a falecida, o símbolo do luto, e a rosinha de cor incandescente era para ele.

Passaram-se três semanas.

Konrad Althaus havia pedido minha irmã Lilli em casamento, ao que foi recusado. Não fez drama com a questão, continuou um assíduo frequentador de nossa casa e nos rodeando nos salões da alta sociedade.

Expressei-lhe, uma vez, minha admiração por sua fidelidade canina inabalável:

– Me alegra que não esteja zangado – disse – mas isso comprova que o teu sentimento por Lilli não é assim tão forte, como você alega. O amor que é desprezado costuma ser pérfido e vingativo.

– Você se engana, minha estimada prima. Gosto muito de Lilli. Primeiro achei que meu coração te pertencia, mas você se mostrou de uma reserva tão fria, que sufoquei a tempo o embrião da paixão. Depois, interessei-me um bom tempo por Rosa, por fim minha afeição se fixou em Lilli. Ficarei fiel a essa afeição até o fim de minha vida.

– Isso é muito teu!

– Lilli ou ninguém.

– E como você se sente com o fato de ela não o querer, meu pobre Konrad?

– Você acha que sou o primeiro a ser recusado, e que depois tenta mais uma, duas vezes, até que na quarta seja aceito para que acabe logo essa insistência? Lilli não se apaixonou por mim, um fato não tão compreensível, mas um fato. Que, em tais circunstâncias, ela se contraponha a essa tentação, irresistível para outras garotas, de se tornar esposa, e não tenha aceitado um pedido aceitável pela sociedade, isso é o que me agrada muito nela e estou ainda mais apaixonado. Ela ficará cada vez mais sensibilizada com meu afinco e ele lhe despertará um amor recíproco. Então, você será minha cunhada, caríssima Martha. Espero que não se oponha.

– Eu? Não, não, pelo contrário. A mim me agrada teu sistema de perseverança. Assim é que devemos ser cortejadas: com dispêndio de tempo e carinho, o que os ingleses chamam de *to woe and to win*. A verdade é que nossos jovens rapazes não se esforçam para amar e ganhar. Eles não querem conquistar nossa felicidade, mas colhê-la facilmente, como a flor na beirada da rua.

Havia quatorze dias que Tilling regressara a Viena, foi o que ouvi falar, porém ele não me visitou. Claro que não esperava vê-lo nos salões, porque se manteve longe de todo contato social. Ainda assim tinha a expectativa de que viesse me ver ou, ao menos, escrever. Os dias foram se passando, sem que eu recebesse a visita ou uma carta.

– O que está acontecendo, Martha? – disse-me tia Marie em uma manhã. – Há um tempo você anda tão indisposta, distraída, não sei como... Não é justo que você não dê atenção a nenhum de seus pretendentes. Essa solidão não é boa para você, é o que venho dizendo desde o começo. A consequência é essa irritação que vem te acompanhando. Já fez tua confissão antes da Páscoa? Isso te faria bem.

– Penso que as duas coisas, casar e se confessar, devem ser feitas por amor, não para curar nervosismo. Nenhum pretendente me agrada e, com relação a confessar-me...

– Está mais que na hora: amanhã é quinta-feira santa... Recebeu o convite para o lava-pés?

– Sim, papai me conseguiu um, mas não sei se vou.

– Ah, mas você deve ir. Não há nada mais bonito e edificante do que essa cerimônia... o triunfo da humildade cristã: o imperador e a imperatriz ajoelhando-se diante dos pobres velhos para lhes lavar os pés. Não é o símbolo do quão pequena e ínfima é a majestade diante de Deus?

– Para ajoelhar-se e, com isso, simbolizar a humildade, realmente é preciso ter um sentimento muito nobre. O que se expressa é: o filho de Deus em relação aos apóstolos, assim sou eu, o imperador, em relação aos velhos. O tema central dessa cerimônia não me soa muito humilde.

– Teus pontos de vista são curiosos, Martha. Durante os três anos que você passou isolada no campo, fazendo leituras ruins, tuas ideias ficaram equivocadas.

– Leituras *ruins*?

– Sim, ruins, exatamente o que quis dizer. Não faz muito tempo, quando eu, inocentemente, estava falando com o arcebispo sobre um livro que vi sobre tua mesa e que, por causa do título, achei tratar-se de algo devocional: *Das Leben Jesu* [A vida de Jesus], de um tal de Strauß. Ele pôs as mãos na cabeça e disse: "Pelo amor de Deus, como a senhora teve contato com essa obra profana?". Fiquei ruborizada e assegurei não ter lido o livro, mas que o vi na casa de um parente. "Pois, então, peça a esse parente, pela salvação dele, que pegue esse livro e o queime." Eis-me aqui, Martha. Não vai queimar esse livro?

– Se estivéssemos há duzentos ou trezentos anos, não só poderíamos ver o livro, mas também o autor ser consumido em chamas. Isso teria mais efeito, momentaneamente, não por tan...

– Você não me respondeu. Não vai queimar o livro?

– Não.

– Simples assim, "não"?

– Para que continuar essa conversa? Não nos entendemos nesse tema, minha querida tia. Prefiro te contar o que Rudolf fez ontem...

Com isso, a conversa felizmente se desviou para um outro tema mais produtivo, em que não havia diferença de opinião alguma entre nós. Com relação ao fato de que Rudolf Dotzky era a criança adorável, original e avançada para sua idade, aí estávamos de comum acordo.

No dia seguinte, acabei resolvendo assistir ao lava-pés. Perto das dez horas, vestida de preto, como convém à semana santa, fomos eu e minha irmã Rosa ao salão de cerimônia do palácio. Lá, havia lugares reservados em um estrado para os membros da aristocracia e do corpo diplomático. Ficamos entre nós e trocamos cumprimentos à direita e à esquerda. A galeria estava cheia: também com participantes especiais que adquiriram as entradas, porém eram pessoas "misturadas", não a *crème de la crème*, como nós, lá embaixo, em nosso estrado. Em suma, a velha segregação em castas e as preferências, por ocasião daquilo que celebra o símbolo da humildade.

Não sei se os outros estavam revestidos do espírito de solenidade religiosa. De minha parte, eu esperava o que estava por vir com a mesma sensação de quem está no teatro e aguarda um espetáculo anunciado. E com essa mesma expectativa de quem vê a cortina se abrir, depois de os cumprimentos serem trocados nos camarotes, eu olhava para a direção de onde estariam os coros e os solistas do espetáculo pomposo prestes a começar. A decoração estava armada: a mesa comprida à qual os doze velhos e velhas que viviam da caridade tomariam seus lugares.

Ainda assim estava feliz por ter ido. Estava curiosa, o que de qualquer modo é uma sensação boa e que, por um momento, me libertava das aflições. Minha preocupação constante: "Por que Tilling não aparece?", essa ideia fixa, tinha me deixado por um momento. Esperava e desejava era a aparição dos atores imperiais e dos velhos daquela celebração. E bem naquele momento em que não pensava nele, meus olhos encontraram Tilling. Imediatamente após a missa, os dignatários da corte haviam entrado no salão, seguidos do generalato e do corpo de oficiais. Meus olhos vagavam, com indiferença, por todos os uniformizados, eles não tinham o papel principal, apenas preenchiam o palco. De repente, deparei-me com Tilling, que se colocou exatamente à frente de nosso espaço. Aquilo me atravessou como uma descarga elétrica. Não olhou em nossa direção. Em seu rosto traços de quem tinha atravessado muito sofrimento nas últimas semanas: sua feição carregava uma expressão de profunda tristeza. Como eu gostaria de ter expressado minhas condolências com um aperto de mão silencioso e sincero! Não tirei meus olhos dele, na esperança de que minha força magnética o fizesse olhar para mim, mas foi em vão.

– Eles estão vindo, estão vindo! – exclamou Rosa me cutucando. – Veja lá, olha que bonito! Como em um quadro!

Eram os idosos e as idosas vestidos com típicas roupas alemãs, sendo introduzidos no salão. A mulher mais jovem, segundo os jornais, tinha oitenta e oito anos, o mais jovem dentre os homens tinha oitenta e cinco. Enrugados, sem dente, curvados: era difícil perceber o "que bonito" de Rosa. O que lhe agradava mesmo eram as vestimentas. Elas de fato combinavam perfeitamente com toda aquela cerimônia atravessada pelo espírito medieval. Nós é que éramos os anacrônicos com nossas roupas e costumes modernos, *nós* é que não combinávamos com o quadro.

Depois que os vinte e quatro idosos sentaram-se à mesa, entraram alguns senhores no salão, com as vestimentas bordadas de outro e enfeitadas de condecorações, a maioria mais velhos: os conselheiros privados e camareiros; muitos rostos conhecidos, dentre eles também o ministro "De fato". Por fim, os clérigos, que deveriam ter o papel principal naquele ato celebrativo. Agora já tinha acontecido a entrada dos figurantes e o público ansiava pelos atores principais.

Meus olhos já não estavam tão fixos, como os dos outros espectadores, naquela direção onde iriam surgir os monarcas, e sim voltavam-se sempre para Tilling. Agora ele havia me visto e reconhecido. Cumprimentou.

De novo Rosa tocou sua mão em meu braço.

– Martha, você está bem? De repente você ficou pálida e vermelha... Olhe, olhe! Agora, agora!

De fato, o capelão, quer dizer, o mestre de cerimônias ergueu o seu cajado e deu o sinal de que o casal de imperadores se aproximava. E realmente isso prometia uma bela vista, levando em consideração que era o clímax, pois certamente os monarcas eram um dos pares mais belos do país. Junto do imperador e da imperatriz haviam entrado também vários arquiduques e arquiduquesas e a celebração podia começar. Pajens e lacaios carregavam tigelas cheias e os monarcas colocavam-nas diante dos idosos sentados. E de novo aquilo parecia mais um quadro do que nunca. Os utensílios e a comida e o jeito com que os pajens os carregavam lembravam diversas imagens famosas de banquetes ao estilo da Renascença.

Mal os pratos tinham sido colocados, a mesa foi arrumada novamente, um trabalho realizado pelos arquiduques, da mesma forma um sinal de humildade. Depois disso, a mesa foi retirada, dava-se início à verdadeira cena de efeito da peça, o que os franceses chamam de *le clou de la pièce*, o lava-pés. Mas é claro que tão somente um aparente lava-pés, assim como a refeição fora tão somente uma aparente refeição. Ajoelhado no chão, o imperador tocava rapidamente os pés dos anciãos com uma toalha, depois que um padre, que o assistia, aparentemente jogava água nela com um jarro, e assim arrastou-se do primeiro até o segundo ancião, enquanto a imperatriz, normalmente vista em sua postura altiva e majestosa, realizava o mesmo procedimento com as doze anciãs, na mesma posição humilde, na qual, ainda assim, não perdeu o encanto. A música de acompanhamento, ou melhor, os comentários musicais do coro, formavam o evangelho do dia, lido ao mesmo tempo pelo padre do Hofburg.

Queria poder ter sentido, por alguns instantes, o que se passava no espírito daqueles idosos, enquanto ficavam ali, sentados, com aquela vestimenta, sendo observados por aquela multidão cheia de glamour, o pai e a mãe do país – Sua majestade, em seus pés... É provável que não teria sido de modo algum uma sensação clara a que eu teria sentido, se me tivesse sido consentida a troca momentânea de consciência, mas um sonho confuso e ofuscante, um sentimento ao mesmo de alegria e mal estar, de constrangimento e de celebração, uma completa estagnação dos pensamentos nos pobres corpos, de resto desatentos e fragilizados pela idade. Para os velhos, o que era de mais real e palpável naquilo tudo devia ser a visão do pacotinho vermelho de seda com trinta moedas de prata, o qual a mão soberana pendurava em cada um deles e a cesta cheia de alimento, que levariam junto para casa.

Toda a cerimônia terminou rapidamente e, logo em seguida, o salão se esvaziou. Primeiro, retirou-se a corte, depois saíram todos os outros participantes e, ao mesmo tempo, o público do estrado e da galeria.

– Como foi bonito, bonito mesmo! – sussurrava Rosa respirando profundamente.

Não respondi nada. Na verdade, eu não tinha por quê. Não sentia comiseração pela perplexidade e pobreza de ideias dos idosos, pois eu mesma tinha uma noção relativamente vaga da cerimônia que acabara de ocorrer. Só tinha uma coisa em minha cabeça: "Será que ele está nos esperando na saída?".

Mas não chegamos tão rápido à saída quanto eu desejava. Primeiro, tínhamos de nos despedir de quase todos os espectadores do estrado, que haviam saído junto conosco, e trocar algumas palavras. Ficamos reunidos na escadaria em um grupo grande, em meio às formalidades. "Olá, Tini!", "Bonjour, Martha.", "Ah, a senhora por aqui, condessa?", "Já fez sua confissão para a Páscoa?", "Boa tarde, Sua Alteza Sereníssima, não esqueça de nosso pequeno baile na segunda à noite", "Você assistiu, ontem, à missa dos dominicanos?", "Não, estive no Sagrado Coração, onde minhas filhas fazem o retiro espiritual", "O próximo ensaio de nossa apresentação de caridade é terça, ao meio-dia, caro barão, seja pontual", "De novo a imperatriz estava magnífica", "Percebeu, Lori, como o arquiduque Ludwig Viktor não tirava os olhos da Götter-Fanny?", "Madame, tenho a honra de apresentar-lhe minhas homenagens", "Oh, você é marquês... encantada", "Bom dia, Lord Chesterfield como está?", Que fina mulher, sua Imperatriz!", "Já reservou um camarote para a apresentação de Adelina Patti? Uma estrela em ascensão...", "Parece que a notícia do noivado de Ferdi Drontheim com a filha do banqueiro é verdadeira. Um escândalo!"

E assim iam e vinham os zunidos. Algum ouvinte desavisado mal teria notado que essas conversas provinham da atmosfera de uma cerimônia em devoção à humildade ocorrida pouco antes.

Finalmente, conseguimos sair do portão, onde nossas charretes nos aguardavam e algumas pessoas estavam reunidas. Essas pessoas ao menos queriam ver quem eram os felizardos que teriam visto a majestade. Assim, poderiam ser vistos por aqueles ainda menos privilegiados, que eles viram aqueles que tinham visto.

Mal saímos e Tilling postou-se diante de mim. Curvou-se.

– Preciso agradecer-lhe, condessa Dotzky, pela coroa magnífica.

Dei-lhe a mão, mas não consegui dizer uma palavra.

Havia chegado a vez de nossa charrete. Tínhamos que embarcar e Rosa me deixou entrar primeiro. Tilling tocava a mão no chapéu e recuava, quando fiz um imenso esforço e disse com uma voz que eu mesma não reconhecia:

– Domingo, entre duas e três, estarei em casa.

Curvou-se em silêncio e embarcamos.

– Você deve estar resfriada, Martha – observou minha irmã, quando partíamos. – Você fez o seu convite com uma voz muito rouca. E por que não me apresentou a esse oficial melancólico? Dificilmente vejo um rosto tão pouco animado.

Tilling apareceu no dia e horário determinados por mim. Antes havia feito o seguinte registro nos cadernos vermelhos:

"Suspeito que o dia de hoje será decisivo para o meu destino. Tenho grande expectativa de algo, num misto de solenidade, ansiedade e doçura. Preciso fixar nestas folhas esse estado de espírito, para que eu tenha sempre a memória viva desse momento que prevejo com tanta emoção, quando folhear esses cadernos daqui a muitos anos. Talvez aconteça tudo muito diferente do que estou pensando, talvez exatamente dessa forma... de qualquer modo, um dia terei interesse em ver o quanto previsão e realidade coincidem. Aquele que espero me ama, sei disso por causa da carta que me escreveu durante o leito de morte da mãe. O amor é correspondido, isso foi revelado pela rosa vermelha na coroa... E assim vamos nos unir, sem testemunhos, profundamente comovidos, ele precisando de consolo e, eu, disposta a consolar: creio que não trocaremos muitas palavras... Vamos derramar lágrimas juntos; unir nossas mãos, trêmulos, e assim nos entenderemos... Duas pessoas felizes que se amam, sérios e solenes, apaixonados, devotos, ao passo que, na sociedade, isso será anunciado com indiferença e frieza. 'Está sabendo que Martha Dotzky está noiva de Tilling... um partido deplorável.'... São duas e cinco, ele pode chegar a qualquer momento. Os relógios... o coração acelerado... esse tremor... sinto que...".

Meus escritos foram até ali. A última linha quase parecia um garrancho, um sinal de que "o coração acelerado... esse tremor" não era uma expressão retórica.

Previsão e realidade não coincidiram. Tilling comportou-se com bastante frieza e reticência em sua visita de meia hora. Pediu-me desculpas pela ousadia de ter escrito a mim. Que eu relevasse aquela falta de etiqueta de alguém que havia perdido condições mentais, o que ocorre em momentos tão dolorosos. Depois, contou-me mais algumas coisas dos últimos dias e da vida de sua mãe, sobre o que eu esperava, no entanto, nenhuma palavra sequer. E assim fui me tornando mais fria e reticente. Quando se levantou para ir embora, não fiz nenhuma tentativa de mantê-lo ali, também não o exortei a voltar.

Quando ele já estava lá fora, corri para os cadernos vermelhos que ainda estavam abertos e continuei escrevendo a frase interrompida.

"Sinto que está tudo acabado... que eu me enganei redondamente, que ele não me ama e agora vai acreditar que também ele me é indiferente, como eu sou a ele. Meu comportamento foi quase de repulsa. Sinto que ele nunca mais vai voltar. É como se o mundo não tivesse outro para mim! Não há outro tão bom, nobre e espirituoso. E ninguém vai lhe querer tão bem quanto *eu*, Friedrich. Tua princesa, para quem você parece estar voltando, certamente não o quer tão bem. Meu filho Rudolf, você é meu consolo e amparo. Daqui para frente não quero saber mais nada de amor, só o amor de mãe deve preencher meu coração e minha vida... Se eu conseguir fazer de você um homem como ele foi para sua mãe, se um dia você chorar por mim como ele chorou por sua mãe, então terei atingido meu objetivo."

Na verdade, é uma tolice essa coisa de escrever um diário. A vontade de eternizar em palavras escritas essas mudanças, desaparecimentos e ressurgimentos constantes de desejos, intenções e perspectivas que formam o curso de uma vida, isso é um início equivocado e traz ao Eu que as lê em idade mais avançada a constatação constrangedora da própria mutabilidade. Em apenas uma página, e na mesma data, estão registrados dois estados de espírito diametralmente opostos: primeiro, a esperança mais confiante, depois a renúncia completa e as páginas seguintes voltam a relatar algo totalmente diferente...

A segunda-feira após a Páscoa foi favorecida com um clima esplendoroso de primavera e o passeio pelo Prater que iria acontecer naquele dia, espécie de celebração prévia da grande parada do primeiro de maio, saiu-se radiante. Sei que aquele esplendor, aquele deleite primaveril e festivo que havia em volta de mim, contrastava com a tristeza que preenchia meu ânimo. Ainda assim, não queria abrir mão de minha tristeza, não queria voltar a ser alegre, e de coração vazio, como dois meses antes, quando ainda não conhecia Tilling. Se meu amor tinha tudo para ser desafortunado, mesmo assim era amor, ou seja, a vida era mais intensa: esse sentimento caloroso de afeto que fazia crescer meu coração sempre que me vinha à mente aquela cara imagem. Não queria nunca perder aquilo. Não tinha a menor expectativa de que fosse me deparar com o objeto de meus sonhos em meio à multidão de mulheres alegres. Porém, ao lançar meu olhar distraído para a alameda, a Reitallee, pude ver ao longe. Descia a alameda galopando, em nossa direção, um oficial que, apesar de meus olhos míopes o perceberem de maneira um tanto indistinta, era mesmo Tilling. Quando ele se aproximou e nos saudou ao cruzar com nossa charrete, não revidei com um simples menear de cabeça, e sim com um vívido aceno. Na mesma hora me dei conta de que havia feito algo inapropriado e injustificável.

– Para quem você acenou desse jeito? – perguntou minha irmã Lilli. – Era papai? ... Ah, já sei... – complementou – quem está passeando também por aqui é Konrad, como sempre por perto, é para ele que você se contorceu?

Esse "sempre por perto" foi-me bastante oportuno. Sentia-me grata a meu primo fiel e logo fiz uso dessa gratidão:

– Veja, Lilli – disse eu – ele é uma boa pessoa e certamente está aqui de novo por causa de você. Tenha piedade dele, seja boa para ele... Se você soubesse como é bom querer bem a alguém, não manteria teu coração tão fechado. Vai lá e faça-o feliz, aquela boa pessoa.

Lilli me olhou, espantada:

– E se ele me é indiferente, Martha?

– Talvez você ame outro?

Ela balançou a cabeça:

– Não, ninguém.

– Oh, pobre de você!

Subimos e descemos a alameda umas duas ou três vezes. Mas aquele a quem meus olhos espreitavam não apareceu de novo. Ele deixou o Prater.

Alguns dias depois, à tarde, Tilling veio me visitar. Entretanto, eu não estava sozinha. Meu pai e minha tia tinham vindo me visitar. Além disso, estavam em meu salão Rosa, Lilli, Konrad Althaus e o ministro "De fato".

Tive de me esforçar para não dar um grito de surpresa. A visita inesperada causara-me ao mesmo tempo muita alegria. Mas ela logo foi embora. Depois de ter cumprimentado os presentes e se sentado à minha frente após meu convite, Tilling disse com frieza:

– Vim para fazer uma visita de despedida, condessa. Deixarei Viena nos próximos dias.

Os outros, agitando-se, começaram a perguntar ao mesmo tempo: "Por muito tempo?", "Para onde?", "E por quê?", "Como assim?", enquanto eu permanecia calada.

– Talvez para sempre. Para a Hungria. Fui realocado para outro regimento. Prefiro os magiares. – Tilling ia respondendo a todos.

Nesse ínterim, recompus-me.

– Que decisão rápida – disse eu tentando ser a mais tranquila possível. – O que nossa Viena lhe fez para que a deixasse com tanta precipitação?

– Ela é muito vivaz e alegre. Estou em um estado de espírito que busca pela solidão de Pußta.

– Mas, qual – opinou Konrad – quanto mais transtornado é o estado de espírito, tanto melhor buscar uma distração. Uma noite no Carltheater é capaz de reanimar muito mais que dias a fio na solidão contemplativa.

– O melhor para animá-lo, caro Tilling – disse meu pai – seria mesmo uma bela e animada guerra. Infelizmente não há a menor perspectiva para isso. A paz ameaça se estender por muito tempo.

– Mas que jogo de palavras peculiar – não pude deixar de observar. – Guerra e bela, paz e ameaça.

– De fato – constatou o ministro – o horizonte político não aponta para ponto negro algum. Entretanto, as nuvens carregadas podem vir a qualquer momento e nunca está excluída a chance de que uma diferença, por menor que seja, faça eclodir uma guerra. Digo-lhe como consolo, senhor primeiro-tenente. Dado o fato de que me ocupo dos assuntos internos de meu país, meu desejo é que a paz se mantenha por muito tempo, pois só assim posso promover os interesses de minha área de responsabilidade. De fato, isso não me impede de reconhecer o desejo justificado do ponto de vista do exército, entretanto...

– Permita-me, excelência – Tilling interrompeu – resguardar-me desse despropósito de que eu venha a desejar uma guerra. Também da suposição de que o ponto de vista do exército seja outro que não o humano. Estamos prontos para defender o país das ameaças dos inimigos, da mesma forma que o bombeiro para apagar o fogo quando há incêndio. Assim sendo, o soldado não tem autorização para desejar a guerra, da mesma forma que o bombeiro não o tem para o incêndio. Ambos significam desgraça, desgraça pesada e nenhuma pessoa deveria se alegrar com a desgraça alheia.

"Você é uma boa pessoa", eu respondia a ele, em silêncio. E prosseguiu:

– Sei bem que a oportunidade para a condecoração pessoal só existe para um quando há incêndios e, para outro, quando há campos de batalha. Uma pessoa tem que ser muito mesquinha e egoísta para que o seu interesse próprio seja tão grande, a ponto de bloquear a perspectiva de uma dor geral. E é muito duro e cruel, quando, ainda assim, ela tem essa perspectiva e não se sensibiliza. A paz é o maior benefício, ou melhor, a ausência do maior malefício. Como o senhor mesmo disse, ela é a única condição para que os interesses da população sejam apoiados. E o senhor quer reconhecer o direito de toda uma grande parcela dessa população, o exército, de arrancar essa condição próspera e almejar uma nociva? De alimentar esse desejo "justificado" até que ele se transforme em reivindicação e, depois, seja talvez satisfeito? Conduzir uma guerra, para que o exército se ocupe e se satisfaça, incendiar casas para que o corpo de bombeiros se mostre eficaz e colha os louros?

– Sua comparação é capenga, caro primeiro-tenente – meu pai revidou, ao dirigir-se a ele não pelo nome, como de costume, mas pela patente militar, talvez para alertá-lo de que suas convicções não correspondiam às suas responsabilidades. – Incêndios só trazem prejuízos, enquanto as guerras podem trazer poder e grandeza ao país. Como que os Estados se formaram e se expandiram, senão por campos de batalha vitoriosos? A ambição pessoal não é a única coisa que anima o soldado para a guerra, é muito mais o orgulho nacional e patriota que lhe dá o alimento para isso. Em uma palavra, o patriotismo...

– Seria o amor pela pátria? – Tilling fez uma interferência. – Não entendo muito bem por que justamente nós, os militares, é que temos como único horizonte esse sentimento, natural a todos os seres humanos. Todo mundo ama o cantinho onde cresceu; todo mundo deseja a melhoria e o bem-estar de sua gente, mas podemos alcançar a felicidade e a glória com outros meios que não o da guerra. É possível ter orgulho com outros feitos que não os bélicos. Eu, por exemplo, sinto mais orgulho de nosso Anastasius Grün que desse ou daquele general.

– Como pode comparar um poeta a um comandante? – exclamou meu pai.

– É o que pergunto também. O louro que não é manchado de sangue é, de longe, o mais belo.

– Meu caro barão – disse minha tia – nunca vi um soldado falar assim. Onde fica o entusiasmo pela batalha, onde fica a chama bélica?

– Esses sentimentos não me são desconhecidos, minha cara senhora. Animados por eles é que fui, pela primeira vez, ao campo de batalha como um jovem de dezenove anos. Quando vi a realidade do massacre, depois de ter sido testemunha da bestialidade que ele desencadeava, daí meu entusiasmo foi embora. Já não foi o prazer que me levou às batalhas seguintes, e sim a resignação.

– Escute-me, Tilling, participei de muito mais campanhas que o senhor e vi cenas arrepiantes o suficiente, mas nunca perdi a sanha. Já velho, em 49, quando marchei com Radetzky, meu júbilo foi igual ao primeiro.

– Desculpe-me, excelência, porém o senhor pertence a uma geração mais antiga, a uma geração em que o espírito guerreiro é muito mais vivo que na nossa e na qual se desconhece a compaixão universal, um desejo pelo fim de toda miséria que está crescendo cada vez mais.

– E para quê? Sempre vai haver miséria, não há como eliminá-la, nem a guerra.

– Veja, senhor Althaus, com essas palavras, o senhor representa o ponto de vista de outrora, hoje bastante abalado, e no qual o passado se comportava diante de todas as desgraças sociais: o da resignação com a qual se observa o inevitável, o que é necessário por natureza. Uma vez que a dúvida "Tinha que ser assim?" invade a alma quando diante da visão de uma grande miséria, essa alma não pode mais continuar fria. E junto com a compaixão cresce também um tipo de remorso, não um remorso pessoal, mas... como posso dizer?... *uma acusação sobre a consciência da época.*

Meu pai deu de ombros.

– Isso é demais para mim – disse ele – Posso lhe assegurar que não só nós, os avós, relembramos os campos de batalha com orgulho e alegria, como também a maioria dos jovens e dos meninos, se lhe perguntarem se gostariam de ir para a guerra, irão responder com ânimo: "Sim, claro!".

– Os meninos com certeza. Ainda têm em seus corações o entusiasmo adquirido na escola. E, com relação aos outros, muitos responderiam "sim, claro", porque isso, conforme uma concepção geral, demonstra masculinidade e coragem. Um "não gostaria" sincero poderia ser interpretado facilmente como temor.

– Ah – disse Lilli com certo pavor – eu também iria ficar com medo... Deve ser terrível ver balas voando por toda parte, a morte ameaçando a todo momento.

– Algo assim soa bem natural de sua boca de moça – contrapôs Tilling – mas nós temos de negar nosso impulso de autopreservação... os soldados também devem negar a compaixão, a empatia pela dor do amigo ou inimigo que irrompe em lamentações imensas, pois, junto do temor, levamos a mal toda sentimentalidade, toda emoção.

– Só na guerra, caro Tilling – disse meu pai – só na guerra. Na vida privada, graças a Deus temos o coração suave.

– Sim, eu sei: é como se fosse mágica. Depois de declarada a guerra, de repente todo horror passa a não ser considerado horror. Às vezes, as crianças fazem essa convenção prevalecer em suas brincadeiras. "Se eu fizer isso ou aquilo, não vale", nós a ouvimos dizer. No jogo da guerra, tais convenções tácitas também predominam. Homicídio não é considerado homicídio; roubo não é roubo, mas requisição; vilas incendiadas não são calamidades, mas "tomada de posições". Em todos os estatutos de códigos, do catecismo, da moralidade, enquanto dura a partida, vale o "não é considerado". Às vezes, porém, quando a sanha do jogo se arrefece, quando o "não vale" pré-combinado desaparece, por um momento, da consciência, e depreendemos a realidade das cenas em nossa volta e compreendemos a desgraça abissal, o crime em massa como algo *válido*, aí desejamos só uma coisa para nos salvarmos da dor insuportável dessa perspectiva: estar morto.

– De fato, é verdade – observou tia Marie, reflexiva – frases como "você não deve matar", "não deve roubar", "ame o teu próximo como a ti mesmo", "perdoe os vossos inimigos"...

– Não valem – repetiu Tilling. – E aqueles que devem professar tais frases são os primeiros a abençoar as armas e rogam aos céus as bênçãos para as batalhas.

– E com razão – disse meu pai – o Deus da Bíblia é o Deus das batalhas, o senhor dos exércitos... É ele quem nos ordena empunhar a espada, é ele...

– Por vontade de quem as pessoas determinam o que elas mesmas querem que seja feito – interrompeu Tilling – e de quem esperam ter promulgadas as eternas leis do amor, as quais ele suspende, quando os filhos querem executar o jogo do ódio, com seu "não vale mais". Tão rude, tão inconsequente, tão *infantil* quanto o ser humano é o Deus representado por ele nas diferentes situações. Agora, condessa – acrescentou enquanto se levantava – perdoe-me por ter invocado uma discussão tão desagradável. Permita-me, já vou me despedindo.

Fui estremecida por sensações tempestuosas. Tudo o que ele acabara de falar o fizeram ainda mais caro a mim... E agora eu tinha de me apartar dele, talvez para nunca mais vê-lo? Trocar umas palavras neutras de despedida diante dos outros e deixar que tudo acabasse? Não era possível: eu acabaria em prantos tão logo a porta se fechasse atrás dele. Isso não podia acontecer. Levantei:

– Um momento, barão Tilling – disse... – preciso mostrar-lhe aquela fotografia sobre a qual falamos recentemente.

Olhou-me com espanto, pois nunca havíamos falado de fotografia alguma. Ainda assim, ele me seguiu até o outro lado do salão, onde diversos álbuns encontravam-se sobre uma mesa, onde era impossível que os outros nos ouvissem.

Abri um álbum e Tilling curvou-se sobre ele. Nesse ínterim, dirigi-me a ele, trêmula e falando baixo:

– Não vou deixá-lo ir assim... Quero... eu tenho que falar com o senhor.

– Como desejar, condessa, estou ouvindo.

– Não, não agora. O senhor tem que voltar... amanhã, por volta desse mesmo horário!

Ele parecia hesitar.

– Ordeno... em memória de sua mãe, por quem chorei junto com o senhor...

– Oh, Martha!...

Meu nome, dito daquela forma, atravessou-me como um raio de felicidade.

– Amanhã, então – repeti olhando em seus olhos.

– Por volta do mesmo horário.

Estávamos combinados. Voltei para os outros e Tilling foi embora, depois de ter levado minha mão a seus lábios e se curvado aos outros.

– Que homem peculiar – observou meu pai, meneando a cabeça. – Tudo que ele disse mal encontraria aplausos em círculos mais importantes.

Quando deu a hora combinada, no dia seguinte, dei ordens para que não deixassem entrar ninguém a não ser Tilling, como fiz na ocasião de sua primeira visita.

Havia um misto de sentimentos de ansiedade apaixonada, de doce impaciência e de certo embaraço quanto à conversa que viria. Não sabia exatamente *o que* gostaria de lhe dizer, não queria pensar nisso... Se Tilling me fizesse a pergunta: "Então, condessa, o que gostaria de me dizer, o que a senhora deseja?", não seria capaz de responder a verdade, que seria "Quero lhe dizer que o amo, desejo que fique". Mas não achava que ele fosse me interrogar de uma forma tão seca, iríamos nos entender sem perguntas e respostas categóricas. O mais importante era que iria vê-lo mais uma vez. E se tivéssemos de nos separar, ao menos teria, antes, trocado algumas palavras afetuosas, trocado um adeus mais íntimo... Só de *pensar* na palavra adeus meus olhos se enchiam de água...

Nesse momento, a visita esperada chegava.

– Obedeci a seu comando, condessa, e... o que aconteceu? A senhora chorou? Está chorando ainda?

– Eu?... Não... foi a fumaça... na sala ao lado, a lareira... Sente-se, Tilling... Fico feliz que tenha vindo...

– E eu que a senhora tenha me instado a vir. Recorda-se? Em nome de minha mãe? Isso me deixou mais confortável para lhe dizer tudo que sinto. Eu...

– Eu? Por que parou?

– Está mais difícil falar do que eu imaginava...

– O senhor me demonstrou tanta confiança naquela noite dolorosa, quando o senhor fazia vigília em um leito de morte... Como pode o senhor ter perdido toda confiança agora?

– Naquele momento solene deixei de ser eu mesmo, desde então voltei à minha timidez habitual. Percebo agora que, naquele dia, ultrapassei os limites e, para que não voltasse a fazê-lo, distanciei-me da senhora...

– De fato, o senhor parece me evitar. Por quê?

– Por quê? Porque... porque eu a idolatro.

Não respondi nada e, para esconder minha emoção, desviei o olhar. Também Tilling se calou.

Finalmente me recompus e voltei a quebrar o silêncio:

– E por que o senhor vai deixar Viena? – perguntei.

– Pelo mesmo motivo.

– O senhor não pode mais voltar atrás de sua decisão?

– Até poderia, a substituição ainda não está definida.

– Então fique.

Ele tocou minha mão:

– Martha!

Era a segunda vez que me chamava por meu prenome. As duas sílabas haviam me inebriado... Precisava revidar de alguma maneira ao que ele fazia soar com tanta doçura, também duas sílabas, nas quais residia tudo aquilo que vibrava meu coração. Ergui meu olhar em sua direção e disse, baixinho:

– Friedrich!

Nesse momento, a porta se abriu e meu pai entrou.

– Ah, você está aí! O criado disse que você não estava em casa... mas respondi que iria te esperar... Boa tarde, Tilling! Depois de sua despedida de ontem, muito me surpreende encontrá-lo aqui...

– Minha partida foi adiada novamente, excelência, e eu vim...

– ... fazer uma visita de cortesia à minha filha? Muito bem. E agora, Martha, saiba o que vim fazer aqui. É uma questão de família...

Tilling levantou-se:

– Então, incomodo.

– Serei rápido.

Às favas, meu pai e suas questões familiares. Nada poderia ter sido mais inconveniente. Tilling não teve outra saída, senão ir embora. No entanto, depois de tudo que havia acontecido entre nós, a distância já não significava separação: nossos pensamentos, nossos corações estavam unidos.

– Quando a vejo novamente? – perguntou-me, baixinho, quando beijou minha mão ao despedir-se.

– Amanhã, 9 da manhã, no Prater, a cavalo – logo respondi na mesma intensidade.

Meu pai despediu-se dele com certa frieza. Depois que a porta se fechou:

– O que significa isso? – perguntou com uma feição grave. – Primeiro, mente que não está em casa, depois a encontro *tête-à-tête* com esse senhor?

Fiquei vermelha, em parte por raiva, em outra por embaraço.

– Qual é a questão de família que o senhor...

– É *esta*. Só quis espantar o teu cortejador para poder te dar minha opinião... E vejo como uma questão importante para a nossa família, que você, condessa Dotzky, nascida Althaus, não jogue fora sua reputação.

– Querido pai, o guardião mais seguro de minha reputação e de minha honra me é dado pela pessoa do pequeno Rudolf Dotzky. E no que concerne à autoridade paterna do conde Althaus, devo lembrar ao senhor, com toda a reverência, que, na qualidade de viúva independente, estou emancipada dela. Não tenho a pretensão de arranjar um amante, que é o que o senhor parece supor. Mas se minha decisão for a de me casar novamente, vou me reservar o direito de escolher o que meu coração pedir.

– Casar-se com Tilling? Onde você está com a cabeça? Isso será uma catástrofe familiar. Eu preferia... não, não quero dizer isso... mas, sério, você não está pensando em algo assim?

– Quais seriam as objeções? Recentemente você me sugeriu um primeiro tenente, um capitão e um major. Tilling já é primeiro tenente...

– Isso é o que há de pior nele. Se fosse um civil, as opiniões que ele externou ontem seriam perdoáveis. Para um militar, no entanto, elas beiram à traição. É evidente que ele estava se despedindo para não correr o risco de ser convocado para uma campanha militar, cujas dificuldades e sofrimentos ele teme abertamente. Como não possui fortuna, ele teve a brilhante ideia de se casar com uma mulher rica. Espero em Deus que não seja uma mulher, filha de um velho soldado, que lutou em quatro guerras e ainda teria o mesmo entusiasmo para uma próxima, e é viúva de um jovem e corajoso combatente, que encontrou a morte gloriosa no campo da honra.

Meu pai, que andava a passos largos de um lado a outro pela sala enquanto falava, estava muito vermelho e sua voz tremia com tanta agitação. Em meu íntimo, eu também estava agitada. Todas aquelas frases feitas, o vazio que ressoavam, e que exprimiam os ataques ao homem que eu amava, causavam-me repulsa. Mas não fui capaz de revidar. Constatava que eu poderia defender Tilling daquela injustiça abismal que o atingia. Se meu pai tinha feito juízo tão equivocado dos pontos de vista externados no dia anterior, isso era porque teria ocorrido uma incompreensão absoluta. Meu pai simplesmente não via os aspectos levantados por Tilling. Eu não era capaz de fazê-lo enxergar. Não era capaz de ensiná-lo um outro critério ético que não o de um soldado, o critério mais elevado aos olhos do general Althaus; de ensiná-lo um outro critério que nutria as convicções de um ser um humano e pensador. No entanto, enquanto me mantinha calada diante daqueles ataques que ora ouvia, e meu pai acreditando que me humilhava e aniquilava o germe de minhas intenções, mais eu desejava ir ao encontro daquele que era injustiçado e mais forte era minha decisão de me tornar sua. Felizmente eu era livre. A desaprovação do pai até poderia me afligir, mas não ao ponto de impedir aquilo que meu coração pedia. Também não havia espaço para aflição em minha alma. O poder da imensa felicidade que se me abrira naquele último quarto de hora era vívido demais para me deixar perturbar.

Na manhã seguinte, despertei com a sensação parecida àquela de quando eu era criança no dia de Natal e, depois, quando noiva, na manhã do dia do meu casamento: uma expectativa indescritível, a mesma consciência agitada de que algo alegre e grandioso estava para acontecer. Veio-me certo mal-estar quando recordei as palavras ditas por meu pai no dia anterior, mas logo bani tais pensamentos.

Ainda não eram nove horas quando deixei a charrete na entrada da alameda do Prater e montei no cavalo trazido antes por um criado. O clima era ameno e tinha o aroma de primavera. Não havia Sol, mas isso só tornava o tempo mais ameno, de qualquer modo trazia o brilho do Sol dentro de mim. Havia chovido de noite, as folhas luziam o frescor verde e, da terra, subia o cheiro molhado.

Mal havia andado uns cem passos, quando ouvi, atrás de mim, um cavalo sendo esporeado e que vinha a galope.

– Ah, oi Martha, que bom encontrá-la aqui!

Era Konrad, o que estava sempre por perto. Para *mim*, não foi bom tê-lo encontrado. É claro que o Prater não era meu parque privado e a alameda ficava sempre cheia para as cavalgadas em manhãs tão bonitas de primavera. Como pude ser tão inábil ao contar com um encontro reservado justamente ali? Althaus tomou o ritmo do meu trote e claramente preparava-se para ser o fiel companheiro de meu passeio a cavalo. Ao longe, avistei Friedrich von Tilling galopando em nossa direção.

– Primo, você sabe que sou uma aliada sua? Sabe que me esforço para Lilli se aproximar de você, não é?

– Sim, a mais nobre de minhas primas.

– Ontem mesmo voltei a elogiar tuas boas qualidades a ela... porque de fato você é um excelente rapaz: agradável e atencioso...

– O que você quer de mim?

– Que você açoite o teu cavalo e continue galopando...

Tilling já estava bem perto. Primeiro, Konrad olhou para ele, depois para mim. E, sem dizer palavra, acenou-me sorrindo e correu dali, como se estivesse fugindo.

– De novo esse Althaus! – foram as primeiras palavras de Tilling, depois de ter dado a volta e se colocado a meu lado. Seus olhos e seu tom de ciúmes eram explícitos. Isso me agradou. – Fugiu ao me avistar ou seu cavalo apertou o passo?

– Eu o mandei embora, porque...

– Condessa Martha, eu tinha que encontrá-la justo com o Althaus! A senhora sabe que todos acreditam que ele é apaixonado por sua prima?

– Isso é verdade.

– E que ele a corteja.

– Isso também é verdade.

– E não sem esperança?

– Com certa esperança...

Tilling ficou em silêncio. Olhei-o nos olhos com um sorriso alegre.

– Seu olhar contradiz suas últimas palavras – disse ele, depois de uma pausa – pois ele parece dizer que "Althaus me ama sem esperanças".

– Ele não me ama. O objeto de seu cortejo é minha irmã Lilli.

– A senhora tirou um peso de meu coração. Ele era uma razão para eu querer deixar Viena. Não iria suportar ter que ver...

– E quais seriam os outros motivos? – interrompi.

– O medo de que minha paixão crescesse, que eu já não pudesse escondê-la por muito tempo, que eu me tornasse ridículo e infeliz ao mesmo tempo...

– O senhor está infeliz hoje?

– Oh, Martha! Desde ontem vivo um turbilhão tão grande de sentimentos que quase estou perdendo a consciência. Mas, como quem está em sonhos por demais encantadores, não sem medo de que, de repente, volte a despertar para uma realidade dolorida. No fundo, meu amor já não tem esperanças... O que posso lhe oferecer? Hoje, a tua benevolência me sorri e me leva ao sétimo céu... amanhã, talvez depois, a senhora volte a me tomar essa benevolência que não mereço e me lança ao abismo do desespero... Já não me conheço mais: como estou sendo hiperbólico, eu, que no mais sou tranquilo, uma pessoa circunspecta, inimigo de todos os exageros... Diante da senhora, porém, nada mais parece exagerado: a senhora tem o poder de me fazer feliz ou miserável...

– Então, falemos também de *minhas* dúvidas: a princesa...

– Ah, essa bobagem também chegou a teus ouvidos? Não há nada, nada disso.

– Claro, o senhor nega, pois é seu dever...

– Essa dama em questão, cujo coração conhecidamente está preso no burgo... sabe-se lá por quanto tempo... pois esse coração é concedido com certa frequência, para com ela nem o mais discreto dos homens teria obrigação de levar um tal segredo ao túmulo. A senhora pode acreditar em mim. Ademais: por que eu iria querer deixar Viena, se tais boatos tivessem fundamento?

– O ciúme não chega a termos racionais: eu teria marcado com o senhor, se fosse para eu vir e me encontrar com meu primo Althaus?

– É difícil para mim, Martha, cavalgar tranquilamente a seu lado... Queria me jogar a seus pés, ao menos levar sua mão querida a meus lábios...

– Querido Friedrich – disse, com ternura – tais efusividades não são necessárias, também é possível reverenciar com palavras, como se estivesse de joelhos e fizesse afagos, como...

– Como se desse um beijo – ele completou.

Depois dessa última palavra, que nos perpassou como uma flecha, olhamo-nos longamente nos olhos e percebemos que também era possível beijar com o olhar...

Ele foi o primeiro a falar:

– Desde quando?

Entendi perfeitamente a pergunta incompleta.

– Desde aquele jantar na casa de meu pai – respondi – e o senhor?

– *Senhor*? Que dissonância, Martha. Se for para eu responder à pergunta, a pergunta deve ser reformulada.

– E... você?

– Eu? Provavelmente desde aquela mesma noite. Mas ficou mais claro para mim quando estava no leito de morte de minha mãe... Como meus pensamentos evadiam para você!

– Eu entendo da mesma forma. Você, por outro lado, não entendeu a mensagem da rosa vermelha que foi inserida junto das outras flores, caso contrário não teria me evitado depois de sua chegada. Até agora não entendo esse distanciamento e por que você gostaria de partir.

– Porque meu pensamento nunca chegou a ponto de ter esperança de conquistá-la. Só quando você me instou, em nome de minha mãe, a vir até você e a ficar é que eu entendi, que estava disposta, que eu poderia consagrar minha vida a você.

– Quer dizer, se eu mesma não tivesse "me jogado", você não teria lutado por mim?

– Você tem inúmeros pretendentes, não iria me misturar a esse punhado.

– Ah, eles não contam. A maioria só estava interessada na rica viúva...

– Viu só: essas palavras impõem a barreira que me impede de me declarar. A rica viúva, e eu, sem fortuna. Prefiro perecer a um amor desafortunado que tornar-me suspeito diante do mundo, especialmente daquela que adoro, por algo que você acaba de imputar aos outros pretendentes.

– Ah, como é orgulhoso, nobre, caro! Não estaria em condições de supor tais ideias vis em você...

– E por que tanta confiança? Você me conhece tão pouco.

E ficamos um bom tempo nos inquirindo mutuamente. À pergunta "desde quando" nos amávamos, seguiram-se as considerações sobre o "porquê". O que primeiro *me* atraiu foi a maneira com que ele falou sobre a guerra. O que eu pensava e sentia em meu recôndito, acreditando que um soldado não pensaria o mesmo e muito menos o externaria, ele o pensava com muito mais clareza que eu e sentia com muito mais força, e o declarou com toda franqueza. Assim, eu via o quanto seu coração ultrapassava os interesses de sua posição e seu espírito, as visões de mundo de seu tempo. Esse era o fundamento, por assim dizer, do amor que eu consagrei a ele. Junto disso, havia um sem número de respostas para o "por quê". Porque ele tinha uma aparência tão bela e distinta; porque, em sua voz, havia um tom de especial suavidade e, ao mesmo tempo, de firmeza; porque ele foi um filho tão amável; porque...

– E você? Por que *me* ama? – interrompi minhas justificativas.

– Por milhares de motivos e por um.

– Fale. Primeiro os milhares.

– O coração grande, o pé pequeno, os belos olhos, o espírito brilhante, o sorriso tenro, a sagacidade, a mão branca, o decoro feminino, a maravilhosa...

– Espera! São realmente milhares de motivos? Então, prefiro que me diga o único.

– Isso é mais fácil, porque a força e o magnetismo dele abarcam todo o resto. Eu te amo, Martha, porque... eu te amo. Por isso.

Do Prater, fui direto a meu pai. O anúncio que tinha a fazer iria gerar discussões desagradáveis, era o que eu previa. Por isso eu queria contornar o mais rápido possível aqueles transtornos inevitáveis e, de preferência, enfrentá-los sob a primeira impressão de minha felicidade há pouco conquistada.

Meu pai, que gostava de levantar tarde, ainda estava tomando o café da manhã e lendo seu jornal, quando entrei em seu escritório. Tia Marie também estava presente e ocupada em ler o jornal.

Por causa de minha entrada impetuosa, meu pai ergueu os olhos de seu jornal "*Presse*" e tia Marie largou o seu "*Fremdenblatt*".

– Martha? Tão cedo? E com o traje de cavalgada, o que significa isso?

Abracei os dois e disse, lançando-me em uma poltrona:

– Significa que venho de uma cavalgada pelo Prater, onde aconteceu algo que gostaria de contar-lhes sem delongas. Por isso, não perdi tempo em ir para casa e trocar de roupa.

– É algo tão importante e urgente? – perguntou meu pai, ao pegar um charuto. – Conte, estamos curiosos.

Será que eu teria de continuar ganhando tempo? Prepará-los e fazer uma introdução? Não, melhor era me atirar de cabeça, como quem pula do trampolim para a água:

– Fiquei noiva.

Tia Marie colocou as mãos na cabeça e meu pai franziu a testa:

– Espero que não seja ele começou.

Mas não o deixei terminar.

– Fiquei noiva de um homem que amo muito e venero, que acredito ser capaz de me fazer completamente feliz, com o barão Friedrich von Tilling.

Meu pai se levantou de um salto.

– Ora essa, depois de tudo que te disse ontem...

Tia Marie balançou a cabeça.

– Preferia ter ouvido outro nome. – disse ela – Primeiro, o barão Tilling não é um bom partido, ele não deve ter nada; segundo, seus fundamentos e pontos de vista me parecem...

– Seus fundamentos e pontos de vista casam muito bem com os meus. E sobre ele ser um "bom partido", não dependo disso... Pai, meu querido pai, não me olhe com tanto amargor, não estrague a imensa felicidade que estou sentindo agora, meu bom e amado papai!

– Mas, filha – respondeu com certa suavidade, pois um pouco de afeto costumava desarmá-lo – é justamente a tua felicidade que tenho em vista. Eu não poderia ficar feliz com um soldado que não é soldado de corpo e alma.

– Você não precisa se casar com Tilling. – observou tia Marie de forma certeira – O problema de ser ou não soldado é o menor – complementou

– mas eu não poderia ficar feliz com um homem que fala do Deus da Bíblia com tão pouca reverência, como recentemente...

– Permita-me fazer-lhe uma observação, querida tia Marie, de que também você não precisa se casar com Friedrich Tilling.

– Quando você quer uma coisa, ninguém tira isso da tua cabeça – disse meu pai, suspirando e voltando a se sentar – claro que Tilling vai dar baixa do exército?

– Não falamos sobre isso ainda. Claro que é o que eu preferia, mas temo que ele não o vá fazer.

– Quando penso que você dispensou um príncipe – suspirou tia Marie – e agora, em vez de subir, você irá descer na casta social.

– Como vocês são pouco gentis, e ainda afirmam me querer bem. Eu venho até vocês, a primeira vez desde a morte do pobre Arno, com a notícia de que me sinto completamente feliz, e em vez de se alegrarem, buscam toda sorte de motivos para estragar minha felicidade, e olha que motivos: militar, Jeová e classe social!

Após uma meia hora, consegui dissuadir um pouco os velhos. Depois daquela conversa travada no dia anterior, havia pensado que meu pai ofereceria uma resistência muito maior. Era provável que, se eu tivesse apresentado meras intenções e tendências, ele teria tentado sufocá-las de forma bastante enérgica, mas, diante do fato consumado, percebeu que de nada adiantaria oferecer resistência. Ou talvez tenha sido influenciado pela sensação imensa de felicidade que reluzia de meus olhos e fazia minha voz estremecer? Assim, sentia menos desgosto e se via impelido a participar de maneira involuntária? Em suma, quando me levantava para sair e me despedia dele, deu-me um beijo carinhoso na face e prometeu que iria me visitar naquela mesma noite, para cumprimentar seu futuro genro.

É pena que os cadernos vermelhos não registraram aquele dia e aquela noite. Após tanto tempo, os detalhes desapareceram de minha memória, só sei que foram momentos extraordinários.

Convidei todo meu círculo familiar para um chá e apresentei-lhe Friedrich Tilling como meu noivo.

Rosa e Lilli estavam encantadas. Konrad Althaus exclamou: "Bravo, Martha! E você, Lilli, siga o exemplo de sua irmã!". Meu pai, ou havia superado a antipatia pregressa, ou conseguiu escondê-la para me agradar. Tia Marie estava suave e tocada:

– Os matrimônios já estão determinados pelos céus – disse ela – eles determinam o destino de cada um. Que sejam felizes com a bênção de Deus, não me cansarei de suplicar-Lhe por vocês.

Também a meu filho Rudolf foi apresentado o "novo papai". Veio-me uma sensação abençoada quando vi meu amado tomar a criança nos braços, dar-lhe um beijo e dizer: "Faremos de você, menino, um grande homem".

Durante a noite, meu pai resolveu falar sobre a baixa do exército:

– O senhor provavelmente irá abrir mão da carreira, Tilling? Já que o senhor, de qualquer maneira, não tem vontade alguma de ir para a guerra...

Friedrich voltou seu olhar, espantado:

– Abrir mão de minha carreira? Não tenho outra... Também não é preciso ser amigo da guerra para cumprir o serviço militar, assim como o...

– Sim, sim – interrompeu meu pai – o senhor já disse isso recentemente: assim como o bombeiro não precisa ser um amante do incêndio para...

– Poderia citar mais exemplos: assim como o médico não tem que amar o câncer e o tifo ou o juiz ser um admirador de roubos. Mas renunciar à minha carreira? Qual seria o motivo para isso?

– O motivo – disse tia Marie – seria poupar sua mulher da vida de guarnição e do medo, caso estoure uma guerra... Embora esse medo não faça sentido, pois se está determinado a alguém que envelheça, então ele vai viver bastante apesar de todos os perigos.

– É claro que esses motivos são relevantes. Manter minha futura esposa distante dos inconvenientes da vida o máximo que puder é o meu maior objetivo. Mas sofrer os inconvenientes de um homem que não tivesse profissão ou fosse desocupado seriam muito maiores que aqueles da vida de guarnição. E o risco de que minha retirada possa ser interpretada como preguiça ou covardia seria ainda muito pior que os daqueles de um campo de batalha. Realmente, em momento algum isso me passou pela cabeça... Espero que não o tenha passado à senhora, Martha? (Havíamos suspendido o "você" diante das pessoas.)

– E se eu colocasse isso como condição?

– A senhora não fará isso. Caso contrário, eu teria de renunciar à maior felicidade. A senhora é rica, não possuo outra coisa senão minha responsabilidade militar, que a perspectiva de no futuro alcançar patentes superiores, e não vou abrir mão disso que possuo. Isso iria ferir minha dignidade, minha noção de honra...

– Bravo, meu filho! Agora sinto-me reconciliado. Seria uma vergonha para tua carreira. O senhor não está muito longe de tornar-se coronel e há de se tornar general, pode finalmente tornar-se comandante-local, comandante-geral ou ministro de guerra. Isso também confere à esposa uma posição confortável.

Eu continuava em silêncio. Eu não tinha nada a ver com aquela perspectiva de me tornar senhora comandante. Eu preferiria levar uma vida em reclusão campestre com o homem que escolhi para viver. Ainda assim, apoiava suas determinações expressas há pouco. Elas o preservavam da suspeita desonrosa que meu pai tinha contra ele e que certamente estaria na mira dos olhos da sociedade.

– Sim, bem reconciliado – prosseguiu meu pai – para ser sincero: eu achei que eram essas suas intenções... não se ofenda tanto, por favor! Quer dizer: achei que talvez, por acaso, o senhor se retiraria para a vida privada, e aí teria sido um grande erro. Também diante de Martha: afinal, ela é filha de soldado, viúva de soldado e mal posso acreditar que poderia aguentar por muito tempo alguém vestido à paisana.

Tilling não conteve um sorriso. Lançou-me um olhar que dizia claramente: conheço-a melhor, e respondeu:

– Também acho. Na verdade, ela se apaixonou mesmo foi por meu uniforme.

Casamo-nos em setembro daquele mesmo ano.

Meu noivo havia tirado dois meses de férias para nossa viagem de casamento. A primeira parada foi Berlim. Externei meu desejo por colocar uma coroa no túmulo da mãe de Friedrich e dar início à nossa viagem com essa peregrinação.

Detivemo-nos na cidade prussiana por oito dias. Friedrich me apresentou a seus parentes que viviam lá e todos me pareciam as pessoas mais amáveis do mundo. É claro que, quando se tem a lente cor-de-rosa sobre o mundo lá fora, como é de costume durante as semanas de lua de mel, achamos tudo bom e belo. Além disso, os recém-casados são recebidos por todos com cortesia e alegria: é dever geral que se espalhem novas rosas pela trilha que, de qualquer maneira, é tão florescente.

O que mais me agradava nos alemães do norte era a língua. Não só porque ela manifestava o acento de meu marido, uma de suas particularidades pela qual havia me apaixonado por primeiro, mas também porque, em comparação à forma de se comunicar dos austríacos, em geral, parecia demonstrar um nível de instrução maior. Melhor, não *parecia* somente, de fato era isso. Violações gramaticais, que denegriam a comunicação entre os círculos mais refinados da sociedade vienense, não apareciam na boa sociedade berlinense. A troca de sujeito, objeto indireto e direto entre os prussianos: "Eu vi ela" se limita às classes mais baixas, ao passo que, em Viena, são comuns os erros de transitividade nos salões de primeira linha: "Ela o pertence", ou de flexão do haver, "Haverão alguns concertos". Ainda assim, achamos que nosso idioma é agradável e gostamos de fazer com que os estrangeiros o percebam da mesma forma. De todo modo, a variante austríaca apresenta certa inferioridade. Quando se mede o valor das pessoas pelo grau de instrução – e existe uma medida mais acertada que essa? – os alemães nórdicos são um pouco mais humanos que os do sul. Um dito que soaria bastante "arrogante" se viesse da boca de um prussiano e, da pena de uma austríaca, pode parecer bastante "impatriótico". E como é raro uma verdade pronunciada não ferir alguém ou algum lugar!

Nossa primeira visita em Berlim, depois de termos estado no cemitério, foi à irmã da falecida. Pela amabilidade e grandeza intelectual dessa mulher, conseguia imaginar quão amável e grandiosa teria sido a mãe de Friedrich, caso ela fosse parecida à senhora Kornelie von Tessow. Ela era viúva de um general prussiano e possuía um único filho, que, naquela época, também era tenente.

Nunca, em toda minha vida, tinha visto um jovem tão belo quanto esse Gottfried von Tessow. Era tocante ver o quanto mãe e filho se apoiavam. Também nisso parecia haver uma semelhança entre a senhora Kornelie e sua falecida irmã. Ao ver o orgulho explícito que depositava em Gottfried, e o carinho com que ele tratava sua mãe, já começava a me alegrar em pensamentos com o dia em que meu filho Rudolf se tornaria adulto. Só uma coisa eu não conseguia entender e o externei a meu marido:

– Como que uma mãe pode conceber uma profissão tão perigosa a seu único filho, seu rebento, como a de militar?

– Existem coisas, minha querida – respondeu-me Friedrich – que simplesmente ninguém pensa, considerações evidentes que ninguém coloca. Uma delas é a periculosidade da carreira militar. Não se pode considerá-la: pensam que uma espécie de indecência e covardia reside em tal consideração. É evidente e inevitável que *tenha* de subsistir esse perigo e, na verdade, felizmente quase sempre subsiste o fato de que ninguém pensa na chance de morrer (a porcentagem daqueles que morrem distribui-se entre os *outros*). Ainda assim, ela está lá, mas de qualquer modo está para os que nascem e ninguém pensa na morte. Ao afugentar ideias penosas, o espírito é capaz de desempenhar coisas grandiosas. Por fim: o que mais um nobre prussiano pode querer senão a posição mais agradável e prestigiosa como a de oficial prussiano da cavalaria?

Tia Kornelie parecia ter gostado de mim também.

– Ah – suspirou – pena minha pobre irmã não ter vivido a experiência de ter tido uma nora e ver seu Friedrich tão feliz como ele está, agora, a seu lado. Sempre foi o desejo mais profundo dela o de vê-lo casado. Mas ele tinha exigências muito grandes para o casamento...

– Não parece, titia, já que ele me preferiu...

– "Um elogio enganador", como dizem os ingleses. Queria que meu Gottfried também tivesse o mesmo acerto. Já estou ansiosa por viver as alegrias de uma avó. Mas parece que terei ainda de esperar por muito tempo: meu filho só tem vinte e um anos.

– Ele deve virar a cabeça das moças – disse eu –, deve partir muitos corações...

– Isso não combina com ele: jovem mais honesto e bem-comportado não existe. Um dia fará uma mulher muito feliz...

– Assim como Friedrich faz a sua.

– Você não tem como saber ainda, querida. Voltamos a falar disso em dez anos. Quase todos os casamentos são felizes nas primeiras semanas. Não quero, com isso, levantar dúvidas sobre meu sobrinho, menos ainda sobre você. Acho mesmo que a felicidade de vocês será duradoura.

De Berlim, partimos para os balneários alemães. À exceção de minha curta viagem com Arno pela Itália, cuja recordação me é bastante sublime, a propósito, nunca tinha saído de casa. Conhecer novos lugares, novas pessoas e uma nova vida me deixou com bastante disposição. De repente o mundo tornou-se tão belo e mais uma vez, ainda, tão interessante. Não fosse meu pequeno Rudolf, que eu havia deixado em Viena, teria sugerido a Friedrich: "Vamos ficar um ano viajando por aí, como agora. Vamos visitar toda Europa, depois o restante do mundo. Vamos aproveitar a existência nômade, esse andar por aí sem nada que nos prenda, vamos acumular as riquezas de novas impressões e experiências. Em todo lugar para onde iremos, não importa quão estranhos sejamos às pessoas e aos locais, que a companhia um do outro seja o quinhão suficiente de lar que carregamos conosco". O que Friedrich teria respondido a uma tal sugestão? Provavelmente, que não se pode ter como profissão para o resto da vida a de constante "viagem de matrimônio", que suas férias duravam apenas dois meses e coisas racionais do tipo.

Visitamos Baden-Baden, Homburg e Wiesbaden. Em toda parte, sempre a mesma alegria e elegância. Em toda parte, tantas pessoas interessantes vindas do mundo todo. Ao interagirmos com esses estrangeiros, fiquei ciente do quanto Friedrich dominava perfeitamente o francês e o inglês. Isso fez minha admiração por ele crescer ainda mais. Descobria nele, cada vez, novas qualidades: gentileza, alegria, uma intensa suscetibilidade para tudo que era belo. Extasiava-se com uma viagem pelo rio Reno e, no teatro ou em salas de concerto, quando artistas realizavam uma performance excelente, seus olhos brilhavam de tanto deleite. Assim, o Reno e os seus castelos pareciam-me duas vezes mais românticos, e também a performance dos virtuoses mais famosos.

Pena que aqueles dois meses passaram muito rápido. Friedrich pediu o prolongamento de suas férias, mas o pedido foi recusado. Quando recebemos o comunicado oficial, exigindo, de uma forma seca, o nosso retorno, foi a primeira vez que me irritei desde o nosso casamento.

– E é a *isso* que as pessoas chamam de liberdade! – exclamei, arremessando o documento ofensivo sobre a mesa.

Tilling sorriu.

– Em momento algum imaginei-me minimamente livre, minha soberana – ele revidou.

– Se eu fosse tua soberana, poderia te ordenar que desse as costas para o serviço militar e vivesse apenas a meu serviço.

– Já tínhamos conversado sobre essa questão...

– Sem dúvidas: tive de me conformar que, de fato, você não é meu escravo. Está certo, meu querido e orgulhoso marido!

Ao regressarmos de nossa viagem, instalamo-nos em uma pequena cidade da Morávia do forte de Olmütz, onde ficava o regimento de guarnição de Friedrich. Não entrava em questão que nosso lar tivesse muito trânsito social, ambos vivíamos mais reclusos. Além dos momentos em que vivíamos para nossas funções, ele como primeiro-tenente entre os seus dragões e eu como mãe de Rudolf, dedicávamos o restante do tempo inteiramente um ao outro. Fiz as visitas necessárias às damas do regimento, mas não me permiti uma aproximação maior. Não tinha a menor vontade de participar de cafés à tarde e ouvir fofocas e novidades da cidade. Da mesma maneira, Friedrich mantinha-se longe da jogatina e das tavernas dos oficiais. Tínhamos coisas melhores a fazer. O mundo no qual nos movíamos, quando nos sentávamos diante de um bule de chá quente, era anos-luz distante daquele dos círculos de Olmütz. Literalmente anos-luz, pois uma de nossas incursões intelectuais prediletas era voltada para o firmamento. Líamos obras científicas um para o outro e nos ensinávamos a maravilha do espaço sideral. Percorríamos as profundezas do globo terrestre e as alturas dos espaços celestes; adentrávamos os mistérios dos pormenores infinitos vistos pelo microscópio e as distâncias infinitas vistas pelo telescópio. Quanto mais o mundo se desdobrava diante de nossos olhos, mais se encolhiam as dimensões insignificantes do círculo de interesse de Olmütz. Nossas leituras não se limitavam às ciências naturais, elas abarcavam também outros ramos da pesquisa e das ideias. Dessa forma, pela terceira vez retomei meu caro Buckle, para torná-lo conhecido a Friedrich, que passou a admirá-lo tanto quanto eu. Não negligenciávamos, com isso, os poetas e escritores de ficção. Assim, fizemos de nossas leituras conjuntas, à noite, uma verdadeira festa do espírito, enquanto a existência que nos restava era, na verdade, uma festa ininterrupta do coração. Cada dia nos amávamos ainda mais. Se a paixão perdeu o fogo, a afinidade ganhou em intimidade, a mera atenção em profunda estima. A relação entre Friedrich e meu filho Rudolf me encantava. Os dois eram os maiores camaradas do mundo, era delicioso vê-los brincar juntos. Dentre os dois, Friedrich parecia muito mais uma criança. Claro que eu, de imediato, embarcava na brincadeira, e quais não eram as bobagens que fazíamos ou dizíamos ao levarmos Rudolf para dormir! Que os doutos e sábios, nossos objetos de leitura, nos perdoássemos. Friedrich havia dito que desde sempre não gostava muito de criança, mas, primeiro, o pequeno era filho de sua Martha e, segundo, ele era realmente amável e querido, e aconchegava-se a seu padrasto de forma bastante carinhosa. Com frequência, fazíamos planos para o futuro do garoto. Soldado? ... Não. Não serviria para isso, pois, em *nossa* forma de educar, não havia espaço para o exercício do amor pelas glórias da guerra. Diplomata! Talvez. Provavelmente ele seria fazendeiro. Como herdeiro primogênito de Dotzky, cuja herança seria passada a ele após a morte do tio de Arno, à época com sessenta e seis anos, haveria profissão suficiente para ele administrar com racionalidade as suas posses. Depois era só se casar com a pequena Beatrix e tornar-se uma pessoa feliz. Nós mesmos éramos felizes por ver assegurados, aos nossos queridos, os tesouros da alegria de viver, até mesmo para as gerações futuras... Ainda assim, não éramos cegos ante a miséria com a qual a maior parte da humanidade sofre e sofrerá ainda por algumas gerações: pobreza, ignorância, ausência de liberdade, submissão a tantos perigos e desgraças, entre elas, a pior de todas, a guerra. "Ah, se alguém a pudesse dissipar!" Esse desejo pelo qual suspirávamos, que tanto rondava nossos corações, entretanto, o exame das condições e perspectivas dominantes opunham a tais desejos um "impossível" desencorajador. Infelizmente, o belo sonho de que todos "ficariam bem e viveriam muito tempo sobre a Terra" não iria se realizar, ao menos não naquele momento. No entanto, a doutrina pessimista de que a vida era uma desgraça, de que todos estariam melhor se não tivessem nascido, era profundamente refutada por nossa própria existência.

Fizemos uma rápida viagem a Viena, para passarmos o Natal junto de minha família. Meu pai já estava conciliado com Friedrich. O que o fato de ele não ter abandonado a carreira militar dissipou as dúvidas e suspeitas que meu pai tinha dele no começo. Tanto meu pai, quanto minha tia, não tinham se convencido de que eu teria escolhido um "bom partido". Por outro lado, eles tinham de reconhecer o fato de que meu marido me fazia muito feliz, e por isso eles o estimavam.

Rosa e Lilli lamentavam ter de adentrar "o mundo" no carnaval seguinte não sob a *minha* supervisão, mas da rigorosa tia. Konrad Althaus continuava sendo um visitante assíduo da casa e, a mim, parecia que já teria feito alguns progressos quanto à Lilli.

A noite de Natal foi bastante animada. Acendemos uma grande árvore de Natal e trocamos todo tipo de presente. O rei da festa e o mais presenteado naturalmente foi meu filho Rudolf. Mas todo o restante também foi contemplado. De mim, Friedrich recebeu um objeto que, ao vê-lo, não pôde reprimir o grito de contentamento. Era um peso de papel prateado na forma de uma cegonha. Ela carregava um bilhete no bico, no qual havia um escrito meu com as seguintes palavras: no verão de 1864, vou lhe trazer algo.

Friedrich me deu um abraço impetuoso. Não fossem os outros à nossa volta, ele certamente teria me conduzido a uma dança.

No primeiro feriado de Natal, toda família voltou a se reunir para um jantar na casa de meu pai. De fora só havia o excelentíssimo "De fato" e o Dr. Bresser. Quando nos sentamos à velha conhecida mesa da sala de refeições, veio-me viva à memória aquela noite em que tornamo-nos conscientes do nosso amor. Dr. Bresser recordou o mesmo:

– A senhora se recorda daquela de partida de *piket* que eu jogava com seu pai, enquanto a senhora conversava à lareira com o barão Tilling? – ele me perguntou. – Parecia que eu estava totalmente mergulhado no jogo, mesmo assim um ouvido estava concentrado em sua direção. Não conseguia entender as palavras, mas, pelo som de suas vozes, um certo algo me despertou a convicção de que dali sairia um par. E agora que os vejo juntos, convenço-me de outra coisa: de que os senhores são e vão permanecer um par feliz.

– Admiro sua perspicácia, doutor. Sim, nós *somos* felizes. Se isso vai continuar assim? Daí não depende de nós, e sim do destino... Sobre essa felicidade paira um perigo, e quanto mais profunda a primeira, tão mais aterrorizador o segundo.

– O que a senhora teme?

– A morte.

– Ah, sim. Isso não me ocorreu de modo algum. Como médico, várias vezes tenho a ocasião de me encontrar com essa senhora, mas não penso nisso. Entre pessoas jovens e saudáveis, como os senhores, isso está longe de acontecer...

– O que adianta um soldado ser jovem e saudável?

– Afugente tais ideias, caríssima baronesa. Não há guerra alguma em vista. Não é verdade, excelência? – e voltou-se para o ministro. – No momento, não é possível ver o tão mencionado ponto negro no céu político, não é?

– Ponto seria algo muito pequeno – respondeu aquele a quem se dirigiu a pergunta. – Trata-se muito mais de uma nuvem negra e pesada.

Todo meu íntimo estremeceu:

– O quê? Como? O que o senhor está pensando exatamente? – disse apreensiva.

– A Dinamarca está passando dos limites...

– Ah, Dinamarca – disse, aliviada. – A nuvem não nos ameaça, então? Ainda que, sob qualquer circunstância, me aflija qualquer possibilidade de batalha, não fico tão apreensiva se são os dinamarqueses, e não os austríacos.

– Você não precisa ficar apreensiva – interveio meu pai com veemência – caso a Áustria participe. Se for para defendermos os direitos de Schleswig-Holstein contra as violações da Dinamarca, não haverá nada para arriscarmos. Não se trata aí de um território austríaco que pudesse ser perdido caso o campo de batalha não fosse exitoso...

– Você acha, pai, que se nossas tropas também tiverem de partir, eu iria me preocupar com o território austríaco, direitos de Schleswig-Holstein e violações dinamarquesas? Só me importa uma coisa: o risco de vida de nossos entes queridos. E ele continua grande, não importa o motivo da guerra.

– Não são os destinos individuais que entram em questão, minha filha, quando se trata de acontecimentos da história universal. Se uma guerra estoura, não entra mais em questão se esse ou aquele vai morrer, e sim se o próprio país vai perder ou ganhar algo. Como eu disse: se vamos brigar com os dinamarqueses, não temos nada a perder com isso, iríamos isso sim ampliar nosso poder na Confederação Alemã. Continuo sonhando com os habsburgos voltando a ter a dignidade imperial alemã que lhe pertence. Seria justo. Somos o Estado mais importante nessa Confederação! A hegemonia nos é assegurada, mas isso não é suficiente... Uma guerra com a Dinamarca seria uma oportunidade muito bem-vinda não só para compensarmos a perda de 59, como também para configurarmos uma posição na Confederação Alemã, que nos fizesse encontrar um substituto para a perda da Lombardia e, quem sabe, alcançar um poder que nos tornasse fácil a reconquista dessa província.

Lancei um olhar para Friedrich. Não participava da conversa, estava entretido em uma conversa animada com Lilli. Uma dor aguda me cortou a alma, uma dor que reunia *um* apanhado de diferentes ideias: guerra... e ele, meu tudo, teria que... aleijado, morto com uma bala ... o anúncio do bebê que ele tinha recebido com tanta alegria... ele viria ao mundo órfão de pai? Destruída, destruída... assim que ficaria a felicidade ainda florescente e com promessas de tanto fruto! Esse risco em um lado da balança, e no outro? A reputação austríaca junto à Confederação Alemã, a libertação de Schleswig-Holstein, "novos louros na guirlanda de glórias do exército...", frases de efeito para performances escolares e exortações militares.

E *isso* ainda era bastante questionável, pois a vitória era tão possível quanto a derrota. E não era apenas a um sofrimento isolado, o meu, a que a alegação do bem patriótico se contrapunha. Da mesma forma milhares e milhares de indivíduos, não só no próprio país, como também no inimigo, teriam de sofrer a mesma dor que ora me abalava. Ah, será que não era possível evitar, repelir? Se todos os dotados de razão, bondade e justiça se unissem para evitar a desgraça que se ameaçava...

– Me diga uma coisa – voltei para o ministro em voz alta – as coisas estão tão ruins assim? Os senhores ministros, diplomatas, não conseguem evitar tais conflitos, não saberão impedir a sua eclosão?

– A senhora acha, baronesa, que é função de nosso departamento manter a paz eternamente? De fato, isso seria uma bela missão, mas é irrealizável. Nosso papel é zelar pelos interesses de nossos respectivos Estados e dinastias, combater toda ameaça de diminuição de poder e buscar dirimir toda supremacia possível, mantermo-nos desconfiados e proteger a honra do país, nos vingarmos de ofensas dirigidas a nós...

– Em suma – interrompi – agir conforme os fundamentos da guerra: se possível, prejudicar o inimigo, ou seja, todo e qualquer Estado diferente do nosso, e, surgindo uma diferença, afirmar da forma mais obstinada que estamos com a razão, mesmo que sejamos injustos, não é mesmo?

– De fato.

– Até que as duas partes percam a paciência e tenham que partir para a briga... que coisa abjeta!

– Mas é a única solução. De que outra forma iríamos resolver uma diferença entre os povos?

– De que forma se resolvem processos entre duas pessoas civilizadas?

– Pelo tribunal. Os povos, porém, não possuem um.

– Tanto quanto os selvagens – Dr. Bresser veio a meu socorro. – Ou seja, ao interagirem, os povos ainda são incivilizados e vamos precisar de muito tempo até que sejam capazes de instituir um tribunal internacional.

– Isso nunca vai acontecer – disse meu pai. – Há coisas que só podem ser resolvidas com batalhas, e não processos. Mesmo que se queira instituir um tribunal como esse, os governos fortes não vão querer se curvar a ele. Como entre dois nobres, se um fosse ofendido e levasse sua questão à justiça. Eles simplesmente trocam suas evidências e lutam de maneira íntegra.

– Mas o duelo é um costume bárbaro, incivilizado...

– O senhor não mudará isso, doutor.

– Muito menos ratificá-lo, excelência.

– O que você diz sobre isso, Friedrich? – dirigiu-se meu pai a seu genro. – Você também acha que devemos ir à justiça requerer 5 florins de indenização quando somos ofendidos?

– Eu não faria isso.

– Iria exigir um duelo do ofensor?

– Assim é.

– Aha, doutor, Martha! – exclamou meu pai, triunfante – ouviram isso? Até o Tilling, que não é amigo da guerra, confessa ser um amigo do duelo.

– Um amigo? Nunca afirmei isso. Disse apenas que, caso necessário, certamente iria recorrer ao duelo, como já fiz uma ou outra vez, a propósito. Assim como certamente já lutei várias vezes na guerra e o faria na próxima ocasião. Eu me submeto ao preceito da honra. Mas, com isso, de modo algum quero dizer que esses preceitos, da forma que se constituem entre nós, correspondam ao meu ideal de civilização. Aos poucos, à medida que esse ideal predomine, o conceito de honra vai sofrer uma transformação: um dia, a injúria recebida, se for injusta, não irá recair sobre quem a recebeu, mas sobre o agressor rude, como uma desonra. Segundo, a necessidade da vingança pessoal em questões de honra vai cair em desuso, da mesma forma que, na sociedade cultivada, a justiça individual em outras coisas de fato já desapareceu. Até lá...

– Vamos esperar muito tempo ainda – interrompeu meu pai. – Enquanto houver a nobreza...

– Mas não vai ser sempre assim – acreditava o doutor.

– Ah, o senhor deseja abolir a nobreza, senhor radical? – exclamou meu pai.

– A feudal, com certeza. O futuro não vai precisar de "nobres".

– De mais seres humanos nobres – reforçou Friedrich.

– E essa nova geração vai aceitar as ofensas?

– Sobretudo não irá distribuí-la.

– E não vai se defender de um Estado vizinho que a atacar?

– Não haverá um Estado vizinho que queira atacar, da mesma maneira que não temos burgos inimigos, na vizinhança, circundando nossa propriedade, que a monarquia de hoje não precisa de uma tropa de escudeiros...

– Então vamos poder dispensar a tropa armada no Estado futuro? O que será de vocês, primeiros-tenentes?

– O que aconteceu com os escudeiros?

E, assim, retomou-se a velha discussão de sempre, que foi prolongada durante um bom tempo. Extasiava-me com o que vinha dos lábios de Friedrich. Era indescritível o quanto me fazia bem ver que a questão da civilização elevada se deixava representar firme e forte nele. Dentro de mim, concedia a ele mesmo o título que ele havia mencionado antes: "ser humano nobre!".

Terceiro livro

1864

Ficamos 14 dias em Viena ainda. Porém, não foi um período de férias para mim. Essa "guerra à vista", que a partir dali preenchia todos os jornais e conversas, tomou de mim toda alegria de viver. A frequência com que pensava sobre as coisas que compunham minha felicidade – sobretudo ter um esposo a se tornar cada dia mais valioso – era a mesma com que eu pensava na insegurança, no perigo imediato, que a guerra iminente impunha sobre minha felicidade. Como se costuma dizer, não podia "ficar alegre" diante daquilo. Havia ameaças casuais o bastante, como doença, morte, incêndios e alagamentos, em suma, da natureza e dos elementos. Entretanto, acabamos por nos acostumar a não pensar mais nelas e, apesar desses riscos, seguimos vivendo sob a consciência de certa estabilidade. E por que, então, os seres humanos criaram riscos para si de forma voluntária? E, de modo artificial, e ainda deliberadamente, fazem oscilar o chão, já por si só vulcânico, sobre o qual a sua felicidade se constrói na Terra? Ainda que as pessoas tenham se acostumado a enxergar também a guerra como fenômeno natural e como na mesma categoria dos terremotos e da falta de água, da mesma forma que se acostumaram a não pensar nela, eu não conseguia partilhar dessa visão de mundo. Aquela pergunta "tem que ser assim?", sobre a qual Friedrich comentava, eu costumava responder com um "não", no que se referia à guerra. Ao invés de resignação, eu sentia com isso mais dor e ressentimento. A todos eu teria exortado: "Não façam isso!". O que nos interessam essa Schleswig-Holstein e a constituição dinamarquesa? O que tínhamos a ver com isso? O que tínhamos a ver com o príncipe do tal protocolo suspender ou confirmar as leis fundamentais de 13 de novembro de 1863? Havia cada vez mais discussões sobre essa questão nos jornais e nas conversas, como se fosse a coisa mais importante, mais decisiva, mais transformadora que se pudesse imaginar. E a questão "Será que é necessário nossos maridos e filhos serem assassinados?" em hipótese alguma era levantada. Sentia-me um pouco mais confortada quando me vinha o termo "dever". De fato, pertencíamos à Confederação Alemã e tínhamos de combater junto de nossos irmãos oprimidos pelos seus direitos. O princípio da nacionalidade exigia um esforço fundamental, era desse ponto de vista que *tinha* que ser assim... Apeguei-me a essa ideia para aplacar meu ressentimento. Pudesse ter previsto como toda essa irmandade alemã terminou na maior inimizade dois anos depois, como o ódio prussiano se voltou ainda mais forte contra a Áustria, muito mais que naquele momento contra a Dinamarca, já naquela época teria reconhecido, como aprendi a reconhecer desde então, que os motivos para justificar as animosidades não passam de frases feitas, frases feitas e pretextos.

Novamente, passamos a noite de ano novo na casa de meu pai. Quando ouvimos as doze badaladas, ele ergueu sua taça de ponche:

– Que o campo de batalha que se aproxima com o ano novo glorifique nossas armas – falou festivamente, eu voltei a colocar minha taça sobre a mesa – e que nossos entes queridos voltem sãs e salvos – acabou por dizer.

Só depois é que me expliquei.

– Por que não brindou comigo na primeira vez, Martha?

– Porque não desejo outra coisa para um campo de batalha que não seja ele não existir.

Quando voltamos para o nosso quarto de hotel, agarrei-me a Friedrich.

– Oh, Friedrich, Friedrich, meu querido!

Ele me abraçou com suavidade.

– O que você tem, Martha? Está chorando... Justo hoje na noite de ano novo? Porque consagrar o recém 1864 com lágrimas, minha querida? Não está feliz? Eu te fiz algum mal?

– Você? Não, nunca, você só me faz feliz, feliz até demais e é isso que me preocupa.

– Supersticiosa agora, Martha? Você imagina que existam deuses invejosos que destroem a felicidade dos humanos?

– Não os deuses, mas os próprios homens insensatos que invocam a infelicidade para si.

– Está se referindo à possibilidade da guerra? Ainda não há nada decidido, por que sofrer por antecipação? Quem sabe se vai haver batalha, se eu terei de ir? Vem cá, minha querida, vamos nos sentar – puxou-me até o sofá – não desperdice suas lágrimas para algo que não passa de mera possibilidade.

– Já a mera possibilidade me é dolorida. Se fosse uma certeza, Friedrich, não estaria chorando, tranquila, em teus ombros, estaria gritando e lamentando. Mas a possibilidade de que você seja arrancado de mim pelo exército nesse ano que começa, isso já basta para eu me desmanchar em aflição e amargura.

– Imagine, Martha, você mesma irá correr um risco, que o seu presente de Natal me anunciou com tanto carinho, e não é por isso que vamos ficar pensando na possibilidade terrível que ameaça toda mulher no puerpério, tanto quanto todo homem que está no campo de batalha. Vamos nos alegrar pela vida, e não ficar pensando na morte que paira sobre nossas cabeças.

– Você fala como tia Marie, querido, como se nosso destino dependesse de algo "predeterminado", e não da imprudência, crueldade, selvageria e ignorância de nossos próprios semelhantes. De onde vem essa necessidade inevitável da guerra com a Dinamarca?

– Mas ela ainda não eclodiu...

– Eu sei, eu sei. Casualidades ainda podem evitar a desgraça. Mas não o acaso, as intrigas e os caprichos políticos é que deveriam decidir o destino, e sim a *vontade* sincera e inabalável das pessoas. De que adianta o meu "deve" e "não deve ser", não posso mudar o ordenamento das coisas, só lamentar. Só me ajude Friedrich, não tente me consolar com subterfúgios vazios e populares! Você mesmo não acredita nessas coisas, você mesmo estremece com suas nobres relutâncias... Só me satisfaço, quando você se revolta e lamenta pelo que me faz infeliz, a mim e a muitos outros.

– Sim, meu amor, se é uma fatalidade que nos acomete, te dou toda razão. Não quero esconder de você todo ódio e pavor que a ordem para chacina me instila. Só, hoje, vamos nos alegrar pela vida... Temos um ao outro, nada nos separa, nem a menor barreira que há entre nossas almas! Vamos aproveitar essa felicidade o quanto pudermos, com fervor... não vamos pensar na destruição que nos ameaça... a alegria também não dura para sempre. Em cem anos, já não fará diferença se vivemos muito ou pouco. Ao fim, não importa quantos sejam os dias bonitos, e sim sua intensidade. Que o futuro nos reserve o que for, minha esposa amada, nosso presente é tão bonito que, agora, não quero sentir outra coisa que não seja a bem-aventurança.

Enquanto ele falava, envolvia-me com seus braços e beijava minha cabeça, que repousava sobre seu peito. Então, o futuro ameaçador desapareceu e também eu mergulhei na doce paz daquele momento.

Voltamos a Olmütz no dia 10 de janeiro.

Não havia mais dúvidas de que a guerra eclodiria. Em Viena, ainda ouvi vozes dissonantes dizendo que talvez fosse possível resolver a questão da Dinamarca e Holstein pela via diplomática. Nos círculos militares de nossa guarnição, porém, excluía-se totalmente a possibilidade de paz. Entre os oficiais e suas esposas predominava certo nervosismo, porém alegre: tinha-se em vista a oportunidade de condecoração e o avanço na carreira, a oportunidade para satisfazer a sede por feitos grandiosos de uns, a ambição de alguns e a necessidade de ascensão de outros.

– Será uma guerra grandiosa – dizia o comandante, por quem fomos convidados para um jantar, junto de vários outros oficiais e suas respectivas esposas – Uma guerra esplêndida, e que também se tornará muito popular. Não haverá risco nenhum para nosso território, da mesma forma que nenhum prejuízo para a nossa população, pois o palco da guerra vai acontecer no estrangeiro. Sob tais circunstâncias, a vontade de combater torna-se até duas vezes maior.

– O que me anima nisso tudo – disse um jovem primeiro-tenente – é o motivo mais nobre: defender os direitos violados de nossos irmãos. Que os prussianos nos acompanhem, ou melhor, que nós os acompanhemos, isso, primeiramente, assegura a vitória e, segundo, fortalece os laços nacionais. A ideia de nacionalidade...

– Melhor o senhor não falar disso – interrompeu o chefe do regimento com certo rigor – para um austríaco, tais ideias não são apropriadas. Isso é o que foi evocado na guerra de 59, porque foi essa cantiga da "Itália italiana" que Louis Napoleão ficou cantando. Esse princípio não cabe minimamente à Áustria. Boêmia, Hungria, Alemães, Croácia: onde está o elo nacional? Conhecemos apenas um princípio que nos une: o amor leal por nossa dinastia. O que deve nos animar para o campo de batalha não é o fato de que iremos lutar pelos alemães e com os alemães, e sim o de podermos cumprir a exortação de nosso amado e majestoso senhor da guerra. Viva o imperador!

Todos se levantaram e brindaram. Também em mim acendeu uma centelha de entusiasmo, que, por um momento, aqueceu meu coração de forma benfazeja. Quando milhares amam uma única questão, uma única pessoa, isso dá uma vontade única e quadruplicada por tornar-se devota. É isso que acontece, o que faz transbordar os corações quando há lealdade, patriotismo e espírito de guarda. Não é outra coisa que não o amor, e causa um efeito tão poderoso, que o mecanismo do ódio operado em seu nome, o mecanismo mais asqueroso do ódio mortal, a guerra, acaba por parecer não mais que o cumprimento de um dever amoroso.

Isso, no entanto, aqueceu meu coração apenas por um momento, pois um amor muito mais forte que todo aquele amor pela pátria e seu imperador repousava sobre ele: o amor pelo meu marido. A vida *dele* era o maior de todos os bens e se era ela que estava em jogo, eu só conseguia amaldiçoar toda tomada de posição, que fosse por Schleswig-Holstein ou pelo Japão.

A aflição tomou conta do período que se seguiu. No dia 16 de janeiro, os poderes da Confederação exigiram da Dinamarca que suspendesse uma lei determinada, contra a qual a assembleia e a cavalaria de Holstein invocaram a proteção da Confederação, e isso dentro do prazo de vinte e quatro horas. A Dinamarca se negou. Também quem iria obedecer? Claro que essa recusa estava prevista, pois as tropas prussianas e austríacas já estavam a postos nas fronteiras e, no dia primeiro de fevereiro, atravessaram o rio Eider.

Assim, os dados sangrentos haviam sido lançados. A partida começava. Isso serviu de ocasião para que meu pai nos enviasse uma carta de felicitações.

"Alegrem-se, meus filhos. Chegou a hora de revidarmos, contra a Dinamarca, os golpes de 59. Se voltarmos vitoriosos do Norte, daí poderemos nos voltar para o Sul: os prussianos vão continuar sendo nossos aliados e, então, esses italianos sórdidos, junto com o seu maquinador Louis Napoleão, não poderão mais se levantar contra nós."

O regimento de Friedrich, para grande decepção do comandante e dos oficiais, não foi enviado para as fronteiras. Sobre isso, meu pai nos enviou uma carta de condolências:

"Lamento profundamente que Tilling tenha tido o azar de servir justo em um regimento que não foi convocado para iniciar a campanha, que demonstra ser gloriosa, mas sempre existe a possibilidade da convocação. Claro que Martha irá olhar o lado bom disso e se alegrar por não temer por seu esposo amado, e também Friedrich admite não ser um amigo da guerra. Eu só acho que ele é contra, em princípio: por motivos 'humanitários' ele é contra a batalha, mas, se é para ela acontecer, ele irá preferir estar nela, pois aí se move o anseio masculino pelo combate. De fato, *todo* o exército deveria ser enviado contra o inimigo. Em épocas assim, é muito duro para um soldado ter de ficar em casa."

– É duro para você, Friedrich, ficar comigo aqui em casa? – perguntei depois de ter lido a carta.

E me abraçou com força, essa resposta foi o suficiente para mim.

De que adiantava? Para minha tranquilidade não bastava. Todo dia poderia chegar a ordem para a marcha. Que aquela guerra deplorável acabasse logo! Corria ler as notícias da guerra nos jornais e desejava ardentemente que os confederados vencessem logo. Confesso que o desejo não era nem um pouco patriótico. De qualquer modo, preferia que a vitória fosse nossa, isso porque esperava que o combate terminasse logo, antes que a coisa mais importante para mim tivesse de ser enviada para lá, e só depois vinha o triunfo dos austríacos e, por último, os interesses de um pedaço de terra "circundado pelo mar". O que me interessava se Schleswig pertencia ou não à Dinamarca? E ainda: o que isso interessava para os próprios dinamarqueses e as pessoas de Schleswig-Holstein? Será que não percebiam que eram só os dirigentes que brigavam por terras e poder? Que, nesse caso, por exemplo, não se tratava do bem-estar, e sim das vontades do príncipe por protocolo e do Augustenburg? Se vários cachorros brigam por alguns ossos, eles estraçalham apenas uns aos outros. Entre os povos, no entanto, na maioria das vezes são os próprios ossos, tolos que são, a brigar entre si e a se estraçalhar mutuamente pelos direitos das partes envolvidas. "Azor me quer" e "Pluto exige que eu seja dele", "luto para Karo não me capturar" e "quero ter a honra de ser devorado por Minka", dizem os ossos. "A Dinamarca até o Eider", gritam os patriotas dinamarqueses. "Queremos Friedrich von Augustenburg como duque", gritam os leais de Holstein. Os artigos dos jornais e as conversas de nossos pretensos políticos evidentemente que eram todos permeados pelo fato de que a questão pela qual "nós" nos envolvemos era a mais justa, a única com "desdobramentos históricos" e necessária para a manutenção do "equilíbrio europeu". E é claro que, nos editoriais e nas conversas políticas em Copenhagen, o princípio oposto era defendido com a mesma ênfase. Por que não ponderar os direitos de maneira recíproca e, assim, chegar a um entendimento? E se isso não der certo, recorrer a um terceiro poder como árbitro? Por que sempre essa troca de gritos? "Eu, *eu* tenho razão!". Gritos até mesmo contra a própria convicção, e tanto até ficar rouco e dar início a uma briga, legando à *violência* a decisão final? Isso não é selvageria? E se, então, um terceiro poder se envolve na briga, não é para deliberar e chegar a um veredicto e, sim para se envolver na briga... a isso chamam de "política externa"? Não passa de truculência externa e interna, de uma farsa de estadistas, barbárie internacional...

Não foi com essa assertividade que eu compreendi os acontecimentos naquela época. Em alguns momentos, apenas, despertavam-se em mim tais dúvidas, contra as quais esforçava-me por dissipar. Tentava me convencer de que aquela coisa misteriosa chamada de "razão de Estado" seria o princípio que condiciona a vida dos Estados, acima daquela do âmbito privado, de minha razão individual e insignificante, portanto. Consultava, com afinco, a história de Schleswig-Holstein para chegar ao conceito de "direito histórico", cuja preservação motivava aquele processo todo.

Acabei encontrando que o pedaço de terra em questão havia sido retirado da Dinamarca já em 1027. Então os dinamarqueses tinham razão, eles eram os legítimos reis daquela terra.

Duzentos anos depois, a terra passou para uma linhagem menor da dinastia real e tornou-se um simples feudo dinamarquês. Em 1326, Schleswig passou para o conde Gerhard de Holstein e a "Constituição de Valdemar" assegurava que ela "nunca mais teria de estar vinculada à Dinamarca, que ela era soberana". Ah, então os confederados estão com a razão: estamos lutando pela "constituição de Valdemar". Está certo, pois para que serviriam garantias constitucionais se não para serem respeitadas?

No ano de 1448, o rei Cristiano I endossou a Constituição de Valdemar. Não restava mais dúvidas. Agora a região tinha permissão total para a "soberania". O que é que esse príncipe por protocolo queria?

Doze anos depois, o soberano de Schleswig morreu sem deixar herdeiros e os representantes se reuniram em Ribe (é sempre bom saber com exatidão quando e onde os representantes se reúnem: 1460, em Ribe) e proclamaram o rei dinamarquês como duque de Schleswig, que lhes prometeu manter aquela terra "eternamente junta e inseparável". Isso me deixou de novo um pouco confusa. O único indício é "eternamente inseparável".

No curso dessa minha pesquisa histórica, a confusão só cresceu. Agora, apesar da "fórmula 'eternamente inseparável' (a palavra 'eternamente' quase não tem importância em acordos políticos), deu-se início a uma eternidade de cisão e partilha entre os filhos do rei e de reunificação sob um rei seguinte e fundação de novas linhagens – Holstein-Gottorp e Schleswig-Sonderburg – os quais, sob adiamentos e retiradas de suas parcelas, repartiram-se entre as linhagens Sonderburg-Augustenburg, Beck-Glücksburg, Sonderburg-Glücksburg, Holstein-Glückstadt". Em suma, já não entendia mais nada.

Continuando. Talvez venha mais tarde uma fundamentação para o direito histórico, pelo qual, hoje, os nossos compatriotas devam derramar sangue.

Cristiano IV se meteu na Guerra dos Trinta Anos e os imperiais e os suecos invadiram os ducados. E de novo (em Copenhagen, 1658), acordou-se novamente que a casa Holstein-Gottorp teria a soberania da porção de Schleswig. O feudo da Dinamarca finalmente tinha acabado.

Para a eternidade. Graças a Deus voltei a me encontrar.

Mas o que aconteceu depois das Cartas Patentes de 22 de agosto de 1721? Simples: a porção de Gottorp de Schleswig foi incorporada à monarquia dinamarquesa. Em primeiro de junho de 1773, também Holstein foi passada para a monarquia dinamarquesa. Tudo tinha passado a ser província dinamarquesa.

Isso muda tudo: agora via que os dinamarqueses estavam com a razão.

Porém não totalmente. O Congresso de Viena de 1815 declarou ser Holstein uma parte da Confederação Germânica. Isso incomodou os dinamarqueses. Eles inventaram a palavra de ordem: "Dinamarca até o Eider"; e aspiravam pela posse total de Schleswig, que eles chamam de "Südjütland". Em contrapartida, fez-se uso do "direito de sucessão de Augustenburg" para manifestação da nacionalidade alemã. No ano de 1846, o rei Cristiano escreveu uma carta aberta, cujo objetivo era a integridade do Estado como um todo, e em prol do qual exigiam a "terra alemã". Dois anos depois, a unificação total não foi declarada pelo trono como finalidade, e sim como fato consumado, o que ocasionou a revolta entre os "países alemães". Começava uma briga. Os dinamarqueses ganham essa batalha, depois o povo de Schleswig-Holstein ganha a outra. Então, a Confederação Alemã se intromete. Os prussianos "tomam" os montes de Düppel, o que não leva ao fim da briga. Prussianos e dinamarqueses selam um acordo de paz. Schleswig-Holstein deve lutar sozinha contra os dinamarqueses e foi derrotada em Idstedt.

A Confederação exigiu dos "rebeldes" que depusessem suas armas. Foi o que fizeram. As tropas austríacas ocuparam Holstein e os dois ducados foram *separados*. Onde foi parar o "eternamente inseparável"?

A questão continuava sem resolução definitiva. Encontrei a informação de um protocolo de Londres de 8 de maio de 1852 (é sempre bom sabermos qual a data exata dos frágeis acordos), que garantia a sucessão de Schleswig ao príncipe Cristiano. ("Garantir" é bom.) Agora eu sabia de onde vinha a denominação "príncipe por protocolo".

No ano de 1854, depois que cada ducado obteve uma constituição própria, ambos se tornaram "dinamarqueses". Em 1858, no entanto, Holstein deixou de sê-lo. Agora os eventos históricos estavam mais próximos do presente, mas não estava claro para mim, ainda, a quem as duas "terras" de fato pertenciam por direito e o que ocasionou aquela guerra que eu vivenciava.

No dia 18 de novembro de 1858, a câmara sancionou a famosa "lei fundamental das relações entre a Dinamarca e Schleswig". Dois dias depois, o rei veio a falecer. E, com ele, uma linhagem, a de Holstein-Glückstadt. Quando o sucessor do monarca aprovou a lei de dois dias, apareceu Friedrich von Augustenburg em cena (quase havia me esquecido dessa linhagem). Ele fez suas reivindicações e, junto com a cavalaria, pediu apoio à Confederação Alemã.

De imediato, ela ordenou a ocupação de Holstein pelas tropas da Saxônia e de Hannover e proclamou Augustenburg o duque. Por quê?

Nisso prussianos e austríacos não estão de acordo. Por quê? Até hoje não entendo.

Dizem que é para que o protocolo de Londres seja respeitado. Por quê? Os protocolos são, por acaso, tão respeitáveis com relação a certas coisas, que não dizem respeito a ninguém, ao ponto de que devam ser defendidas com o sangue dos próprios filhos? Deve haver uma "razão de Estado" por trás disso... O dogma prevalece: o que se decide em rodas diplomáticas torna-se a sabedoria suprema, cuja intenção é a exigência premente da autoridade patriótica. O protocolo de Londres de 8 de maio de 1852 devia ser mantido, mas antes era a lei fundamental de Copenhagen de 13 de janeiro de 1863 que teria de ser suspensa, e dentro de vinte e quatro horas. A honra e a prosperidade da Áustria dependiam disso. Era difícil acreditar em tal dogma, entretanto, nas questões políticas, de forma quase tão voluntária quanto nas religiosas, a massa se deixa guiar pelo princípio da *quia absurdum*.

Já de imediato prescindem de entender, compreender. Uma vez que a espada é empunhada, só é necessário gritar "urra" e partir para a vitória. E pedir a bênção dos céus para a batalha. Pois uma coisa é certa: depende da vontade do bom Deus que o protocolo de 8 de maio seja mantido e a lei de 13 de janeiro seja revogada. Ele deve conduzir as coisas de tal forma, que corra o número certo de sangue e se incendeiem o número certo de vilarejos, para que reja a linhagem de Glückstadt e a de Augustenburg sobre um determinado quinhão de terra. Mas que mundo tolo, bárbaro e insensato! *Este* foi o resultado de meus estudos históricos.

Chegaram boas notícias do palco de guerra. Os confederados venciam uma batalha atrás da outra. Já no primeiro combate, os dinamarqueses tiveram de recuar completamente. Ocupamos Schleswig e Jütland até Limfjord e o inimigo se mantinha apenas nos montes de Düppel e na ilha de Als.

Sabia tudo isso com exatidão, porque os mapas voltavam a ser colocados nas mesas, com alfinetes marcando os movimentos e as posições das tropas, conforme os relatos trazidos.

"Se agora tomássemos os montes de Düppel ou se conquistássemos Als", diziam os cidadãos de Olmütz (usavam o "nós", como se tivessem estado na guerra), "daí estaria tudo acabado... Agora nossos austríacos estão mostrando do que são capazes. Também os bravos prussianos estão combatendo com muito brilhantismo, claro que os dois juntos são imbatíveis. O final será toda a Dinamarca sendo conquistada e partilhada pela Confederação Alemã. Uma guerra gloriosa e de bons agouros!".

Também eu desejava ardentemente que Düppel fosse tomado de assalto, quanto antes, melhor. Essa tomada seria decisiva e poria um fim àquela briga. Esperava que pusesse mesmo um fim e o regimento de Friedrich não fosse instado a partir para o fronte.

Ah, essa espada de Dâmocles... Todo dia ao levantar eu temia que a notícia fosse trazida: "Teremos de partir!". Friedrich estava preparado para isso. Não era o que desejava, mas sabia que viria.

– Acostume-se à ideia, querida – dizia para mim – não adianta relutar contra o inexorável. Mesmo que o Düppel seja ocupado, não creio que a guerra irá terminar aí. A emissão de um alarme duplo é algo muito insignificante para impor uma decisão aos dinamarqueses. Vamos ter que enviar reforços e o meu regimento não será poupado.

Essa campanha durou mais dois meses, sem resultado. Se essa partida sanguinária fosse vencida com apenas uma batalha, como em um duelo... mas não: se uma batalha é perdida, logo vem outra; se é para abdicar de uma posição, é preciso se manter em outra, e assim vai, até o aniquilamento de um exército ou de outro, ou até a exaustão de ambos.

No dia 14 de abril, os montes Düppel finalmente foram tomados de assalto.

A notícia foi recebida com júbilo, como se atrás desses montes houvesse, a partir dali, o paraíso conquistado. As pessoas se abraçavam nas ruas: "Já está sabendo? Düppel!... Que exército valente esse nosso! Um feito mais que grandioso! Vamos agradecer a Deus". E em todas as igrejas se ouviam os cantos de louvor, os capelães do exército logo vinham com as composições: "A marcha dos montes Düppel", "Assalto a Düppel" etc.

Os camaradas de meu marido e suas esposas sentiam um gosto de fel naquela alegria toda, por não terem participado... por não estarem presentes em um triunfo como aquele. Que "azar"!

A vitória foi motivo de grande alegria para mim, pois imediatamente depois haveria, em Londres, uma conferência de paz e anúncio de cessar fogo. Era um alívio esse "cessar fogo". O mundo só iria voltar a respirar tranquilo, pensei eu pela primeira vez, naquela época, quando realmente se ouvisse: *abaixo as armas*, para sempre! Registrei essas palavras nos cadernos vermelhos. Junto disso, desanimada, entre parêntesis: "utopia".

Não tinha dúvidas de que o congresso de Londres pusesse fim à guerra de Schleswig-Holstein. Os confederados haviam vencido, os montes Düppel haviam sido tomados – tais montes foram, de última hora, tão decisivos, que achei que seria um ponto final – como os dinamarqueses poderiam ainda se manter na guerra? As tratativas se prolongaram demais. Para mim, teria sido uma tortura se, logo no início, eu não estivesse convencida de um resultado pacífico. Se os representantes de Estado, pessoas racionais, de boas intenções, estavam de comum acordo, de que tal objetivo era desejável, o de selar a paz, como isso poderia dar errado? Tanto mais atroz foi a minha decepção, quando, depois de dois longos meses de debate, veio a notícia de que o congresso não havia dado em nada.

Dois dias depois chegou para Friedrich a ordem para a marcha.

Ele tinha vinte e quatro horas para se preparar e se despedir. Eu estava prestes a dar à luz. Naquele momento difícil e sombrio, em que uma mulher encontra consolo em ter o seu amado perto de si, eu teria que ficar sozinha, sozinha com a consciência aflita de que o amado estaria na guerra, sabendo que seria tão dolorido para ele ter que deixar sua pobre mulher num momento como aquele, quanto para mim, que sentiria falta dele.

Era a manhã do dia 20 de junho. Todos os detalhes desse dia memorável me marcaram muito.

Lá fora, o calor era sufocante e, para mantê-lo o mais distante possível, as cortinas de meu quarto foram baixadas. Coberta de roupas leves e soltas, encontrava-me lânguida, deitada na *chaise-longue*. Tinha passado a noite quase sem dormir e meus olhos estavam fechados, em uma meia-soneca onírica. A meu lado, sobre a mesinha, havia um vaso de rosas bastante perfumadas. Pela janela aberta, entrava o som débil dos ensaios longínquos de trompete. Tudo me fazia adormecer, ainda assim minha consciência não havia me abandonado. Só a metade dela, a metade da preocupação, sumira de dentro de mim. Eu havia esquecido o risco da guerra e aquele pelo qual logo iria passar, sabia apenas que eu ainda vivia, que as rosas exalavam um doce aroma, anestesiante, ao ritmo do despertador militar do trompete; que meu amado esposo poderia entrar a qualquer momento e, ao me ver dormindo, entraria em silêncio, para não me despertar. De fato: no momento seguinte, a porta, que ficava de frente para mim, abria-se. Sem levantar as pálpebras, somente uma linha tênue sob os cílios, consegui ver que se tratava daquele que eu esperava. Não fiz uma tentativa de despertar imediatamente de minha meia soneca: era possível que, assim, eu dissipasse a imagem como um todo, pois a aparição à porta talvez fosse tão só uma continuação do sonho, talvez eu tivesse sonhado que havia aberto uma linha tênue sob os cílios. Então, eu os fechei de uma vez e me esforcei para continuar sonhando que meu amado se aproximava, se inclinava e beijava minha testa...

E foi o que aconteceu. Depois ele se ajoelhou para perto de onde eu estava e ficou um tempo imóvel. As rosas continuavam exalando e o sinal da corneta continuava.

– Martha, você está dormindo? – eu o ouvi perguntar baixinho.

Abri meus olhos.

– Por Deus, o que foi? – exclamei quase morta de susto.

A expressão de meu esposo, ajoelhado a meu lado, estava tão prenhe de uma dor profunda, que eu logo adivinhei que uma má notícia estava sendo trazida. Em vez de responder, ele colocou sua cabeça em meu peito.

Eu logo soube: ele teria que partir... envolvi meus braços em seu pescoço e assim ficamos, um bom tempo em silêncio.

– Quando? – perguntei finalmente.

– Amanhã cedo...

– Meu Deus, meu Deus!

– Acalme-se, minha pobre Martha.

– Não, não, me deixe lamentar... Minha desventura é grande demais... e posso bem ver que é a tua também. Tanta dor como a que vi em sua feição, agora, nunca tinha visto antes.

– Sim, meu amor, *sinto-me* desventurado. Ter que te deixar agora, ainda mais agora...

– Friedrich, Friedrich, não vamos nos ver nunca mais, vou morrer...

Foi uma despedida de partir o coração e que preencheu as vinte quatro horas seguintes. Era a segunda vez em minha vida que eu veria um esposo querido partir para a guerra. Mas aquela ruptura era incomparavelmente pior que a primeira. Nesta, minha compostura, mas especialmente a de Arno, havia sido bem diferente, mais crua. Eu via aquela partida como uma necessidade natural que predominava sobre todos os sentimentos pessoais, e ele, até mesmo como uma expedição alegre para a glória. Ele foi com entusiasmo, eu fiquei sem resmungar. Ainda havia em mim algo de admiração pela guerra, que eu havia absorvido da educação que recebera. Ainda sentia algo do orgulho que aquele que partia sentia pelo grande empreendimento. Agora, eu sabia que o segundo ia com muito mais repulsa que júbilo para a carnificina; sabia que ele amava a vida que ele colocava em risco; que sua esposa valia mais que tudo, *tudo* mesmo, mais que as reivindicações dos Augustenburg, e que em poucos dias se tornaria mãe. Enquanto tinha a convicção de que Arno partia com sentimentos, que de qualquer modo o tornavam invejável, reconhecia que, com o segundo, trocávamos uma compaixão mútua. Sofríamos na mesma medida, falávamos disso e reclamávamos um com outro. Sem hipocrisias, frases de efeito, sem bravatas. Éramos um e ninguém tentava ludibriar o outro. Era nosso melhor consolo, o de que cada um compreendia perfeitamente a impossibilidade de nos consolarmos. Não procurávamos encobrir com qualquer máscara heroica, patriótica ou convencional a magnitude da desgraça que nos acometera. Não, a perspectiva de ter que partir para a luta e matar dinamarqueses não era, de forma alguma, uma compensação para o sofrimento de ter que me deixar, muito pelo contrário, ele só aumentava com isso, pois morte e destruição causam repugnância a "todo ser humano nobre". Para mim, não era um substituto para o *meu* sofrimento, de forma alguma, que aquilo traria a meu amado uma subida em sua carreira. E caso o infortúnio da separação perigosa aumentasse para o infortúnio da separação eterna, se Friedrich morresse, a razão de Estado, pela qual a guerra estava sendo conduzida, nem de longe seria algo sublime e matizado o suficiente de sacralidade para compensar um tal sacrifício. Defensor da pátria: esse é um belo título para enfeitar o soldado. E de fato: o que pode haver de mais nobre para os membros da comunidade que *defendê-la* de uma ameaça? Por que, no entanto, os soldados fazem juramento de lealdade a centenas de outros deveres bélicos além daqueles da barricada? Por que ele deve atacar? Por que ele deve investir a vida e o coração onde a pátria não sofre a menor ameaça de ataque, e só por causa de disputas por posse e ambição de alguns príncipes estrangeiros, por causa desses bens, como se se tratasse da defesa da vida e do bando que correm perigo, como se costuma justificar a guerra? Por que o exército austríaco, por exemplo, deve partir para sentar os Augustenburg em seu troninho estrangeiro? Por quê? Por quê? Eis uma pergunta a ser feita ao imperador ou ao papa, uma pergunta bastante traiçoeira e blasfêmia, pois em um é vista como não religiosa, em outro, desleal. Nunca será necessário respondê-la.

Às dez da manhã, o regimento iria partir. Passamos a noite toda acordados. Não queríamos perder um minuto de nossa companhia ainda restrita a nós mesmos.

Havia tanto o que dizer, mesmo assim falamos pouco. Beijos e lágrimas falavam mais alto, mais que palavras: eu te quero bem e tenho que te deixar. Por vezes, também vinham palavras de esperança: "Quando você voltar". Era possível... muitos voltavam para casa. Que estranho, porém! Repetia: "Quando você voltar" e me esforçava por imaginar o êxtase dessa eventualidade, em vão: minha imaginação não conseguia criar outra imagem que não a do cadáver do esposo no campo de batalha ou eu mesma no esquife com uma criança morta nos braços...

Friedrich tinha as mesmas suposições borradas, pois o seu "quando eu voltar" não parecia sincero, o que mais ele falava era "se eu ficar", o que deveria acontecer.

– Não case uma terceira vez, Martha! Não apague as recordações desse ano magnífico com novas impressões amorosas... não foi mesmo um ano feliz?

E passamos a rememorar centenas de detalhes que haviam marcado desde o nosso primeiro encontro até aquele momento.

– E o meu bebê, meu pobre bebê, que não poderei aninhar em meu peito, que nome vai ter?

– Friedrich ou Friederike.

– Não, Martha é mais bonito. Se for uma menina, eu a chamarei com o nome que seu falecido pai...

– Friedrich, por que você só fala em morte? Se você volta...

– *Se* ... – repetiu ele.

Quando o dia começou a escurecer, os olhos cansados de lágrimas se fecharam. Um sono leve caiu sobre nós dois, estávamos deitados com os braços entrelaçados, sem perder a consciência de que aquele era o momento de nossa separação.

De repente, levantei de sobressalto e deixei escapar um gemido.

Friedrich levantou rapidamente.

– Meu Deus, Martha, o que foi?... Isso não é...? Fale... alguma coisa?

Afirmei com a cabeça.

Aquilo que saiu de sua boca era um grito, uma praga, uma oração? Puxou o sino e deu o sinal de alarme:

– Um médico, rápido! A doula! – gritou para a serviçal que tinha vindo correndo. Depois ajoelhou-se a meu lado e beijou minha mão pendente:

– Minha mulher, meu tudo! ... Agora? *Agora* que eu tenho que ir?

Não conseguia falar. A dor física mais aguda que alguém pode imaginar torcia e retorcia meu corpo e, nisso, a dor da alma ficou ainda mais terrível quando ele disse “Agora? *Agora* que eu tenho que ir?” e estava infeliz com isso.

Logo chegaram o médico e a doula, e começaram a se preparar. Ao mesmo tempo, Friedrich encerrava os últimos preparativos para sua partida. Quando terminou:

– Doutor, doutor – disse ao médico, agarrando suas duas mãos – vai dar tudo certo, não é? O senhor promete? E o senhor me telegrafa ainda hoje para esses lugares? – e apontou as estações por onde iria passar durante a viagem. – E se houver algum risco... Ah, de que adianta? – interrompeu a si mesmo. – Se o risco for o maior possível, será que eu poderia voltar?

– É difícil, senhor Barão – confirmou o médico. – Mas não se preocupe, a paciente é jovem e forte... hoje à noite já terá terminado tudo e o senhor vai receber um telegrama tranquilizador.

– Sim, o senhor vai me mandar boas notícias, até porque o contrário de nada adiantaria... Mas eu *quero* a verdade! Escute doutor, eu exijo que o senhor faça esse juramento: *toda* a verdade! Apenas sob tais condições uma notícia pode de fato me tranquilizar, caso contrário vou considerar tudo mentira. O senhor jura?

O médico fez o juramento exigido.

"Oh, meu pobre esposo – pensava, com dor no coração – Como será, se você receber ainda hoje a notícia de que tua Martha está morta e você não puder voltar para fechar-lhe os olhos?... Você tem algo mais importante a fazer: garantir o trono de Augustenburg."

– Friedrich! – gritei.

Ele correu para o meu lado.

No mesmo momento o relógio bateu. Tínhamos só uns poucos minutos ainda. No entanto, fomos traídos por essa dádiva, pois veio-me outro acesso e, em vez de palavras de despedida, só conseguia gritar de dor.

– Vá, senhor Barão, ponha fim à cena – disse o médico. – Essa agitação é perigosa para a doente.

Um beijo ainda e saiu... Minhas lamúrias e a última palavra do médico que ressoava, "perigosa", o escoltavam.

Qual era a atmosfera de quando ele partiu? No dia seguinte, o jornal de Olmütz informava:

> O regimento *** deixou, ontem, nossa cidade ao som de música e sob as ondas das bandeiras, para buscar os louros na terra costeira de nossos irmãos. As fileiras estavam cheias de entusiasmo, todos viam que seus olhos reluziam da alegria pela batalha etc., etc.

Antes de partir, Friedrich telegrafou para tia Marie, dizendo que eu precisava de seus cuidados. Algumas horas depois ela chegou. Encontrou-me desacordada e correndo grande perigo.

Fiquei entre a vida e a morte durante várias semanas. Meu bebê morreu no dia de seu nascimento. Fui incapaz de resistir à dor moral que a despedida de meu amado marido havido me causado, e justo no momento que mais precisava de minhas forças para combater a dor física. E faltou muito pouco para que eu também sucumbisse.

O médico precisou enviar a triste notícia a meu pobre marido, por conta da promessa feita. Dizia que o bebê morrera e a parturiente corria risco de vida.

As notícias que foram enviadas a ele não puderam ser dadas a mim. Não reconhecia ninguém e delirava noite e dia. Um delírio estranho. Tenho uma vaga lembrança de quando fui retornando à consciência, mas reproduzir isso com palavras razoáveis seria impossível para mim. No redemoinho do cérebro febril, formam-se termos e ideias, para os quais o pensamento normal não encontra expressões cabíveis. Só consigo fazer leves indicações, tentei registrar aquela coisa fantástica nos cadernos vermelhos. Confundia o parto com a guerra. Era como se eu parisse canhões e armas brancas, sentia claramente a facada da baioneta. Era como se eu fosse o objeto de disputa entre dois exércitos em combate. Sabia que meu marido tinha partido, eu o via, porém, na figura do falecido Arno, enquanto Friedrich se revestia de parteira, a meu lado. Ele fazia carinho na cegonha prateada. Esperávamos que, a qualquer momento, a granada iria estourar, ela iria despedaçar a nós três: Arno, Friedrich e eu, para que a criança pudesse vir ao mundo. Ela iria reger Dänewig, Schlesstein e Holmark... Tudo isso era redundante e de uma dor indescritível... Era necessário que houvesse alguém capaz de mudar e suspender aquilo, que espantasse aquele pesadelo de meu peito e, com uma palavra de ordem, de toda a humanidade. Ansiava desesperadamente por me jogar a seus pés e implorar: ajude, por caridade, por justiça, ajude! Abaixo as armas!, abaixo as armas!

Foi com esse clamor nos lábios que voltei um dia à consciência. Meu pai e minha tia estavam aos pés de minha cama, e meu pai dizia, tentando me apaziguar:

– Sim, sim, minha filha, fique tranquila, abaixo todas as armas...

Esse retorno à consciência do próprio Eu, depois de um longo período de ausência, é algo peculiar. Primeiro, a alegria e o assombro de perceber que ainda estamos vivos, depois, a pergunta urgente dirigida a si mesma: quem somos realmente...

Entretanto, a resposta repentina e clareadora a essa pergunta transformou, em mim, o prazer de despertar a existência em dor violenta.

Era a enferma Martha Tilling, cujo bebê havia morrido, cujo marido estava na guerra... desde quando? Não sabia.

– Ele está vivo? Mandou cartas? Telegramas? – foi minha primeira pergunta.

Sim, havia um monte de cartas e telegramas que haviam chegado enquanto eu estava doente. A maioria perguntava sobre a *minha* situação, eram pedidos de notícias diárias, de preferência de hora em hora. Claro que só enquanto o remetente se encontrasse em lugares, onde pudessem chegar telegramas.

Não me permitiram ler as cartas de Friedrich imediatamente. Pensavam que isso poderia me abalar ou me deixar muito ansiosa e, agora, que eu tinha acabado de despertar de meu delírio, o que precisava era de sossego. O que poderiam me dizer é que, até então, encontrava-se ileso. Havia passado por várias batalhas exitosas, logo a guerra iria acabar. O inimigo ainda se mantinha na ilha de Als. Uma vez que ela fosse tomada, nossas tropas iriam regressar, gloriosas.

Assim é que meu pai insistia em me consolar. E minha tia Marie narrava o que tinha acontecido comigo. Várias semanas haviam se passado desde que ela chegara, o mesmo dia em que Friedrich havia ido embora e que a criança havia nascido, e morrido... Disso tudo eu me lembrava, nesse ínterim, porém: a chegada de meu pai, as notícias correntes de Friedrich, o curso de minha doença, não sabia nada disso. Acabava de saber que minha condição havia sido tão delicada, que os médicos já haviam perdido as esperanças e meu pai havia sido chamado para me ver "uma última vez". Com certeza, as notícias ruins foram enviadas a Friedrich, mas também as melhores, agora que os médicos voltaram a ter esperanças, já deviam ter chegado às mãos dele.

– Se ele ainda estiver vivo – interpus com um suspiro pesado.

– Não peque desse jeito, Martha – censurou minha tia – o bom Deus e seus santos não teriam acorrido a nossas súplicas, para te deixar aflita, assim. Também seu marido será salvo, por quem eu também orei muito, pode acreditar, com a mesma intensidade que para você... eu até mandei um escapulário a ele ... sim, sim, pode dar de ombros, mas fazer mal ele não faz, não é? E quantos exemplos não existem que mostram que as orações são úteis... você mesma é um exemplo do poder da intercessão dos santos, pois você estava à beira da morte, acredite. Eu me dirigi à tua protetora, Santa Marta...

– E eu – interrompeu meu pai, que, do ponto de vista político, era bastante clerical, do ponto de vista prático, no entanto, de forma alguma simpatizava com a enfermeira – mandei chamar o Dr. Braun, de Viena, ele é que te salvou.

No dia seguinte, depois de tanto eu pedir, permitiram-me ler todas as cartas de Friedrich. Na maioria, ou eram longas indagações ou relatos sucintos: "Ontem, batalha – saí ileso."; "Hoje seguimos para a marcha – Telegramas para ***". Uma carta mais longa tinha uma observação no envelope: "Entregar somente quando não houver mais perigo". Foi a que li primeiro.

> "Meu amor! Será que você vai ler essa carta um dia? A última notícia que recebi de teu médico foi: 'paciente com muita febre. Situação crítica'. 'Crítica': talvez ele tenha usado essa expressão para não dizer 'sem esperanças'... *Se* você tiver essa carta em mãos, significa que já não corre riscos. Mas quero que saiba *a posteriori*, como estava meu estado de espírito na noite anterior do combate, enquanto imaginava minha esposa adorada no leito de morte. Imaginava-a me chamando, estendendo-me os braços... Não havíamos nos despedido direito... Nosso filho, por quem muito tinha me alegrado, morto! E, para mim mesmo, como será o dia de amanhã? Serei atingido por uma bala? Se eu souber que você morreu, prefiro que uma bala me mate, mas se você estiver sã e salva, não, aí não quero saber de morte. 'Alegria pela morte', não é possível que uma coisa perversa dessas, que os pregadores vivem nos dizendo aqui, seja sentida por um ser humano feliz. E se você ainda estiver viva e eu voltar para casa, vou ratificar ainda mais o tesouro inestimável da felicidade. Ah, quão grande não será a 'alegria pela vida' com a qual iremos desfrutar o futuro, se isso nos for concedido!
> Hoje nos reunimos pela primeira vez com o inimigo. Até o momento percorremos nosso caminho pelas porções de terra das quais os dinamarqueses recuaram. Fumaça de escombros nos vilarejos, semeaduras esmagadas, armas e bornais espalhados, terra remexida pelas granadas, poças de sangue, cadáveres de cavalo, valas comuns: tais são as paisagens e seus personagens pelas quais passamos em busca da vitória, a fim de

acumularmos ainda mais vitórias, ou seja, incendiando novos vilarejos e assim por diante... Foi o que fizemos hoje também. Estamos na frente. Atrás de nós há um vilarejo em chamas. Mas um cavalo foi esquecido dentro do celeiro, ouvia os gritos e as patadas do animal desesperado... Sabe o que fiz? Isso certamente não me traria nenhuma condecoração, pois, em vez de massacrar alguns dinamarqueses, joguei-me para dentro do celeiro para libertar o pobre cavalo. Impossível: o comedouro já estava em chamas, a palha sob os cascos, suas crinas... Então, disparei duas balas em sua cabeça, o tiro foi certeiro e ele estava salvo daquela morte agonizante entre chamas. De volta à batalha, ao odor pútrido da pólvora, ao barulho caótico dos estampidos, ao desmoronamento das construções, ao grito odioso da guerra. A maioria em minha volta, companheiros e inimigos, estava tomada pelo frenesi da guerra, eu, por outro lado, mantinha-me em uma triste sobriedade. Não conseguia ser levado pelo ódio aos dinamarqueses, o que aqueles bravos soldados faziam quando nos atacavam? Nada além do que o seu dever. Meus pensamentos voltavam-se a você, Martha... Eu te via no cortejo fúnebre e o que desejava era uma bala atravessada. Por vezes, voltava a fulgurar a saudade e a esperança: 'E se ela estivesse viva? E se eu voltar?' A carnificina durava mais de duas horas e nós dominávamos o campo, como se costuma dizer. O inimigo abatido escapou. Não o perseguimos. Tínhamos muito por fazer naquele lugar. Algumas centenas de passos do vilarejo, e intacta pelo incêndio, uma grande propriedade, com inúmeros espaços vazios e celeiros. Vamos passar a noite lá, para onde trouxemos nossos feridos. Enterraremos os mortos amanhã cedo. Claro que alguns vivos acabarão sendo enterrados também, pois a catalepsia é muito comum depois de ferimentos. Alguns que ficaram para trás, mortos, feridos ou não feridos, teremos de deixar, aqueles que ficaram sob os escombros das casas. Assim, os que estão mortos poderão apodrecer lentamente; se estiverem feridos, sangrar lentamente e, se intactos, poderão morrer de fome lentamente. E nós? Urra! Nós vamos poder seguir em frente em nossa guerra alegre e vivaz... O próximo enfrentamento promete ser sério. Ao que tudo indica, duas grandes brigadas irão se enfrentar. Com isso, irá aumentar facilmente em dezenas de milhares o número de mortos e feridos. Quando os canhões vomitam o seu ofício aniquilador, logo a primeira fileira é varrida, e em ambas as partes. Uma organização maravilhosa. Mas será melhor ainda, quando, algum dia, a técnica estiver tão avançada, que qualquer exército possa disparar um tiro que despedace de uma vez todo o exército inimigo. Dessa maneira, talvez a guerra nunca fosse acontecer. Se o poder fosse, assim, tão ilimitado na mão de uma das partes, não seria mais possível resolver questões de direito com a *violência*. Por que estou escrevendo tudo isso a você? Por que não irrompo em hinos entusiasmados de louvor ao ofício da guerra, como convém a um combatente? Porque tenho sede da verdade e da observação franca sobre isso; porque odeio frases feitas e mentirosas, não importa a ocasião, ainda mais agora que convivo de perto com a morte, de onde falo com você, que talvez esteja morrendo, então me sinto impelido ao dobro por falar o que meu coração diz. Não importa se milhares de outras pessoas sintam-se na obrigação de pensar de outra forma ou de dizer outra coisa, eu quero, *tenho* que ter dito mais uma vez antes que morra vítima da guerra: eu odeio a guerra. Qual não seria o estrondo do clamor de protesto que subiria aos céus, se cada um não sentisse o mesmo e ousasse anunciá-lo! Todo urra que ora ecoa, junto com o retumbar dos canhões, seria abafado pelo grito de guerra dos seres humanos sedentos por humanidade, pela certeza da vitória do lema 'guerra aos combatentes'."

"quatro e meia da madrugada

O que escrevi anteriormente o fiz ontem à noite. Depois, deitei-me sobre um saco de palha e dormi algumas horas. Em meia hora, sairemos e vou poder postar essa carta. Todo mundo está desperto e se prepara para a partida. Pobres pessoas: não puderam ficar sossegadas depois da carnificina de ontem e encontram pouca energia para a que vem hoje... Há pouco fiz uma ronda pelo hospital de campanha improvisado que vai ficar aqui. Entre os feridos e os mortos, encontrei alguns pelos quais teria feito algo como o fiz para o cavalo em chamas, e acertado uma bala de misericórdia em suas cabeças. Há um cuja mandíbula está estilhaçada, um outro que... basta. Não posso ajudar de outra forma que não pela morte. Infelizmente o sofrimento costuma perdurar um bom tempo... Se alguém a chama desesperadamente, ela se faz de surda. Ela está por demais ocupada em outro lugar para recolher aqueles que anseiam pela recuperação, que a chamam, suplicantes: poupe-me! Meu cavalo está encilhado! É hora de encerrar essas linhas. Adeus, Martha, *se* estiver viva."

Felizmente, encontram-se nesse pacote de cartas notícias mais recentes que esses escritos ora citados... Após aquela grande batalha, Friedrich ainda conseguiu relatar:

> "É o nosso dia. Estou ileso. Duas boas notícias: a primeira para o teu pai, a segunda para você. Mas não sou capaz de esconder que aquele mesmo dia trouxe lamentos incontáveis para inúmeras outras pessoas."

Friedrich contou, em outra carta, que havia se encontrado com seu primo Gottfried:

> "Imagine a surpresa. Quem eu vejo passar por mim a cavalo, no comando de uma tropa? O único filho da tia Kornelie. A pobre deve estar agora angustiada... O rapaz é todo entusiasmo pelo combate. Vejo sua expressão orgulhosa e reluzente e ele também me confirmou isso. Na mesma noite, ficamos juntos no campo e pedi que viesse à minha tenda. 'É maravilhoso que lutemos pela mesma questão, primo, e ao lado um do outro!', ele exclamou, extasiado. 'Não foi uma sorte a guerra ter estourado bem no meu primeiro ano como tenente? Foi como receber uma medalha de honra ao mérito.' 'E como a tia reagiu à tua partida?' 'Como costumam fazer as mães: com lágrimas, que ela tentou esconder para não abafar minha alegria, com bênçãos, preocupação e orgulho.' 'E como era teu estado de espírito quando se juntou ao bando pela primeira vez?' 'Ah, enlevado, em júbilo!' 'Não precisa mentir, meu caro. Não é teu comandante que está perguntando pelos sentimentos de dever de um tenente, mas um ser humano e amigo.' 'Só tenho a repetir: enlevado, em júbilo. Com certo pavor, sim, mas sublime! E consciente de cumprir o dever mais elevado de um homem para com o rei e a pátria, em nome de Deus! E depois: que eu veja a morte rondar em minha volta, tão próxima, um fantasma no mais tão evitado e temido, sua foice erguida também sobre mim, isso me leva a uma disposição épica, peculiar, acima da normalidade... Sinto a musa da história pairar sobre nossas cabeças e conceder às nossas espadas a força da vitória. Uma nobre ira me faz acender contra o inimigo atrevido, que quer pisotear o direito da terra alemã, e, para mim, há um sentimento nobre em poder satisfazer esse ódio. É algo peculiar e misterioso essa permissão para matar, ou melhor, *ter* que matar sem ser um assassino, e à custa de uma falta de temor pela própria vida...'

E assim o rapaz prosseguiu com seu palavrório. Deixei-o falar. Senti as mesmas coisas quando me vi em meio à primeira batalha. 'Épico': de fato ele escolheu a palavra certa. As poesias e as histórias épicas, com as quais a escola nos educa para sermos combatentes, são as que fazem nosso cérebro vibrar ante o ribombar dos canhões, o brilho das armas brancas e os gritos de guerra em campos de batalha. E a singularidade e a incompreensível legalidade de exceção, nas quais nos encontramos de súbito, faz com que sejamos transportados para um outro mundo... é como a vista da existência terrena banal, com sua tranquilidade pacífica e burguesa, em uma multidão titânica de espíritos infernais... Mas logo esse frenesi havia desaparecido em mim, e só com muito esforço volto a pensar nas sensações que o jovem Tessow retrata. Muito cedo eu reconheci que o afã da batalha não é algo que engrandece o ser humano, mas o diminui. Não é uma revelação do reino de Lúcifer, mas uma reminiscência do reino da animalidade, um ressurgir da bestialidade. Só quem se deixa intoxicar pelo *prazer* selvagem do assassinato; quem parte a cabeça de um inimigo desarmado de um golpe só, como vi em muitos entre nós; quem se rebaixa à condição de um *berserker*, ou menos ainda, à de um tigre sanguinário, esse aproveitou por um momento a 'volúpia da batalha'. Eu nunca, minha querida, nunca, acredite. Gottfried está encantado que, nós, austríacos, estejamos participando junto com os prussianos pela mesma 'questão justa' (o que ele sabe disso? Como se o comando militar não fosse classificar *qualquer* questão como 'justa'). 'De fato, nós, alemães, somos um único povo fraterno.' 'Isso ficou patente na Guerra dos Trinta Anos e também na Guerra dos Sete Anos', fiz um comentário em voz baixa. Gottfried não me ouviu e continuou: 'Vamos vencer todo inimigo juntos e um para os outros' 'E se acontecer, meu jovem de, hoje ou amanhã, os prussianos lutarem contra a Áustria e nós dois formos colocados um *contra* o outro?' 'Isso é impensável. Agora, depois que ambos deixamos o sangue escorrer por uma causa, agora não é mais possível...' 'Não mais? Vou te alertar para as expressões *nunca* e *eternamente* em questões políticas. O que as efêmeras são para o reino dos seres vivos, as inimizades e as amizades entre os povos o são no reino dos fenômenos históricos.' Escrevo tudo isso, Martha, não porque acredite que isso, minha pobre doente, venha a te interessar, porque eu queira apresentar a você minhas investigações. É que tenho uma ideia de que vou ficar aqui e, por isso, não desejo que meus sentimentos desapareçam comigo em meu túmulo sem terem sido pronunciados. É possível que outras pessoas encontrem minhas cartas e as leiam. O que se revolve no espírito de soldado, de sentimentos humanos e pensamentos imparciais, não ficará eternamente oculto e em silêncio. 'Eu ousei' era o lema de Ulrich von Hutten. 'Eu avisei: quero me despedir da vida com essa consciência tranquila.'"

As notícias mais recentes disponíveis haviam sido enviadas cinco dias antes e chegado há dois. Tudo o que não pode acontecer em cinco dias, cinco dias de guerra? Preocupação e aflição haviam tomado conta de mim. Por que não chegou sinal algum ontem e hoje? Ah, esse anseio por uma carta, melhor ainda telegrama: não creio que um enfermo tomado pela febre sinta tanta necessidade de água quanto eu, à época, sentia por uma notícia. Eu estava salva, iria causar-lhe imensa alegria saber que eu estava viva, se – sempre esse "se", que esmaga toda esperança do futuro em um broto!

Meu pai teve que voltar. A partir de agora, estava tranquilo por poder me deixar. O perigo havia passado e ele tinha coisas urgentes a fazer em Grümitz. Tão logo eu reunisse forças o suficiente, eu iria segui-lo com meu pequeno Rudolf. A estada no ar fresco do campo seria capaz de me fazer restabelecer por completo e também voltar a cuidar do pequeno. Tia Marie ficaria. Queria continuar cuidando de mim e, depois, partir comigo para Grümitz, para onde Rosa e Lilli já tinham se dirigido. Deixava que dissesse o que eu tinha que fazer e planejava tudo. Eu tinha um plano secreto de partir para Schleswig-Holstein tão logo fosse minimamente capaz disso.

Não sabíamos onde se encontrava o regimento de Friedrich naquele momento. Era impossível enviar-lhe um despacho. Preferia poder telegrafar a cada hora perguntando: "Você está vivo?".

– Não se agite tanto – era a pregação de meu pai, quando se despediu de mim – caso contrário, vai ter uma recaída. Dois dias sem notícias: e daí? Não há motivo algum para preocupação. Em campanha, não há caixas de correios e estações de telégrafo em todos os lugares. Fora o fato de que, durante a marcha e o combate, ou mesmo durante o descanso, não é sempre que há condições para escrever. O correio no campo de batalha não funciona com regularidade, é fácil ficar sem notícias uns quatorze dias, sem que isso signifique algo de ruim. No meu tempo, era frequente eu ficar ainda mais tempo sem escrever para casa e não é por isso que ficavam se preocupando comigo.

– Como você sabe disso, papai? Estou convencida de que os teus estremeciam por você tanto quanto eu por Friedrich. Não é verdade, tia?

– Tínhamos mais confiança em Deus que você – ela respondeu – sabíamos que, se a providência divina assim o desejasse, teu pai voltaria para nós, indiferente se receberíamos ou não notícias.

– E se eu não tivesse voltado, grande coisa. Vocês continuariam tendo amor o suficiente pela pátria, para perceber que algo tão insignificante quanto a vida de um soldado desaparece totalmente no que mais importa. Você, minha filha, há muito tempo que já não é patriota o suficiente. Mas não quero discutir com você, agora, sobre isso... O mais importante é que você está com saúde de novo e que se preserve para o seu Rudolf, para fazer dele um homem eficiente e defensor da pátria.

Não melhorei tão rápido quanto se esperava no começo. A contínua falta de notícias me deixou tão ansiosa, que meu estado febril não passou por completo. As noites se preenchiam de fantasias assustadoras e os dias passavam em profundo estado de espera ou prostração tenebrosa. Era difícil recobrar as forças dessa forma.

Uma vez, após uma noite contorcendo o rosto de pavor – Friedrich jogado em um monte de cadáveres de humanos e de cavalos – tive uma recaída que voltou a colocar minha vida em risco. O ofício da pobre tia Marie era pesado. Tomava para si o dever de me dizer constantes palavras de consolo e resignação e suas justificativas, sempre o destino "predeterminado", deixavam-me ainda mais exasperada. Em vez de deixá-la pregar tranquilamente, eu procedia a contraposições calorosas, a lamentações de rebeldia contra o destino, assegurava-me de maneira incontornável que a "predeterminação" era algo sem sentido algum. Claro que tudo isso soava blasfemo e a boa tia não se sentia ofendida pessoalmente, mas estremecia por minha alma rebelde, talvez muito em breve no banco dos réus do juízo final.

Só tinha uma forma de eu ficar mais tranquila por alguns momentos. Era quando me traziam o pequeno Rudolf para o quarto. "Meu filho querido, meu consolo, meu alicerce, meu futuro!" Assim que eu dizia a ele dentro de mim quando o via. No entanto, ele não gostava de ficar no quarto escuro e triste de enferma. Era por demais assustador para ele ver a mãe, em geral tão alegre, agora acamada, sempre em prantos e pálida. Ele mesmo acabava ficando muito abatido e eu só o mantinha por pouco tempo comigo.

Com frequência, meu pai pedia e mandava notícias. Ele havia escrito ao superior de Friedrich e a outras pessoas também, mas não tinha recebido "resposta alguma". Quando recebia uma lista de baixa, ele me enviava um despacho.

– Friedrich não se encontra na lista.

– Vocês não estão mentindo para mim, não é? – perguntei um dia à minha tia – Não estão me escondendo que há muito chegou a notícia de sua morte?

– Eu juro!

– Por tua fé? Por tua alma?

– Por minha alma.

Tais certificações causavam-me imenso bem-estar, pois aferrava-me à minha esperança. Esperava de hora em hora a chegada de uma carta, de um despacho. Toda vez que escutava um barulho no cômodo ao lado, imaginava que era o carteiro chegando, meus olhos ficavam fixos na porta, com a ideia fixa de que alguém entraria por ali com uma boa notícia em mãos... Quando volto a lembrar daqueles dias, parece que duraram um período longo de um ano torturante. Uma centelha de esperança foi a notícia seguinte, de que haveria um cessar-fogo, dessa vez a paz estaria selada. No dia dessa notícia, levantei-me um pouco pela primeira vez. A paz! Que ideia doce e benfazeja! Talvez tarde demais para mim... Mesmo assim, sentia-se imensamente tranquila. Ao menos, não precisava imaginar dia após dia, hora após hora, a batalha mortal, na qual Friedrich pudesse estar envolvido.

– Graças a Deus, logo você vai ficar boa. – disse a tia um dia, depois de ter de me ajudar a sentar em uma poltrona que haviam colocado próximo à janela aberta. – Daí poderemos ir para Grümitz.

– Tão logo eu recobre as forças, irei para Als.

– Para Als? Minha filha, o que você está pensando?

– Quero encontrar o lugar onde Friedrich ou esteja ferido ou... não consigo continuar dizendo.

– Trago o pequeno Rudolf? – perguntou a tia rapidamente. Ela sabia que essa era a melhor forma de espantar, por um momento, meus pensamentos obscuros.

– Não, agora não, quero ficar bem tranquila e sozinha... Tia, peço que também você, por gentileza, vá para o outro cômodo. Talvez eu durma um pouco. Sinto-me tão cansada...

– Sim, minha filha, vou te deixar em paz. Na mesinha a teu lado tem um sino. Se precisar de algo, logo virá alguém.

– O carteiro já esteve aqui?

– Não, ainda não é hora.

– Quando ele vier, me chame.

Voltei a me recostar e fechei os olhos. A tia saiu a passos silenciosos. Todos na casa haviam se acostumado a esses passos inaudíveis.

Não queria dormir, mas ficar sozinha com meus pensamentos. Encontrava-me no mesmo quarto, na mesma poltrona de descanso daquela manhã, quando Friedrich tinha vindo avisar sobre a ordem para partir. Estava tão abafado quanto naquele dia e, da mesma forma, havia rosas perfumadas no vaso a meu lado, na caserna, o mesmo som das cornetas. Consegui voltar àquela mesma atmosfera... queria, ou melhor, teria adormecido e sonhado como, naquela vez, imaginei ter sonhado: que a porta se abrira devagar e meu marido entrava... As rosas tinham o odor cada vez mais forte e, pela janela aberta, vinha os sons contínuos do ra-ta-ta. Aos poucos a consciência do presente esvanecia, sentia-me cada vez mais transportada para aquele dia, esquecia tudo que tinha acontecido desde então. Fixava-me mais e mais à ideia de que agora... não... agora! Agora a porta deveria se abrir e permitir que o amado entrasse. Para isso, haveria de sonhar que meus olhos estavam semicerrados. Fiz um esforço enorme para me forçar a isso, e fui conseguindo, ergui só um pouco minhas pálpebras e...

... e lá estava a imagem almejada e agradável, Friedrich, meu querido Friedrich à soleira... Soluçando alto e ambas as mãos a cobrir o rosto, saí, em sobressalto, de minha condição onírica. Ficou claro, de um só golpe, que aquilo tinha sido apenas uma alucinação. A luz clara e celestial da felicidade que extravasava dessa alucinação só tornava ainda mais negra a noite escura e infernal de minha infelicidade.

– Ah, meu Friedrich, meu Friedrich perdido! – gemia.

– Martha!

O que foi aquilo? Uma voz de verdade, a dele, e eram de verdade os braços que me envolviam, impetuosos... *Não* foi um sonho: eu estava deitada sobre o peito de meu marido.

Como nos momentos finais de despedida, em que a dor se expressara mais em lágrimas e beijos que em palavras, foi dessa mesma forma que a felicidade se expressara em nossos momentos de reencontro. Pude sentir claramente como é uma alegria incontida, enquanto abraçava aquele que julgava ter perdido, enquanto agarrava sua cabeça com ambas as mãos, soluçando e rindo e tremendo de emoção, para beijar-lhe a testa e os olhos e a boca, dizendo palavras incompreensíveis.

Tia Marie veio correndo do quarto ao lado quando ouviu meu primeiro grito de júbilo. Também ela não tinha a menor ideia do regresso de Friedrich e, ao vê-lo, caiu na poltrona ao lado dela, gritando "Jesus, Maria, José!".

Só muito tempo depois de o primeiro frenesi ter se esgotado, é que foi possível encontrar espaço para perguntas, informações e relatos. Ficamos sabendo que Friedrich tinha ficado em uma casa de agricultores, enquanto seu regimento retomava a marcha. A ferida não foi das piores, ainda assim ele ficou vários dias inconsciente e em estado febril. Não chegaram cartas a ele, e também não tinha sido possível enviá-las. Quando ficou curado, o cessar-fogo já havia sido declarado e a guerra chegado ao fim. Nada o impedia de voltar correndo para casa. Ele resolveu não escrever e telegrafar mais e viajou noite e dia para chegar o mais rápido possível. Não sabia se eu me encontrava viva ou fora de perigo. Também não queria saber, apenas seguir, sem perder um minuto de tempo, e não deixar as esperanças do reencontro com sua amada escaparem no caminho de volta... As esperanças não haviam sido em vão. Agora havia reencontrado sua amada, sã e salva, um tanto sã.

Logo partimos para a casa de campo de meu pai. Para recuperar sua saúde, Friedrich conseguiu umas férias longas. E o remédio prescrito pelo médico era: descanso e ar puro, o que ele podia encontrar da melhor forma conosco, em Grümitz.

Tinha sido um verão tardio feliz. Não me lembro de um momento em minha vida que tenha sido mais belo. Finalmente estava unida com aquele que tanto esperei, pudera não ter mais fim. Quase parecia ser ainda mais doce, no entanto, voltar a ficar unida com alguém que quase havia se perdido. Quando voltava a me transportar, por um momento, ao sentimento de angústia que havia me tomado antes do retorno de Friedrich ou quando invocava as imagens que haviam me torturado nas noites febris – de Friedrich sofrendo todo tipo de agonia – e depois podia comprazer-me em vê-lo, aí meu coração enchia-se de júbilo. Passara a amá-lo mais, mil vezes mais, aquele esposo que eu voltava a ter, e sentia o fato de tê-lo como uma riqueza a crescer cada vez mais. Houve momentos em que havia me julgado uma mendiga, agora a mina de ouro da alegria era minha!

Toda a família estava reunida na propriedade. Também Otto, meu irmão, estava passando suas férias conosco. Estava com quinze anos e passaria ainda mais três anos na Academia Militar de Wiener Neustadt. Era um menino querido, meu irmão, e, para meu pai, o orgulho e o predileto. Tanto ele quanto Lilli e Rosa enchiam a casa de alegria. Era uma eternidade de risos e pulos e jogos de bola e raquete, além de todo tipo de travessura. O primo Konrad, cujo regimento não era muito longe de Grümitz, estava na guarnição, vinha a cavalo sempre que possível e não ficava para trás em termos de animação entre os jovens. Havia ainda o grupo dos idosos, o de tia Marie, meu pai e alguns amigos dele que passavam um tempo conosco. Costumavam jogar muito cartas, faziam uns passeios comedidos pelo parque, deleitavam-se com boa comida e "entornavam muitos canecos". Os eventos bélicos que haviam acabado de ocorrer e a questão de Schleswig-Holstein, que não tinha se resolvido com eles, era um terreno fértil para tudo aquilo. Friedrich e eu vivíamos um tanto separados dos outros, encontrávamos com eles só nas refeiçoes, e nem sempre, pois haviam nos concedido essa exceção. Era de comum acordo que nos encontrávamos em uma segunda edição de nossa lua de mel, convinha que ficássemos sozinhos. Também era o que queríamos. Não pelo motivo que provavelmente os outros julgavam ser, o de flertarmos e nos acariciarmos, não éramos tão recém-casados para isso. Estar um com o outro era o que mais nos satisfazia. Depois das imensas preocupações pelas quais havíamos passado recentemente, não éramos capazes de partilhar da vivacidade dos jovens e, menos ainda, de simpatizar com os interesses e divertimentos dos idosos, assim sendo, preferíamos preservar o nosso espaço, ante o privilégio implícito concedido a um par apaixonado. Fazíamos longos passeios, por vezes excursões pela região, ao que ficávamos o dia todo ausentes. Passávamos horas só nós dois na biblioteca e, de noite, quando se iniciavam diferentes partidas de jogos, recolhíamo-nos em nossos aposentos, retomávamos nossas conversas íntimas, com chás e cigarros. Sempre tínhamos o que falar. Preferíamos contar sobre nossos sentimentos de pavor e tristeza, que havíamos sentido durante nosso período separados. Isso acabava por despertar de novo a alegria de nosso reencontro. Estávamos de acordo que intuir a morte ou coisa do gênero não passava de superstição, pois ambos havíamos estado cientes, desde o momento de nossa separação, de que um ou outro iria morrer, e agora tínhamos um ao outro de novo! Friedrich precisava me contar com exatidão todos os perigos e sofrimentos pelos quais ele havia acabado de passar, descrever as imagens de horror do campo de batalha e do hospital de campanha, e que ele havia gravado em sua alma estremecida mais recentemente. Amava o tom de indignação e de dor que faziam sua voz tremer durante os relatos. Quando falava das crueldades que ele havia testemunhado no turbilhão da guerra, ouvia surgir, como forma de superação da velha barbárie, a promessa de uma nobreza humana que se anunciava, primeiro entre indivíduos, mais tarde entre muitos e, finalmente, entre todos.

Também meu pai e Otto pediam, com frequência, para Friedrich contar em detalhes episódios do recente campo de batalha. É claro que, aí, o espírito era diferente de quando eu pedia para contar, e, em um totalmente diverso, é que Friedrich narrava. Contentava-se em relatar os movimentos cadenciados das tropas, os resultados das batalhas, os nomes dos lugares tomados e defendidos, cenas isoladas dos acampamentos, de repetir as palavras usadas pelos comandantes, e outras particularidades da guerra. Seu público se extasiava, meu pai ouvia com satisfação, Otto, com admiração, os generais com ares de importantes peritos. Só eu não tinha gosto por aquela forma mais seca de narrar. Sabia que ela escondia todo um universo de sentimentos e ideias que aquelas coisas despertavam no fundo da alma do narrador. Ao lhe fazer uma acusação sobre isso, em quatro paredes, ele replicou:

– Falsidade? Falta de sinceridade? Pouca coragem para opinar? Não, não minha querida, você se engana. Isso é mero decoro. Recorda-se de nossa viagem de casamento, nossa partida de Viena, a primeira noite a sós no vagão, a noite no hotel em Praga? Você já contou a alguém detalhes daqueles momentos, já retratou alguma vez aos amigos e parentes os sentimentos e as emoções daquele período florescente?

– Não, claro que não... toda mulher não conta essas coisas.

– Então, viu só? Existem coisas que todo homem costuma não contar. Vocês não têm permissão para relatar as alegrias do amor, nós não temos para os sofrimentos da guerra. Vocês podem expor a sua maior virtude, a castidade, nós, a nossa, a coragem. O deleite da lua de mel e o horror do campo de batalha: na sociedade, não é algo "feminino" para a mulher, e nem "masculino" para o homem, contar essas coisas. O quê? Você derramou doces lágrimas durante o êxtase amoroso? O quê? Você pediu clemência ante a foice da morte? Como você é capaz de tanta sensibilidade? Como se permite me confessar tamanha covardia?

– E *você* pediu clemência, você estremeceu, Friedrich? Para mim, você pode dizer. Não escondo de você os segredos de minhas alegrias amorosas, você pode...

– ... admitir a aflição ante a morte que toma conta de nós, soldados, no campo de batalha? E seria possível algo diferente? As frases feitas e a poesia mentem sobre isso. O entusiasmo que as frases feitas e a poesia instigam de maneira artificial até são capazes de superar *momentaneamente* o impulso natural de autopreservação, mas só momentaneamente... Em meio à brutalidade, por vezes a vontade de matar e destruir dissipa o temor pela própria vida. Em meio às honrarias, é o orgulho que reprime a confissão desse temor. Mas quantos não ouvi gemer e chorar, quantos rostos consumidos pelo medo de morrer, quantos olhares de desespero desses pobres jovens, quantas queixas violentas, amaldiçoamentos e súplicas eu não ouvi!

– E isso te doeu, meu marido bondoso?

– Ah, a ponto de gritar, Martha. Porém menos do que minha capacidade de sentir compaixão... É preciso crer, quando estamos condoídos por um sofrimento individual, que há milhares de outros sofrimentos que deveriam também despertar a compaixão milhares de vezes mais. E o contrário também acontece: o que é massivo embota. Não dá para ficar lamentando por um, quando em volta há 999 na mesma condição. Quando não somos capazes de *sentir* compaixão, por outro lado, somos de pensar e calcular a quantidade inacreditável de lamentos diante de nós.

– Disso você e alguns outros são capazes, a maioria, no entanto, não pensa e calcula.

– Pensar, não – ele repetiu – por Deus, isso é o que leva à toda desgraça, o fato de que a maioria não pensa...

Consegui convencer Friedrich a abandonar a carreira militar. O fato de ele ter servido mais de um ano e participado de uma guerra com êxito, isso depois de casar-se comigo, protegia-o da suspeita, levantada por meu pai durante o noivado, de que ele via nesse casamento uma oportunidade para abdicar de sua carreira. Agora que as tratativas para o acordo de paz estavam em curso, e que a expectativa era de longos anos de paz pela frente, sair do meio militar não representaria uma ofensa à sua dignidade. Ainda que, de certa forma, ferisse o orgulho de Friedrich abrir mão da posição e dos proventos, para "não fazer nada, não ser nada e não ter nada", como ele dizia, o seu amor por mim era muito mais forte que o seu orgulho, e não conseguia se opor a um pedido meu. Expliquei a ele que não suportaria passar uma segunda vez pela angústia que nossa última separação havia me causado, ele mesmo não queria provocar aquela dor em nós dois de novo. O melindre de antes, o de se casar comigo, que o fizera recuar da ideia de viver à custa do patrimônio de uma mulher rica, já não tinha mais razão de ser, pois havíamos nos tornado tão *um* só, que não prevalecia mais uma diferença perceptível entre "meu" e "teu". Entendíamo-nos tão bem que ele já não temia qualquer mau julgamento de seu caráter por minha parte. Além disso, a última guerra havia aumentado ainda mais sua tendência contra os deveres de matar, próprios da guerra, e a declaração franca dessa tendência a havia consolidado de tal maneira, que a baixa da carreira não se manifestava apenas como uma concessão à nossa felicidade doméstica, mas, ao mesmo tempo, como o exercício de sua postura, como um tributo à sua convicção. Assim, ele me prometeu que se despediria de sua carreira no outono, até lá, porém, os acordos de paz já deveriam estar selados.

Com meu capital aplicado no banco Schmitt & Söhne, planejávamos comprar uma propriedade em cuja administração Friedrich pudesse encontrar ocupação. Dessa forma, a primeira parte de suas preocupações, a "de não fazer nada, não ser nada e não ter nada", já estaria resolvida. Haveria ainda alguns complementos para o Ser e o Ter.

– Ser: oficial reformado imperial e real, além de uma pessoa feliz. Isso não basta? – perguntei. – Ter: você tem a mim e ao Rudi... e os próximos. Isso também não é o suficiente?

Ele riu e me envolveu em seus braços.

Por ora, não queríamos anunciar nossos planos a meu pai e aos outros parentes. Seriam feitas objeções, dar-se-iam conselhos, far-se-iam reprimendas. Por aquele momento, tudo isso seria redundante. Mais tarde saberíamos proceder com relação a essas questões. Pois quando dois são apenas um, toda opinião externa é inócua. Tal segurança alcançada para o futuro aumentava ainda mais o prazer pelo presente, o qual se beneficiava, de qualquer maneira, do pano de fundo do passado pesado que havíamos atravessado. Só posso repetir que havia sido uma época bonita.

Meu filho Rudolf, que havia se tornado um homenzinho de sete anos, começava a aprender a ler e a escrever e sua professora era eu. Não queria deixar confiada a sua ama a alegria de ver a pequena alma se desenvolver lentamente e provê-la das primeiras surpresas do saber. Com frequência, o pequeno nos acompanhava em nossos passeios e não nos fartávamos de responder às perguntas de seu espírito curioso que despertava. Responder ao máximo e o melhor que podíamos. Não mentíamos. Não tínhamos receio de responder com um categórico "não sabemos, Rudi" a questões que desconhecíamos, ou que *ninguém* poderia saber. No começo, acontecia de Rudolf não se satisfazer com uma resposta dessa e dirigir a pergunta à tia Marie, a meu pai ou à babá, ao que ele sempre recebia explicações categóricas. Voltava a nós, triunfante: "Vocês não sabem quantos anos tem a Lua? Agora eu sei: seis mil anos. Guardem isso". Friedrich e eu trocávamos olhares em silêncio. Um sem fim de lamentos e ponderações pedagógicas residiam nesses olhares e nesses silêncios.

Não gostava quando meu pai ou meu irmão brincavam de soldado com ele. Ele aprendeu termos como "inimigo" e "chamar para briga", não sei como. Um dia, Friedrich e eu pegamos Rudolf batendo, sem misericórdia, em dois filhotes de cachorro que choramingavam.

– Ele é um italiano mau – batendo em um pobre animalzinho – e este, um dinamarquês atrevido – batendo em outro.

Friedrich tomou o chicote da mão do ufanista.

– E este é um austríaco sem coração – disse, batendo firmemente nos ombros de Rudolf. O italiano e o dinamarquês correram dali, satisfeitos, e a lamúria vinha agora de nosso pequeno compatriota.

– Você ficou chateada que eu bati em Rudolf, Martha? Sou totalmente contra surras, mas fico indignado com maldades contra animais...

– Você fez certo – interrompi.

– Só é permitido fazer maldade com pessoas, então? – perguntou o pequeno, soluçando.

– Também não, ainda menos.

– Mas você também brigou com italianos e dinamarqueses.

– Eles eram inimigos...

– Eles a gente pode odiar então?

– Hoje ou amanhã, algum padre dirá a ele que é preciso amar os inimigos, vai entender – disse baixinho para mim, depois voltou para Rudolf. – Não, não é porque o odiamos que devemos bater neles, mas porque eles querem *nos* bater.

– E por que eles querem nos bater?

– Porque eles... não, não – acabou por interromper-se – não vou achar saída para esse círculo vicioso. Vá brincar, Rudi. A gente perdoa você, só não faça mais isso.

Parecia-me que o primo Konrad fazia alguns avanços com relação a Lilli. Mas não havia insistência. Queria muito essa união e via, com divertimento, como o olhar de minha irmã brilhava de alegria ao ouvir o trote do cavalo de Konrad se aproximando, e como ela suspirava quando ele partia. Ele não lhe fazia mais a corte, ou seja, já não falava mais de amor, e não fazia mais o pedido, ainda assim, seu comportamento era uma estratégia.

– Assim como existem diversas maneiras de tomar um forte, seja pelo ataque, seja pela forme – ele me explicou um dia – também há diversos meios de fazer o coração de uma mulher se render. Dentre eles, o que surte mais efeito: o hábito, a afeição. Deve tocá-la o fato de que meu amor é perseverante, bem como meu silêncio, e de que sempre volto. Se eu ficar muito tempo ausente, isso pode abrir uma imensa lacuna em sua existência e, se eu ficar um tempo longe, ela não aguentará ficar sem mim.

– E quantos sete anos mais você pretende servir à tua eleita?

– Não fiz as contas, o tempo suficiente para que ela me aceite.

– Eu te admiro. Não existe outra moça no mundo para você?

– Para mim, não. Só penso em Lilli. Ela tem algo no canto da boca, no jeito de andar, no jeito de falar, que é insubstituível. Você, Martha, por exemplo, é dez vezes mais bonita e cem vezes mais sábia...

– Obrigada.

– Mas não quero você como mulher.

– Obrigada.

– Até por você ser mais sábia, não iria olhar para baixo. Minha cruz no peito, meu sabre, minhas esporas, nada disso te impressiona. Lilli respeita um homem combatente, ela idolatra um militar, enquanto você...

– E ainda assim casei-me duas vezes com militares – respondi sorrindo.

Durante as refeições, meu pai encabeçava a mesa e ele e seus velhos amigos puxavam as conversas. Ali também eu e Friedrich nos sentávamos, os temas, em sua maioria, eram "políticos". Os jovens ficavam do outro lado da mesa e divertiam-se entre si. Política era o tema predileto dos senhores. As tratativas para o acordo de paz ofereciam ocasião o suficiente para se desdobrarem tais conhecimentos, pois era consenso geral que as discussões políticas eram o divertimento mais cabível e mais honroso para homens sérios. Por cordialidade e gentileza diante da fragilidade de meu entendimento feminino, às vezes, um dos generais dizia: "Essas coisas mal devem interessar a jovem baronesa Martha, vamos falar disso somente quando estivermos entre nós, não é bela senhora?".

Porém eu refutava e pedia, séria, para que prosseguissem a conversa. Eu era muito atenta e tinha um real interesse pelos processos que ocorriam no mundo militar e diplomático. Não sob a mesma perspectiva daqueles senhores. Tinha o firme propósito de acompanhar o fechamento definitivo da questão "dinamarquesa", cuja origem e história eu havia estudado com tanta atenção por ocasião da guerra. Agora, depois daquelas batalhas e vitórias, haveria de ser decidido o que aconteceria com aqueles ducados, entretanto as dúvidas e as perguntas continuavam pairando. E o fabuloso Augustenburg? Que conflagrou toda a briga por causa dos direitos estabelecidos antigamente? Será que agora ele seria nomeado? Com certeza não. Havia surgido até mesmo um novo pretendente na jogada. Ainda não bastavam Glücksburg e Gottorp, e todas as linhagens, diretas e indiretas, cujos nomes eu havia assimilado com muito esforço. A Rússia tinha entrado na jogada e procurava dar preferência a um *Oldenburg*. Até agora, porém, o resultado da guerra não se daria nem com Glücksburg, Augustenburg, Oldenburg ou qualquer outro *burg* que pertencesse aos ducados, e sim com os confederados. As negociações que se encontravam em curso, como fiquei sabendo, eram as seguintes:

1) "A Dinamarca cede os ducados à Áustria e à Prússia."

Estava satisfeita com isso. A partir dali, claro que os confederados iriam se apressar para entregar essa terra que haviam conquistado não para si, mas para um outro, a quem ela pertencia por direito.

2) "A fronteira terá demarcações exatas."

Isso também seria bom que acontecesse, só se tais regulamentações tivessem um pouco mais de força para persistirem. É patético o quanto as linhas azuis e verdes têm que aguentar por conta dos eternos deslocamentos.

3) "As dívidas de Estado serão distribuídas conforme a população."

Isso não entendo. Em meus estudos, não havia me aprofundado nas questões econômicas e financeiras. Só participava das políticas até onde ela se relacionasse com guerra e paz, pois essa era uma questão cara a mim, como ser humano e esposa.

4) "Os ducados assumem os custos da guerra."

Isso, para mim, estava relativamente claro. A terra havia sido devastada, os Estados cujos filhos haviam sido mortos, estavam esmagados, alguma compensação haveria: ela cobriria os custos da guerra.

– Quais as novidades de hoje sobre Schleswig-Holstein? – perguntei, quando a conversa ainda não havia se direcionado para o campo da política.

– A novidade – relatou meu pai no dia 13 de agosto – é que o senhor von Beust questionou, na Câmara, qual o direito dos confederados em mandar os ducados se *retirarem* por meio de um rei, que a aliança não havia reconhecido como proprietário legítimo.

– É uma objeção bastante racional – foi minha observação – isso significa que o príncipe por protocolo não é o soberano legítimo da terra alemã e, a partir daí, Cristiano IX pode...

– Você não entende disso, minha filha – meu pai me interrompeu. – Um atrevimento, uma chicana, isso sim, desse senhor von Beust, nada mais. De qualquer maneira, os ducados nos pertencem, nós os conquistamos.

– Mas não conquistaram para vocês, e sim para os Augustenburg.

– Você também não entende disso. Os motivos dados pelos gabinetes por ocasião de uma guerra, antes de sua eclosão, ficam no segundo plano assim que as batalhas se iniciam. Aí, vitória e derrota produzem combinações totalmente diversas. Então, os reinos diminuem, aumentam ou se formam a partir de relações antes imprevistas.

– Ou seja, os motivos na verdade não foram motivos, mas subterfúgios? – perguntei.

– Subterfúgios? Não – veio um dos generais socorrer meu pai. – Muito mais ocasiões. Impulsos para os acontecimentos que se formam de maneira autônoma, conforme o grau dos êxitos.

– Se dependesse de mim – disse meu pai – eu não teria me deslocado até Düppel e Als para um acordo de paz, toda a Dinamarca poderia ser conquistada.

– E depois?

– Incorporar à aliança alemã.

– Meu caro pai, você é muito mais um patriota exclusivamente austríaco. O que te interessa a ampliação da Alemanha?

– Você se esqueceu de que os Habsburgo foram imperadores alemães e podem se tornar novamente?

– O senhor ficaria satisfeito com isso?

– E qual austríaco não ficaria cheio de orgulho e alegria por isso?

– Mas e se outra potência alemã nutrir os mesmos sonhos? – opinou Friedrich.

Meu pai soltou uma gargalhada.

– A coroa do Sacro Império Romano Germânico na cabeça de um reizinho protestante? Você ficou maluco?

– Isso se não surgir uma briga entre as duas potências pelo objeto, pelo qual lutaram juntos – observou o doutor Bresser. – Conquistar as províncias do Elba foi coisa pequena. Mas e se for só o começo? Isso pode gerar todo tipo de complicação. Toda guerra, não importa qual seja o ponto de partida, carrega em si, inevitavelmente, o germe de uma outra guerra. É natural: um ato de violência sempre fere o direito de outrem. Uma hora ou outra, isso levanta a necessidade de sua reivindicação e um novo conflito eclode. Que, por sua vez, é decisivo para o surgimento de nova violência repleta de sentimento de injustiça. Isso até o infinito.

Alguns dias depois, houve mais novidades. O rei Guilherme da Prússia fez uma visita ao nosso rei em Schönbrunn. Uma recepção bastante calorosa, muitos abraços. Soltura de águias prussianas, execução do hino prussiano por todas as bandas militares e muitos vivas. Essas notícias me fizeram bem, pois transformaram em blasfêmia a profecia negativa do Dr. Bresser, de que ambas as potências iriam acabar brigando pela terra libertada por elas em conjunto. Também todos os jornais expressaram essa confiança tranquilizadora.

Da mesma maneira, meu pai alegrou-se pela manifestação amigável em Schönbrunn. Não do ponto de vista pacífico, mas bélico.

– Fico feliz – disse ele – que agora temos um novo aliado. Unidos à Prússia, poderemos tomar de novo a Lombardia com a mesma facilidade com que tomamos os ducados do Elba.

– Napoleão III não vai admitir e os prussianos não vão querer brigar com ele – era a opinião de um dos generais. – De qualquer modo, é um péssimo sinal o de que Benedetti, um inimigo ressentido da Áustria, seja, agora, o embaixador em Berlim.

– Mas me digam, senhores – chamei-os, juntando as mãos – por que todas as potências civilizadas da Europa não se aliam? Isso seria mais fácil...

Os senhores deram de ombro, sorriram com ares de superioridade e não me responderam. Era evidente que de novo eu havia pronunciado uma daquelas bobagens que as "damas" costumam dizer, quando elas se atrevem a adentrar o campo da alta política, inacessível a elas.

O outono havia chegado. No dia 30 de outubro, o acordo de paz foi assinado em Viena e, com isso, havia chegado o momento em que meu maior desejo seria realizado, a baixa de Friedrich.

Entretanto, o ser humano pensa, as circunstâncias direcionam. Algo aconteceu, um golpe pesado contra mim, que fizeram fracassar nossos planos alimentados com tanta alegria. Foi simples assim: a casa Schmitt & Söhne faliu e, junto com ela, toda a minha riqueza.

Isso também era consequência da guerra. Ela não tinha jogado granadas e bombas somente nos muros, os quais alvejava. Com os tremores, também um amplo círculo de bancos e casas de crédito ficaram nos escombros.

Com isso, não acabei em total ruína, como aconteceu com outras pessoas, pois meu pai não iria me deixar faltar nada. Agora era o plano de dar baixa que ficou para trás. Já não éramos mais pessoas independentes, os proventos de Friedrich eram nossa única fonte de renda. Ainda que meu pai me garantisse auxílio financeiro suficiente, estava fora de questão que, sob tais circunstâncias, Friedrich deixasse sua carreira militar. Mesmo eu não teria essa expectativa sobre ele: que importância teria ele diante de meu pai?

Não havia o que fazer, tivemos de nos conformar. "Destino", teria dito tia Marie. O agravo consequente dessa minha perda pecuniária significativa não sei precisar, tratava-se de mais de centenas de milhares. Não havia um registro sequer sobre isso em meu diário, nem em minha memória, que havia gravado impressões tão dolorosas desde então, nem ali havia qualquer vestígio mais vivaz daqueles incidentes. Só sei que o que mais lamentei foi o belo castelo de sonhos que havíamos construído para nós: baixa, compra de uma propriedade, existência independente e separada do assim chamado "mundo", no mais as perdas não me foram algo tão penoso. Como eu disse: enquanto vivesse, meu pai não me deixaria faltar nada e, depois, ainda me deixaria herança suficiente, também meu filho Rudolf receberia uma herança no futuro. Uma coisa me consolava: não havia menor indício de guerra, era possível contar com uns bons dez, até vinte anos de anos de paz. Até lá...

Schleswig-Holstein e Lauenburg foram colocados em definitivo e à livre disposição dos prussianos e dos austríacos, em contrato assinado em 30 de outubro. Ambos, a partir dali melhores amigos, iriam se alegrar pelo êxito, partilhar, com fraternidade, as vantagens que surgiriam dali e não ver motivo para brigar. Em todo horizonte político, não havia o menor sinal do "ponto negro". A derrota sofrida na Itália foi compensada por completo pela glória obtida em Schleswig-Holstein. Não existia contexto para os militares ambicionarem novos campos de batalha. Estava tranquila quanto a isso. Tomava como garantia o fato de que a guerra *havia* ocorrido há muito pouco tempo, que não haveria de voltar tão cedo. Depois da tempestade vem a bonança e, com a bonança, nos esquecemos da tempestade. Depois de terremotos e erupções vulcânicas, os seres humanos usam os escombros para construir novas moradias e não pensam no perigo que se repete com uma catástrofe iminente. O componente principal de nossa energia vital reside na capacidade de esquecer.

Arrumamos uma habitação de inverno em Viena. Agora, Friedrich tinha um cargo no Ministério da Guerra, uma ocupação que ele, de qualquer modo, preferia ao serviço na caserna. Naquele ano, minhas irmãs passaram todo o carnaval com tia Marie em *Praga*. Era pura coincidência que o regimento de Konrad havia se transferido para a capital boêmia? Ou essa circunstância tinha se influenciado, de certa maneira, pela escolha da estada de inverno? Quando deixei escapar essa última hipótese para minha irmã Lilli, ela ficou muito vermelha e respondeu, dando de ombros:

– Você sabe que não gosto dele.

Meu pai voltou para sua antiga casa na Herrengasse. Ele perguntou se não queríamos ficar com ele, já que tinha espaço suficiente para tanto.

Nós, porém, preferimos ficar sozinhos e alugamos um pequeno mezanino no cais Franz-Joseph. O salário de meu esposo e a mesada de meu pai bastavam para nossos humildes gastos domésticos. É evidente que havíamos renunciado a aluguel de camarote, bailes da corte, a transitarmos no "mundo". E como era fácil fazermos isso! Na verdade, era cômodo podermos justificar esse retraimento com minha perda pecuniária, pois amávamos o retraimento.

Nossa casa continuava aberta ao pequeno círculo de parentes e amigos. Especialmente minha amiga de infância, Lori Griesbach, que vinha nos visitar com frequência, com mais frequência do que eu desejava. Suas conversas, que já antes me pareciam bastante superficiais, agora eu achava cansativas e insossas. Seu horizonte de interesses, cuja estreiteza eu sempre reconheci, agora me davam a impressão de ter encolhido ainda mais. Mas ela era bonita, vivaz e coquete. Percebia que fazia virar a cabeça de alguns na sociedade, ou seja, não desgostava de que lhe fizessem a corte. O que não me era muito confortável era a percepção de que Friedrich muito lhe agradava e que ela lançava alguns olhares para ele, os quais se destinavam a acertar seu coração. O marido de Lori, um ornamento do Jockey Club, da pista de corrida de cavalos e dos bastidores do teatro, era tão conhecido por sua infidelidade que não seria muito condenável ela querer uma pequena vingança, mas que Friedrich servisse de objeto de sua vingança, a isso eu teria algumas objeções...

Ciumenta? Eu? Fiquei vermelha quando me surpreendi com tal mortificação. Estava tão segura do coração dele. Ele não poderia amar mais *alguém* nesse mundo como me amava. *Amar*, sim, já a menor fagulha de paixão ele poderia ter, já que minha brasa é branda por natureza.

Lori não escondia o quanto Friedrich lhe agradava: "Escute só, Martha, você causa muita inveja com esse esposo charmoso". Ou: "Cuide bem dele, desse teu Friedrich, pois certamente todas as mulheres devem querê-lo".

– Eu confio em sua fidelidade – respondi.

– Não me faça rir, como se fosse possível colocar lado a lado "esposo" e "fidelidade". Isso não existe. Você sabe, por exemplo, meu marido...

– Meu Deus, talvez seja maledicência. Todo mundo não é igual.

– Todos, todos, acredite. Não conheço um de nossos cavalheiros que não... dentre os que me cortejaram vários são casados. O que você acha que eles querem? Certamente não exercer a minha fidelidade conjugal ou a deles.

– É provável que eles saibam que você não irá atendê-los. E por acaso Friedrich pertence a essa falange? Perguntei, rindo.

– Claro que não vou te dizer, bobinha. De qualquer maneira, é muito nobre de minha parte te chamar atenção para o fato de que ele me agrada. Agora é ficar de olho aberto.

– Ele já está bem aberto, Lori, e ele já percebeu, com desagrado, os teus diversos gracejos.

– Olha só! No futuro, vou ter que esconder melhor!

Nós duas demos risada. Ainda assim, sentia que, da mesma maneira que por trás da minha simulação de ciúme escondia-se uma agitação real desse sentimento, também por trás de sua pretensa brincadeira havia uma parcela de verdade.

O marido de Lori não participou da campanha de Schleswig-Holstein e isso o aborreceu muito. Também Lori se irritou com esse "azar".

– Uma guerra tão bela e vitoriosa! – lamentou. – Griesbach certamente teria avançado um degrau em sua carreira. Bem, o que me consola é que em uma próxima campanha...

– Como assim? – interrompi – Não há a menor perspectiva disso. Ou você sabe de alguma coisa? Para que conduzir uma guerra agora?

– Para quê? Não estou minimamente preocupada com isso. As guerras vêm e acontecem. A cada cinco ou seis anos sempre estoura alguma coisa, esse é o curso natural da história.

– Mas é preciso que haja motivos?

– Talvez... mas quem os conhece? Eu não, meu marido também não. Perguntei a ele qual o real motivo dessa última guerra. Respondeu-me, dando de ombros, que não sabia e isso lhe era indiferente. O que o aborreceu mesmo é não ter participado, complementou. Griesbach é um soldado de verdade. O porquê e o para quê das guerras não dizem respeito aos soldados. São os diplomatas que combinam isso entre eles. Nunca quebrei minha cabeça por causa de disputas políticas. Isso não compete às mulheres, nós jamais entenderíamos isso. Uma vez que chega a tempestade, o que resta a fazer é rezar...

– Que isso arrebente para o lado do vizinho, e não para o nosso, é com certeza mais fácil.

Prezada Senhora,

Um amigo, talvez também um inimigo, alguém que sabe de algo e não quer se revelar, vem, por meio desta, comunicar-lhe que a senhora está sendo enganada. E da maneira mais traiçoeira. Seu marido hipócrita e sua falsa amiga estão rindo de sua confiança benevolente, oh, pobre e cega senhora. Tenho meus motivos para tirar a máscara de ambos. Não estou fazendo isso pelo bem da senhora, porque não consigo imaginar que esse desmascaramento dos dois amantes possa lhe trazer mais benefício que dor. Mas não pretendo alcançar sua simpatia. Talvez eu seja até mesmo um admirador repudiado... O que importa o motivo? O fato está dado. E se a senhora quer provas, posso dar-lhe. Sem provas, a senhora não iria dar crédito a uma carta anônima. A condessa Gr** perdeu o bilhete que está anexado.

Essa carta estava sobre a mesa do café da manhã em uma bela manhã de primavera. Friedrich estava ocupado com sua correspondência e não olhou para mim, enquanto eu lia e relia a carta umas dez vezes. O bilhete revelador estava em um outro envelope e eu hesitava em abri-lo.

Lancei um olhar para Friedrich. Estava concentrado em seu jornal, mas ele deve ter sentido meu olhar dirigido a ele, pois deixou cair a folha e voltou-se para mim com a mesma expressão amorosa e sorridente:

– O que foi, Martha? Por que está me olhando desse jeito?

– Quero saber se você ainda me ama?

– Já faz tempo que não – disse, jocoso. – Na verdade, nunca consegui te suportar direito.

– Não acredito nisso.

– Agora estou vendo, você está muito pálida! Recebeu uma notícia ruim?

Eu estava hesitante. Será que eu devia mostrar a carta? Será que não era melhor ver a prova, que eu continuava segurando sem abrir? Meus pensamentos estavam confusos. Meu Friedrich, meu tudo, meu amigo, esposo, meu confidente e amado, será que eu o tinha perdido? Infiel, ele? Ah, os sentidos é que estavam turvos por um momento, nada mais. Será que, em meu coração, não havia indulgência o bastante para perdoar esquecer, ver aquilo como se não tivesse acontecido? Mas a falsidade! E se também o seu coração me evitada? E se ele amava mais a Lori sedutora do que eu?

– Fale, logo, você está tão calada. Mostre-me a carta que tanto te aterrorizou. – E esticou as mãos para pegá-la.

– Pegue – entreguei a ele a carta lida, o anexo permaneceu comigo.

Passou os olhos pelas linhas explosivas. Amassou a folha e saltou de sua cadeira praguejando com fúria.

– Que infâmia! – gritou – cadê a pretensa comprovação.

– Aqui, ainda não foi aberta. Friedrich, só diga uma palavra e vou jogar isso no fogo. Não *quero* nenhuma prova de que você me enganou.

– Oh, meu único amor – agora estava do meu lado e me abraçou, efusivo – minha joia! Olhe-me nos olhos, você duvida de mim? Com ou sem provas, minha palavra é o suficiente?

– Sim – disse e joguei o papel na lareira.

Ele não caiu no fogo, mas ficou perto da grelha. Friedrich correu até lá e o pegou.

– Não, não vamos destruí-lo, estou muito curioso. Vamos ver juntos. Não me recordo de ter escrito algo para tua amiga que possa revelar algum relacionamento, que nunca aconteceu.

– Mas você agrada a ela, Friedrich... basta um pequeno sinal teu.

– Você acha? Venha, vamos ver o documento. De fato: é a minha letra. Ah, veja só, são as duas linhas que você ditou para mim há algumas semanas, quando tua mão direita estava machucada.

"Minha Lori, te espero, com saudade, hoje, às cinco da tarde. Martha (ainda incapacitada de escrever)."

– Quem encontrou o bilhete não entendeu os parêntesis depois da assinatura. Esse foi um quiproquó estranho. Benza a Deus que aquela prova não havia se queimado. Agora está provada minha inocência. Ou você ainda tem alguma suspeita?

– Desde que você me olhou nos olhos já não tenho nenhuma. Você sabe, Friedrich, que eu ficaria muito infeliz, mas que eu teria te perdoado. Lori é coquete, é muito bonita... Diz se ela alguma vez não fez alguma tentativa? Você nega com a cabeça... Bem, nisso você teria direito, talvez até quase o dever de mentir *para mim*, um homem não deve revelar nem que aceitou, nem que rejeitou a afeição de uma mulher.

– Então, você teria perdoado um deslize? Você não tem ciúmes?

– Claro que sim, e de uma forma torturante. Quando te imagino aos pés de outra, colhendo a felicidade dos lábios de uma outra... ficando frio diante de mim, amortecido pela cobiça... isso me aterroriza. Ainda assim, não temo que teu amor deixe de existir, teu coração não irá se esfriar comigo sob qualquer circunstância, disso estou certa, nossas almas estão de tal forma entrelaçadas, mas...

– Entendo. Você não precisa ter a menor expectativa de que eu sinta por você o que um esposo sente depois das bodas de prata. Nos casamos recentemente. O fogo da juventude que arde dentro de mim, apesar de meus quarenta anos, queima todo por você. Você é a única mulher, para mim, na Terra. E se, por ventura, eu sofrer alguma outra tentação, estou certo de que saberei repelir. A felicidade que reside na consciência por manter as promessas de fidelidade; a consciência tranquila que permite dizer que os laços de vida foram mantidos firmemente entrelaçados na relação, e de forma sagrada, tudo isso acho bonito demais para aniquilar com uma paixão passageira. Você fez de mim uma pessoa tão feliz, Martha, que me sinto acima de qualquer embriaguez, prazeres e divertimentos, como um dono de uma barra de ouro diante de moedas de bronze.

Como aquelas palavras caíram como uma bênção em meu coração! Acabei tornando-me grata àquele remetente anônimo por ter possibilitado aquela cena tão doce. Transcrevi cada palavra em meus cadernos vermelhos. Ali, posso ler ainda o registro sob a data de 1/4/1865. Ah, quanto tempo não passou depois disso!

Friedrich, por outro lado, ficou muito furioso com o detrator. Jurou descobrir quem havia confabulado aquilo, para puni-lo de forma apropriada.

No mesmo dia eu descobri a origem e o propósito daquele escrito. O autor dificilmente teria previsto o *êxito* daquilo, ou seja, o fato de que eu e Friedrich nos aproximamos ainda mais.

À tarde, fui à casa de Lori para lhe mostrar a carta. Gostaria de chamar sua atenção para o inimigo que ela possuía, que lhe imputou um falso testemunho. Eu queria também rir com ela sobre o caso, em que meu bilhete, que ditei para Friedrich, havia sido mal interpretado.

Ela riu mais do que eu imaginei.

– Então, você ficou aterrorizada com a carta?

– Sim, profundamente. E ainda quase queimei o bilhete anexado sem ter lido.

– Isso teria estragado a brincadeira.

– Que brincadeira?

– No fim, você teria acreditado que eu realmente a estava enganando. Deixe-me confessar, que um dia, em um momento amalucado, foi depois do jantar na casa do teu pai, eu estava sentada ao lado de Tilling e havia tomado muito champanhe, e de bandeja ofereci meu coração a ele.

– E ele?

– Ele me disse de pronto que amava você acima de tudo e que estava decidido a ser fiel até o fim de sua vida. A brincadeira foi feita para que você saiba apreciar ainda mais esse fenômeno.

– A qual brincadeira você está se referindo?

– Você sabe: depois que enviei a carta com o anexo.

– Você? Não sei de nada.

– Você não virou o bilhete? Olhe aqui: o nome e a data *primeiro de abril*.

Próximo, cada vez mais próximo! Descobri que a capacidade de aproximação de dois corações que se amam é do tipo de coisa que não conhece limite, como por exemplo a divisibilidade. Acreditamos que uma partícula já é tão pequena que não é possível imaginá-la ainda menor, ainda assim ela consegue se dividir em duas partes. Acreditamos que dois corações já estão tão mesclados que não seria possível tornar-se um de uma maneira ainda mais profunda, ainda assim ocorre uma influência externa e o átomo do coração fica ainda mais firme, mais próximo, cada vez mais próximo, enredado, impregnado.

Essa foi a consequência da brincadeira sem graça de Lori. Outro efeito ainda foi um acontecimento externo que ocorreu logo em seguida. Uma forte febre nervosa que me deixou seis semanas de cama. Um acontecimento por si só sombrio, mas que me traz recordações tão férteis e felizes e que influenciou o processo há pouco descrito: a aproximação ainda maior de dois corações muito unidos. Não sei se o medo de meu esposo de me perder que o tornou ainda mais caro ou se foi o seu amor que se revelou ainda mais por meio da sua conduta de cuidador, em suma: durante essa febre nervosa e depois dela, passei a me sentir ainda mais amada e mais segura que antes.

Claro que tive medo de morrer. Primeiro, porque teria sido uma pena muito grande perder uma vida que me parecia tão rica de beleza e felicidade e deixar meus amores, Friedrich, com quem adoraria ter envelhecido, e Rudolf, que teria adorado ver tornar-se um homem. Segundo, não por egoísmo, mas por causa de Friedrich, a ideia da morte era terrível, pois eu sabia, tanto quanto é possível alguém saber, que a dor de me enterrar seria quase insuportável para ele. Não, não: pessoas felizes e amadas por pessoas especiais não *conseguem* não ligar para a morte delas. Isso iria significar que não ligam também para suas vidas. A doença zunia em volta de mim com seu poder mortal, tal como as balas zunem em volta do combatente no campo de batalha. E, nessa condição, eu conseguia me colocar no lugar desses soldados que amam a vida e sabem que sua morte pode levar seus entes queridos ao desespero.

– Só uma coisa o soldado tem de vantagem sobre o enfermo: a consciência do dever cumprido – respondeu-me Friedrich quando lhe descrevi tais pensamentos. – Em uma coisa você tem razão: morrer com indiferença ou morrer com *alegria*, as exigências que vêm sobre nós, de todos os lados, nenhum homem feliz pode cumprir. Isso só conseguiam aqueles que foram deixados, em épocas antigas, em situação de penúria e que não tinham nada a perder quando a existência era pacífica. Ou aqueles que só podem se libertar ou libertar seus irmãos do horror e do jugo insuportável por meio da morte.

Quando superei o perigo, como aproveitei minha convalescença, meu renascimento! Foi uma festa para nós dois. Isso recordava a felicidade de termos nos reencontrado depois da guerra de Schleswig-Holstein, mas de uma outra forma. Naquela ocasião, a alegria veio de uma vez e, agora, ela vinha aos poucos e, além disso, estávamos, desde então, cada vez mais próximos.

Meu pai me visitou todos os dias enquanto eu estava doente e mostrou muita preocupação. Ainda assim, eu sabia que ele tinha levado a sério a possibilidade de eu morrer. Ele gostava muito mais de minhas irmãs mais novas, ainda mais de Otto. Por causa de meus dois casamentos, especialmente o segundo, e talvez também por causa da minha maneira muito diversa de pensar, eu acabei me tornando mais distante para ele. Quando eu estava totalmente restabelecida, eram meados de junho, ele voltou para Grümitz e pediu, insistente, que viesse junto, e com meu pequeno Rudolf. Mas eu preferi passar a minha estada de verão mais próximo de Viena, pois Friedrich não podia deixar a cidade por causa do trabalho, e aluguei uma casa em Hietzing para que meu marido me visitasse todos os dias.

Minhas irmãs, sempre escoltadas por tia Marie, viajaram para Marienbad. Em sua última carta de Praga, Lilli me escreveu, entre outros:

"Preciso confessar que o primo Konrad já não me é tão antipático. Em alguns cotillhões, estava disposta a dizer 'sim', caso ele me fizesse um pedido. No entanto, ele deixou para proceder ao passo decisivo no momento *certo*. E isso aconteceu quando iríamos partir. Porém, quando ele fez um novo pedido, acabei recusando novamente. Já estou tão acostumada a fazer isso com o pobre Konrad, que, quando ele veio com o famigerado 'Você quer se tornar minha esposa, Lilli?', minha língua agiu por conta própria: 'Isso não passa por minha cabeça.' Só que, dessa vez, eu acrescentei: 'Volte a perguntar em seis meses.' Vou testar meu coração durante o veraneio. Se eu sentir falta dele, se meus pensamentos se perderem nele, como tem sido relativamente frequente quando estou desperta ou dormindo, isso também em Marienbad; se não acontecer de alguém me impressionar, também na próxima estação de caça, daí então o obstinado primo Konrad terá vencido."

Na mesma época, tia Marie também me escreveu (a propósito, essa é a única carta dela que eu mantive):

"Minha querida, foi um inverno cansativo. Não ficarei triste se Rosa e Lilli tiverem encontrado um partido. Elas tiveram bastantes oportunidades para *achar* partidos, pois você sabe que, durante o carnaval, as duas distribuíram dúzias de não aos pretendentes. Sem contar o persistente Konrad. E o trabalho duro volta em Marienbad. Teria preferido ir para Grümitz ou até você, ao invés disso, tenho que continuar fazendo meu papel de guardiã dessas duas viciadas em divertimento.
Muito me alegra saber que você está bem de novo. Agora que o perigo passou, posso te dizer que ficamos muito preocupados. Teu marido, a todo momento, escrevia cartas desesperadoras: toda hora ele temia ver você morrer. Graças a Deus, você não estava destinada a isso. A novena que eu fiz com as irmãs ursulinas em prol de tua cura talvez tenha ajudado a salvá-la. O querido Deus te poupou para o teu Rudi. Mande lembranças ao pequeno e que ele continue estudando. Também estou mandando a ele alguns livros: *Das fromme Kind und sein Schutzengel*

[A criança devota e seu anjo da guarda], uma história maravilhosa, e *Vaterländische Helden* [Os heróis da pátria], uma coleção de imagens de guerra para os meninos. Nunca é cedo o suficiente para ensinar essas coisas. Teu irmão Otto, por exemplo, não tinha nem cinco anos de idade, quando narrei a ele a história de Alexandre, o Magno, de César e outros conquistadores famosos. É um prazer vê-lo, hoje, entusiasmado por tudo que seja ato de heroísmo! Ouvi dizer que você quer ficar próxima a Viena, neste verão, em vez de ir para Grümitz. Não acho que isso seja bom para você. O ar de Grümitz faria muito melhor a você que a poeira de Hietzing. E teu pobre pai vai ficar entediado sozinho. É provável que você esteja fazendo isso por não querer ficar longe de teu marido, mas me parece que os deveres de filha não devem ser totalmente negligenciados. Tilling poderia, algumas vezes, ficar um dia em Grümitz. Ficar muito junto não é muito bom para os casais, segundo minha experiência. Percebo que os melhores casais não são aqueles que estão toda hora agarrados a seus cônjuges, e sim os que permitem certa liberdade. Agora, despeço-me, poupe-se para não ter uma recaída e reflita sobre Hietzing. Que os céus protejam você e teu Rudi. É o que sempre peço em minhas orações, de tua

Tia Marie.

P.S. Teu marido tem parentes na Prússia (por sorte ele não é tão arrogante quanto seus compatriotas). Pergunte a ele o que andam falando por lá sobre a situação política. Ela parece estar bastante crítica."

A carta de tia Marie voltou a me fazer pensar que havia uma "situação política". Fiquei um bom tempo sem me preocupar com isso. Antes e depois de minha doença, continuei lendo muito: semanários e jornais, revistas e livros, mas deixei de lado as manchetes de jornal. Desde que parei de ficar aflita com a questão: "Há ou não guerra?", perdi o interesse nos mexericos sobre política interna e externa. Só por causa do *post scriptum* de minha tia é que me ocorreu de buscar informações sobre o tema negligenciado e me informar da situação atual.

– O que será que a tia Marie quer dizer com esse "crítica", seu prussiano menos arrogante? – perguntei a meu marido, passando-lhe a carta para ele ler. – Existe, de qualquer maneira, alguma situação política?

– Sim, existe, tanto quanto a situação climática, infelizmente sempre. E da mesma maneira sempre com alternâncias e enganações...

– Então, me conte. Continuam falando do imbróglio dos ducados? Não querem levar em conta o combinado?

– Fala-se muito mais que antes. Não querem levar minimamente. Schleswig-Holstein querem agora se livrar dos prussianos, esses "arrogantes", o que de fato somos, segundo o mais novo chavão. "Antes os dinamarqueses que os prussianos", é um lema dos Estados do centro que vivem repetindo. E você sabe como estão cantando aquela música vulgar "Circundados pelo mar", e com uma inversão:

"Schleswig-Holstein d'alma fraterna
tira a Prússia de nossa terra!"

– Mas e os Augustenburg? Eles ainda estão com ele, não? Por favor, Friedrich, diga-me que eles ainda estão com ele! Por causa dessa única questão de direito de trono, de uma porção de terra que os pobres oprimidos pela Dinamarca tanto almejam, é que foi necessário eclodir toda uma guerra que poderia ter me custado você, *você*! Me dê pelo menos o consolo de que Augustenburg tenha já garantido os seus direitos e que ele rege os ducados por inteiro. Insisto nesse "por inteiro": trata-se de uma antiga questão histórica, que está garantido a ele há vários séculos e sobre cujo fundamento eu investiguei à exaustão.

– Tuas reivindicações históricas já não procedem, minha pobre Martha – disse Friedrich rindo. – Já não se trata mais de Augustenburg, mesmo diante de seus próprios manifestos e protestos.

A partir dali voltei a me ocupar dos imbróglios políticos e descobri o seguinte:

na verdade, nada havia sido estabelecido e reconhecido, apesar do protocolo de paz assinado em Viena. A questão de Schleswig-Holstein havia tido todo tipo de avanço, mas continuava "oscilando". Os Augustenburg e os Oldenburg haviam se apressado em reclamar junto ao parlamento alemão, depois da cessão ocorrida do lado dos Glücksburg. E Lauenburg exigia terminantemente ser anexado ao Reino da Prússia. Ninguém sabia o que, de fato, os confederados fariam com as províncias conquistadas. As duas potências desconfiavam que uma desejava mais vantagem que a outra.

– O que tanto querem esses prussianos?

Essa era a pergunta que, a partir de então, a Áustria, os Estados do centro e os ducados estavam sempre se fazendo, e que revelava uma suspeita de algo ruim. Napoleão III aconselhou a Prússia a anexar os ducados até a porção setentrional de Schleswig, de fala dinamarquesa. Por ora, a Prússia não pensava nisso. No dia 22 de fevereiro de 1865, ela finalmente formulou suas reivindicações: as tropas prussianas permaneceriam lá; o poderio militar em terra firme e no mar deveria ser colocado à disposição da Prússia, à exceção do contingente local. O porto de Kiel seria tomado: correio e telegramas deveriam tornar-se prussianos e os ducados se juntar à aliança aduaneira.

Nosso ministro Mensdorff-Pouilly se irritou com tais exigências, não sei por quê. E mais ainda, talvez por inveja, por essa característica de se envolver com questões "externas", os Estados do centro também se irritaram, e não tenho a menor ideia do por quê. Elas exigiram terminantemente que os Augustenburg se apressassem, de imediato, em se instalar na administração dos ducados. Mas a Áustria também tinha algo a dizer e disse, ignorando os Augustenburg, que ela admitia a tomada do porto de Kiel, mas que repudiava o recrutamento forçado.

Eram esses os avanços ininterruptos. A Prússia esclareceu que suas exigências eram feitas apenas para o interesse da Alemanha, que não estava exigindo a anexação – Augustenburg que fizesse valer seus direitos hereditários, guardando as exigências colocadas. Se tais reivindicações necessárias e ínfimas não fossem satisfeitas, então – e elevando o tom ameaçador – então talvez eles se veriam forçados e aumentar as exigências. Contra esse tom de ameaça, de imediato ergueram-se outros sarcásticos, maldosos, persecutórios. Nos Estados do centro e na Áustria, exacerbava-se cada vez mais a opinião pública contra a Prússia, especialmente contra Bismarck. No dia 27 de junho, os Estados do centro propuseram a abertura das informações por parte das grandes potências, mas as grandes potências continuaram negociando entre si (dar informações não é uma prática diplomática, tudo deve ser bem escondido). O rei Guilherme viajou para Gastein, o imperador Franz Joseph para Ischl. O conde von Blume corria de um lado a outro, e, em alguns pontos, houve consenso: a ocupação deveria ser metade austríaca, metade prussiana. Lauenburg se anexaria à Prússia, como era de seu desejo. Para isso, a Áustria receberia uma indenização de dois milhões e meio de táleres. Esse último não foi nem um pouco capaz de me proporcionar uma alegria patriótica. Para que serviria uma quantia irrisória dessa aos trinta e seis milhões de austríacos, mesmo que fosse dividida entre eles, o que não acontece? Iriam compensar os cem mil que *eu*, por exemplo, perdi com os Schmitt & Söhne por causa da guerra? Ou mesmo a perda daqueles que choram os entes perdidos? O que me alegrou foi o Tratado de Gastein assinado em 14 de agosto. "Tratado" me soava tão promissor à paz. Só mais tarde é que fui saber que tratados internacionais, em geral, têm a função de dar suporte àqueles que sofreram eventuais injúrias, o que se costuma chamar de *casus belli*. Basta que um dos lados acuse o outro por romper com o tratado e logo as espadas saltam da bainha, aparentando, com isso, nada mais que a defesa dos direitos adquiridos.

Para mim, no entanto, o tratado de Gastein me mantinha tranquila. A briga parecia posta de lado, o general Gablenz, o belo Gablenz, que nos encantava a todas nós, mulheres, tornou-se representante em Holstein. Manteuffel, em Schleswig. Tive de renunciar, em definitivo, da garantia que me foi dada com o ano de 1460, de que as terras permaneceriam para sempre unidas, "inseparáveis". E no que se referia a Augustenburg, por quem sempre torci para verem seus direitos garantidos, aconteceu de uma vez o príncipe ir para lá e fazer com que seus apoiadores o ovacionassem. Manteuffel deu a entender que, se ele se permitisse ir mais uma vez para a região sem permissão, ele teria de mandá-lo prender imediatamente. Quem não achar que *isso* é uma boa piada da musa Clio, não terá uma boa compreensão dos "jornais satíricos" da História.

Apesar do Tratado de Gastein, a questão não estava resolvida de fato. Por meio da carta de tia Marie e das informações assustadoras que continha, voltei a ler com regularidade as manchetes políticas e me informar, de todos os lados, sobre as opiniões dominantes. Assim, consegui acompanhar, com exatidão, as fases oscilantes daquela briga. Não temia que isso fosse levar a uma guerra. Afinal, tais questões processuais teriam de ser resolvidas pela via dos processos: pela consideração aos direitos legítimos e, a depender, à negativa do direito legítimo. Todos os conselhos de ministros de assembleias, os homens de Estado que negociavam entre si e os monarcas, que se tratavam com cordialidade, dariam cabo dessas brigas, no fundo, irrelevantes. Seguia o curso dessa questão mais por curiosidade que por preocupação. Eu anotei os diversos estágios nos cadernos vermelhos:

1º de outubro de 1865. Em Frankfurt, a Assembleia chegou às seguintes resoluções:
1) Continua em vigor o direito de autonomia do povo de Schleswig-Holstein. O Tratado de Gastein é considerado violação de direito. 2) Todos os representantes devem recusar os impostos e empréstimos dos governos que exigem a política de violação, executada até o momento.

15 de outubro. O conselheiro jurídico da coroa, na Prússia, entregou o seu parecer sobre o direito de sucessão do príncipe de Augustenburg. Por uma quantia de um milhão e meio de táleres em prata pesada, seu pai renunciou a esse direito para si e para seus descendentes. Na paz de Viena, os ducados abdicaram, assim, os Augustenburg já não tinham mais o que reivindicar.

Um atrevimento, uma usurpação: era o que se falava em Berlim e o lema, "arrogância prussiana", "É preciso se proteger deles" eram dogmas postulados em toda parte. "O rei Guilherme parece achar-se o Vitor Manuel alemão", "A Áustria tem um interesse velado de reconquistar a Silésia", "A Prússia está flertando com a França", "A Áustria está flertando com a França"... *patati... patatá*, como dizem os franceses. *Tritschtratsch*, é como se diria na Áustria. E a agitação nos círculos de café em pequenas cidades não é menor que nos gabinetes das grandes potências.

O inverno trouxe minha família de volta para Viena. Rosa e Lilli se divertiram aos montes nos balneários da Boêmia, mas nenhuma ficou noiva. As ações de Konrad se mantinham admiráveis. Na estação de caça, ele veio para Grümitz. Embora o sim decisivo ainda não tivesse sido pronunciado, agora ambos estavam convencidos em seu íntimo, de que acabariam se tornando um par.

Apesar da insistência de meu pai, não apareci também durante as caças de outono. Friedrich não teve férias. Ficar separada dele era uma preocupação que eu não me imporia sem necessidade. Um segundo motivo para não ficar muito tempo junto de meu pai era que eu não queria meu pequeno Rudolf muito tempo sob a influência do avô, pois ele gostava muito de instilar na criança tendências militares. A vontade de assumir essa profissão, que eu não queria de jeito nenhum para meu filho, já havia de qualquer maneira despertado nele. Talvez já estivesse no sangue. Era natural que o broto de uma longa sequência de combatentes trouxesse ao mundo predisposições bélicas. Em obras de ciências naturais, que agora estudávamos com mais afinco que antes, aprendi sobre o poder da hereditariedade, da natureza das assim chamadas "predisposições inatas", que não são nada mais que o impulso por ativar os hábitos assumidos pelos antepassados.

No aniversário do pequeno, meu pai lhe trouxe dessa vez um verdadeiro sabre.

– Você sabe, pai – disse, irritada – que meu Rudolf não vai ser um soldado. Vou ter que falar sério...

– Você quer fazer dele um filhinho da mamãe? Espero que não dê certo. O sangue de um bom soldado não mente. Quando o menino crescer, acabará ele mesmo escolhendo a profissão e não há uma mais bela que qualquer outra que você permita.

– Martha teme colocar o único filho em perigo – observou tia Marie, que participava da conversa – mas ela esquece que, se está predeterminado que alguém morra, o destino o dará cabo seja na cama, seja na guerra.

– Então, se, em uma guerra, centenas de milhares de pessoas sucumbem, isso também aconteceria em tempos de paz?

Tia Marie não se constrangeu em responder.

– Essas centenas de milhares de pessoas estavam predeterminadas a morrer na guerra.

– E se as pessoas fossem sábias e não começassem mais nenhuma? – disparei.

– Isso é impossível – exclamou meu pai.

E a conversa tomou de novo o rumo de uma controvérsia, como costumávamos fazer, e sempre pelo mesmo caminho. De um lado, as mesmas afirmações e motivos, de outro, as mesmas contraposições e contra-argumentos. Não há nada que caiba melhor na fábula de Hidra que a monstruosidade: a opinião estagnada. Mal se arranca a argumentação de uma cabeça e se está prestes a ocorrer a mesma ação para uma segunda, a primeira logo cresce de novo.

Meu pai tinha algumas evidências prediletas a favor da guerra e que não deviam ser derrubadas.

1. A guerra foi instituída pelo próprio Deus, o Senhor de todos os exércitos, veja a escritura sagrada.

2. Sempre houve guerra, portanto sempre continuará havendo.

3. Sem algumas dizimações ocasionais, a humanidade iria aumentar muito.

4. A paz duradoura afrouxa, enfraquece e, como água parada, como a putrefação, tem como consequência a deterioração dos costumes.

5. Para acionar o autossacrifício, o heroísmo, em suma, para enrijecer o caráter, a guerra era o melhor remédio.

6. Os seres humanos sempre iriam brigar, é impossível entrar em completo acordo em todas as reivindicações. Interesses diversos acabam sempre por se chocar. Portanto, a paz eterna é um contrassenso.

Nenhuma dessas frases, ou melhor, nenhum "portanto" é capaz de se sustentar quando as pressionamos. Mas cada um deles serve para seu defensor como trincheira, quando se vê necessário derrubar o outro. Enquanto cai a nova trincheira, a velha volta a ser erigida.

Por exemplo, se as batalhas de guerra, ao estarem encurraladas, não tiverem mais condições de sustentar o número 4 e têm que admitir que o estado de paz é mais humano, traz mais felicidade e fomenta a cultura que a guerra, então ele diz:

– De fato, a guerra é mesmo uma desgraça, mas é inevitável, pois... número 1 e 2. Se mostrava *que* se poderia evitá-la por meio de alianças de Estado, de tribunal de arbitragem etc., daí: – De fato, seria possível, mas não *deve*, pois... número 5.

E se o advogado da paz faz uma objeção contra isso e prova que, pelo contrário, a guerra brutaliza os seres humanos e os desumaniza:

– De fato isso sim, mas... número 3.

Quando dito por um glorificador da guerra, esse argumento é o mais desonesto. Ele vale mais a quem detesta a guerra e quer descobrir um motivo para o fenômeno tenebroso, um momento que desculpe, por assim dizer, a natureza. Entretanto, quem, no íntimo, ama a guerra e ajuda a mantê-la, certamente não o faz com vistas ao bem-estar das próximas gerações. A dizimação violenta da humanidade atual, por meio de homicídio, de epidemias criadas e do empobrecimento, não se realiza para afastar as gerações futuras do risco de alguma carência. Se fosse necessária a intervenção humana para prevenir a superpopulação para o bem-estar geral, haveria meios mais diretos que a condução de uma guerra. O argumento é só mais um logro, usado, no entanto, com muito êxito na maioria das vezes, pois ele desconcerta. Ele parece tão sábio e até bastante defensor da humanidade, que só nos resta pensar: nossos queridos descendentes, que viverão ainda alguns milênios, a eles precisamos criar espaço suficiente para não se acotovelarem. Esse número 3 traz constrangimentos a muitos defensores da paz. Poucos têm conhecimento e informação sobre questões das ciências naturais e da economia social. Eles sabem que o equilíbrio entre mortalidade e natalidade ocorre por si só; que a natureza não proporciona o risco do aniquilamento a seus seres para proteger-lhes da superpopulação, pelo contrário: se a fecundidade aumenta, o perigo está suspenso. *Depois* de uma guerra, por exemplo, sobem as taxas de natalidade e as perdas são compensadas. Durante um longo período de paz e de prosperidade, essas taxas caem. A superpopulação, esse fantasma assustador, entra em questão. Disso tudo ninguém tem muita clareza. É um sentimento instintivo que o famoso número 3 não possa ser correto e, de forma alguma, seja pensado de maneira idônea. É suficiente mencionar o provérbio: "Não precisamos nos preocupar, se as árvores venham a crescer até o céu" e, depois, os poderosos não têm em vista esse resultado.

– É verdade, mas número 1.

E, assim, segue a contenda sem fim. O defensor da guerra está sempre com a razão. Suas considerações se movem em um círculo onde estão sempre sendo seguidas, porém sem que alguém consiga alcançá-las. A guerra é uma desgraça terrível, mas tem que ser assim. Se ela não tiver que ser assim, ela é, por outro lado, um bem maior. Essa falta de consistência e de honestidade lógica faz com que aqueles que defendem um ponto de vista, seja por não terem motivos ou por não os admitir, seja por mero instinto, tornem-se moralmente questionáveis e, aí, acabam usando frases feitas e lugares-comuns que ouviram falar para defender a questão. É indiferente se tais argumentos provêm de diversos pontos de vista e se, por isso, acabem não sustentando uns aos outros, e vez ou outra, até se anulem. Não é porque essa ou aquela conclusão tenha surgido da própria reflexão e seja compatível com a própria convicção que eles lograram elaborar uma asserção. Para apoiarem essa asserção, eles utilizam, sem critério, as deduções alcançadas por outras pessoas.

Naquela época, quando eu discutia com meu pai sobre o tema guerra e paz, nada disso estava muito claro para mim. Só mais tarde é que adquiri o hábito de observar e investigar os desempenhos do intelecto tanto meu quanto dos outros. Recordo-me apenas que eu saía muito exausta dessas discussões e, agora, eu sei que esse cansaço vem do "mover-se no círculo", para o qual meu pai tentava me forçar para dentro pelo embate. A conclusão era sempre a mesma: ele dava de ombros e dizia, piedoso: "Você não entende", o que, em se tratando de uma questão militar, soava bastante justificável na boca de um velho general, mais do que de uma jovem.

Ano-novo de 1866. E de novo estávamos reunidos à mesa de meu pai, tomando ponche e comendo sonho, quando bateu a primeira hora desse ano fatídico. Foi uma festa animada. Com o ano novo, comemorávamos um noivado: o de Konrad e Lilli. Quando o ponteiro chegou ao doze e, na rua ouviam-se alguns tiros de alegria, meu primo empreendedor envolveu a garota que estava sentada a seu lado, deu um beijo em seus lábios, para nosso espanto, e perguntou:

– Você me quer em 66?

– Sim, eu quero – ela respondeu – eu te amo, Konrad.

A partir dali, soaram taças de todos os lados e abraços, apertos de mão, desejos de felicidade e bênçãos sem fim.

"Viva os noivos", "Viva Konrad e Lilli", "Deus abençoe essa união, crianças", "Parabéns, primo", "Seja feliz, irmã", etc. Uma atmosfera alegre e tocante tomou conta de todos nós. Talvez todos sentissem uma pontada de inveja, pois assim como a morte leva ao acontecimento mais triste e deplorável, o amor, aquele que ratifica a união criatural, leva ao mais feliz e invejável. Eu não era capaz de sentir inveja, pois aquela felicidade promissora para os recém noivados era algo, para mim, já adquirido e real. O que tomava conta de mim era muito mais um sentimento de preocupação: "Uma felicidade tão completa como a que Friedrich me proporciona mal poderá ser sentida pela pobre Lilli... Konrad é uma pessoa muito querida, mas existe *apenas um* Friedrich".

Meu pai pôs fim ao tumulto das gratulações, ao bater na taça o anel da vitória, que ficava em seu mindinho, e levantou-se para falar:

– Meus queridos filhos e amigos – disse, mais ou menos – o ano de sessenta e seis começou bem. Já na primeira hora, meu maior desejo foi realizado, pois há muito que eu pretendia ter o Konrad como genro. Espero que esse ano feliz ainda conceda um casamento à Rosa e uma visita da cegonha à Martha e ao Friedrich... Dr. Bresser, ao senhor ele deve conceder muitos pacientes, o que talvez não aconteça, pois hoje trocaram-se muitos desejos de saúde. E a você, cara Marie, desde que isso te seja predeterminado – conheço e reverencio teu fatalismo – que ele lhe conceda um prêmio ou uma indulgência completa, ou que mais você deseje. E você, meu Otto, que receba muitos "excelentes" em teu exame final e com todas as virtudes e conhecimentos possíveis de um soldado, para que você se torne um dia adorno do exército e o orgulho de seu velho pai... Por fim, tenho que expressar alguns desejos particulares, nada de extraordinário, apenas o bem-estar e a glória da Áustria, que o ano que se inicia traga muitos ganhos ao país, a Lombardia ou, quem sabe, a província da Silésia. Nunca se sabe o que está por vir, e não é impossível que peguemos de volta essa terra pilhada da grande Maria Theresia pelos prussianos atrevidos.

Recordo-me que o fechamento do brinde de meu pai espalhou certa "frieza". Lombardia e Silésia – ninguém dentre nós sentia a menor necessidade disso. E o desejo recôndito que isso indicava: "guerra", ou seja, novas lamentações, novas agonias, não combinava com a alegria suave que se despertava em nossos corações, por conta daquela hora devotada ao novo casal. Até me permiti uma contraposição.

– Não, querido pai, também para os italianos e prussianos é ano novo, por isso não vamos lhes desejar a ruína. Que o ano de 66 e os próximos tornem todas as pessoas melhores, mais *pacíficas* e mais felizes!

Meu pai deu de ombros.

– Ah, a sonhadora – disse, com piedade.

– Absolutamente – veio Friedrich em meu socorro. – O desejo expressado por Martha não tem a ver com sonhos, pois a sua realização nos é garantida pela ciência. As pessoas estão sempre se tornando melhores, mais pacíficas e mais felizes, desde os começos dos tempos até hoje. Mas a velocidade tão imperceptível, que um curto espaço de tempo, como um ano, não é capaz de demonstrar um avanço visível.

– Se vocês acreditam tanto assim no avanço eterno – disse meu pai – por que, então, vocês vivem reclamando do reacionarismo, sobre a volta para a barbárie?

– Porque – disse Friedrich retirando um lápis da bolsa e desenhando uma espiral em um papel – porque o curso da civilização se dá como esse... A linha, apesar das curvaturas que a retroagem, não continua seguindo em frente? O começo do ano pode até apresentar uma dessas curvaturas, especialmente se outra guerra tiver de ser conduzida, ao que tudo indica. Algo assim volta sempre a lançar a cultura um bom pedaço para trás, seja com relação ao aspecto material, seja com relação ao moral.

– Você não fala como um soldado, meu caro Tilling.

– Falo sobre uma questão geral, meu caro sogro. Meu ponto de vista sobre isso pode estar correto ou errado, se é o de um soldado ou não, isso é outra coisa. A verdade é sempre uma. Se algo é vermelho, alguém deve necessariamente chamá-lo de azul, quando usa um uniforme azul e, preto, quando usa um hábito preto?

– Um o quê? – meu pai costumava se fazer de surdo quando uma discussão não lhe era muito conveniente. Se era necessário repetir todo o argumento por causa desse "o quê", poucos tinham paciência para tanto e preferiam deixar de lado a discussão.

Naquela mesma noite, depois de chegarmos em casa, questionei meu marido.

– O que você disse a meu pai? Ao que tudo indica, haveria outra batalha de novo este ano? Não quero mais te deixar ir a uma guerra, *não* quero...

– O que ajuda esse "eu não quero", Martha? Diante das circunstâncias, você seria a primeira a recuar. Quanto mais provável é uma guerra, tanto mais impossível para mim é ter a baixa. Imediatamente depois de Schleswig-Holstein teria sido possível.

– Ah, miseráveis Schmitt & Söhne...

– Ainda mais agora, que outras nuvens se aglomeram...

– Você acha mesmo que...

– Eu acho que essas nuvens vão se dissipar. As duas grandes potências não vão se trucidar por causa daquelas terras do norte. No entanto, do momento que haja a ameaça, um recuo iria parecer covarde. Está mais claro para você?

Tive de me resignar diante desses motivos. Apeguei-me com firmeza nas palavras de esperança "essas nuvens vão se dissipar".

A partir dali, seguia com expectativa os acontecimentos políticos, também as opiniões e previsões que circulavam nos jornais e nas conversas.

"Armar-se", "armar-se" era o lema agora. A Prússia se armava em silêncio. A Áustria se armava em silêncio. A Prússia alegava que estávamos nos armando, e isso não era verdade, *eles* é que estavam. Se nós nos desarmássemos, quem iria garantir que eles estavam se desarmando? Aquela história de armamento atormentava meus ouvidos de todas as formas possíveis. Para quê aquele tilintar de armas se ninguém queria atacar? Eu perguntava, ao que meu pai citava o antigo provérbio:

– *Sie vis pacem, para bellum*. Estamos nos armando só por precaução. E os outros? Com a intenção de nos atacar. E eles dizem que também estão sendo cautelosos por causa de nosso ataque. Isso é maldade. Dizem que *nós* é que somos maldosos. Dizem isso como desculpa para poderem se armar melhor.

E de novo o círculo sem fim, uma cobra que morde o próprio rabo, uma falta de sinceridade dupla, numa ponta e na outra. Só para se impor diante do inimigo, que *quer* a guerra, é que o método espantoso do armamento se torna apropriado para a paz. Dois simpatizantes, que querem a paz, alcançam o impossível ao operacionalizar esse sistema, sem que cada um deles tenha a firme convicção de que o outro mente ao usarem frases de efeito. E tal convicção só é firme quando ele mesmo esconde, atrás das mesmas frases de efeito, as mesmas intenções das quais acusa o adversário. Não são apenas os profetas e os diplomatas os que sabem exatamente o que cada um tem em mente com as cerimônias e os discursos públicos...

Os dois lados, com seu estar-preparado-para-a-guerra prosseguiu durante os primeiros meses do ano. No dia 12 de março, meu pai irrompeu em minha casa, radiante.

– Urra! – exclamou – boas notícias!

– Desarmamento? – perguntei, alegre.

– Por que não? Ao contrário. A boa notícia é que, ontem, o conselho maior de guerra foi estabelecido. É impressionante tudo de que dispõem nossas forças armadas. Os prussianos arrogantes podem se esconder. Com 800.000 mil homens estamos preparados para ir para o *front* a qualquer momento. Nosso Benedek, nosso estrategista mais eficiente, será o comandante-maior com autoridade ilimitada. Vou te dizer uma coisa em confiança, minha filha: a Silésia é nossa, basta querermos.

– Ó Deus, ó Deus... – gemi – de novo esse flagelo sobre nós! Quem é capaz de ser tão inescrupuloso... por pura ambição, por cobiçar terras...

– Fique calma. *Não somos* tão ambiciosos, muito menos cobiçamos terras. Nós queremos, quer dizer, *eu* não, acho que a reconquista de nossa Silésia é justa, o governo quer manter a paz. Ele já a assegurou o suficiente. E o nível monstruoso de nosso exército ativo, como informou ao imperador, ontem, o conselho de guerra, vai instilar o devido respeito nas outras potências. A Prússia vai se colocar no lugar e parar de querer dar a última palavra. Graças a Deus, temos o direito de dar a palavra em Schleswig-Holstein e não vamos tolerar que o outro grande Estado conquiste para si uma posição predominante na Alemanha, por meio de uma expansão exagerada de seu poder. Trata-se de nossa honra, de nosso prestígio, talvez de nossa existência... Você não entende. Tudo é uma questão de luta por hegemonia. Schleswig-Holstein é o de menos. O esplendoroso conselho de guerra mostrou claramente *quem* ocupa o primeiro lugar e *quem* tem permissão para impor as condições aos outros. Os descendentes dos pequenos príncipes-eleitores de Brandenburg ou aqueles da longa sucessão do imperador romano-alemão! Considero a paz assegurada. Ainda assim, se os outros continuarem a gesticular com impertinência e arrogância e, dessa maneira, tornar uma guerra inevitável, nossa vitória é certa e, com ela, ganhos incontáveis... Seria desejável que acontecesse.

– É o que você deseja, pai. E com você provavelmente todo o conselho de guerra! Preferia que dissessem logo isso, e não essa falsidade, de que, para assegurar ao povo e àqueles que são amantes da paz, que toda essa aquisição de armas, fortalecimento do exército e financiamento militar está acontecendo apenas em favor da paz. Se vocês estão mostrando os dentes e cerrando os punhos, não sussurrem palavras amenas. Se vocês já tremem de impaciência por empunhar a espada, não finjam que colocam as mãos na empunhadura por pura precaução.

Assim falei, por um momento, com a voz trêmula e as emoções exaltadas, sem que meu pai, espantado, dissesse uma palavra em resposta, até que finalmente as lágrimas irromperam.

Agora seguiu-se um tempo de esperanças e temores oscilantes. Hoje era "paz assegurada", no dia seguinte "a guerra é inevitável". A maioria acreditava na segunda opção. Não porque as relações apontavam para a necessidade de uma resolução sangrenta, era mais porque, uma vez que a palavra "guerra" era pronunciada, podia-se debater por muito tempo e por todos os cantos, ao fim, conforme a experiência, a guerra acabava por vir. O pequeno e singelo ovo do *"casus belli"* era chocado por tanto tempo, que a monstruosidade saía da casca.

Registrava todos os dias, nos cadernos vermelhos, as fases da disputa oscilante, e naquela época eu sabia, e sei ainda hoje, como a fatídica "guerra de 66" estava sendo preparada e como ela eclodiu. Sem esses registros, eu estaria na completa ignorância da parcela de história em questão, como fica a maioria das pessoas que vivencia a história quando ela está ocorrendo. Em geral, a grande maioria da população não sabe por que surge uma guerra, ela apenas a vê chegando por um bom tempo, até que ela chega. E quando ela chega, as pessoas não costumam perguntar-se das pequenas diferenças de interesses e opiniões que a trouxeram, mas apenas se ocupam dos acontecimentos violentos que seu progresso traz consigo. Uma vez que ela acaba, as pessoas se recordam ao máximo dos horrores e das perdas pessoais, porém não pensam mais nos motivos políticos do surgimento dela. Nos diversos livros de história, que se publicam depois de toda campanha com títulos como "A guerra do ano... – apresentada em termos históricos e estratégicos", enumeram-se todos os motivos de disputa e todos os movimentos táticos da campanha. Quem se interessa por isso, consegue informar-se na literatura apropriada. Na *memória* do povo, no entanto, essa história não continua vivendo. Também os sentimentos de ódio e de entusiasmo, de exasperação e esperança de vitória, com os quais toda a população saúda o começo de uma guerra, sentimentos esses que se exprimem no chavão "essa guerra é muito popular", mesmos esses sentimentos se apagam em alguns anos.

Em 24 de março, a Prússia emitiu uma circular na qual reclama da ameaça de armamento da Áustria. Por que não nos desarmamos, se não queremos ameaçar? Como podemos? Em 28 de março, a Prússia ordena que os fortes na Silésia e dois corpos de exército sejam preparados.

31 de março. Graças a Deus! A Áustria declara que todos os boatos sobre o armamento secreto que circulavam eram falsos. De forma alguma, não era impossível que viesse a atacar a Prússia. Reivindicava que a Prússia cessasse as medidas de prontidão para a guerra.

A Prússia revidou: nem de longe pensávamos em atacar a Áustria, porém somos forçados a nos preparar para o ataque, por conta dos últimos armamentos.

Dessa maneira, persistia-se em executar o repente a duas vozes:

Me armo pra defender
Te armas pra atacar
Me armo porque te armas
Porque te armas me armo eu
E armamos eu e você
Armamos é sem parar.

Os jornais forneciam a orquestra de acompanhamento para esse dueto. As manchetes se deleitavam na assim chamada política conjuntural. Fomentavam o conflito, perseguições, jactâncias, difamações. Publicaram-se obras sobre a história da Guerra dos Sete Anos, com uma clara tendência a trazer à tona a inimizade de outrora.

Nesse ínterim, as trocas diplomáticas continuavam. Na de 7 de abril, a Áustria mais uma vez negou oficialmente o seu armamento, entretanto, fez uma alusão a uma declaração verbal que Bismarck teria feito contra Károlyi, de que "simplesmente iriam descartar o Tratado de Gastein". Era disso, então, que dependia o destino dos povos? Do humor de dois diplomatas quando estão falando de tratados? E que tipo de tratado é esse que depende da boa vontade das contrapartes para ser cumprido e que não é assegurado por um poder maior de um tribunal de arbitragem?

A Prússia respondeu à nota no dia 15 de abril, dizendo que a acusação não era verdadeira. Insistia no fato de que a Áustria de fato havia se armado nas fronteiras. Com isso, o próprio armamento estaria justificado. Se a Áustria estava falando a verdade sobre a intenção de não atacar, que se desarmasse primeiro.

A isso, o gabinete de Viena respondeu: vamos nos desarmar no dia 23, se a Prússia prometer que fará o mesmo no dia seguinte.

A Prússia se declarou a postos.

Que alívio! Apesar de todos os sinais de ameaça, a paz seria mantida! Exultante, registrei essa expressão nos cadernos vermelhos.

Porém cedo demais. Novos imbróglios se iniciaram. A Áustria declarou que só poderia se desarmar no Norte, mas não no Sul, onde havia a ameaça italiana.

Ao que a Prússia respondeu: se a Áustria não se desarmar *totalmente*, vamos nos manter armados.

Agora a Itália foi interrogada: não lhe ocorria minimamente atacar a Áustria, mas, depois dessa última declaração, iria então se armar também.

A partir daí, a bela canção de defensiva passava a ser cantada em três vozes.

Volto a me deixar embalar por essa canção com relativa tranquilidade. Após essas asseverações firmes e repetidas, não é possível que haja ataques e, se um não ataca, não há guerra. O princípio de que só há justificativa para guerras por defesa tomou conta da consciência coletiva de uma tal forma, que nenhum governo tem a permissão para invadir o país vizinho. E se só há aqueles que se defendem de um lado e outro, não importa quão ameaçadores sejam com seus armamentos, quão decididos estejam de se defender à faca, ainda assim não poderão romper com a paz.

Que desilusão! Junto da "ofensiva", existem outras formas diferentes de dar início às hostilidades, como por meio de exigências e interferências que atingem uma terceira pequena porção de terra e podem ser rebatidas sob o argumento de serem injustas; como tratados antigos que se julgam infringidos e, para sua manutenção, é necessário pegar em armas e, por fim, como a necessidade de manutenção do "equilíbrio europeu", que pode correr riscos devido à expansão de poder de algum Estado e isso requerer uma intervenção enérgica. Sem que se admita de fato, o ódio fomentado por um longo período é um forte propulsor da batalha que, ao fim e ao cabo, leva à briga mortal tanto por nostalgia quanto por força de sua natureza, e tem o mesmo efeito do amor nutrido por muito tempo, que leva ao abraço cheio de vida.

A partir de então, os acontecimentos se atropelaram. A Áustria se colocou, resoluta, ao lado dos Augustenburg, o que a Prússia tomou como quebra do tratado de Gastein e reconheceu nisso uma evidente intenção inimiga, o que teve por consequência o forte armamento de ambos os lados e a Saxônia também entrando no jogo. O alvoroço foi geral e tornou-se cada dia mais intenso. "Guerra à vista! Guerra à vista!" anunciavam todos os jornais e todas as conversas. Eu tinha a sensação de estar sendo levada para o mar e a tempestade.

O homem mais odiado e difamado na Europa passou a ser Bismarck. Em 7 de maio, ele sofreu uma tentativa de assassinato. Será que Blind, o culpado, teria intenção de impedir aquela tempestade com isso? E *teria* impedido?

Das cartas de tia Kornelie, soube que, lá, a guerra era igualmente desejada. Entre nós, dominava um entusiasmo geral pela ideia de uma guerra contra a Prússia e víamos, com orgulho, nosso "milhão de soldados seletos", já na Prússia, dominava uma abstenção interna. Bismarck não era menos difamado e atacado em seu território que entre nós. O boato era o de que a *Landwehr*, linha dos reservistas, iria se recusar a uma guerra "contra os irmãos" e contava-se que a rainha Augusta se jogou aos pés do esposo, implorando pela paz. Ah, como eu teria gostado de me ajoelhar a seu lado e trazer todas as minhas irmãs, todas, para o mesmo ato. Essa deveria ser a única aspiração de todas as mulheres: "paz, paz, abaixo as armas!". Tivesse também nossa bela imperatriz se jogado aos pés de seu esposo e, chorando, de mãos estendidas, implorado pelo desarmamento! Talvez ela o tenha feito, talvez o próprio imperador tenha desejado manter a paz, mas um único homem, nem mesmo de seu trono, resiste à pressão que vem dos conselheiros, dos representantes, dos histéricos e da imprensa.

Em primeiro de junho, a Prússia declara à Câmara que iria se desarmar imediatamente, caso a Áustria e a Saxônia dessem o exemplo. Por outro lado, vem de Viena a acusação de que há muito a Prússia planeja, com a Itália, um ataque à Áustria, que clama à Confederação Alemã para se encarregar da questão dos ducados. Ao mesmo tempo, a Áustria quer convocar os grupos de Holstein.

A Prússia protestou contra essa declaração, porque ela infringia o tratado de Gastein. Com isso, teriam de voltar ao acordo de Viena, ou seja, ao regime de condomínio. Por conseguinte, a Prússia teria o direito de ocupar Holstein, da mesma maneira que não recusava o dos austríacos de ocupar Schleswig. Ao mesmo tempo, a Prússia invadiu Holstein. Gablenz retrocedeu sem pegar na espada, mas sob protesto.

Antes, Bismarck havia dito em uma circular: não tivemos uma concessão sequer da parte de Viena. Pelo contrário: fontes fidedignas informaram ao rei sobre omissões de homens de Estado da Áustria e de conselheiros do imperador (*patati, patatá*), as quais indicavam que os ministros desejavam a guerra a todo custo (*desejavam* genocídio: que acusação terrível!), em parte pela expectativa de êxito no campo de batalha, em parte para superar dificuldades internas e para melhorar as finanças arruinadas com a contribuição prussiana (argúcia de Estado).

Na nota de 9 de junho, a Prússia declara à Câmara que esta não tem direito de decidir sozinha a questão de Schleswig-Holstein. Um novo plano de reforma federal foi apresentado, no qual os Países Baixos e a Áustria ficavam de fora.

A imprensa foi se tornando cada vez mais belicosa e, como manda o bom costume patriótico, crente da vitória. A possibilidade de uma derrota estava fora de questão para o súdito, chamado para lutar por seu príncipe. Diversas manchetes descreviam a chegada iminente de Benedek em Berlim, bem como a pilhagem da cidade pelos croatas. Alguns também sugeriam botar abaixo a capital da Prússia. "Pilhagem", "botar abaixo", "aniquilar": tais palavras não correspondiam mais ao direito internacional moderno, elas perduraram, isso sim, na consciência das pessoas, por causa dos antigos livros escolares de história. Os relatos de batalha retirados dali eram reproduzidos com tal frequência, e com tal frequência transcritos em artigos alemães que, quando era necessário escrever artigos de jornais sobre o tema da guerra, essas palavras fluíam da pena por si só. O desprezo para com o inimigo não se expressava o bastante. Os jornais vienenses não tinham mais outra caracterização para as tropas prussianas que não a de "aprendizes de alfaiate". O General adjunto, Conde Grünne, disse: "Vamos escorraçar esses prussianos com vassoura". Era assim que se popularizava uma guerra. Era isso que fortalecia o sentimento nacional.

11 de junho. A Áustria requer da Confederação que ela intervenha contra o apoio prussiano em Holstein e dê mobilidade a todo exército da Confederação. Em 14 de junho, o pedido vai para votação e é aceito com resultado de nove contra seis. Ah, esses três votos! Quantos lamentos e gritos de dor não reverberaram esses três votos!

Aconteceu. Os enviados receberam seus passaportes. No dia 16, a Confederação solicitou à Áustria e à Baviera que fossem ao auxílio de Hannover e Saxônia, os quais estavam sendo atacados pela Prússia.

No dia 18, divulga-se o manifesto de guerra da Prússia. Ao mesmo tempo, o manifesto do imperador da Áustria a seu povo e a proclamação de Benedek às suas tropas. No dia 22, o príncipe Friedrich Karl emite uma ordem de comando ao exército, tinha início à guerra. Na época, transcrevi os quatro documentos. Aqui vão eles:

O rei Guilherme diz:

> "A Áustria não quer esquecer que seus príncipes um dia dominaram a Alemanha, não quer reconhecer na jovem Prússia uma camarada sua, mas sim um rival inimigo. Ela pensa que todas as aspirações da Prússia devem ser combatidas, pois o que é útil para a Prússia prejudica a Áustria. A chama de ciúmes antigos e deploráveis se reacendeu. É preciso enfraquecer, aniquilar, desonrar a Prússia. Nenhum tratado é válido diante dela. Para onde olhamos na Alemanha, vemos inimigos em nossa volta e o grito de guerra é a humilhação da Prússia. Procurei o caminho da boa conciliação até o último minuto e me mantive aberto, a Áustria não quis."

Ao que o imperador Franz Joseph revida:

> "Os novos acontecimentos demonstram ser irrefutável o fato de que a Prússia quer abertamente impor a força no lugar do direito. A guerra mais perniciosa tornou-se inevitável: de alemães contra alemães. E para responsabilizar por toda desgraça que ela irá trazer para indivíduos, famílias, regiões e países, chamo todos aqueles que a causaram para se colocarem diante do tribunal da história e do todo poderoso Deus."

É sempre o "outro" que deseja a guerra. Sempre se acusa o "outro" de impor a força no lugar do direito. Como isso ainda é possível com a existência do direito internacional? Uma "guerra perniciosa", porque é "de alemães contra alemães". Com certeza: é uma perspectiva bastante adiantada, que eleva a "Prússia" e a "Áustria" à ampla denominação de Alemanha, mas ainda é só um passo: e um patamar mais elevado ainda seria alcançado, em cujo clarão *toda* guerra, de humanos contra humanos, de civilizados contra civilizados, teria de aparecer como guerra perniciosa entre irmãos. Chamar para "diante do tribunal da história": de que adianta? A história escrita até então não teve outra intenção que não a de reverenciar os *êxitos*. Diante daqueles que se saem vencedores, os rabiscos históricos da guilda viram pó e eles se tornam os cumpridores de uma "missão cultural". E "do tribunal do todo poderoso Deus"? De fato, isso se não é Ele mesmo o que sempre conduz as batalhas. Ora, a vontade inamovível do Todo-Poderoso não ocorre com a eclosão, tanto quanto com o fim de toda a guerra? Contradição atrás de contradição! É necessário empregá-la sempre onde a verdade se esconde sob uma frase de efeito; onde se quer enxergar a santidade em dois princípios distintos, como a guerra e a justiça, o ódio entre as nações e a humanidade, como Deus do amor e Deus da batalha.

E diz Benedek:

> "Estamos diante de uma tropa armada que se compõe de duas metades: linha de frente e linha de reservistas. A primeira é formada de pessoas muito jovens, que não estão acostumadas nem com muito esforço, nem com privações, e que nunca participaram de uma campanha. A segunda consiste em elementos descontentes, em quem não se pode mais confiar, que preferem derrubar seu próprio governo indesejável, do que lutar contra nós. Por conta dos longos anos de paz, o inimigo também não tem um único general que tivesse tido a oportunidade de se desenvolver em campos de batalha. Veteranos de Mincio e Palestro: acredito que, sob o comando de seus velhos e experientes dirigentes, vocês não irão permitir a menor vantagem a um adversário como esse. Há muito tempo que o inimigo se gaba de seus tiros rápidos, mas, minha gente, penso que isso lhe será muito pouco útil. É provável que não tenham tempo para isso, pois iremos, sem demora, a seu encontro, munidos de baionetas e rifles. Tão logo derrotemos o inimigo, com a ajuda de Deus, e ele se veja forçado a se retirar, ficaremos no seu encalço. E vocês irão descansar na terra inimiga e se ocupar o quanto queiram de seu repouso, a que um exército vitorioso tem todo direito."

Finalmente, o príncipe Friedrich Karl fala:

> "Soldados! Essa Áustria infiel e sem compromisso com a Confederação há muito que não respeita as fronteiras prussianas na Alta Silésia, e sem declarar guerra. Assim sendo, da mesma maneira me permitiria avançar a fronteira da Boêmia sem declarar guerra. Mas não fiz isso. Hoje mandei entregar uma manifestação concernente a isso, e hoje vamos entrar no território inimigo para poupar o nosso próprio. Que nosso começo esteja com Deus. (É o mesmo Deus que, como Benedek prometeu, irá auxiliá-lo a revidar o inimigo com baionetas e rifles?).

Vamos colocar nas mãos Dele nossa questão, ele, que conduz o coração das pessoas, que decide sobre os destinos das gentes e do fim das batalhas. Como está nas escrituras sagradas: que seu coração bata para Deus e seus punhos, para os inimigos. Vocês sabem: essa guerra trata dos bens sagrados da Prússia e da sobrevivência de nossa Prússia valorosa. O inimigo a quer desmantelar e humilhar. O banho de sangue, que os nossos pais, sob o comando de Frederico, o Grande, e, há pouco, em Düppel e Als, fizeram derramar, tudo isso foi em vão? Jamais! Queremos manter a Prússia como ela é e torná-la ainda mais forte e poderosa por meio da vitória. Honraremos os nossos pais. Confiamos no Deus de nossos pais, Ele há de nos ser misericordioso e de abençoar as armas da Prússia. Agora, avante com nosso velho grito de guerra: com Deus, para o rei e a pátria. Viva o rei!"

Quarto livro

1866

Ela voltava, a pior desgraça imaginável. E de volta saudada pelo povo com a mesma alegria de sempre. Os regimentos partiram para o fronte (como iriam regressar?), escoltados por desejos de vitória e bênçãos, e pelos gritos dos meninos na rua.

Há algum tempo, Friedrich havia recebido ordens para ir à Boêmia, ainda antes de a guerra ter sido declarada e justo quando o estado de coisas era tal, que eu ainda podia confiar que a rivalidade tão deplorável e tão insignificante dos ducados iria se desfazer pacificamente. Dessa vez, fui poupada da despedida comovente, que se adiantou ao amado "sendo levado para a guerra". Quando meu pai me trouxe a notícia, exultante: "Agora vai!", eu já estava sozinha há quatorze dias. E há algum tempo já tinha me preparado para essa notícia, da mesma forma que um prisioneiro está preparado para a sentença de morte, em sua cela.

Baixei a cabeça e não disse nada.

– Seja confiante, minha filha. A guerra não vai durar muito tempo. De hoje para amanhã, estaremos em Berlim. Assim como ele voltou de Schleswig-Holstein, teu marido vai voltar dessa campanha, porém coberto de muitos louros da vitória. Deve ser desconfortável para ele ter origem prussiana, ter de lutar contra a Prússia, mas já que ele está a serviço da Áustria, então é um de nós de corpo e alma. Esses prussianos! Querem nos tirar da Confederação, esses cabeças de vento arrogantes. Vão é se arrepender muito, quando a Silésia voltar a nos pertencer, e quando os Habsburgo...

Estendi minhas mãos:

– Pai, por favor, agora me deixe sozinha.

Ele quis acreditar que eu sentia necessidade de me jogar aos prantos, e como era um inimigo de toda cena tocante, de pronto atendeu a meu pedido e foi embora.

No entanto, não chorei. Era como se um golpe houvesse anestesiado minha cabeça. Respirando com dificuldade, com o olhar fixo, fiquei sentada por um tempo, inerte. Depois, fui até minha escrivaninha, abri um caderno vermelho e registrei:

"É dada a sentença de morte. Centenas de milhares de pessoas devem morrer. Se Friedrich for um deles... por consequência, eu? Quem sou *eu* para também não sucumbir, como as outras centenas de milhares de pessoas? Também iria desejar morrer."

No mesmo dia, recebi uma carta fugidia de Friedrich:

> "Minha querida! Seja corajosa e firme! *Fomos* felizes, isso ninguém pode tirar de nós, mesmo se, hoje, a nós, assim como a tantos outros, se decretasse *o fim de tudo*. (O mesmo pensamento que transcrevi em meus cadernos vermelhos: os muitos outros condenados). Hoje vamos nos confrontar com o 'inimigo'. Talvez reconheça alguns companheiros de batalha de Düppel e Als, talvez meu priminho Gottfried... Marcharemos para Liebenau com a vanguarda do Conde de Clam-Gallas. A partir de agora, não haverá mais tempo para escrever. Não espere cartas. Ao máximo, se houver ocasião, uma linha como sinal de vida. Pudera encontrar uma única palavra que abarcasse todo meu amor e mandá-la a você, caso seja a última. Só me ocorre essa: 'Martha'. Você sabe o que isso significa para mim."

Konrad Althaus também teve que partir para o fronte. Ele estava cheio de ânimo e vontade de lutar, seu ódio pelos prussianos bastava para movê-lo à guerra. Ainda assim, a despedida foi difícil. A autorização para o casamento havia sido dada apenas dois dias antes da ordem para a marcha. "Oh, Lilli, Lilli", disse, sofrendo, ao se despedir de sua noiva, e ainda: "Por que você demorou tanto para me aceitar? Quem sabe se eu volto?".

Minha irmã sentia-se muito arrependida. Só agora a paixão havia se despertado por aquele que, durante tanto tempo, desprezou. Quando ele partiu, ela tombou em meus braços, chorando.

– Por que não disse "sim" antes? Agora eu já seria sua esposa...

– A despedida só teria sido ainda mais dolorosa, minha pobre Lilli.

Ela meneava a cabeça. Eu entendia perfeitamente o que se passava em seu íntimo, talvez de forma mais clara que ela: ter que se separar quando a ânsia do amor ainda não foi saciada, quando talvez deva se manter para sempre insaciada; ter o copo arrancado dos lábios, ou ainda, vê-lo estilhaçado, antes mesmo que se possa tomar um único gole, isso é duas vezes mais torturante.

Meu pai, minhas irmãs e tia Marie voltaram para Grümitz. Não foi difícil me convencerem a acompanhá-los com meu filhinho. Enquanto Friedrich estivesse fora, é como se minha horda particular tivesse desaparecido, eu não iria suportar. É estranho: sentia-me viúva, como se a notícia da guerra correspondesse à notícia da morte de Friedrich. Às vezes, em meio a meu luto apático, vinha-me uma ideia: "Ele vive e pode regressar", porém, imediatamente depois, a ideia terrível voltava a emergir: "ele está se contorcendo em dores insuportáveis... ele está definhando em uma cova, carros pesados passam sobre seus membros estilhaçados, moscas e formigas pululam sobre suas feridas abertas. As pessoas que abandonam o campo de batalha dão por morto o corpo endurecido e o levam, ainda vivo, à cova superficial, junto dos outros mortos. Ali, ele se dá conta e..."

Dei um grito de sobressalto diante dessa imagem.

– O que você tem de novo? – advertiu meu pai. – Vai enlouquecer se continuar gritando e cismando desse jeito. De novo fantasiando aquelas imagens tolas? Isso é pecaminoso.

Eu acabava contando aquelas minhas fantasias, o que deixava meu pai muito indignado.

– Pecaminoso, indecente e insano – prosseguiu. – Esses casos que tua fantasia exagerada pinta ocorrem de vez em quando. Uma a cada mil. Mas um oficial, como teu marido, não deixa os outros para trás. E não é aconselhável, de qualquer maneira, ficar pensando essas coisas assombrosas. É sacrílego, profano, imaginar as misérias individuais da guerra, em vez da grandeza do todo... não se pensa nisso.

– Sim, sim, não pensar nisso – respondi. – Esse é o costume quando se está diante da miséria humana. "Não pensar", é nisso que toda barbárie se apoia.

Nosso médico, Dr. Bresser, dessa vez não estava em Grümitz. Ele se voluntariou para o corpo sanitário e foi para a guerra. Também a mim ocorreu: será que eu não deveria me voluntariar para enfermeira? Sim, se eu soubesse que iria para perto de Friedrich, estaria a postos, caso ele se ferisse. Para o resto me faltava o autossacrifício: ver a morte de perto, sentir o seu hálito; querer atender a centenas de súplicas e não poder; trazer para perto de mim a dor, o nojo, o lamento, sem poder estar ao lado de Friedrich. As chances de podermos nos reencontrar nesse contexto seriam ainda menores, pois as enfermeiras se expõem a um perigo redobrado. Não, não fiz isso. Além disso, meu pai me disse que uma pessoa normal, como eu, não seria aceita nos hospitais de campanha. Essa função era exercida por soldados sanitários ou, ao máximo, por freiras da caridade.

– Trançar bandagens e preparar utensílios para atadura às associações patrióticas de apoio – disse ele – essa é a única coisa que vocês podem fazer pelos feridos, e minhas filhas devem fazê-lo com diligência, para isso dou minha bênção.

Essa era a ocupação minha e de minhas irmãs, para a qual dedicávamos muitas horas de nossos dias. Rosa e Lilli faziam o seu trabalho com uma leve emoção e sorriso no rosto. Quando os fiozinhos formavam um amontoado macio em nossas mãos, quando dobrávamos as tiras ordenadamente, era como se isso desse a sensação a ambas as garotas de que cumpriam uma função piedosa de enfermeiras, como se aliviassem as dores intensas e evitassem o sangramento das feridas, como se ouvissem o suspiro de alívio e vissem o olhar de gratidão daqueles que esperavam por aquilo. O que pairava em suas mentes era quase um quadro agradável da condição de "ferido". Os soldados invejáveis, que escaparam dos perigos da luta intempestiva, agora estavam, em sua maioria, em semiconsciência, estirados em camas macias e limpas, sendo cuidados e acariciados até a sua cura, embalados por uma deliciosa canção de ninar. Por vezes, despertavam para uma agradável consciência de que sua vida estava salva, de que voltariam para os seus e poderiam, muito tempo depois, contar como haviam se ferido na batalha X.

Também meu pai as encorajava a essa percepção ingênua:

– Muito bem, muito bem, meninas. Hoje vocês estão de novo de prontidão e de novo vão trazer alegria para nossos valentes defensores! Como faz bem uma bandagem sobre o sangramento de uma ferida. Sei muito bem disso... Quando levei um tiro na perna, em Palermo etc., etc., etc.

Eu suspirava e não dizia nada. Tinha ouvido histórias sobre feridos diferentes das que meu pai gostava de contar, das que encerravam as anedotas usuais dos veteranos. Era como a realidade da vida miserável dos pastores sendo apresentadas pelos quadros bucólicos de Watteau.

A Cruz Vermelha... sabia que essa instituição se originara pela comiseração pelos povos. Eu havia acompanhado as negociações conduzidas, em Genebra, e lido o que escrevera Dunant, que havia dado o impulso inicial. O escrito era um grito de clamor de partir o coração. Esse nobre cidadão de Genebra havia se apressado para o campo de batalha de Solferino para ajudar no que fosse possível e narrou para o mundo o que encontrou lá. Inúmeros feridos, que ficam estirados cinco, seis, dias sem auxílio. Ele queria ter salvado todos, mas o que um único indivíduo e alguns outros conseguiriam fazer diante daquela miséria intensa? Ele viu alguns que poderiam ter sobrevivido com uma gota de água, com um pedaço de pão; viu outros serem enterrados ainda respirando, em uma pressa medonha... Então, expressou o que há muito se reconhecia e que só agora encontrava ressonância: que as formas de cuidado e de salvamento da administração do exército não davam conta das exigências de uma batalha. E assim foi criada a "Cruz Vermelha".

Naquela época, a Áustria não havia se unido ainda à Convenção de Genebra. Por quê? Por que considerar o novo se era mais fácil e próspero se contrapor? A lei da inércia, o poder sagrado do menor esforço. "A ideia é muito bonita, mas não tem como executar", era o que se dizia. Também ouvi meu pai repetir muitas vezes os contra-argumentos levantados por diferentes emissários durante a conferência de 1863: "Não é possível executar e, mesmo se fosse, de um certo ponto de vista seria insuficiente. As repartições militares podem não achar apropriado a participação civil nos campos de batalha. Durante a guerra, as finalidades táticas têm prioridade sobre a gentileza humana. Ademais, e se essa participação civil estiver às voltas com espionagem? E os custos! A guerra por si só já tem um custo. Os cuidadores voluntários, com suas próprias necessidades, seriam um ônus para o setor de provisões. E se eles recebessem provisões do país ocupado, isso não seria uma péssima concorrência para a administração do exército, no que se refere à aquisição de objetos necessários e ao aumento direto de seus preços?".

Oh, quanta sabedoria das repartições! Tão sóbrias, doutas, pragmáticas, um poço de sagacidade e abissais em sua burrice.

O primeiro embate de nossas tropas com o inimigo, na Boêmia, ocorreu no dia 25 de junho, em Liebenau. Meu pai nos trouxe essa notícia com sua habitual expressão exultante:

– Que início esplendoroso! – disse ele. – É evidente que os céus estão conosco. É bom que esses cabeças de vento já topem logo de primeira com a nossa famosa "brigada de ferro"... vocês sabem, a brigada de Poschach, que defendeu Königsberg, na Silésia, com muita valentia. Vão ter o que merecem! (A notícia seguinte foi a de que, após cinco horas de combate, essa brigada, que se encontrava na vanguarda de Clam-Gallas, recuou para Podol. Não sabia se Friedrich tinha participado e que, naquela mesma noite, as barricadas de Podol, do General Horn, sofreram um ataque e que a luta prosseguiu sob o clarão da Lua. Também disso só fui saber mais tarde). Porém, mais esplendoroso que no Norte – prosseguiu meu pai – foi o início no Sul. Em Custozza, vencemos ... minhas filhas, e de uma forma tão brilhante como um ... Foi o que sempre disse: a *Lombardia* tem que ser nossa! Vocês não estão alegres? Vejo a guerra como resolvida: depois de destruir os italianos, que têm um exército regular e treinado, não vai ser difícil bater os "aprendizes de alfaiates". Essa linha de reservistas é um belo atrevimento, e querer, *com isso*, partir para cima dos exércitos de verdade não passa de típica arrogância prussiana. Mandam pessoas das oficinas, das escrivaninhas, que não estão acostumadas com o esforço extremo. É impossível que deem conta, como soldados sanguinários e de ferro. Olhem o que o jornal de Viena escreveu no dia 24 de junho em uma correspondência original. São boas notícias:

> "Um surto de peste bovina tomou conta da Silésia prussiana. Ao que tudo indica, a situação está bastante crítica."

– "Peste bovina", "situação bastante crítica", "boas notícias" – disse baixinho, balançando a cabeça. – Belos divertimentos das pessoas em tempos de guerra. Ainda bem que existem faixas pretas e amarelas na fronteira, assim a peste não pode atravessá-la...

Mas meu pai não ouviu e continuou lendo a boa notícia:

> "As tropas prussianas de Neiße estão sofrendo com a febre. Os motivos são a terra pantanosa e insalubre, os péssimos cuidados e a acomodação miserável das tropas amontoadas nos arredores. A Áustria não imagina

como são os cuidados para com os soldados prussianos. Os *Junkers* acreditam mesmo serem capazes de suprir o 'povo'. Seis punhados de carne de porco para o homem que não é acostumado à marcha forçada e outros esforços intensos: esse homem é tudo menos um soldado forte e calejado."

– Os jornais estão mesmo repletos de notícias esplendorosas. Sobretudo dos relatos do dia glorioso em Custozza. Você deve guardar esses jornais, Martha.

E foi o que fiz. É o que sempre se deve fazer. Quando surgem novos conflitos, lemos não as notícias mais recentes, e sim aquelas de guerras anteriores. Assim, vemos o quanto de verdade é possível atribuir a todas essas profecias e jactâncias, também aos relatos e às notícias. *Isso* sim é instrutivo.

Notícias da guerra ao norte

Do quartel-general do comando norte, no dia 25 de junho, sobre o plano de campanha (!) da Prússia: Conforme notícias mais recentes, o exército prussiano move seu quartel para o leste da Silésia. (Segue-se a isso, com o estilo tático habitual, uma longa sucessão de movimentos e posicionamentos projetados pelo inimigo, dos quais o senhor noticiador certamente tinha uma clareza tão grande quanto Moltke e Roon.) Por consequência, parece ser a intenção dos prussianos adiantarem-se ao avanço de nosso exército em direção a Berlim, o que dificilmente irá dar certo em vista das precauções acertadas (as quais nosso "correspondente especial" conhece com a mesma exatidão de Benedek). Ante os relatos favoráveis do comando-norte, a confiança é grande. E se ele não for tão rápido quanto almeja o povo, o será, ainda assim, mais importante e substancial.

O jornal *Neuer Frankfurter* narra um incidente durante a marcha pela cidade de Munique das tropas austríacas de nacionalidade italiana.

"Entre as tropas vindas de Munique, encontram-se batalhões da linha de frente. Como sói acontecer com tropas que passam pela capital bávara, foram servidos em um dos estabelecimentos a céu aberto, próximo à estação de trem. Todos estavam convencidos de que esses venezianos anunciavam, jubilosos, sua belicosidade contra o inimigo da Áustria. (Talvez 'todos' poderiam também pensar que soldados bêbados sempre se entusiasmam, de boa vontade, por qualquer motivo.) Em Würzburg, a estação estava cheia por causa de um grupo de regimento de infantaria austríaco. Parece que todo o grupo era composto de venezianos. Recebidos com a mesma hospitalidade (ou seja, com a mesma embriaguez), as pessoas não encontraram palavras para expressar sua alegria e intenção de lutar contra aqueles que querem romper com a paz (para os dois lados em uma guerra, é sempre o *outro* quem rompe com a paz). Entretanto, eles a anunciavam da forma mais vívida. Os gritos de *viva!* não tinham fim. (Será que o senhor 'todos', a perambular pelas estações e se enlevar com os gritos dos soldados, não sabe que não há nada mais contagiosos que gritos de viva!? Que as vociferações conjuntas não são a expressão de ideais unânimes, mas simplesmente o comando do impulso natural por imitar?)"

O *Böhmisch-Trübau* noticia que o oficial da artilharia, Ritter von Benedek, emitiu os três boletins sobre a vitória do comando-sul e norte e incorporou a eles a ordem do dia:

> "Em nome do comando-norte, enviei o seguinte telegrama ao comando--sul: 'Oficial de artilharia Benedek e todos da tropa do comando-norte parabenizam, com muita admiração, o excelentíssimo comandante glorioso do comando-sul pelo dia heroico em Custozza. Com essa vitória esplendorosa de nossas armas, a campanha se inicia no Sul. A gloriosa Custozza luz na galeria honrosa do exército imperial.' Soldados do comando-norte: saúdem a notícia com júbilo, partam para a luta tomados pelo entusiasmo, que muito em breve também nós vamos registrar nossos nomes gloriosos naquela galeria. Depois de inflamada a nossa belicosidade, vamos informar ao imperador uma vitória do norte, conquistada por vocês com valentia e devoção, aos gritos de: Viva o imperador!
>
> Benedek"

Uma resposta a esse telegrama, vinda de Verona, chegou a Böhmisch-Trübau:

> "Do comando-sul e de seu comandante, um agradecimento emocionado ao seu antigo e amado comandante de campo de batalha e à sua tropa virtuosa. Certos de que também nós logo poderemos parabenizá-los por vitórias como essas."

"Certos", "certos"...

– O coração de vocês não fica cheio de alegria, minhas filhas, ao lerem coisas desse tipo? – exclamou meu pai, encantado. – Vocês não sentem o patriotismo se elevar, colocando em segundo plano suas próprias questões, em vista desses triunfos? Esquecendo, você, Martha, e você, Lilli, que Friedrich e Konrad estão correndo perigo? Perigos dos quais provavelmente sairão ilesos e aos quais eles mesmos se submetem, para partilhar do mesmo destino dos melhores filhos da pátria em nome da glória e da honra? Não há um soldado que não goste de morrer com o grito "para a pátria!".

– Se alguém fica estirado em campo, com os membros estilhaçados, depois de uma batalha perdida – contrapus – e sucumbe, sem ser encontrado, depois de ter passado quatro ou cinco dias com fome, sede e dores indescritíveis, sabendo que essa pátria não o auxiliou em nada e que seus entes queridos estão em desespero, eu realmente gostaria de saber se ele gosta de morrer, depois de todo esse tempo, com aquele grito.

– Sua blasfema... além disso, você usa palavras tão estridentes, algo bastante indecente para uma mulher.

– Ah, sim, a verdadeira palavra, a realidade encoberta é blasfema, é impudica. Só mesmo a frase feita, chancelada por uma repetição infinita, é "decente". Eu te asseguro, meu pai, esse "gostar de morrer", tão contrário à natureza, que se impõe a todos os homens, não importa quão heroico seja pronunciado, a mim me soa como *homicídio declarado.*

Alguns dias depois, encontrei, entre os documentos de Friedrich, uma carta que eu lhe enviara naqueles dias, depois da guerra. Essa carta é a demonstração mais evidente dos sentimentos que tomavam conta de mim naquela época.

Grümitz, 28 de junho de 1866.

Querido! Já não vivo mais... Imagine que, em uma sala adjacente, pessoas discutem se eu devo ser enforcada ou não, enquanto devo esperar por essa decisão lá fora. Claro que respiro nesses momentos de espera, mas posso chamar isso de *viver*? A sala contígua, na qual a questão deve ser decidida, chama-se Boêmia... Mas não, meu amor, a imagem ainda não é adequada. Se se tratasse apenas da *minha* vida ou da *minha* morte, a aflição não seria tão grande. Estou aflita por uma vida mais cara à minha.

Minha angústia se deve a algo pior que tua morte, deve-se à tua possível *agonia*. Ah, se tudo isso passasse de vez! Que viesse logo nossa vitória, e não pela vitória, mas pelo fim!

Será que essas linhas chegarão até você? Onde? Como? Se vão chegar em meio à batalha, no acampamento ou no hospital de campanha? De qualquer modo, é bom você receber notícias de tua Martha. É possível sentir outra coisa que não tristeza, quando uma grande mortalha negra, que encobre o Sol, é hasteada "para a pátria", para se estender sobre os filhos dela? Mesmo que eu só consiga escrever coisas tristes, ainda assim trago a você alento com minhas linhas. Você me quer bem, Friedrich, eu sei o quanto. Bem sei que minhas palavras te alegram e te comovem, como um carinho suave de minha mão. Estou com você, Friedrich, saiba disso: com todo pensamento, todo suspiro, noite e dia. Aqui, em meu círculo, movo-me, ajo e falo de forma mecânica. Meu próprio Eu, que pertence a você, não te abandona em nenhum segundo. Só o meu menino me recorda de que o mundo ainda oferece algo a mim que não seja "você". E o pequeno, se você soubesse como pergunta por você e se preocupa! Nós dois não falamos de outra coisa que não seja do "papai". Ele sabe muito bem, esse menino sensitivo, que é isso que preenche meu coração. E mesmo pequeno, você sabe, ele é como se fosse um *amigo* de sua mãe. Já começo a falar com ele como se estive falando com uma pessoa racional e ele me é grato por isso. De minha parte, sou grata a ele pelo amor que concede a você. É tão raro as crianças suportarem seus padrastos, é claro que não há nada de padrasto em você. Você não poderia ser mais carinhoso, mais bondoso com seu próprio filho, meu marido carinhoso e bondoso! De fato, a bondade, esse bem grandioso, suave, indulgente, é o fundamento de teu ser. Como mesmo é que diz o poeta? Assim como o céu, que se encurva como uma única e grandiosa safira, também a grandeza do homem de caráter se forma de uma única virtude: a *bondade*. Em outras palavras, te amo, Friedrich! É sempre o mesmo refrão de tudo que penso sobre você e suas qualidades. Te amo com toda confiança, eu *repouso* em você, Friedrich, com suavidade e afeto... Quando eu o *tenho*, evidentemente. Agora que você foi de novo arrancado de mim, meu repouso e tranquilidade se foram. Ah, se essa tempestade passasse. Se vocês estivessem em Berlim ditando as condições de paz para o rei Guilherme! Meu pai está bastante convencido de que o fim da campanha será esse e, segundo tudo o que lemos e ouvimos, tenho que acreditar mesmo nisso. "Tão logo derrotemos o inimigo, com a ajuda de Deus, e ele se veja forçado a se retirar" – segundo o apelo de Benedek – "ficaremos no seu encalço. E vocês irão descansar na terra inimiga e se ocupar o quanto queiram de seu repouso" etc. Que tipo de descansos são esses? Hoje em dia, nenhum líder tem permissão para dizer, em voz alta e com tanta franqueza: "Podem saquear, incendiar, assassinar, violar", como era o costume na Idade Média para incitar os bandos. Agora, poderíamos lhes prometer, como recompensa, ao máximo a distribuição generosa de sopa instantânea de ervilha. Entretanto, isso não teria graça, "esse descanso" seria embotado, e assim vai. Podem pensar o que quiserem. O princípio da recompensa para a guerra a ser encontrada na "terra inimiga" ainda persiste no espírito do soldado. E como seria, para você, na "terra inimiga", na verdade teu país de origem, onde vivem teus amigos e teus primos? Você iria "descansar" sabendo que colocou abaixo a bela mansão da tia Kornelie? A bem da verdade, "terra inimiga" é um termo fossilizado daqueles tempos, em que a razão de ser da guerra era mais evidente: uma pilhagem, em que a terra inimiga acena para o adversário como sendo um recipiente cheio de boas recompensas. Falo com você, como naqueles belos momentos em que você ficava a meu lado e, depois de encerrada nossa leitura de algum livro progressista, ficávamos filosofando sobre as contradições de nossa situação atual, tão uníssonos, compreendendo e complementando tão bem um ao outro. Em minha volta, não há ninguém, ninguém, com quem poderia falar sobre essas coisas. O Dr. Bresser era o único com quem eu poderia trocar ideias de condenação à guerra. Agora ele está fora, foi para a guerra que ele condena, mas para curar feridas, e não para lutar. Ajuda "humanitária" na guerra é um contrassenso, uma contradição interna. É mais ou menos como "iluminismo" na fé. É um ou outro. Amor pelos seres humanos *e* guerra, razão *e* dogma: isso não dá certo. O ódio franco e flamejante pelo inimigo, lado a lado com o desprezo latente pela vida humana é a espinha dorsal da guerra, assim como a opressão inquestionável da razão, a base fundamental da fé. Vivemos, porém, em uma época intermediária. As velhas instituições e as novas ideias têm o mesmo poder. Então, as pessoas, que não querem romper totalmente com o antigo, que não são capazes de compreender completamente o novo, tentam mesclar a ambos e, disso, surge essa engrenagem truncada, inconsequente, às voltas com a contradição, sob as quais as almas sedentas por verdade, franqueza e integridade gemem e sofrem tanto. Ah, veja tudo que estou escrevendo. Agora, o que lhe interessam tais observações gerais, como as que fazíamos em nossas horas tranquilas de conversa: em tua volta só há a tempestade de uma realidade horrenda, com a qual você tem que lidar. Seria muito melhor se você a tomasse como nos velhos tempos, em que a vida na guerra era, para o soldado, uma bênção e um prazer frívolos. E seria melhor se eu te escrevesse, como as outras mulheres, cartas de votos de bênçãos e promessas confiantes de vitória e estímulos para a coragem. As meninas também são educadas para o patriotismo, para que, no momento certo, gritem para os homens: "Vão e morram por sua pátria, essa é a morte mais bela". Ou: "Volte para casa vitorioso e, depois, iremos lhes compensar com o amor. Enquanto isso, vamos rezar por vocês. O Deus das batalhas, que protege o nosso exército, irá ouvir nossas orações. Dia e noite, nossas súplicas sobem aos céus. Nós imploramos por sua misericórdia: vocês vão voltar coroados de glória! Não titubeamos uma única vez, pois somos dignas companheiras de sua valentia... Não, não! As mães de seus filhos não podem se acovardar, se desejam ver o avanço de uma nova geração de heróis. Devemos nos devotar aos nossos amores: nenhum sacrifício é grande demais para o príncipe e para a pátria!". Essa seria a carta correta da esposa de um soldado, não é mesmo? Mas não uma carta que você desejaria da *tua* esposa, da companheira dos teus pensamentos, daquela que partilha com você o ressentimento contra o velho e cego delírio humano. Ah, um ressentimento tão amargo, tão dolorido... Não consigo expressá-lo a você! Quando imagino os dois exércitos, compostos de pessoas racionais, no mais mansas e boas, atacando umas às outras, aniquilando umas às outras, assolando o país desventurado, avançando em seus vilarejos, "tomando-os de assalto", como cartas de baralho sendo manipuladas em uma partida mortífera... quando imagino isso, tenho vontade de gritar: parem, reflitam! Parem! E dentre as centenas de milhares de pessoas, é certo que uns novecentos mil gostariam de parar, mas a massa tem que continuar bramando. Já basta. Você vai preferir ouvir notícias e novidades de casa. Estamos todos com saúde. Meu pai se agita a todo momento com os acontecimentos. A vitória de Custozza o enche de orgulho. É como se *ele* mesmo a tivesse conquistado. De todo modo, ele vê o esplendor desse dia com tanta clareza, que a luz reflete nele e o deixa imensamente feliz, como austríaco e como general. Também Lori, cujo marido está no comando-sul, como você sabe, escreveu-me, triunfante, sobre a mesma Custozza. Friedrich, lembra-se de como fiquei com ciúmes de Lori por alguns momentos? E de como saí com o amor e a confiança mais fortalecidos disso? Se você tivesse de fato me enganado, se tivesse alguma vez me maltratado, eu poderia suportar melhor a tua ausência de agora, mas imaginar um esposo como *esse* em uma chuva de balas... Bem, continuando com as notícias: Lori me acenou que ela passará o resto de sua viuvez provisória com a pequena Beatrix, em Grümitz. Não pude dizer não, mas, para ser sincera, essa companhia me é penosa no momento. Quero ficar sozinha, com minha saudade de você, o que ninguém é capaz de mensurar. Semana que vem Otto estará de férias. Em todas as cartas, ele lamenta que a guerra começou *antes* de sua nomeação de oficial, e não depois. Ele espera em Deus que a paz não ecloda antes de ele sair da Academia. Talvez ele não precisasse ter usado a palavra "eclodir", de todo modo isso corresponde à sua visão de mundo, pois a paz lhe parece, agora, uma calamidade ameaçadora. Porém é assim que eles são criados. Enquanto houver guerra, é preciso educar soldados para amar a guerra. E, enquanto houver soldados amantes da guerra, é preciso haver guerra... Será que isso vai ser um eterno círculo vicioso? Não, graças a Deus! Apesar de toda interferência escolar, esse amor pela guerra diminui cada vez mais. Encontramos a comprovação desse decréscimo em Henry Thomas Buckle, você se lembra? Porém, eu não preciso de uma comprovação impressa. Só de olhar teu coração, esse coração tão nobre, Friedrich, já é, para mim, comprovação suficiente. Continuando com as notícias: recebemos de nossos parentes e conhecidos, que têm propriedades na Boêmia, cartas cheias de lamentos. Quando as tropas passam por lá, em marcha, mesmo que seja para a vitória, vão devastando toda terra e a sugando. E se o inimigo fosse invadir onde eles têm seus castelos e campos? Tudo tem que estar preparado para a fuga, os pertences embalados, os tesouros enterrados. Adeus às viagens alegres para os balneários da Boêmia, adeus à estada pacífica nas pousadas rurais, adeus às esplêndidas caçadas de outono e, de todo modo, adeus aos arrendamentos e às indústrias. A colheita é pisoteada; as fábricas, quando não incendiadas, são roubadas dos trabalhadores. Escreveram que "é uma imensa desgraça vivermos bem na fronteira, e uma outra desgraça, é que Benedek não assumiu as ofensivas bem antes e com mais ímpeto, para continuar lutando na Prússia". Talvez poderíamos chamar também de desgraça o fato de que toda essa grande briga política poderia ser mediada por um tribunal de arbitragem, e não pelo genocídio em massa em solo boêmio ou silesiano (segundo relatos confiáveis, na Silésia também há pessoas, campos e colheitas). Mas isso parece não ocorrer a ninguém! Meu pequeno Rudolf está sentado a meus pés, enquanto te escrevo. Ele te manda abraço, e saudações a nosso querido Puxl. Ele nos faz muita falta, esse pinscher engraçado, mas, por outro lado, ele teria sentido muita falta de seu dono e, para você, é uma distração, uma companhia. Saudações de nós dois, ao Puxl, eu acaricio suas patas e Rudi beija seu focinho preto. Por hoje é isso, adeus, meu amor!

– Ultraje! Derrotas atrás de derrotas! Primeiro, a tomada do vilarejo de Podol, com as barricadas de Clam-Gallas, durante a noite, à luz da Lua e ao brilho das chamas ... O fuzil, maldito fuzil, que nos massacrou em fileiras. Os dois corpos militares inimigos, um comandado pelo príncipe herdeiro e, outro, pelo príncipe Karl, uniram-se e avançaram para Münchengrätz...

Assim eram as notícias pavorosas que meu pai trazia com o mesmo ímpeto do júbilo pelas notícias de vitória de Custozza, porém agora o ímpeto era do lamento. Mas ele ainda estava confiante:

– Eles só precisam vir, todos, para a nossa Boêmia, e lá, serem aniquilados, até o último homem... Daí não haverá saída, nenhuma retirada mais para eles, vamos trancá-los, cercá-los... E o próprio povo indignado irá eliminá-los... Não é tão vantajoso, como se costuma pensar, ter que operar no país inimigo. Pois, ali, tem-se não só o exército, mas toda a população contra. Em Trautenau, as pessoas derramam de suas casas água e óleo fervendo sobre os outros.

Emiti um som abafado de horror.

– O que você quer? – disse meu pai, dando de ombros. – É mesmo chocante, mas é a guerra.

– Ao menos nunca diga que a guerra enobrece as pessoas! Confesse que ela é desumana, que as transforma em bárbaros, em demônios... Óleo fervendo! Ah...

– Autodefesa necessária e vingança justa, cara Martha. Ou você acredita que os tiros de fuzil nos fazem bem? Como o gado, desarmado, que vai para o abate, nossos valentes sucumbem a essa arma mortífera. Somos mais numerosos, disciplinados, industriosos para a luta, ainda vamos vencer esses "aprendizes de alfaiate". No começo, alguns erros foram cometidos, preciso confessar. Benedek já deveria ter atravessado a fronteira logo no começo. Já começo a ter dúvidas se esse oficial da artilharia foi mesmo exitoso...Tivessem mandado o arquiduque Albrecht e entregado o comando-sul para Benedek... Mas não vou perder as esperanças tão cedo. Até agora, ocorreram apenas algumas batalhas preparatórias, para vencê-las, os prussianos exageraram no uso da força. Agora é que virão as batalhas decisivas. Vamos nos concentrar em Königgrätz. Lá, com a força de milhares de homens, estaremos esperando o inimigo. Vamos lutar como a nossa Custozza, no Norte!

Friedrich iria participar dessa. Seu último bilhete, que havia chegado naquela manhã, continha a notícia: "Estamos partindo para Königgrätz".

Até então, eu havia recebido notícias regulares. Embora ele tenha me preparado, desde sua primeira carta, para o fato de que só poderia escrever pouco, ainda assim Friedrich aproveitou cada oportunidade para me mandar algumas palavras. A lápis, no cavalo, na barraca, com uma escrita breve e legível apenas para mim, ele preenchia certas folhas, que arrancava de seu caderninho de notas. Algumas ele teve oportunidade de me mandar, outras só chegaram às minhas mãos, mais tarde, depois da guerra.

Eu guardei essas memórias. Não são relatos cuidadosamente estilizados de guerra, como os correspondentes dos jornais oferecem a seus redatores, ou os escritores a seus editores. Nenhum esboço de combates, repleto de conhecimento estratégico e análise exaustiva, e nenhum retrato de batalha, executado com impulso retórico, nos quais o autor estaria sempre tomando o cuidado de esclarecer sua intrepidez, seu heroísmo e seu entusiasmo patriótico. Tudo isso não compõe as anotações de Friedrich, isso eu sei. Não consigo definir o que elas realmente *são*. Eis algumas:

- - - - - - - - - - - - - -

No acampamento.

"Sem barracas... Está uma noite magnífica de verão: o céu, e sua imensa indiferença, repleto de estrelas tremeluzentes... As pessoas estão deitadas no chão, exaustas por causa das marchas cansativas e longas.

Armaram-se barracas apenas para nós, oficiais. Na minha, há quatro camas de campanha. Os dois camaradas estão dormindo. Estou sentado à mesa, onde há canecos vazios e uma vela acesa. Estou escrevendo a você, minha amada, sob a fraca luz flamejante (uma corrente de ar entra pela abertura da barraca). Coloquei Puxl no meu lugar... o pobre ficou cansado. Quase me arrependo de tê-lo trazido. Ele está como se costuma dizer sobre a linha de fronteira dos prussianos: 'não estão acostumados aos esforços e às restrições de uma campanha.' Agora ele está ressonando doce e confortavelmente. Creio que seja provável ele estar sonhando com seu amigo e protetor Rudolf Conde Dotzky. E eu sonho com você, Martha... Ainda que eu esteja acordado, pareço ter a ilusão de ver sua forma querida, como em uma imagem onírica, no canto pouco iluminado da barraca, sentada em uma cadeira... Sou tomado pelo desejo de ir ali e recostar minha cabeça em seu colo. Não faço isso, porque sei que a imagem iria se desintegrar...

Vou sair um pouco. As estrelam cintilam mais indiferentes que nunca. No chão, movem-se sombras variadas: são os retardatários. Muitos, muitos mesmo, ficaram pelo caminho. Agora foram atraídos pela fogueira e se arrastaram até aqui. Não todos: alguns ainda ficaram em valas distantes ou nos milharais. Que calor intenso durante essa marcha forçada! O Sol queimava como se quisesse derreter nossos cérebros. E ainda as mochilas pesadas, as armas pesadas sobre os ombros tomados de feridas... mesmo assim ninguém resmungou. Alguns caíram e não puderam mais se levantar. Dois ou três sucumbiram à insolação e caíram mortos. Seus cadáveres foram colocados em uma carroça ambulatorial. A noite de junho, tomada pelo brilho da Lua e das estrelas, tão morna, perdeu o seu encanto. Não se houve um rouxinol ou o canto dos grilos. Não respiramos os aromas da rosa e do jasmim. Os doces sons são reprimidos pelas pisadas e pelos relinchos dos cavalos, pelas vozes das pessoas e pelo barulho da patrulha; os doces aromas, pela transpiração do coro da montaria e outros cheiros de caserna. Mas isso não é tudo. Não ouvimos os corvos festivos, nem sentimos o cheiro de pólvora, sangue e putrefação. Isso ainda virá: *ad majorem patriae gloriam*. Estranha essa cegueira dos homens! Por ocasião das piras incendiadas 'para maior glória de Deus' de outrora, eles irrompem em fanatismo cego, horrendo e insano, e agora ficam estupefatos ante os campos de batalha semeados de cadáveres. As câmaras de tortura da sombria Idade Média lhes instilam repulsa, mas se orgulham de seus arsenais. A luz se apagou e aquela forma do canto se dissipou. Vou me deitar para descansar, ao lado de nosso bom Puxl."

-------------- "No alto de uma colina, um grupo de generais e oficiais da alta patente estão com seus binóculos: essa é a cena que mais inspira a estética da guerra. Disso os pintores de batalhas e ilustradores de jornais entendem. Generais de olhos armados, olhando de cima, são os desenhos mais recorrentes. Assim como os comandantes à frente de suas tropas, no alto de um cavalo pomposo, preferencialmente branco, apontando o braço para um ponto de fumaça, voltando sua cabeça para trás, gritando claramente: 'Sigam-me, crianças!' Da estação da colina, de fato há uma parcela de poesia bélica. A imagem é grandiosa e suficientemente distante, para ter o efeito de uma pintura, sem os horrores e repulsas da realidade: nenhum sangue derramado, nem os roncos dos moribundos, nada além de efeitos sublimes de linha e de cor. Essas colunas seguem, sinuosas, pelas ruas compridas, esse cortejo imensurável de regimentos a pé, tropas da cavalaria e baterias, depois o trem de munição, carroças confiscadas dos agricultores, mula de carga e, por fim, os condutores de bagagem. A imagem torna-se ainda mais impactante, quando se vê na paisagem, aos pés das colinas, não só o prosseguimento de *um* exército, mas o encontro de dois. O reluzir das espadas, as bandeiras ondulantes, uniformes de todos os tipos, torrentes desordenadas de cavalos a se rebelarem selvagemente. Acima de tudo isso, nuvens de vapores que se acumulam em alguns lugares, véus que encobrem a imagem, e quando se abrem, revelam os grupos combatentes. Como acompanhamento, o barulho dos canhões que descem pelas montanhas, cujos tiros trovejam pelos ares a palavra morte, morte, morte ... É algo assim que inspiram os cânticos bélicos! Para a composição, ainda, desses relatos históricos, que devem ser publicados após a campanha, o posto sobre a colina oferece condição favorável. Lá, na melhor das hipóteses, é possível alguma exatidão: a divisão X topou com o inimigo em N; ela o fez recuar; alcançou a maior parte do exército; fortes setores inimigos aparecem no flanco esquerdo da brigada etc., etc., etc. Mas quem não observa do topo da colina com o seu binóculo, quem participa mesmo da 'ação', *jamais* pode narrar qualquer coisa verossímil sobre o avanço de uma batalha. Ele vê, pensa e sente só o que está próximo, o que ele narra posteriormente é conjectura de uma visualização, para a qual ele se serve dos velhos clichês: 'Ei, Tilling', disse-me hoje um dos generais de quem estive ao lado hoje, na colina 'não é uma tropa imponente, esplendorosa? No que você estava pensando?' No que eu estava pensando? Isso não poderia dizer ao meu superior. Respondi uma inverdade com bastante obediência. A obediência e a verdade não têm como andar juntas. A segunda é um ser bastante orgulhoso, desconfia de todo servilismo." - - - - - - - - - - - - - -

"O vilarejo é nosso, não, é do inimigo, e de novo nosso, outra vez do inimigo, já não é mais um vilarejo, é um amontado de escombros fumegantes. Os habitantes (não era o vilarejo *deles*?) já o haviam abandonado antes e escapado. Por sorte, pois o combate em lugares habitados é algo terrível, balas de inimigos e aliados entram dentro das casas e matam mulheres e crianças. Ainda assim, uma família ficou no lugar que havíamos tomado ontem, depois perdido, depois tomado outra vez e, de novo, perdido. Era um casal de idosos e uma filha no puerpério. O esposo está servindo em nosso regimento. Ele me disse, quando nos aproximávamos do vilarejo: 'Lá, senhor primeiro-tenente, na casa de telhado avermelhado, vive minha mulher com seus pais idosos... Não podem fugir, os pobres... minha mulher precisa amamentar e os velhos são meio paralíticos. Pelo amor de Deus, senhor primeiro-tenente, me dê ordens para ir lá.' Pobre diabo... chegou bem na hora de ver a puérpera e a criança morrerem, uma bomba explodiu ao lado da cama... Não sei o que aconteceu com os velhos, provavelmente ficaram soterrados. A casa foi uma das primeiras a serem incendiadas. O combate em campo aberto já é assustador, em meio a casas ocupadas por seus habitantes é dez vezes mais tenebroso. Precipitação de entablamentos, chamas, fumaça sufocante, o gado tomado pelo pânico. Todo muro de um forte ou barricada, toda janela, funciona como uma embrasura. Vi uma barreira para atirar formada por cadáveres. Os soldados, para se protegerem, puseram todos os cadáveres que estavam por perto um sobre o outro e, com isso, revidavam aos ataques. Jamais vou me esquecer desse muro: um que servia de tijolo entre dois outros tijolos de corpo humano ainda vivia, os braços se moviam. - - -

"Ainda vivia: essa é uma condição que, durante a guerra, pode acontecer em milhares de variantes e que carrega, em si, um sofrimento desmedido. Se houvesse um anjo da misericórdia, que pairasse sobre os campos de batalha, ele teria a missão de dar o tiro de misericórdia naqueles pobres desventurados que ainda 'viviam', homens e bichos." - - - - - - - - - - - - - - "Hoje tivemos um pequeno combate da cavalaria, em campo aberto. Vinha vindo a trote um regimento de dragões, alinharam-se, os cavalos em rédea curta, os sabres sobre a cabeça e vieram para cima de nós a trote curto. Não esperávamos pelo ataque. A poucos passos de distância, ambas as fileiras irromperam em um grito trovejante de urra (grito inebria: os índios e os zulus sabem disso melhor que nós) e nos lançamos uns sobre os outros. Cavalo contra cavalo, joelho contra joelho. Os sabres zuniam no ar e desciam sobre as cabeças. Logo estávamos tão próximos uns aos outros, que não era possível usar as armas. Houve um corpo a corpo, que fez os cavalos cansados e ferozes caírem, ofegantes, empinarem-se e se baterem. Uma hora também eu caí no chão e tive a visão pouco agradável de um casco tirando uma fina de minha têmpora." - - - - - - - - - - - - - - "De novo um dia de marcha com um ou dois combates. Vivi uma grande aflição. Uma imagem muito triste me persegue... Dentre todas as imagens tristes que me cercam, essa não deveria se sobressair, não deveria me doer tanto. Mas não posso fazer nada: é algo muito próximo a mim e não consigo me desvencilhar dela. Puxl, nosso pobre pinscher, tão bom e alegre, ah se eu o tivesse deixado em casa... junto de seu pequeno amo, Rudolf! Ele corria atrás de nós, como de costume. De repente, ele soltou um grito de dor, um estilhaço de granada arrancou suas perninhas dianteiras ... não pôde continuar, ficou para trás, abandonado. 'Ele ainda vive', passaram-se vinte quatro horas, quarenta e oito horas, e ele ainda vive. Meu senhor, meu senhor, ele geme, não deixe o seu pobre Puxl aqui! E seu coração está partido... O que me rói por dentro é que o fiel moribundo deve estar me desconhecendo. Ele deve ter visto que eu olhei para trás, que eu ouvi seu grito de socorro e o deixei para trás com a maior frieza. Ele não sabe, o pobre Puxl, que um regimento, que está em pleno combate, em que os camaradas caem e ficam pelo caminho, não pode receber a ordem de comando para parar por causa de um cãozinho que caiu. Ele não tem ideia do dever maior ao qual eu obedeci, e o pobre coração canino, tão leal, pedindo minha clemência... Como podemos ficar consternados com uma bobagem, assim, em meio a 'grandes acontecimentos' e a infortúnios gigantescos! Muitos diriam isso, dando de ombros, menos você, Martha. Menos você. E sei que, agora, uma lágrima está descendo de seus olhos por causa de nosso pobre Puxl..."

- - - - - - - - - - - - - - "O que está acontecendo? Um pelotão de execução está a postos. Um espião foi pego? Um? Dessa vez, dezessete. Já estão indo para lá. Em quatro fileiras, cada uma com quatro homens, rodeados de soldados em um quadrado. Os condenados gritam, a cabeça inclinada. Atrás deles, um carro, onde um cadáver está estirado e, sentado sobre ele, o filho do morto, um menino de doze anos, também condenado ... Não gosto de ver execução, afastei-me. Porém, ouvi os tiros. Atrás do muro sobe uma nuvem de fumaça. Todos mortos, também o menino. - - - - - - - - - - - - - - - - Finalmente uma acomodação confortável em uma cidadezinha! Coitados! Confiscamos as provisões que teriam durado mais de um mês para as pessoas. 'Confiscar'... que bom termos um nome bonito e ratificado para uma coisa dessas. Entretanto, fiquei feliz por ter achado boa acomodação e boa comida. Vou te contar: eu já estava prestes a me recolher, quando veio da ordenança: um homem de nosso regimento pedia, com urgência, para ser recebido, ele me trazia algo. 'Ele pode entrar.' O homem entrou. Quando foi embora, dei-lhe uma gorjeta boa e apertei-lhe ambas as mãos, prometendo-lhe cuidar de sua esposa e filho, caso algo lhe acontecesse. O que ele me trouxe, esse homem valoroso, que me trouxe imensa alegria e me libertou de um tormento que me acompanhava há trinta e seis horas, foi o meu Puxl. Ferido, bastante a propósito, mas ainda vivo e *feliz* por estar de novo com seu dono. Foi obrigado a reconhecer em meu comportamento que não havia sido justo comigo com a acusação de insensibilidade... Que cena de reencontro! Especialmente durante os goles de água. Como ele saboreou... quer dizer, interrompeu umas dez vezes o seu saciamento afoito para expressar seu latido de alegria. Depois eu enfaixei as partes que restaram de suas pernas amputadas, dei-lhe uma sopa saborosa de carne e queijo e o repousei em minha cama. Nós dois dormimos muito bem. De manhã, quando acordei, ele ainda me lambeu a mão, agradecido, depois esticou seus pequenos membros, suspirou profundamente e ... deixou de existir. Pobre Puxl, foi melhor assim." - - - - - - - - - - - - - - "O que foi tudo que vi hoje? Fecho os olhos e, em minha memória, volto a olhar com clareza o ocorrido. Nada além de dor e cenas chocantes, como você dirá. Por que os outros trazem impressões tão alegres e límpidas? De duas uma: ou eles se fecham para a dor e o choque, ou os *silenciam*. Ao escreverem, quando o fazem, não se esforçam por retratar minimamente os acontecimentos conforme ocorrem de fato, mas por copiar o padrão de retratos lidos antes e enfatizar tais sensações, as quais têm efeito heroico. Se relatam cenas de aniquilamento, que carregam em si a pior dor e o pior choque, não têm a permissão para falar algo sobre essas duas características: quanto mais terrível, mais indiferente, quanto mais *hediondo*, mais imparcial. Reprovação, indignação e revolta? Nada disso, antes um leve sopro de sentimentalidade e compaixão, um leve suspiro emocionado. E logo erguer a cabeça. 'O coração para Deus e o punho para o inimigo'. Urra e ta-ta-ta!" "Agora você verá duas imagens que me marcaram: montes íngremes e rochosos, caçadores, ágeis como felinos, estão os escalando, é preciso 'tomar' os montes. Lá de cima, o inimigo está atirando. O que eu vejo são as formas do agressor almejando subir mais e alguns embaixo levando tiros do inimigo, de repente os braços se abrem e deixam a arma cair, a cabeça capotando para trás, o corpo caindo do monte, degrau por degrau, saltando de uma rocha a outra, os membros se esmigalhando. - - - - - - Atrás de mim, vi um cavaleiro a alguma distância, inclinado em minha direção e, perto dele, uma granada estoura. Seu cavalo é lançado para o lado e avança para as ancas do meu, um tiro passa rente por mim. O homem ainda estava sentado na sela, mas um estilhaço da granada abriu seu ventre e lançou para fora as suas vísceras. A parte de cima de seu corpo só estava presa à debaixo pela coluna vertebral. Das costelas às coxas, havia um único e imenso buraco cheio de sangue... mais um pouco e ele caiu, ficou pendurado no estribo e o cavalo o arrastou pelo solo pedregoso." - - - - - - - - - - - - - - "Em uma porção íngreme e inundada pela chuva, uma parte da artilharia empacou. As rodas do canhão estão afundadas na lama. Só com muito esforço, suor e chicotadas impiedosas, os cavalos conseguiram sair do lugar. Um, porém, morto de cansado, não consegue mais. A surra não ajuda em mais nada: quer, mas não consegue, *não* consegue. Será que o homem não vê que os açoites estão massacrando a cabeça do pobre animal? Se essa criatura grosseira estivesse conduzindo um carrinho de construção, qualquer policial, eu mesmo, o teria levado à prisão. Esse artilheiro, no entanto, que tem que empurrar a máquina mortífera, está apenas fazendo o seu trabalho. Mas isso o cavalo não tem como saber. A nobre criatura, atormentada e dócil, que se esforça no limite de suas forças, como deveria conceber uma tal dureza e irracionalidade? Conceber, assim como os animais concebem, ou seja, sem palavras ou conceitos, mas com as sensações, e elas são tanto mais fortes, quando se é capaz de expressá-las. Só há *uma* forma de externá-las: pelo grito de dor. E ele gritou, aquele pobre cavalo, até que finalmente desmoronou, um grito tão longo e tão lamentoso, que até agora ressoa em meus ouvidos, que me perseguiu até em sonhos. Um sonho horrendo, a propósito... Era como se eu... como é possível narrá-lo? Os sonhos têm tão pouco sentido, que não compete à linguagem racional reproduzi-los – como se minha aflição consciente se ocupasse de um cavalo da artilharia, não! Não *um*, mas 100.000, pois, no sonho, contabilizei o número de cavalos que sucumbiram em um campo de batalha e a aflição imediatamente cresceu cem mil vezes ... Os seres humanos, eles *sabem*, de fato, por que sua vida é colocada em risco, mas conhecem o para onde e o para quê? Nós, os desgraçados, não sabemos nada, em nossa volta é só noite e horror. As pessoas até confrontam o inimigo *junto* dos amigos, mas, em nossa volta, há inimigos... nossos próprios soberanos, por quem almejamos o amor tão leal, para quem oferecemos toda nossa força para servi-los, eles nos açoitam e nos deixam desamparados... de passagem, tudo que temos que sofrer: o pavor que faz todo nosso corpo suar; sede, pois temos febre – ah, essa sede, essa sede provocada por nós em nossas centenas de milhares de cavalos maltratados, sangrando! ... Daí acordei e peguei minha garrafa de água – eu mesmo tive a sede da febre." - - - - - - - - - - - - - - "De novo um combate na rua, na cidadezinha de Saar. Junto com o barulho dos gritos e do canhão, o estrondo das vigas, do muro vindo abaixo. Uma granada explode em uma casa e a pressão atmosférica do estouro causado por ela é tão forte, que vários soldados ficam feridos com os escombros lançados para os ares. Uma janela voa sobre minha cabeça, e ainda com o caixilho. As chaminés vêm abaixo, o concreto, que vira pó, enche o ar de nuvens sufocantes, que fazem os olhos arderem. O combate vai se arrolando de uma viela a outra (como os cascos batem no paralelepípedo pontudo!) e chega até a praça do mercado. No meio da praça, há uma estátua comprida da Virgem Maria, esculpida na pedra. A mãe de Deus segura o filho no braço e, no outro, estende sua mão para conceder bênçãos. E a luta continua. Homem contra homem. Eles partem para cima de mim. Eu parto para cima deles. Se eu atingi um ou vários, não sei. Não há muito tempo para reflexão em momentos como esse. Ainda assim, de novo dois casos ficaram marcados em minha alma, e eu temo que a praça do mercado, de Saar, seja-me inesquecível. Um dragão prussiano, forte como o Golias, arrancou um de nossos oficiais da sela (um tenente elegante, adornado, quantas moças não devem suspirar por ele?) e esmagou sua cabeça ao pé da Madona. A santa olhou imóvel. Um outro integrante inimigo dos dragões, também forte como Golias, bem perto de mim, tocou o meu vizinho em sua sela e o fez encurvar com tanta força para trás, que sua coluna quebrou – eu ouvi o estalo. Também ali a Madona concedeu suas bênçãos de pedra."

"O alto de um monte voltou a oferecer hoje um espetáculo cheio de variedade aos olhos munidos dos oficiais. Por exemplo, o colapso de uma ponte, enquanto um comboio de bagagem passava sobre ela. Será que houve feridos? Não sei, não pude reconhecer. Apenas vi tudo – carroças, cavalos e pessoas – afundar na torrente daquela localização e desaparecerem. O evento foi favorável, pois as carroças pertenciam às peças 'pretas'. Fico pensando nessa partida, em que 'nós' somos as 'brancas'. A ponte não desabou por acaso. Os brancos sabiam que os adversários passariam por ali e cortaram suas pilastras. Uma jogada de mestre.

Por outro lado, a segunda visão que pudemos observar do mesmo monte foi uma péssima jogada dos brancos. Nosso regimento Khevenhüller era coordenado em um pântano, de onde não se pode sair e onde o extermínio é quase completo. Os atingidos caem no lodaçal... afundam e acabam sufocados. Com lama na boca e no nariz, não conseguem nem gritar! Temos que admitir: foi um erro daquele que os enviaram para lá, mas 'errar é humano' e a perda não foi tão grande, é como se um peão tivesse sido atingido. Uma próxima jogada genial, com torre e rainha, e tudo volta a ficar bem. A lama ficou na boca e nos olhos dos atingidos, mas isso é o de menos. Digno de censura é o erro tático. É necessário eliminá-lo por uma combinação posterior mais feliz. Além disso, ainda é possível o dirigente em questão receber belas comendas e promoções. O fato de que, recentemente, nosso 18º Batalhão de Caçadores, durante um combate noturno, tenha descarregado várias horas a fio sobre o nosso regimento Rei da Prússia, e que o erro só tenha sido notado ao romper do dia; que uma parte do regimento de Gyulai foi conduzido para um lago, isso tudo são equívocos muito pequenos. Algo assim pode acontecer com os melhores jogadores no calor de uma partida." - - - - - - - - - - - - - - "Estou decidido a deixar o serviço militar se eu regressar dessa campanha. O resto penso depois como será. Uma vez que aprendemos a ter aversão por uma coisa, como a que me causa a guerra, seria hipocrisia permanecer a seu serviço. Antes, como você sabe, já vim para a batalha contrariado e a condenando, porém só agora sinto-me tão mais contrariado, condeno-a com tanto mais força, que todos os motivos que outrora mantinham-me decidido a ficar em minha profissão deixaram de existir. As convicções aprendidas durante a juventude, talvez até mesmo herdadas, que falavam, dentro de mim, a favor da tradição militar, agora se perderam totalmente durante as últimas atrocidades vivenciadas. Não sei se foram as leituras que fizemos juntos que mostraram ser o meu desprezo pela guerra não um sentimento individual, e sim partilhado pelos melhores intelectuais do momento, ou se as nossas conversas trouxeram forças para eu pronunciar meus pontos de vista, que foram corroborados por você, em suma, meu sentimento antigo, abafado e um tanto reprimido, transformou-se em uma clara convicção, uma convicção que me impede totalmente de me entregar ao deus da guerra. Trata-se da mesma transformação que acomete pessoas que adentram as questões de fé. Primeiro, elas são céticas e indiferentes, porém ainda conseguem presenciar as ações do templo com uma certa reverência. Entretanto, uma vez que se remove todo tipo de misticismo, quando se torna claro a elas que a cerimônia que presenciam é uma tolice, por vezes uma tolice bárbara, como os extermínios religiosos sacrificiais, elas passam a não querer mais se ajoelhar ao lado dos outros iludidos, a não querer mais mentir para si mesmas e para o mundo, ao não entrarem mais no templo depreciado. Foi o que me ocorreu com o cruel serviço militar. Esse estremecer-se de devoção, sentimento misterioso e sobrenatural que se desperta, o qual o aparecimento daquela divindade costuma criar para os seres humanos, o qual também obscurecia os meus sentidos quando era mais jovem, agora isso desapareceu por completo em mim. A liturgia do comando militar e o rito das frases feitas sobre heroísmo, para mim, não são mais como um texto original inspirado; o som potente dos canhões, como se fosse música; a fumaça da pólvora, como se fosse incenso, nada disso consegue me encantar mais: presencio sem fé e reverência esse culto terrível, e nele já não vejo nada além do martírio das vítimas, não ouço nada mais que o grito desesperado da morte. E é por isso que essas folhas, que preencho com minhas impressões da guerra, não contêm outra coisa senão a dor vista por mim dolorosamente."

Deu-se início à batalha de Königgrätz. Outra derrota. Dessa vez, ao que tudo indica, uma derrota decisiva... Meu pai trouxe-nos essa notícia como se estivesse anunciando o fim do mundo.

E nenhuma carta, nenhum telegrama de Friedrich. Será que estava ferido? Ou morto? Konrad mandou notícias à sua noiva: estava ileso. As listas de baixa ainda não haviam chegado. Sabia-se que, em Königgrätz, havia quarenta mil mortos e feridos. E a última notícia que eu havia recebido: "Hoje partimos para Königgrätz".

No terceiro dia, ainda nenhum sinal. Chorava copiosamente. Eu *podia* chorar justamente pelo fato de minha aflição não representar uma ausência completa de esperança. Se eu soubesse que tudo estava acabado, minha dor não teria mais tanto ímpeto para as lágrimas. Meu pai estava profundamente abalado. Meu irmão Otto clamava por vingança. Diziam que agora seria formado, em Viena, um corpo militar de voluntários, e ele queria se alistar. Também diziam que Benedek seria destituído e que, em seu lugar, seria enviado para o norte o vitorioso arquiduque Albrecht. Talvez, então, houvesse alguma briga ainda, uma revanche contra o inimigo arrogante, que agora queria nos aniquilar e estava prestes a marchar para Viena. As mentes estavam prenhes de medo, raiva e dor. "Os prussianos" expressava tudo o que fosse digno de ódio. *Meu* único pensamento era Friedrich, não havia uma notícia sequer.

Alguns dias depois, chegou uma carta do Dr. Bresser. Estava trabalhando nas imediações do campo de batalha, para ajudar no que fosse preciso. Não havia limite para tanta penúria, escreveu, não havia imaginação que a alcançasse. Ele se juntou a um médico saxão, Dr. Brauer, que fora enviado por seu governo para levar relatos *in loco*. Em dois dias, chegaria da Saxônia uma nova miss Nightingale, a Sra. Simon, que, desde a eclosão da guerra, estava atuando em hospitais em Dresden, e que se colocara à disposição para enfrentar a viagem para os campos de batalha da Boêmia e auxiliar nos hospitais de campanha das imediações. Dr. Brauer e, com ele, Dr. Bresser, tinham intenção de se dirigir a Königinhof, a última estação antes de Königgrätz, até onde o trilho de trem ainda funcionava, na data determinada, às sete da noite, e esperar a corajosa mulher. Bresser nos pediu, se possível, para enviar uma remessa de materiais de curativo para aquela estação, para que ele pudesse pegá-la.

Mal terminei de ler a carta e tomei a firme decisão: eu mesma iria levar a caixa de curativos. Era possível que, em algum daqueles hospitais que a Sra. Simon iria visitar, estaria Friedrich. Iria me reunir a ela e encontrar o doente, ajudar a cuidar dele. A ideia tomou conta de mim com uma tal força, que eu a considerei um efeito magnético do desejo ansiado, com o qual o amado me chamava.

Sem comunicar alguém da família sobre minha intenção, pois iriam tentar me impedir de todas as formas, coloquei-me a caminho algumas horas depois de ter recebido a carta do Dr. Bresser. Fingi que iria eu mesma para Viena organizar o pedido do doutor e enviá-lo, assim, saí de Grümitz sem dificuldades. De Viena, iria escrever a meu pai: "Parti para os locais da campanha". Claro que fui tomada de dúvidas: minha incapacidade e inexperiência, minha aversão a feridas, sangue e morte. Porém repeli tais dúvidas: estava fazendo o que *tinha* que fazer. Estava me dirigindo ao olhar suplicante do esposo, de sua condição dolorosa, ele estendia os braços para mim e a única coisa que eu pensava era "estou indo, estou indo".

Encontrei Viena tomada de um alvoroço e de uma perplexidade indescritíveis. Havia rostos perturbados por toda parte. Minha charrete cruzou com várias outras cheias de feridos. Ficava olhando se Friedrich não estava em alguma delas. Não: seu grito ansioso, que eu sentia em minhas entranhas, vinham de mais longe: da Boêmia. Se o estivessem enviando de volta, teríamos recebido a notícia na mesma hora.

Fui a um hotel. De lá, organizei minhas compras, mandei enviar a carta para Grümitz, vesti-me com uma roupa simples e confortável, depois fui para a estação norte. Queria partir no próximo trem, para chegar a tempo a meu destino. Era como se eu tivesse uma ideia fixa, que comandava todas as minhas ações.

A estação de trem estava movimentada, cheia de vida, ou melhor, cheia de "morte"? O saguão, as salas, a plataforma. Por todos os lados, feridos, muitos agonizantes. Um turbilhão de pessoas: enfermeiros, soldados da área da saúde, freiras da caridade, médicos, homens e mulheres de todas as classes sociais, que vieram para ver se o último transporte não havia trazido os seus ou para distribuir presentes, vinhos, charutos etc. para os feridos. Funcionários públicos e prestadores de serviço esforçavam-se por afastar o público que avançava. Também queriam me afastar: "O que a senhora quer?", "Saia!", "É proibido entregar comida e bebida", "dirija-se ao comitê", "Lá é onde se entregam os presentes"... E eu disse:

– Não, não, eu quero embarcar. Quando parte o próximo trem?

Não recebi informação alguma sobre isso. Finalmente, descobri que foi cancelada a partida da maioria dos trens, para que a linha ficasse disponível para os trens que vinham cheios de feridos. Nenhum trem de passageiro iria partir naquele dia. Somente um com as tropas da reserva e um outro para uso da Associação Patriótica de Auxílio, que iria transportar vários médicos e freiras da caridade com carregamento de material necessário, ambos para as imediações de Königgrätz.

– E eu não posso embarcar nesse?

– Impossível!

Ouvia o grito suplicante de socorro de Friedrich de forma cada vez mais nítida. Não poder partir me levou ao desespero.

Quando vi o Barão S., vice-presidente da Associação, na entrada do saguão, o mesmo que eu conheci no ano da guerra de 59. Corri para ele.

– Pelo amor de Deus, Barão S., me ajude! O senhor me reconhece?

– Baronesa Tilling, filha do general Conde Althaus, claro que tive a honra... Como posso lhe ser útil?

– O senhor está mandando encomendas para a Boêmia... deixe-me ir junto! Meu esposo moribundo está chamando por mim, se o senhor tem um coração... A prova de seu nobre coração é a sua atuação, então, por favor, não negue o meu pedido!

Houve todo tipo de deliberação e dúvida, mas, ao fim, meu desejo foi satisfeito. Barão S. chamou um dos médicos enviados pela Associação e recomendou que ele me desse proteção.

Havia ainda uma hora de espera até a partida. Procurei alguma sala de espera, mas todas estavam transformadas em hospital de campanha. Onde eu olhava, havia pessoas agachadas, deitadas, enfaixadas, pálidas. Não gostava de olhar. O pouco de energia de que eu dispunha, queria economizar para minha viagem e para meu objetivo. Tudo que se me oferecia para uso de minhas forças, de minha compaixão e de minha capacidade de ajudar não podia ser gasto ali. Tudo isso pertencia àquele que me chamava.

Entretanto, não havia um canto que me poupasse da visão de sofrimento. Refugiei-me na plataforma e justamente lá foi o que mais me chateou. A chegada de um trem imenso, cujos vagões estavam cheios de feridos, e o descarregamento deles. Os que estavam pouco feridos desciam sozinhos e se arrastavam para frente, a maioria precisava de apoio ou até mesmo de ser carregada. As macas disponíveis já estavam todas ocupadas e os inúmeros pacientes precisaram ser colocados provisoriamente no chão, até que viessem as macas vazias. A meus pés, no lugar onde eu estava sentada, em uma caixa, colocaram um que não parava de soltar o ronco da morte. Tentei me abaixar até ele e dizer algumas palavras de conforto, mas fui tomada de pavor e me virei, escondendo o rosto entre minhas mãos. A impressão havia sido terrível. Não havia uma face humana sequer: o queixo estilhaçado, um olho saltando... Junto disso, um cheiro asfixiante de sangue e podridão. Queria me levantar e fugir, mas eu estava muito enjoada e minha cabeça se acomodou na parede atrás de mim. "Que criatura covarde e fraca!", disse a mim mesma, "o que estou procurando aqui, nesse antro de sofrimento, onde não posso ajudar em nada, nada... onde estou submetida a coisas repulsivas..." Só o pensamento em Friedrich é que me mantinha firme. Sim, por ele, mesmo que estivesse em uma condição como a daquele que estava aos meus pés, eu iria suportar tudo. Eu iria abraçá-lo e beijá-lo. Iria mergulhar todo nojo, todo horror, naquele sentimento triunfante do *amor*. "Friedrich, meu Friedrich, estou chegando!" repetia, baixinho, essa mesma ideia fixa que tomara conta de mim desde a chegada da carta de Bresser e que não me largava mais.

Uma ideia terrível passou pela minha cabeça. E se esse fosse Friedrich? Reuni todas as minhas forças e olhei de novo para baixo. Não, não era ele.

A hora angustiante de espera havia passado. Tiraram o moribundo de lá. "Coloquem-no no banco", ouvi a ordem do médico do regimento, "não o levem mais para o hospital. Ele já está morto há uns quarenta e cinco minutos." O próprio morto deve ter compreendido essas palavras, pois seus braços estavam levantados para o céu, como num gesto desesperado.

Agora eu estava sentada em um vagão com dois médicos e quatro irmãs da caridade. Estava um calor sufocante e o espaço estava com cheiro de hospital e sacristia, de fenol e de incenso. Estava muito enjoada. Recostei-me num canto e fechei os olhos.

O trem pôs-se em movimento. É esse o momento em que todo viajante começa a pensar no seu destino de viagem. Eu já tinha feito aquele trajeto várias vezes e me veio a recordação da chegada em um castelo, em um alegre balneário. Também de minha viagem de casamento, uma lembrança abençoada, de quando estávamos a caminho da capital da "Prússia" (como essa palavra tinha outra conotação há algum tempo!), na perspectiva de uma recepção radiante e afetuosa. E hoje? Qual era o nosso destino de viagem? Um campo de batalha e os hospitais de campanha em volta. Locais de morte e de sofrimento. Estremeci.

– Cara senhora – disse um dos médicos – creio que a senhora mesma esteja doente... está tão pálida e aflita.

Olhei para ele. Tinha uma aparência simpática e jovem. Era provável que fosse a primeira atuação de alguém que mal se tornara médico. Que bom que seus serviços iriam se voltar para aquela função cheia de perigo e dificuldades. Sentia-me grata por aquelas pessoas que estavam sentadas ao meu lado no vagão, pelo conforto que estavam prestes a levar àqueles que sofriam. Também agradecia e admirava em meu coração o autossacrifício e a verdadeira "piedade" daquelas freiras. Mas o que cada um deles levava junto consigo? Um *quinhão* de ajuda a centenas de milhares de necessitados. As freiras valentes certamente tinham um amor cheio de superação a oferecer a *todas* as pessoas, o mesmo amor que eu sentia por meu marido. Como eu havia sentido antes, quando achei que aquele soldado moribundo a meus pés, que me causava imenso nojo e estava terrivelmente desfigurado, fosse meu marido, e isso espantaria toda repulsa. É o que elas deviam sentir por todos os irmãos, e pela força de um amor mais elevado, aquele que sentiam por seu noivo escolhido, o Cristo. Ah, mas também essas valorosas só poderiam dar-lhes um quinhão. Um quinhão de amor onde centenas de milhares se revolviam em ódio...

– Não, doutor – respondi ao jovem médico – não estou doente, só um pouco comovida.

– Barão S. disse-me que o seu esposo estaria ferido em Königgrätz e a senhora está indo para lá cuidar dele. – disse o médico militar, entrando na conversa. – A senhora sabe onde ele está exatamente?

Não sabia.

– Meu destino de viagem é Königinhof – respondi. – Lá está me esperando um médico e amigo, Dr. Bresser.

– Eu o conheço... Estava a meu lado quando fazíamos busca pelo campo de batalha, há três dias.

– Fazendo busca pelo campo de batalha... – repeti, estremecendo – conte-me...

– Sim, sim, conte-nos! – pediu uma das freiras. – Também temos condições de ajudar nessas buscas.

E o médico do regimento contou. É claro que não consigo mais reproduzir o teor de suas descrições, ele também não falava com fluidez, e sim com frequentes interrupções, e relutante, pois era impelido a falar pelas perguntas insistentes com as quais eu e as freiras inquisitivas o importunavam. Entretanto, os recortes de narrativas formam uma sequência fechada de imagens em minha memória, que a marcaram com tanta vivacidade, que ainda hoje eu consigo reproduzi-las diante de mim. Eu não teria apreendido e gravado com tanta nitidez as imagens do médico sob outras circunstâncias. É fácil esquecermos o que ouvimos ou lemos. Mas o que me foi narrado naquela época me causou uma impressão tão forte, que é como eu tivesse vivido tudo aquilo. Eu me encontrava no grau mais elevado de tensão nervosa e ansiedade. A ideia fixa em Friedrich, que tomava conta de mim cada vez mais, fazia com que ele estivesse em todas as cenas narradas, e elas permaneceram gravadas em meu espírito como experiências dolorosas que eu mesma tive. Depois, registrei os acontecimentos narrados pelo médico do regimento nos cadernos vermelhos, como se tivessem acontecido diante dos meus olhos:

- - - - - - - - - - - - - -

O hospital ambulante havia se instalado em uma porção protegida da colina. Do outro lado, a batalha acontece a todo vapor. O chão está estremecendo e estremece o ar cheio de faíscas. Nuvens de fumaça sobem, os canhões bramem ... era sinal de que serão enviadas as patrulhas, as quais se deslocam para os campos de batalha a fim de recolher os gravemente feridos e trazê-los para cá. Existe algo mais heroico do que adentrar o zunido das balas, passar por todos os horrores do combate, colocar-se à prova de todos os perigos, sem ter que se entregar ao frenesi selvagem de tudo aquilo? Segundo as concepções de guerra, esse ofício *não* é louvável. Trabalhar na "área da saúde", no exército, não é coisa para um jovem belo, robusto e esportivo, isso não faz uma garota virar a cabeça. E o "médico de campanha"? Mesmo que hoje ele se chame médico do regimento, é possível compará-lo com um tenente da cavalaria?

O cabo do corpo sanitário comanda seu pessoal em uma descida do vale, contra a qual uma bateria acaba de abrir fogo. Eles passam por entre o véu cinzento de fumaça de pólvora, e uma bala que cai em seus pés levanta poeira e terra. Já a poucos passos eles encontram feridos, aqueles de ferimentos leves, que se arrastam para o ambulatório de campanha, ou vão sozinhos ou se apoiando em pares. Um cai. Mas não é o ferimento, que consome suas forças, é a exaustão. "Há dois dias que não comemos nada, fizemos uma marcha forçada de doze horas... chegamos ao acampamento... duas horas depois, alarme e a batalha."

A patrulha continua. Esse pessoal encontra ele mesmo o seu caminho e pode trazer os camaradas moídos. O auxílio deve ser poupado para os outros mais necessitados.

Sobre o cascalho de uma encosta da colina há um grande novelo de sangue. É uma dúzia de soldados. O sargento fica e faz alguns curativos. Mas não há como carregá-los, é preciso buscar os que estão no meio do combate, talvez os busquemos na volta...

E a patrulha continua mais uma vez, mais próximo do campo de batalha. Em meu grupo já apinhado, os feridos se aproximam cambaleando, arrastam, com esforço, a si mesmos ou um ao outro. Sao aqueles que ainda conseguem andar. Distribuímos entre eles o conteúdo de nossas garrafas, fazemos um curativo nos sangramentos e lhes indicamos o caminho para o ambulatório. E prosseguimos. Passando por mortos, por montes de cadáveres... Muitos desses mortos apresentam resquícios de uma terrível agonia. Olhos por demais abertos, as mãos fincadas na terra, rostos para cima, dentes comprimidos sob os lábios contorcidos, as pernas esticadas, é assim que eles ficam.

Agora o caminho é côncavo. Aqui eles ficam uns sobre os outros. Mortos e feridos misturados. Os últimos saúdam a patrulha sanitária como se fôssemos anjos salvadores e suplicam e gritam por ajuda. As vozes abaladas, chorosas, lamuriosas, clamam por salvação, por um gole de água ... Mas a provisão está quase acabando, o que essas poucas pessoas podem fazer? Cada um teria que ter centenas de braços para conseguir salvar todos... cada um faz o que pode. Então, soa o chamado longínquo do ambulatório. As pessoas hesitam e param o que estão fazendo. "Não nos deixe! Não nos deixe!" Suplicam os infelizes, mas a corneta continua tocando, destacando-se de todos os outros estrondos, urgindo ao longe, quando chega, a galope, um oficial-adjunto: "Corpo sanitário?" "Às ordens!" respondeu o cabo. "Sigam-me."

Era evidente que um general se feriu... É preciso obedecer e abandonar os outros... "Coragem e paciência, camaradas, voltaremos." Os que dizem e os que ouvem sabem que isso não é verdade.

E continuam. Seguem, às pressas, o adjunto, que vai galopando à frente, pois sabe a direção. Não param no caminho, mesmo que ouçam de todos os lados os gritos de dor e de socorro, mesmo que alguma bala acabe acertando um ou outro do corpo sanitário, é preciso continuar, é preciso passar. Passar pelas pessoas que se contorcem pela dor de suas feridas, que foram pisoteadas pelos cavalos ou cujos membros foram esmagados pelos canhões, e que olham para os socorristas, tentam se levantar uma última vez, os mutilados: e passam, continuam passando!

Aquilo continuou por páginas nos cadernos vermelhos. Isso que o médico do regimento contou sobre a passagem de uma patrulha sanitária pelo campo de batalha contém muitas outras cenas semelhantes e até mais incômodas. Como a descrição de momentos em que balas e granadas caem no meio do trabalho ambulatorial, causando ainda mais feridas; ou quando os incidentes da batalha levam o combate, ou até mesmo os espaços para os curativos, até quase dentro dos ambulatórios e todo o corpo sanitário, junto com os médicos e os doentes, se veem em meio ao tumulto das tropas, que estão lutando, fugindo ou perseguindo; quando cavalos arredios e solitários atravessam correndo o caminho e derrubam as macas, sobre as quais se acabara de acomodar soldados gravemente feridos, que agora são arremessados ao chão e esmagados... Ou a imagem mais horrenda de todas: um domicílio campestre, para onde foram levados centenas de feridos, depois enfaixados e acomodados. Os pobres diabos alegres e gratos por terem sido salvos e uma granada incendeia todo o lugar... Um minuto e o hospital improvisado está em chamas, os gritos, muito mais os uivos que ressoam desse reduto do desespero e que se sobrepõem com seu eco de dor lancinante a todos os outros estrondos, certamente quem escutou jamais irá se esquecer... Ai de mim! Ainda que eu não o tenha ouvido, também não irei esquecê-lo, pois, enquanto o médico narrava, era como se, de novo, meu Friedrich estivesse ali, como se eu estivesse ouvindo seu grito daquele martírio...

– A senhora está passando mal – disse o médico, interrompendo sua narração. – Creio que eu tenha sobrecarregado demais os seus nervos.

Mas isso ainda não era o suficiente. Assegurei-lhe que minha fraqueza passageira era consequência do calor e de uma noite mal dormida e não estava cansada de ouvi-lo. Era como se eu ainda não tivesse ouvido o suficiente, como se o último e mais infernal do que pudesse existir ainda não tivesse sido narrado. Uma vez que se provoca a sede pelo abominável, não é possível descansar até que ela seja extinta pelo que há de mais abominável. De fato: há algo mais pavoroso do que a batalha *acontecendo*, que é *depois* da batalha.

Nenhum estrondo de canhão, o som estridente da fanfarra, nenhum rufar dos tambores, só o gemido de dor e o ronco do moribundo. No chão pisoteado, somente as poças avermelhadas, as piscinas de sangue; os plantios destruídos, apenas uns poucos espaços que se mantiveram intactos e cobertos de espigas; os vilarejos outrora risonhos transformados em escombros e detritos. As árvores da floresta carbonizadas e dobradas; as sebes despedaçadas pelos cartuchos de bala de canhão... E nesse campo de batalha, milhares e milhares de mortos e moribundos, moribundos desamparados! Não se veem nem flores, nem florações nos caminhos e nas relvas, somente sabres, baionetas, mochilas, casacos, carros de munição tombados, carrinhos de pólvora lançados pelos ares, canhões de rodas quebradas... No chão perto dos canhões, cujos gargalos ficam pretejados pela fumaça, é onde mais há sangue; onde fica a maioria dos mortos e semimortos mutilados, literalmente esmigalhados pelas balas. E os cavalos mortos e semimortos, que tentam levantar com as patas que ainda lhes restam, para voltar a cair, depois se levantar e de novo cair, até que levantam suas cabeças e dão seu grito de morte cheio de dor. Uma ribanceira da rua encheu-se de corpos, estavam mergulhados no lamaçal. Os infelizes haviam se refugiado ali, mas uma bateria passou por cima deles, foram esmagados pelos cascos de cavalos e pelas rodas... Muitos ainda estão vivos, uma massa sangrenta, mas "ainda vivem".

E existe algo ainda mais infernal do que tudo isso: a escória mais infame da humanidade bélica, as assim chamadas *hienas do campo de batalha*. "Vão chegando furtivamente, os monstros que farejam os despojos dos cadáveres, agacham-se sobre os mortos ou sobre os que ainda vivem, arrancam-lhes as roupas. Sem piedade. As botas são arrancadas das pernas sangrentas;

os anéis, da mão ferida ou, para ter o anel, o dedo é simplesmente cortado. Se a vítima tentar se defender, ou as hienas as matam ou arrancam-lhe os olhos para não serem reconhecidas..."

Soltei um grito. As últimas palavras do médico me fizeram de novo ver toda a cena e os olhos, nos quais as hienas cravaram suas facas, eram os olhos azuis, suaves e amados de Friedrich...

– Perdoe-me, senhora, mas a senhora que quis...

– Sim, sim, quero ouvir tudo. O que o senhor narrou aconteceu na noite seguinte ao combate, essas cenas aconteceram sob a luz das estrelas...

– E das tochas. As patrulhas enviadas pelos vitoriosos para fazer uma busca pelo campo de batalha carregam tochas e candeeiros. Os candeeiros vermelhos, colocados em hastes sinalizadoras, designam os lugares onde os ambulatórios provisórios foram montados.

– E a manhã seguinte, como fica o campo de batalha?

– Quase que ainda mais pavoroso. O contraste entre a sorridente estrela da manhã e ação humana macabra que ela ilumina torna tudo ainda mais doloroso. À noite, todo o quadro de horror ainda tem algo de fantasmagórico, de dia, é tudo mais desolador. Só ali é que se vê o sem fim de cadáveres espalhados: nas ruas, nos campos, nas trincheiras, atrás dos escombros, em todo lugar, só mortos. Saqueados, às vezes desnudos. Até mesmo os feridos. Apesar do trabalho noturno do corpo sanitário, eles ainda são em grande número, têm a aparência pálida e desorientada, verdes e amarelos, com o olhar estuporado e vazio, ou uma dor lancinante que os fazem se contorcer, implorando a qualquer um que passe por eles que os mate. Um bando de gralhas-pretas pousa no topo das árvores e anuncia, com seu grasnar, o banquete tentador... Cachorros famintos chegam dos vilarejos, correndo, e lambem o sangue dos feridos. Ainda se vê algumas hienas, que ainda continuam trabalhando, diligentes... E agora vem o grande enterro...

– Quem faz isso? O corpo sanitário?

– Não seria possível dar conta desse trabalho. Eles têm muito o que fazer com os feridos.

– Tropas enviadas para isso?

– Não: uma gente trazida para lá ou voluntárias. Andarilhos, gente do comboio de bagagem, que permaneceu nas carroças ou em tavernas, e que são forçados pelos militares a cavarem as covas junto com habitantes dos abrigos e das cabanas. As covas são bem grandes, quer dizer, compridas, pois não é possível fazê-las muito fundas. Não haveria tempo para isso. Jogam os corpos, às vezes de cabeça para baixo, da forma com que chegam. Ou fazem o seguinte: jogam um ou dois pés de terra sobre um monte de cadáveres, como se fosse um túmulo. Alguns dias depois, vem a chuva e desvela os cadáveres em putrefação, mas e daí? Os coveiros ágeis e alegres não pensam nisso. São operários ligeiros e alegres, é preciso deixar que sejam. Assobiam canções e contam todo tipo de piada, às vezes uma roda de hienas dança em volta da cova aberta. E se ainda há vida nos corpos jogados ali dentro ou cobertos de terra, eles não se preocupam com isso. É inevitável, há ferimentos que muitas vezes causam catalepsia. Alguns, que por acaso escaparam do perigo de serem enterrados vivos, contaram depois. Mas quantos existem que não puderam contar? Uma vez que há montes de terra na boca, ela acaba tendo de ficar fechada...

Oh, meu Friedrich, meu Friedrich, gemia em minha alma.

– Essa é a imagem da manhã seguinte – concluiu o médico. – Devo continuar narrando o que acontece na noite seguinte? Porque...

– Eu gostaria de lhe dizer, doutor – interrompi. – Em uma das capitais do Império, chegou a notícia da vitória gloriosa. De manhã, enquanto as hienas dançavam em volta das covas, as igrejas cantavam "Vamos agradecer a Deus" e, de noite, a mãe ou a esposa de algum enterrado vivo acendeu uma vela sobre o parapeito da janela, a cidade estava iluminada.

– Sim, minha senhora, a comédia é encenada em casa. Enquanto isso, no próprio campo de batalha, no segundo pôr do sol, a tragédia ainda não tinha começado. Fora aqueles que foram levados para os hospitais de campanhas ou para as covas, ainda restam *os que não foram encontrados*. Atrás do arbusto espesso, nos altos campos arados ou escondidos entre escombros, passam despercebidos aos que carregam os doentes ou aos coveiros. Para esses infelizes, é só o começo do martírio que dura vários dias e noites. No calor insuportável do meio-dia, na escuridão assustadora da meia-noite, acomodados entre pedras e cardos, em meio ao cheiro podre dos cadáveres ao lado, das próprias feridas, dos abutres festivos diante das presas ainda a se mover...

Que viagem! Há muito o médico do regimento havia parado de falar, mas as cenas que ele descreveu continuavam se delineando diante dos meus olhos. Para me livrar daquela ciranda de pensamentos que me perseguiam, eu olhava para fora da janela e procurava encontrar distração na paisagem. Mas também ali o que se oferecia ao olhar eram as imagens da miséria da guerra. Embora não houvesse, naquela região, nenhuma devastação violenta, pois ali não havia nenhum vilarejo destruído, ali o "inimigo" ainda não havia devastado, talvez a ansiedade fosse ainda pior: a *do medo do inimigo*. "Os prussianos estão chegando! Os prussianos estão chegando!" era o pavor que se via disseminado pelo caminho. E mesmo que não fosse possível ouvir essas palavras ao passarmos por ali, era evidente o seu efeito quando olhávamos pela janela. Por todas as ruas e caminhos, pessoas fugindo com sacos e bagagem, deixando o seu lar. Vagões inteiros cheios de roupas de cama, utensílios domésticos e suprimentos partiam para o interior. Tudo era feito com uma pressa visível. Em uma mesma carroça, pequenos porcos, uma criança pequena e alguns sacos de batata, ao lado, a pé, marido e mulher e os filhos mais velhos: assim foi que vi uma família, migrante, seguindo por uma rua vicinal. Para onde iam os pobres? Nem eles sabiam, fugiam apenas dos "prussianos". Assim é que se escapava da chuva de fogos ou da inundação premente.

Era frequente passar por nós um trem apitando no trilho ao lado: feridos e mais feridos, sempre os mesmos rostos cinzentos, as cabeças enfaixadas, os braços com tipoia. Especialmente nas paradas, é que era possível reavivar as variantes dessa visão. Todas as plataformas, grandes ou pequenas, onde normalmente se veriam viajantes alegres esperando ou partindo, agora estavam cheias de pessoas estiradas e agachadas. Eram os soldados doentes trazidos dos hospitais de campanha da região, que esperavam o próximo trem que os pudesse transportar. Tinham que ficar horas deitados e quem sabe o quanto já não haviam sido transportados antes? Do campo de batalha para o espaço de curativos, de lá para o ambulatório, dali para um hospital de campanha itinerante, depois para o povoado, agora para a estação de trem, onde estavam prestes a enfrentar a viagem para Viena. Da estação para o hospital e, de lá, depois de muito sofrerem, de volta para o regimento, talvez para o cemitério... Eu sentia muito, muito mesmo pelos pobres diabos! Teria me ajoelhado diante de todos e sussurrado palavras de compaixão. Mas o médico não me deixava. Quando desembarcávamos em uma estação, ele me pegava no braço e me conduzia para o escritório do chefe da estação de tratamento. Ali me levavam vinho ou algum outro refresco.

As irmãs já exerciam ali mesmo seu ofício piedoso. Davam aos feridos o que beber e comer, quando possível, pois, em geral, não havia nada, as provisões já estavam esgotadas. Essas ações nas estações de trem, nas maiores, causavam-me uma confusão de sensações. Era como um "sonho ruim". A correria para lá e para cá, a confusão desoladora, tropas prestes a marchar, refugiados, macas, montes de soldados sangrando e lamuriando, mulheres soluçando e de mãos postas. Gritos, chamados ásperos de comando, multidão por toda parte, nenhuma passagem livre. Envio de bagagens, materiais para a guerra, fora os cavalos relinchando e os bovinos a mugir. Em meio a isso tudo, o barulho incessante do telégrafo, trens passando, os quais vinham de Viena cheio das tropas de reserva, entupidos na verdade. Os soldados não eram acomodados sequer nos vagões de terceira e quarta classe, vinham nos vagões de carga e de gado, não passavam de carne de abate. No fundo, não conseguia reprimir esse pensamento: o que eram para além disso? Eram enviados para o combate ou, muito mais, para o "abate"? Não eram arrastados para o mercado político, onde seriam mortos como bucha de canhão? E passavam por nós. Um grande alarido vinha deles – seria uma canção de guerra? – e se sobrepunha ao barulho das engrenagens. Um minuto e o trem desaparecia. Levava, com diligência, a sua carga para a morte certa. Sim, *morte certa*... Embora cada um não estivesse certo se iria morrer, uma porcentagem certamente teria ou iria morrer. As tropas que se dirigem ao campo de batalha, que avançam pela rota militar a pé ou a cavalo podem conter, em si, certa poesia antiga, mas modernos trilhos de trem, o símbolo da união entre as culturas nacionais, como meio de promoção da barbárie: isso é por demais absurdo e abjeto. E como soa falso o sinal do telégrafo... o esplêndido troféu do intelecto humano, que possibilitou conduzir o pensamento de um país a outro, com uma rapidez muito grande. Todas essas invenções modernas, cuja função é promover o trânsito entre os povos, facilitar a vida, torná-la mais bela, enriquecê-la, agora estão sendo vilipendiadas por aquela lógica do velho mundo, que deseja dividir os povos e aniquilar a vida. "Vejam os nossos trilhos de trem, vejam nossos telégrafos, somos nações civilizadas", gabamo-nos diante dos selvagens e usamos essas coisas para quadruplicar *nossa* selvageria.

O fato de esses pensamentos me atormentarem enquanto aguardava o próximo trem nas estações, aumentava e piorava ainda mais meu sofrimento. Eu quase sentia inveja daqueles que, em sua dor ingênua, juntavam as mãos e choravam, que não se revoltavam contra toda aquela comédia de horror, que não acusavam ninguém, nem mesmo o "Senhor dos exércitos", que acreditavam ser Ele que lhes impunha toda aquela desgraça.

Era tarde da noite quando cheguei a Königinhof. Meus companheiros de viagem tiveram que ficar em uma estação anterior. Estava sozinha, com medo e aflição. E se o Dr. Bresser tivesse tido algum impedimento para vir? O que eu iria fazer? Além disso, sentia-me massacrada com a viagem, enervada pelas impressões de tristeza e calafrios. Não fosse a saudade que sentia de Friedrich, eu teria desejado apenas a morte. Deitar-me e adormecer, nunca mais despertar em um mundo com tantos absurdos e brutalidades! Mas eu tinha que ficar viva e encontrar Friedrich!

O trem parou. Desembarquei cansada e trêmula e peguei minha bagagem de mão. Carregava uma malinha com alguma roupa e os materiais de curativo para os feridos. Além disso, uma *nécessaire*. Eu a trouxe por hábito, na crença adquirida de que não é possível ficar sem os apetrechos, sabonetes e água, as escovas e os pentes. O asseio é uma virtude do corpo, o mesmo que a sinceridade é para o espírito, essa segunda natureza da cultura humana: como fui perceber só agora que, nesses tempos, é preciso abdicar dele. De fato, é lógico: a guerra é a negação da cultura, com ela todas as conquistas da cultura são deixadas de lado. Um retrocesso à selvageria, ela faz tudo desembocar no que é selvagem, entre outras coisas, naquilo que os nobres tanto temem: *a sujeira*.

A caixa com o material para os hospitais de campanha, que eu providenciei para o Dr. Bresser, havia sido entregue junto com as outras caixas do comitê de auxílio, quem sabe quando e onde ela seria entregue? Comigo, não tinha nada além de minhas duas bagagens de mão e uma bolsinha a tiracolo, que estava cheia de algumas notas de cem florins. Fui cambaleando dos trilhos até a plataforma. Apesar do horário, ali também havia uma multidão como nas outras estações, e sempre a mesma imagem: feridos e mais feridos. Não, não a mesma imagem, ali era pior. Königinhof era um lugar que estava lotado de infelizes. Não havia um espaço sequer desocupado e, mesmo assim, os doentes eram trazidos aos montes. Ficavam espalhados, com faixas provisórias, no chão, nas pedras...

Era uma noite escura e sem Lua. No local, havia apenas três hastes com os candeeiros acesos. Exausta e quase morta de sono, recostei-me no canto de um banco e coloquei minha bagagem na minha frente.

Não tive ânimo para ver de imediato se o Dr. Bresser estaria entre as muitas pessoas que iam para lá e para cá. Estava quase convencida de que não o encontraria. Havia uma chance entre dez de que ele teria algum impedimento para vir ou que ele chegaria em algum outro horário que não o predeterminado. Não havia mais pontualidade. Certamente, meu trem havia chegado muito mais tarde do que o sistema havia indicado. Sistema: também um conceito cultural, da mesma forma ele estava rompido por toda parte.

Agora, o meu empreendimento me parecia lunático. Esse pretenso chamado de Friedrich... será que eu tinha essas crenças místicas? Ele dispensava toda fundamentação. Quem sabe se Friedrich não estava a caminho de casa, se talvez não estivesse morto? Por que eu o procurava ali? Agora era uma outra voz que começava a me chamar, outros braços que se estendiam para mim: Rudolf, meu filho. Ele deve ter perguntado pela "mamãe" e não deve ter conseguido dormir sem meu beijo de boa noite... Para onde eu iria me dirigir, se não encontrasse Bresser? E a esperança de encontrá-lo de repente se tornou tão mínima, era como achar uma agulha no palheiro. Por sorte, eu tinha minha bolsinha com dinheiro, tê-lo possibilitava sempre meios de achar acomodação. Por acaso, toquei na alça, onde a bolsinha deveria estar pendurada... Meu Deus! A correia, onde deveria estar presa, estava solta! Tinha perdido a bolsinha! Mas que golpe! Ainda assim não queria fazer acusação alguma contra o destino, não era capaz de lamentar: "Acaso, como você foi duro comigo". Pois, em uma época em que o infortúnio desabava sobre todos, seria muito egoísmo reclamar de uma pequena porção desse infortúnio. Além disso, só uma coisa me era terrível: a morte de Friedrich. Todo o resto não era nada.

Examinava todos em minha volta, nenhum era o Dr. Bresser.

Por onde eu devia começar? A quem recorrer? Tive uma ideia momentânea:

– Onde encontro o chefe da enfermaria?

– A senhora quer dizer o dirigente da gigantesca enfermaria, o oficial médico S.? Ali está ele.

Não tinha pensado nele, mas talvez ele pudesse me dar informações do Dr. Bresser. Aproximei-me do local indicado. O médico falava com um senhor diante dele:

– É uma miséria – ouvi ele dizer. – Foram instalados aqui e em Turnau depósitos para todos os hospitais de campanha. As doações vêm aos montes, roupas de cama, alimentos, materiais para curativo, a dar e vender. E por onde começar? Como descarregar, selecionar e distribuir? Falta-nos gente. Precisaríamos de uns cem funcionários...

Estava prestes a falar com o médico, quando vi um homem correr para sua direção, era o Dr. Bresser, que alívio. Comovida como estava, abracei o amigo impetuosamente.

– A senhora? Baronesa Tilling? O que a senhora está fazendo aqui?

– Vim para ajudar, para ajudar... Friedrich não está em algum dos seus hospitais?

– Eu não o vi.

Não sabia se essa notícia era decepcionante ou um alívio. Ele não estava lá, ou estava morto, ou desaparecido... também seria impossível a Bresser ter reconhecido todos os feridos em sua volta. Eu mesma teria de procurar nos hospitais.

– E a Sra. Simon? – perguntei.

– Já está aqui há várias horas, uma mulher impressionante! Decidida, cuidadosa... Logo começou a se ocupar dos feridos deitados aqui, para levá-los até os vagões desocupados. Ela ouviu dizer que em um lugar próximo, em Horonewos, a necessidade é bem maior. Ela quer ir para lá e vou acompanhá-la.

– Eu também, Dr. Bresser! Deixe-me ir junto.

– Mas como, baronesa Martha? Tão delicada e cheia de mimos, tendo que fazer trabalhos pesados, muito pesados...

– Mas o que vou fazer aqui? – interrompi. – Se o senhor é meu amigo, doutor, ajude-me a conduzir o meu propósito... quero fazer tudo, todo tipo de serviço... Apresente-me à Sra. Simon como enfermeira voluntária e me leve junto, por piedade leve-me junto!

– Está bem, vou fazer sua vontade. Lá está a valente senhora, venha.

Quando Dr. Bresser me levou até a Sra. Simon e me apresentou como enfermeira, ela me fez um sinal com a cabeça e logo voltou-se para dar instrução a alguém. Não consegui reconhecer suas feições em meio à fraca iluminação.

Cinco minutos depois, estávamos a caminho de Horonewos. Uma carroça que tinha acabado de trazer feridos de lá iria nos servir de meio de transporte. Sentamo-nos na palha, que talvez ainda estivesse com sangue da carga anterior. O soldado, que se sentou ao lado do cocheiro, carregava um candeeiro que lançava uma luz errática sobre a estrada. "Sonho ruim, sonho ruim": mais e mais eu tinha a impressão de que atravessava um sonho ruim. A única coisa que me recordava da realidade à minha volta e que, ao mesmo tempo, confortava-me era a proximidade do Dr. Bresser. Coloquei minha mão sobre as dele e seu braço me apoiou:

– Encoste-se em mim, baronesa Martha, minha pobre criança – disse ele, suavemente.

Encostei o melhor que pude, mas que tortura! Quando estamos acostumados a vida inteira a descansar em assentos afofados, carruagens de mola e camas macias, como é difícil ficar sentada em uma carroça que chacoalha o tempo todo, cujo soalho de madeira é forrado somente com uma palha úmida de sangue. E eu não estava ferida, como pode alguém com os membros esmigalhados, com os ossos quebrados e expostos serem levados em um meio de transporte como esse, a trancos e barrancos?

Minhas pálpebras começaram a pesar. Um estado dolorido de sonolência começou a me martirizar. Todos os meus membros doíam com o desconforto e meus nervos, diante da ansiedade, não me permitiam dormir. Tanto mais brutal era o efeito da necessidade não saciada de meu sono. Pensamentos e imagens rodavam em meu cérebro, de uma forma tão confusa quanto em sonhos febris. Todas as cenas arrepiantes que o médico do regimento havia narrado se repetiam em minha cabeça, em parte com as palavras do próprio narrador, em parte como representações das faces e dos sons remetidos por essas palavras: eu via os homens cavando, via as hienas se esgueirando, ouvia os gritos das vítimas desesperadas no hospital em chamas e, no entremeio, palavras como se estivessem sendo ditas em voz alta pela voz do médico: gralhas-pretas, tavernas, patrulha sanitária. Nada disso me impedia de ouvir também a conversa que meus companheiros de viagem estavam tendo entre si:

– Uma parte do exército derrotado fugiu para Königgrätz – dizia Dr. Bresser. – O forte, porém, estava fechado e tiros vindos das muralhas atingiram os fugitivos, os saxões, que foram confundidos com prussianos por causa do crepúsculo. Milhares caíram no fosso e se afogaram... A fuga parou no Elba, a confusão está imensa. As pontes estão tão apinhadas de cavalos e canhões, que a infantaria não encontra mais espaço... Milhares caíram no rio Elba, também os feridos...

– A situação deve estar terrível em Horonewos – disse a Sra. Simon. – Os habitantes abandonaram tudo, vilarejo e castelo. Os espaços internos estão todos destruídos e cheios de feridos desamparados... Nossa presença vai fazer muito bem aos infelizes! Mas ainda é muito pouco, muito pouco!

– Também nosso auxílio médico é pouco – complementou Dr. Bresser. – Teríamos que estar em cem para conseguir fazer o necessário. Faltam instrumentos e medicamentos, e eles nos ajudariam ainda assim? A superlotação dessas localidades é tão grande que existe uma ameaça de um surto epidêmico. A primeira preocupação é sempre mandar embora o máximo de feridos possível. Mas a situação deles, em geral, é tão desalentadora, que ninguém quer a responsabilidade de submetê-los ao transporte... mandá-los embora, acabar os matando assim. Deixá-los lá significa trazer o caos para os hospitais de campanha. As escolhas são difíceis! O que tenho visto nesses dias, desde a batalha de Königgrätz, é triste e terrível, supera tudo o que já vi. A senhora deve se preparar para o pior, Sra. Simon.

– Tenho anos de experiência e coragem. Quanto maior a desgraça, maior fica a minha força de vontade.

– Eu sei. Ouvi esta sua fama. Eu, ao contrário, quando vejo tanta desgraça, sinto que minha coragem diminui e meu coração para. Ouvir a súplica de centenas, de milhares, e não *poder* ajudar! É pavoroso! Em todos esses ambulatórios, armados às pressas em torno do campo de batalha, não há meios de nos refrescarmos, água principalmente. Os habitantes deixaram a maioria das fontes disponíveis inutilizáveis... impossível conseguir pão... Todos os espaços que tenham teto: igrejas, estalagens, castelos, cabanas estão lotados de doentes, tudo que tenha rodas serve de transporte de feridos... As ruas estão cobertas desses tipos de carroças infernais, porque o que as rodas carregam de sofrimento é realmente infernal. Todos são colocados ali: oficiais, sargentos e soldados, desfigurados por sangue, poeira e sujeira, ou às vezes ficam irreconhecíveis, cobertos de feridas para as quais não há ajuda humana possível. Soltam gritos de lamento e de dor que não têm nada de humano, porém os que ainda conseguem gritar não são os mais desafortunados...

– Muitos acabam morrendo no caminho, não?

– Com certeza. Ou, quando são descarregados em algum espaço já lotado acabam morrendo em silêncio e sem serem percebidos, no primeiro monte de palha razoável no qual os acomodaram. Alguns em silêncio, outros numa luta desesperada com a morte, gritando e esbravejando, emitindo as mais arrepiantes maldições... Maldições que certamente o Sr. Twinnig, de Londres, deve ter ouvido, e depois deu o seguinte conselho durante a Conferência de Genebra: "Se a condição do ferido não permite a menor esperança de cura, não seria apropriado que, primeiro, ele recebesse o consolo da religião, e, se as circunstâncias o permitirem, conceder-lhe um momento de meditação, depois dar um fim menos doloroso à sua agonia? Com isso, é possível evitar que ele morra depois, febril, e soltando todo tipo de blasfêmia de sua boca".

– Mas que pouco cristão! – exclamou a Sra. Simon.

– O quê? O golpe de misericórdia?

– Não. A suposição de que, em meio ao martírio mais insuportável, a blasfêmia vinda do martirizado possa ser-lhe perigoso... O Deus dos cristãos não é assim tão injusto e certamente concede graças a todas as vítimas da guerra.

– Se cada turco matar um cristão, o paraíso de Maomé está garantido a ele – contrapôs Dr. Bresser. – Acredite, caríssima Sra. Simon, as divindades que governam as guerras, para quem os sacerdotes e os comandantes pedem o apoio e a bênção para os combates, em troca do genocídio, são indiferentes tanto às blasfêmias quanto às súplicas. Veja lá em cima, para aquela estrela de primeira grandeza, de luz avermelhada, nós a vemos apenas a cada dois anos cintilando sobre nossas cabeças, ou melhor, *iluminando*, ela não cintila, na verdade é o planeta Marte, o astro a quem se atribui o deus da guerra. Um deus tão temido e venerado nos tempos antigos, que possuía muito mais templos que a deusa do amor. Já na Batalha de Maratona, no estreito desfiladeiro das Termópilas, o astro iluminou de vermelho, como a cor do sangue, o combate dos homens e sobre ele ascenderam as maldições daqueles que morreram. Culpavam-no de seu infortúnio, enquanto ele, tranquilo e despreocupado, tanto naquela época quanto hoje, girava em torno do Sol. Astros inimigos? Isso não existe. O ser humano não tem outro inimigo que não o próprio ser humano, mas a sua ferocidade é o bastante. Ele também não tem outro amigo – complementou Dr. Bresser depois de uma pequena pausa. – A senhora mesma é um exemplo disso, sua generosidade, a senhora...

– Doutor! – interrompeu a Sra. Simon. – Veja, as chamas no horizonte, um vilarejo deve estar pegando fogo!

Abri os olhos e vi o brilho vermelho.

– Não – disse Dr. Bresser – é a Lua que está subindo.

Tentei me colocar em uma posição mais confortável e me sentei um pouco. A partir dali, evitei fechar os olhos. Estar meio adormecida, consciente de não estar dormindo, vendo imagens fantasiosas e tenebrosas encenando a ciranda selvagem, isso era torturante... melhor era participar da conversa e me livrar dos próprios pensamentos.

Porém os dois se calaram. Olhavam para o lugar onde o astro da noite de fato subia. Pouco depois, meus olhos voltaram a fechar. Dessa vez eu dormi. No segundo em que senti que adormecia, que o mundo em minha volta parou de existir, tive a sensação benfazeja do não existir, que o irmão da minha benfeitora, a morte, também seria muito bem-vindo para mim mesma.

Não sei quanto tempo passei nessa abençoada translação existencial. De repente, fui arrancada dela com força. Não foi um barulho, um abalo que haviam me despertado, mas uma fumaça espessa e pestilenta insuportável.

– O que é isso?

Os outros fizeram a mesma pergunta ao mesmo tempo.

A carroça virou uma esquina e a resposta estava na beira do caminho. Erguia-se um muro, que a lua iluminava, era provavelmente o muro da igreja. De todo modo, ela servia como espécie de embrasura, a seus pés havia inúmeros cadáveres, uns sobre os outros... O cheiro de putrefação que subia desses corpos era o que havia me arrancado do sono. Quando passamos por ali, um bando de abutres saiu voando e grasnando do amontoado de corpos, ondearam-se por um tempo, como uma nuvem negra de encontro ao pano de fundo iluminado do céu, depois voltaram para o seu banquete.

– Friedrich, meu Friedrich!

– Calma, baronesa Martha – consolou-me Bresser. – Não é possível que teu marido tenha estado aí.

O soldado, que agora conduzia a carroça, açoitou a parelha para poder sair mais rápido do local com aquela névoa mefítica. O carro chacoalhava e tropeçava como se estivéssemos em plena fuga. Acreditava que os cavalos perdiam o controle... um medo aterrorizante tomou conta de mim. Agarrei-me no braço de Bresser com as duas mãos, mas voltei minha cabeça para trás, para continuar olhando o muro. Não sei se era o brilho da Lua que enganava, mas será que aqueles movimentos eram mesmo dos pássaros que voltavam a seu despojo? Para mim, era como se todos aqueles mortos estivessem se mexendo e estendendo os braços para nós, como se estivessem se preparando para nos seguir.

Quis gritar, mas a garganta comprimida pelo pavor me impediu de fazê-lo.

De novo a carroça virou em uma esquina.

– Chegamos em Horonewos – ouvi o doutor dizer e ordenou que o cocheiro parasse.

– O que vamos fazer com essa mulher? – reclamou a Sra. Simon. – Ela nos trará mais dificuldade que auxílio.

Recompus-me.

– Não, não – eu disse. – Agora estou melhor, quero lhe ajudar o quanto eu puder.

Encontrávamo-nos no meio do lugar, diante do portão de um castelo.

– Vamos ver primeiro, aqui, o que é preciso fazer – disse o doutor. – O castelo abandonado por seu dono deve estar lotado de feridos, do porão até o sótão.

Desembarcamos. Eu mal conseguia parar em pé, mas juntei todas as minhas forças, para que não o percebessem.

– Vamos! – disse a Sra. Simon. – Já pegamos todas as nossas coisas? O que eu trouxe irá levar alento para as pessoas.

– Também tenho tônicos e materiais para curativo em minha malinha. – disse.

– E, em minha bolsa, carrego instrumentos e medicamentos – complementou o Dr. Bresser, depois deu ordens aos soldados que nos acompanharam: dois deveriam ficar junto dos cavalos, os outros viriam conosco.

Adentramos o portão. Vinham lamentos abafados de todas as partes... tudo sombrio.

– Luz! O que mais precisamos é luz! – gritou a Sra. Simon.

Oh, não! Tínhamos trazido muita coisa conosco: chocolate, extrato de carne, charutos e faixas, mas ninguém tinha pensado nas velas. Não havia a menor possibilidade de iluminarmos a escuridão que cercava a nós e aos desafortunados. Só uma caixinha de fósforos que o Dr. Bresser carregava no bolso é que nos auxiliou, por alguns segundos, a ver o quadro terrível diante de nós e que preenchia aquele antro de miséria. O pé escorregava sobre o chão tomado de sangue, ao continuarmos andando. O que fazer?

Chegavam ainda mais soldados, gemendo e suspirando e lamentando para junto dos que ali já estavam gemendo e lamentando. O que fazer? O quê?

– Vou vasculhar a casa do pároco – disse a Sra. Simon. – Ou buscar assistência no vilarejo. Venha, doutor, acompanhe-me com seus fósforos pela saída e a senhora fique aqui por enquanto.

Ali, sozinha, na escuridão, em meio ao lamento daquelas pessoas, em meio ao cheiro sufocante? Que circunstância! Senti um arrepio na espinha. Mas não contestei.

– Sim – eu disse – vou ficar aqui e esperar a senhora voltar com luz.

– Não – exclamou Bresser ao enganchar o seu braço no meu – a senhora vem junto, não vai ficar nesse purgatório, entre pessoas talvez muito febris.

Fiquei muita grata ao amigo por aquilo e agarrei-me, firme, em seu braço, talvez eu teria enlouquecido de tanto medo que sentia naquele lugar... Ah, eu não passava de uma criatura covarde e desamparada, não estava preparada para o infortúnio e o horror que eu havia encontrado ali... por que não fiquei em casa? Mesmo assim, e se eu encontrasse Friedrich? Quem sabe se ele não estaria em um daqueles espaços escuros que acabávamos de deixar? Enquanto saíamos, chamava por seu nome, mas o "estou aqui, Martha", que eu esperava e temia, não me foi respondido.

Estávamos de novo lá fora. A carroça estava no mesmo lugar. Dr. Bresser decidiu que eu deveria embarcar novamente.

– A Sra. Simon e eu vamos ao vilarejo – ele disse – e a senhora fica aqui.

Resignei-me, sem problemas, pois mal conseguia me manter de pé. O médico me ajudou a subir e me indicou um lugar para me sentar em meio à palha. Dois soldados ficaram. Os outros foram junto com a Sra. Simon e o Dr. Bresser.

Por volta de meia hora depois, todo o grupo estava de volta. Sem êxito. A casa do pároco estava destruída, como todas as outras, e vazia. Todas as casas estavam em ruínas, em nenhum lugar havia forma de fazer luz. Agora não restava mais nada, senão esperar o raiar do dia. Quantos dos desafortunados, que voltaram a ter esperanças com a nossa chegada e que agora poderiam ser salvos por nós, não iriam morrer naquela noite?

Foi uma noite longa e cheia de aflição. Embora faltassem apenas umas três ou quatro horas para o nascer do sol, como aquelas horas pareceram eternas. Em vez das batidas de um pêndulo, elas foram marcadas pelo grito impotente de socorro daqueles que sofriam.

Finalmente a manhã havia chegado. Agora podíamos agir. A Sra. Simon e o Dr. Bresser de novo se puseram a caminho, a fim de oportunamente encontrar alguns habitantes escondidos. Dessa vez, foram exitosos. Um ou outro agricultor saiu dos escombros se arrastando. Primeiro, estavam resistentes e desconfiados, mas quando Dr. Bresser começou a falar com eles em sua língua materna e a Sra. Simon os exortou com sua voz suave, eles aceitaram oferecer seus serviços. Era preciso, sobretudo, buscar mais habitantes para que pudessem ajudar: enterrar os mortos; fazer as fontes funcionarem, para dar água aos que viviam; procurar utensílios pelo caminho; esvaziar as mochilas dos mortos, para encontrar roupas para os feridos. Também um oficial-médico prussiano havia chegado com gente e recursos. Agora sim era possível ter algum êxito em levar socorro aos desafortunados. Também para mim havia chegado o momento de talvez encontrar aquele, cujo pretenso chamado me havia feito empreender aquela viagem deplorável. De alguma maneira, esse pensamento voltou a despertar minhas forças minguadas.

Na companhia do médico prussiano, a Sra. Simon se dirigiu primeiro aos lugares do castelo, onde havia mais feridos. Dr. Bresser queria fazer uma busca pelos outros espaços do vilarejo. Eu preferi me juntar ao amigo e fui com ele. O médico constatou, em um primeiro tour, que Friedrich *não* estava no castelo.

Mal havíamos dado os primeiros passos e já retumbavam as súplicas em nossos ouvidos. Eles vinham da porta da pequena igreja do lugar. Entramos. Mais de cem homens estavam deitados no chão duro de pedras, gravemente feridos ou mutilados. Olhares febris e erráticos gritavam e suplicavam por água. Já na soleira da porta fiquei atordoada, ainda assim consegui atravessar as fileiras: procurava por Friedrich... ele não estava lá.

Bresser e o seu pessoal puseram-se a trabalhar pelos pobres. Eu me recostei em um lado do altar e olhei, com um calafrio indescritível, o quadro de miséria.

E *lá* era o templo do Deus de amor infinito. O que via eram mesmo os santos milagreiros que, em nichos e nas paredes, juntavam as mãos, devotos, e erguiam suas cabeças para o halo dourado?

– Oh, Mãe de Deus, Santa Mãe de Deus... um gole de água... tenha piedade! – ouvi a súplica de um soldado. Devia estar dias a fio pedindo, em vão, para a imagem colorida e surda. Oh, pobres seres humanos, até que *vocês* não obedeçam ao preceito do amor, que um deus colocou em seus corações, seus chamados pelo amor de Deus serão em vão. Enquanto a crueldade não for superada entre *vocês*, não depositem suas esperanças na piedade divina...

* * *

Tudo que não vi naquele dia!

Não contar seria o mais fácil e o mais tentador.

Se algo muito terrível está acontecendo, fechamos os olhos e viramos o rosto. Também a memória tem essa capacidade de fechar os olhos. Se não há nada o que se fazer para ajudar, por que querer mudar o passado que não volta mais? Para que remexer as próprias dores e a dos outros?

Para quê? Sobre isso, falarei mais tarde. Por ora, digo apenas que *preciso.*

Mais ainda. Não quero extenuar a minha própria memória, até porque não alcancei apreender de fato o calor dos acontecimentos. Irei acrescentar a esse relato o que disseram as testemunhas daquelas cenas: Sra. Simon, Dr. Brauer e o comandante saxão do hospital de campanha, Dr. Naundorff (é preciso fazer uma comparação com o livro *Sob a Cruz Vermelha*).

Assim como em Horonewos, o inferno tinha suas filiais em muitas outras localidades do entorno: Sweti, Hradeck, Problus. Em Pardubitz, que foi a primeira que os prussianos ocuparam, havia *milhares* de pessoas gravemente feridas, de operados e amputados, em parte moribundos, em parte já mortos, e de cadáveres que ficavam entre os que estavam prestes a morrer e os que desejavam a morte. Muitos tinham a camisa tão ensanguentada, que não era possível saber de onde eram. Todos os que ainda tinham um resquício de vida, gritavam por água e pão, contorciam-se pelas dores de suas feridas e suplicavam ou por alívio, ou pela morte.

"Roßnitz", escreveu Dr. Brauer em suas cartas, "Roßnitz, esse lugar cuja imagem ficará em minha memória até eu morrer, Roßnitz, para onde fui enviado no sexto dia pelos Johanniters, depois da batalha mortal, onde ainda predominava a maior desgraça que um ser humano é capaz de imaginar. Lá, encontrei o nosso R. com 650 feridos, que estavam largados em celeiros e estábulos miseráveis, sem cuidados, em meio aos mortos, aos quase mortos e, em parte, há dias em meio às próprias fezes. Ali, depois de erigido o túmulo do primeiro-tenente V.F., fui acometido por uma dor tão grande, que *por horas derramei torrentes de lágrimas* e, apesar do esforço de toda minha força moral, quase não consegui me conter. Embora esteja acostumado, como médico, a ver a miséria humana em todas as suas facetas e, ao longo do exercício de minha profissão, de ter aprendido a suportar a aflição da natureza humana atormentada, ali, porém, as lágrimas foram inevitáveis. Em Roßnitz, foi onde eu percebi, já no segundo dia, que nossas forças não estão habituadas a tal miséria, onde perdi a coragem e parei de fazer curativos."

"... Qual não era a condição daqueles 600 homens." Dessa vez quem escreve é o Dr. Naundorff. "É impossível conseguir retratar com fidelidade. Moscas sugavam suas feridas ainda abertas. O olhar, que brilhava por causa da febre, errava, perquiridor, pelo entorno, em busca de alguma ajuda, de alívio, água e pão! Casaco, camisa, carne e sangue formavam, na maioria, uma mistura repugnante. *Larvas começaram a surgir e a devorá-los.* Um cheiro insuportável preenchia os espaços. Todos esses soldados estavam deitados no chão, só alguns encontraram um pouco de palha. Alguns que estavam em um solo lamacento e mole quase afundavam na lama: não conseguiam se levantar dali. Outros estavam deitados em uma poça tão asquerosa, que a pena iria se arrepiar ao descrevê-la."

"Em Masloved", contou a Sra. Simon, "um lugar com umas cinquenta habitações, havia 700 feridos oito dias depois da batalha. Tanto os lamentos, quanto o completo abandono eram gritantes. Só a um único estábulo, foram enviados 60 daqueles infelizes. Todas as suas feridas eram bastante graves e, por conta da condição deplorável, da falta de cuidado e alimentação, elas não tinham mais esperança de cura. Quase todas estavam necrosadas. Partes dos membros estilhaçados apodreciam; os rostos eram uma massa amorfa de sangue, totalmente coberta de sujeira, que apresentava uma abertura enegrecida e desfigurada de uma boca. Dela saiam os sons mais horrendos. A putrefaçao avançada separava todas aquelas partes mortas dos corpos miseráveis. Os vivos foram acomodados perto dos mortos, que começavam a se decompor e os vermes a tomarem conta

Esses sessenta homens, assim como todos os outros, estavam no mesmo lugar há dias. Suas feridas ou estavam totalmente a descoberto ou com curativos insuficientes. Desde o dia da batalha, eles estavam lá, incapazes de se mover dos lugares, pouco alimentados, sem água o suficiente. Encontravam-se em um lugar purulento, cheio de sangue e dejetos, assim é que passaram aqueles oito dias! Corpos viventes, cujas contrações dos membros apontavam para um sangue intoxicado, que só completava sua circulação de forma letárgica. Ainda não era possível que morressem, e como esperar que ainda teriam possibilidade de sobrevier? Mas o que é o mais surpreendente disso tudo?", concluiu a Sra. Simon em seu relato, "A vitalidade inesgotável da natureza humana, que suporta tudo aquilo e ainda é capaz de respirar, ou a falta do auxílio necessário?".

A mim, parece-me mais surpreendente ainda, que os seres humanos *levem* uns aos outros a esse estado, que os seres humanos que veem algo assim não se curvem, ajoelhando-se, e façam o juramento mais acalorado de lutar contra a guerra ou, se não têm poder algum, que, dali para frente, dediquem todas as suas ações, com a palavra e a escrita, com o pensamento e a doutrina, para apenas um fim: Abaixo as armas!

- - - - - - - - - - - - - -

A Sra. Simon era chamada de "mãe dos hospitais de campanha" e foi uma heroína. Ela ficou durante semanas naqueles lugares e suportou todo tipo de tribulação e perigo. Centenas foram salvos por mérito dela. Trabalhava, atuava e dava ordens dia e noite. Ora prestava os serviços mais degradantes nos acampamentos dos doentes, ora dava comandos para o transporte ou requisitava alimentos. Se conseguia ajuda em um lugar, logo apressava-se para um outro. Mandava vir uma encomenda considerável de Dresden e a direcionava para onde houvesse maior necessidade, apesar de todas as dificuldades que enfrentava para isso. Assumiu a representação da Associação Patriótica de Auxílio em solo boêmio e, lá, conquistou uma posição igual àquele de Florence Nightingale na Crimeia.

E eu? Descomposta, desamparada, arrebatada pela dor e pelo nojo, não era capaz de ajudar em nada. Já na igreja, em nossa primeira etapa, eu desmoronei, exausta, nos degraus do altar de Maria, e o Dr. Bresser fez o maior esforço para me recompor. De lá, fui me arrastando a seu lado e chegamos em um estábulo, que oferecia o mesmo panorama descrito pela Sra. Simon. Na igreja, havia, pelo menos, um espaço mais amplo, onde os coitados deitavam-se um ao lado do outro, ali, no entanto, estavam amontoados uns sobre os outros, como novelos. Enfermeiros ou, talvez, o corpo sanitário que estava em marcha, chegaram à igreja. Estavam em poucos, mas ofereciam alguma ajuda. No estábulo, encontrava-se o restante, uma massa rastejante, lamuriosa de restos humanos em putrefação... Uma náusea sufocante prendeu minha garganta, o lamento mais intenso tomou conta do meu coração, era como se eu o sentisse partindo em dois e eu soltei um grito retumbante. Esse grito foi a última coisa que permaneceu dessa cena em minha memória.

Quando despertei, encontrava-me em um vagão de trem. Dr. Bresser estava sentado à minha frente. Ao se dar conta de que eu abria os olhos e olhava, em minha volta, com espanto e curiosidade, pegou a minha mão:

– Sim, sim, Sra. Martha – disse – esse é um vagão de segunda classe. A senhora não está sonhando. A senhora está na companhia de alguns oficiais com ferimentos leves, seu amigo Bresser, e nós vamos para Viena.

E assim foi. O médico levou um transporte de feridos de Horonewos para Königinhof e, de lá, foi-lhe confiado um outro para Viena. Levou a mim, a desmaiada, no duplo sentido do termo, junto de si e me trouxe para casa. Acabei mostrando-me completamente inútil e incapaz para aqueles redutos de miséria, um obstáculo e um fardo. A Sra. Simon ficou feliz com o fato de o Dr. Bresser me levar dali. E eu preciso confessar que foi o melhor a se fazer. Mas e Friedrich? Eu não o havia encontrado. Graças a Deus que não, assim haveria ainda alguma esperança. Se eu tivesse reconhecido o esposo amado entre aquelas figuras miseráveis, teria enlouquecido! Talvez tivesse chegado alguma carta de Friedrich em minha casa! Essa esperança, não, esperança era demais: a ideia dessa mera *possibilidade* era um bálsamo para minha alma ferida. Sim, sentia que meu íntimo estava ferido. A dor imensa que eu havia visto perfurou meu coração com tanta força, que ele nunca mais seria curado. Mesmo que reencontrasse Friedrich, mesmo que me aguardasse um futuro esplendoroso e cheio de amor, como eu poderia esquecer que muitos pobres irmãos e irmãs tiveram que suportar tanto infortúnio? Teriam de suportar enquanto não tivessem a consciência de que esse infortúnio não é o destino, e sim um crime.

Dormi durante quase toda a viagem. Dr. Bresser me deu um pouco de narcótico, para que um sono longo e profundo acalmasse meus nervos abalados pelos acontecimentos em Horonewos.

Quando chegamos à estação de Viena, meu pai já esperava para me buscar. Dr. Bresser havia pensado em tudo e telegrafou a Grümitz. Não conseguiria ele mesmo me acompanhar até lá, pois tinha de levar seus feridos até o hospital e, depois, queria voltar sem demora para a Boêmia.

Meu pai me abraçou em silêncio, eu também não disse palavra. Em seguida, virou-se para o Dr. Bresser:

– Como posso lhe agradecer? O que aconteceria se o *senhor* não tivesse protegido essa pequena maluca...

Mas o médico apertou nossas mãos com pressa.

– Preciso ir – disse. – Tenho trabalho a fazer. Cheguem bem em casa. A jovem precisa de descanso, excelência. Sofreu um grande abalo. Nenhuma acusação, nenhum interrogatório, deve ir direto para a cama. Água de flor de laranja. Descanso, adeus! – e foi embora.

Meu pai tomou meu braço no seu e me levou à saída, em meio à multidão. Lá havia de novo uma fileira de ambulâncias. Tínhamos de andar um trecho a pé, para chegar até onde nossa charrete estava.

A pergunta "Chegaram notícias de Friedrich nesse meio tempo?" vinha várias vezes até os meus lábios, mas não tinha coragem de pronunciá-la. Por fim, tínhamos andado um certo trecho, meu pai ainda em silêncio, quando finalmente a fiz.

– Até ontem, não – foi a resposta. – É possível que hoje tenhamos notícia. Já cheguei ontem à cidade, quando recebi o telegrama. Ah, como ficamos apavorados por sua causa, sua maluca. Ir até o campo de batalha, deparar-se com o inimigo mais feroz. Essa gente é como os selvagens... Estão inebriados pela vitória dos seus fuzis de agulha... e tem mais: esses soldados não são tão disciplinados assim, essa gente da linha de fronteira. Pode-se esperar os piores crimes de gente como essa. E você, uma mulher, no meio de tudo isso. Bem, o médico me mandou não lhe fazer acusações...

– Como vai o meu filho, Rudolf?

– Grita e chora por você, te procura por toda casa, não quer acreditar que você viajou sem lhe dar um beijo de despedida. Não vai perguntar dos outros? Lilli, Rosa, Otto, tia Marie? Parece meio apática...

– Como estão todos? Konrad escreveu?

– Todos vão bem. Chegou ontem uma carta de Konrad, não lhe aconteceu nada. Lilli está feliz. Você ainda vai ver que logo chegam boas notícias também de Tilling. Infelizmente não há nada de bom para se esperar do cenário político. Ouviu falar da grande desgraça?

– Qual? Nesse tempo, não vi outra coisa senão desgraça.

– Estou pensando em Vêneto, nossa bela Vêneto nos foi tomada. Ela foi entregue de bandeja ao intrigante do Louis Napoleão. E isso depois da brilhante vitória que tivemos em Custozza... Em vez de pegarmos de volta nossa Lombardia, entregamos a nossa Veneza! Claro que, com isso, tiramos o inimigo do Sul, acabamos tendo o Louis Napoleão a nosso lado e, agora, podemos nos vingar com todas as forças por causa de Sadowa, tirar a Prússia do país, persegui-los e pegarmos a Silésia. Benedek cometeu grandes erros, mas agora o comando-geral está nas mãos do glorioso comandante do Sul. Não responde nada? Está bem, vou deixá-la em paz, como prescreveu Dr. Bresser.

Após duas horas de viagem, chegamos a Grümitz.

Quando a charrete entrou pelo portão do castelo, minhas irmãs vieram correndo nos receber.

– Martha, Martha – as duas gritaram de longe. – Ele está aqui!

E de novo, na porta da cabine.

– Ele está aqui, Martha.

– Quem?

– Friedrich, teu marido!

Sim, de fato era isso. No dia anterior, tarde da noite, um transporte de feridos havia levado Friedrich da Boêmia até Viena e, de lá, até nossa casa. Tinha levado um tiro na perna, um ferimento que o havia impossibilitado de prestar serviço por um tempo e o tornara necessitado de cuidados, mas que não o colocava em risco.

Também a alegria foi difícil de suportar. A notícia trazida tão de surpresa por minhas irmãs, "Friedrich está aqui!", teve o mesmo efeito dos horrores vistos nos dias anteriores: e eu desmaiei.

Tiveram de me carregar da charrete até o castelo e me colocar na cama. Passei várias horas ali, ora dormindo, ora delirando. Seria o efeito do narcótico ou o golpe veemente da alegria que me acertara em cheio? Ao acordar e me ver em minha cama, acreditei que tivesse despertado de um sonho pesado e que não tinha saído de Grümitz. A carta de Bresser, minha decisão por viajar para a Boêmia, o que vivi lá, o retorno, o anúncio do regresso de Friedrich: tudo apenas um sonho.

Olhei para cima. Ao pé da cama, estava minha camareira.

– Meu banho já está pronto? – perguntei. – Quero me levantar.

Tia Marie surgiu do canto do quarto.

– Ah, Martha, minha querida, finalmente você acordou e recobrou os sentidos, graças a Deus! Levante, sim, por favor, e vá tomar o seu banho, vai te fazer bem... coberta de poeira das ruas e do trem como você está...

– Poeira do trem, como assim?

– Rápido, levante-se. Netti, prepare tudo. Friedrich já está impaciente, querendo te ver.

– Friedrich, meu Friedrich!

Como eu tinha chamado esse nome, nos últimos tempos, de uma forma tão dolorosa! Agora, porém, era um chamado de alegria, pois finalmente eu entendi. Não foi um sonho. Eu estava fora, depois regressei e veria o esposo!

Quinze minutos depois fui até ele. Sozinha. Pedi que ninguém viesse comigo. Ninguém poderia estar junto em nosso reencontro.

– Friedrich!

– Martha!

Joguei-me na cama onde ele estava e solucei em seu peito.

- - - - - - - - - - - - - -

Era a segunda vez na vida que o meu esposo amado regressava dos perigos da guerra.

Mas que bem-aventurança voltar a vê-lo! Como pode eu, justamente eu, voltar daquela torrente de dor, onde tantos sucumbiram, para a terra firme e feliz? Bem-aventurados aqueles que, numa situação como esta, voltam o olhar para o céu, com alegria, e agradecem a Deus. E, porque o fazem com humildade, sentem-se desonerados por essa gratidão, que julgam tão humilde quanto seu ato. Não fazem ideia do quanto ela é arrogante e egoísta. Acreditam que já reconheceram o suficiente o mérito que lhes foi conferido, e que chamam de graça e misericórdia. Eu era incapaz disso. Ao pensar nos que sofriam e o que vi naquela aflição, ao pensar nas infelizes das mães e das esposas, cujos entes queridos foram levados à agonia e à morte pelo mesmo destino que me beneficiou, eu era incapaz de ser tão presunçosa em tomar esse benefício como uma deliberação divina à qual era justo eu agradecer. Ocorreu-me, não havia muito tempo, que nossa empregada, a Sra. Walter, havia passado a vassoura em um armário, onde um monte de formigas pululava sobre o açúcar, como o destino que varreu os campos de batalha da Boêmia, dispersando todas, restando apenas algumas. Seria apropriado e razoável da parte delas agradeceram profundamente à Sra. Walter? ... Não, não consegui banir totalmente a dor que sentia em meu coração com a alegria do reencontro, mesmo que ela fosse imensa. Não conseguia e não queria. Não tinha condições de ajudar: fazer curativos, cuidar, atender, como aquelas freiras piedosas faziam, como a valente Sra. Simon. Minhas forças não eram suficientes para isso. Mas *a* piedade que surge da compaixão, essa eu concedi às pobres criaturas e não podia, por mero prazer egoísta, voltar a privá-las disso, eu não podia *esquecer*.

Mesmo que sem exultar ou agradecer, o que podia mesmo é *amar*, acolher em meu coração com tanto mais carinho aquele que havia reencontrado.

– Oh, Friedrich, Friedrich! – repetia entre lágrimas e afagos – Tenho você de volta!

– E você quis me procurar e cuidar de mim? Quanto heroísmo e tolice, Martha!

– Tolice, sim, isso eu percebo agora. A voz que me chamava e que me fez partir foi imaginação minha, crendice, pois você não me chamou. Mas heroísmo? Não. Se soubesse o quanto me vi covarde diante de tanta desgraça! Só poderia cuidar de você, apenas de você, se estivesse lá. Vi coisas horríveis, Friedrich, que nunca mais vou esquecer. Ah, nosso mundo tão belo, como podem arruiná-lo, Friedrich? Um mundo em que dois seres conseguem se amar tanto, como eu e você, em que a felicidade pode ser inflamada, como a nossa união, como ele pode ser tão tolo para inflamar o ódio mortal e o sofrimento?

– Também vi uma coisa terrível, Martha, algo que jamais posso esquecer. Imagine, vindo em minha direção, com a espada erguida, foi durante o combate da cavalaria nas imediações de Sadowa, vindo em minha direção, Gottfried von Tessow.

– O filho da tia Kornelie?

– Ele mesmo. Ele me reconheceu a tempo e logo baixou sua arma...

– Mas, então, ele agiu contra seus deveres, não? Poupar o inimigo do rei e da pátria, com a desculpa esfarrapada de que se trata de um amigo e primo querido...

– O pobre rapaz! Mal baixou o braço, uma espada zuniu sobre sua cabeça... Era meu companheiro, um jovem oficial, que queria proteger o seu primeiro-tenente e...

Friedrich fez uma pausa e cobriu seu rosto com as duas mãos.

– Morto? – perguntei, estremecendo.

Ele confirmou.

– Mamãe, mamãe! – ouvia-se do cômodo adjacente e a porta se abriu. Era minha irmã Lilli segurando a mão do pequeno Rudolf.

– Desculpa por atrapalhar o reencontro de vocês, mas ele estava desesperado para ver a mãe.

Corri até ele e o apertei em meu peito. Ah, pobre tia Kornelie!

Naquele mesmo dia, havia chegado o cirurgião, que havia sido chamado pelo telégrafo, e tratou do ferimento de Friedrich. Seis semanas de descanso pleno e a cura estaria completa.

Dar baixa do serviço militar era algo que estava decidido entre nós. Claro que isso só poderia ocorrer depois que a guerra tivesse terminado. De todo modo, a guerra podia, convenientemente, ser vista como acabada. O conflito com a Itália foi resolvido com a renúncia da posse de Veneza. A amizade com Louis Napoleão foi conquistada e estaríamos em condições de selar uma paz mais tranquila com o vitorioso do norte. Nosso próprio imperador desejava ardentemente colocar fim naquela campanha infeliz e não queria transformar sua capital em um cerco. A vitória prussiana no restante da Alemanha, como a invasão dos prussianos em Frankfurt no Meno, no dia 16 de julho, conferiu-lhe certa reputação que, assim como todo êxito, fez com que aqui, na Áustria, ficássemos admirados e despertou um tipo de crença de que isso teria sido uma missão histórica conduzida pelos prussianos, por meio das batalhas ganhas. A palavra "armistício", "paz", começou a aparecer. Era possível contar com sua concretização da mesma forma que, em época de ameaça de guerra, é possível contar com a eclosão da guerra mais cedo ou mais tarde. Até mesmo meu pai começou a admitir que, sob aquelas circunstâncias, seria apropriado um fim das hostilidades. O exército estava enfraquecido. Era preciso reconhecer a superioridade dos fuzis de agulha e a marcha das tropas inimigas em direção à capital, o bombardeio de Viena e, além disso, a destruição de Grümitz eram eventualidades que também não agradavam a meu pai, em geral um amante do combate. A confiança dele na invencibilidade das tropas austríacas estava abalada pelos fatos. É uma tendência do espírito humano admitir que o curso dos acontecimentos se dê em cadeia: que depois do êxito, vem o êxito e, depois do infortúnio, vem o infortúnio. Melhor era fazer uma pausa na cadeia dos infortúnios, o momento da gratificação e da vingança ainda viria...

Vingança e mais vingança? Toda guerra tem um derrotado e, se ele consegue encontrar satisfação em uma guerra seguinte, que evidentemente irá criar um derrotado sedento por gratificação, quando isso termina? Como é possível obter a justiça, ao se expiar uma injustiça antiga, se o meio de expiação é sempre uma nova injustiça? Nenhum ser humano racional irá tirar mancha de tinta com tinta, mancha de óleo com óleo, só o sangue é que deve ser removido com sangue!

A atmosfera predominante em Grümitz era sombria. O pânico tomava conta: "os prussianos estão vindo, os prussianos estão vindo". Apesar da esperança de paz nutrida por todos, o medo contido nessa frase ainda continuava presente e as pessoas embalavam suas coisas e escondiam suas preciosidades. Também em nosso castelo, tia Marie e a Sra. Walter cuidaram para que as pratarias da família fossem deixadas em um esconderijo secreto. Lilli estava preocupada por causa de Konrad, que já alguns dias não dava notícias. Meu pai sentiu seu patriotismo ferido e eu e Friedrich, apesar da felicidade que sentíamos por nosso reencontro, no recôndito de nossos corações estávamos profundamente abalados pela desgraça que vivíamos e sentíamos com tanta força naquela época. Esse abalo era alimentado a todo momento. Em todas as notícias de jornal, em todas as cartas vindas dos círculos de parentes e amigos, não havia outra coisa que não lamento e tristeza. Havia chegado uma carta de tia Kornelie, que ainda não sabia de seu infortúnio, usando das palavras mais tocantes para falar do pavor que sentia por perder o seu único filho, uma carta que fez nós dois nos desmancharmos em lágrimas. De noite, quando nos reuníamos com a família, não havia mais as conversas alegres e cheias de gracejos, com música, baralho e leituras estimulantes, mas apenas histórias lidas ou narradas de lamento e morte. Não líamos outra coisa que não jornais e eles estavam sempre repletos de "guerra", nada além de "guerra". O que falávamos referia-se na maioria das vezes às experiências que Friedrich e eu tivemos nos campos de batalha boêmios. Todos levaram muito a mal minha viagem para lá, porém ouviam, atentos, quando eu narrava algo que ou havia eu mesma vivenciado lá, ou que me havia sido contado. Rosa se entusiasmava com a Sra. Simon e prometeu que, caso a guerra continuasse, iria juntar-se à samaritana saxã. Claro que meu pai protestou:

– Com exceção das irmãs piedosas e as vivandeiras, nenhuma mulher tem o que fazer na guerra... Vocês viram como nossa Martha se mostrou inapta. Foi uma travessura imperdoável de sua parte, criança tola. Teu marido deveria te castigar por isso.

Friedrich acariciou minha mão:

– De fato foi uma tolice, mas foi uma bela tolice.

Quando eu falava dos horrores que eu mesma havia visto ou dos que meus companheiros de viagem haviam contado, e de uma forma escancarada, era frequente minha tia ou meu pai me interromperem, repreendendo-me: "Como pode repetir essas coisas repugnantes!" ou "Você não tem vergonha, uma mulher delicada, falar palavras tão feias?".

Em uma noite, falei dos mutilados, lamentando por seu destino, que eram mandados para guerra em nome da coragem e da honra masculinas, mas que voltavam de lá privados para sempre de sua masculinidade.

– Martha, na frente das meninas! – exclamou minha tia, em um tom de plena indignação moral.

E eu perdi minha paciência.

– Ah, quanta pudicícia, quanta decência! As atrocidades podem muito bem *acontecer*, mas mencioná-las, jamais. Mulheres delicadas não podem ficar sabendo, nem mencionando sangue e sujeira, só mesmo bordar os estandartes que sobrevoam os banhos de sangue. *Disso* as moças não podem saber, que os seus noivos serão incapazes de retribuir o amor que receberão, mas que eles prometem retribuí-lo inflamando-se nas batalhas. Morte e homicídio não são nada imorais para vocês, para as damas bem-educadas, a mera menção das coisas que são a fonte de perpetuação da *vida*, delas vocês devem desviar os olhos e corar. Que moral abjeta, vocês têm noção disso? Abjeta e covarde! Desviar o olhar, com os olhos físicos e os olhos do espírito: esse é o culpado da persistência de tanto sofrimento e injustiça! O primeiro que tivesse a coragem de olhar para aquele que definha ante o sofrimento e a miséria e tivesse coragem de refletir sobre o que vê...

– Não se agite desse jeito – interrompeu minha tia. – Podemos olhar e refletir o quanto quisermos. Não vamos conseguir eliminar o mal da terra. Ela é um vale de lágrimas e sempre será.

– Ela não será – contrapus e, com isso, dei a última palavra.

– O perigo do término da paz está cada vez maior – reclamou um dia, meu irmão Otto.

De novo, estávamos reunidos à mesa. Friedrich estava deitado ao lado, em sua cama de repouso. Alguém tinha lido uma notícia do jornal, de que Benedetti havia chegado à Boêmia. Era notório que ele estava encarregado de propor acordos de paz.

Meu irmãozinho – já estava grande, mas eu tinha o hábito de chamá-lo assim – tinha o grande temor de que a guerra acabasse cedo demais e ele não fosse convocado para expulsar o inimigo do país. Era de Wiener-Neustadt a notícia de que, na próxima seleção de 18 de agosto, caso se retomassem as hostilidades, não só os alunos do último ano, mas também vários do penúltimo teriam permissão para prestar o serviço militar ativamente. A perspectiva deixou o jovem herói encantado. Direto da Academia para a guerra. Que bênção! É o que sente uma jovem que sai de um pensionato direto para o primeiro baile. Ela aprendeu a dançar, os alunos de Neustadt a atirar e lutar; ela anseia por exercer seu aprendizado sob um lustre iluminado, com sua roupa de festa, ao som da orquestra e, ele, não menos que por seu uniforme paramentado e pela "dança" que o canhão irá lhe proporcionar.

É claro que o pai sentia uma imensa alegria pelo anseio militar de seu filho predileto:

– Fique calmo, meu jovem valente – respondeu ele aos suspiros de Otto pela ameaça de paz, e bateu de leve em seu ombro como forma de aprovação. – Você tem toda vida pela frente. Mesmo que a campanha termine agora, certamente há de surgir outra nos próximos anos.

Eu não disse nada. Desde o último embate com a tia Marie e seguindo os conselhos de Friedrich, tomei a resolução de evitar ao máximo possível as querelas desagradáveis sobre o tema da guerra. Isso só levava ao azedume. Desde que eu havia visto os vestígios da calamidade aterradora com meus próprios olhos, meu desprezo e ódio pela guerra haviam aumentado de tal forma, que eu tomava como ofensa pessoal quando alguém a defendia. Eu e Friedrich estávamos de acordo com sua saída do exército. Também estava decidido que meu filho Rudolf não iria estudar em uma instituição militar, onde todo o ensino era voltado, ou tinha que estar voltado, a despertar nos rapazes o anseio pelos feitos bélicos. Uma vez, perguntei ao meu irmão qual era o ponto de vista da guerra que se ensinava para os alunos. O que ele respondeu foi mais ou menos o seguinte: a guerra é um mal necessário (ou seja, o mal era uma concessão do espírito da época), ao mesmo tempo é a forma mais esplendorosa de suscitar as virtudes humanas mais belas, que são a coragem, a renúncia e a disposição para o sacrifício; é ela quem concede a maior glória e, por fim, o fator mais importante do desenvolvimento das culturas. Os conquistadores e fundadores gigantes dos chamados impérios mundiais, Alexandre, César e Napoleão, foram os exemplos mais sublimes da grandeza humana e incitaram muita admiração. Os êxitos e as vantagens da guerra são fortemente sublinhados, enquanto as desvantagens irrefutáveis, brutalização, empobrecimento, decadência psíquica e moral, essas são completamente silenciadas. Bem, também a minha educação na juventude tinha sido dominada por esse sistema, ele fez surgir em minha alma infantil a admiração pelos louros da guerra, que me animavam à época. Por acaso, eu mesma não lamentava por não me acenar a possibilidade, como se acenava para os meninos, de colher esses louros? Não ficava ressentida com um menino, pelo fato de essa possibilidade o encher de alegria e ansiedade?

Por isso, não respondi nada à lamúria de Otto, mas prossegui, em silêncio, com minha leitura. Como de costume, estava lendo um jornal e, como de costume, ele estava repleto de relatos do palco de guerra.

– Aqui há uma correspondência interessante de um médico, que acompanhou a retirada de nossas tropas. Devo ler em voz alta? – perguntei.

– Retirada? – exclamou Otto. – Prefiro não ouvir. Se fosse a história da retirada do inimigo...

– Me admira que alguém narre algo sobre uma fuga da qual participou – observou Friedrich. – Normalmente é um episódio sobre o qual os participantes costumam não falar nada.

– Uma ordem de retirada não é uma fuga – disse meu pai. – Uma vez, em 49, estávamos sob o comande de Radetzky...

Eu conhecia a história e evitei o seu desenrolar, interrompendo-o:

– Esse relato foi enviado a um semanário médico, por isso não é para os círculos militares. Ouçam.

E sem pedir permissão, li o trecho em voz alta:

"Nossas tropas começaram a se retirar às quatro horas. Nós, os médicos, ainda estávamos completamente ocupados com os curativos dos feridos, que contavam uns cem e aguardavam atendimento. De repente, a cavalaria avançou sobre nós, pela colina e pelos campos, e tomou Königgrätz de assalto, eram cavalaria e carros de transporte. Muitos cavaleiros caíram e *foram completamente esmagados pelos cavalos, que haviam caído depois*. Os carros tombavam e atropelavam os pedestres que corriam por entre eles. Nosso espaço para curativo, que de repente havia desaparecido, foi totalmente revirado. Alguém gritou para nós 'salvem-se'. Em meio a esse grito, ouvimos a explosão dos canhões e granadas explodiram onde estávamos. Fomos arrastados pela multidão sem saber para onde íamos. Havia me despedido da vida.

Minha velha mãe... minha noiva amada, adeus! De repente, veio água sobre nós. À direita, um aterro ferroviário, à esquerda, um barranco, entupido de carros pesados para transportar feridos e armazenar os alimentos confiscados. Atrás de nós, um número incalculável de cavaleiros. Nós nos jogamos na água. Veio a ordem para desprender os cavalos, salvá-los e deixar as carroças para trás. Também as com os feridos? Sim, também eles. Nós, que estávamos a pé, desesperávamo-nos. Continuávamos caminhando pela água, que já batia nos joelhos, com medo de a qualquer momento afundarmos e nos afogarmos. Finalmente chegamos a uma estação, que estava totalmente obstruída. Muitos transpuseram a barreira, outros pularam por cima dela. Eu corria atrás com milhares da infantaria. Chegamos a um rio, andamos por ele. Pulamos sobre paliçadas, atravessamos um outro rio, a água até o pescoço, escalamos os montes, pulamos sobre árvores caídas e chegamos, à uma da manhã, em um bosque, onde fomos acometidos pela exaustão e pela febre. Marchamos às três. Uma parte de nós, a outra tivemos que deixar para trás para morrer. Continuamos marchando, tomados pela umidade e pelo frio. Os vilarejos estavam todos vazios, não havia pessoas, alimentos, nem mesmo água para beber. O ar estava pesteado. Mortos encontravam-se sobre as plantações pisoteadas, corpos carbonizados, olhos fora das órbitas..."

– Chega! – as meninas gritaram.

– A censura não deveria permitir tal coisa – observou meu pai. – Isso pode desencorajar a alegria pela vida de soldado...

– Especialmente a alegria pela guerra, isso seria pena. – disse eu, baixinho.

– Sobretudo os episódios de fuga – continuou – não deveriam ser comentados por aqueles que estiveram presentes, por motivo de decência, pois não é nada honroso ter que participar de um "salve-se quem puder". O canalha que deu o primeiro sinal com o grito "salvem-se" devia ter sido executado na hora. Um covarde dá um grito e milhares de valentes são desmoralizados com isso e acabam tendo de correr juntos.

– É o mesmo que um valente gritar "avante!" – revidou Friedrich – e milhares de covardes terem de avançar e sentirem-se tomados por uma valentia momentânea. Não é possível fazer uma separação clara entre seres humanos corajosos e não corajosos. Todos têm os seus momentos de coragem e, às vezes, de covardia. Especialmente quando se está em bandos, aí depende da situação de seus companheiros. Somos seres de rebanhos e dominados por esse sentimento de rebanho. Quando um carneiro pula, os outros pulam atrás. Quando explode um grito de "urra!", os outros gritam junto. Quando um joga a toalha e corre, os outros também correm. Em um caso, a "tropa valente" ganha todos os louvores, no segundo, sua atitude é ignorada, e são as mesmas pessoas. Sim, são as mesmas pessoas as que, ora com, ora sem coragem, gesticulam ou reagem, a depender dos efeitos da massa. Valentia e pavor não devem ser examinados como características inerentes, e sim muito mais como condições anímicas, assim como alegria e tristeza. Durante meu primeiro combate, eu me vi dentro de um redemoinho de fuga como esse. Nos registros oficiais do comando, isso foi descrito como "ordem de retirada", mas tratava-se mesmo de uma verdadeira derrota. Havia gritos de fúria, estrondos e correria, uma confusão sem tamanho. Armas, mochilas, *schakos* e casacos foram jogados. Ninguém ouvia mais a voz de comando. Ofegante, aos gritos, acossado pelo desespero, o batalhão se dispersou e fugiu dali, com o inimigo no encalço, perseguindo e atirando. Dentre todas as fases pavorosas da guerra, a maior de todas é quando adversário e combatente se tornam caçador e presa. Para o caçador, é o momento da vontade mais brutal de assassinar, para a presa, o pavor mais horrendo da morte. Perseguido e incitado pelo pavor, os perseguidos caem em uma espécie de delírio. Todos os sentimentos e ideologias aprendidos, os quais animam os que vão para a guerra, como o amor pela pátria, ambição, a sanha pelos feitos, perdem-se naqueles que fogem. Neles, desencadeia-se com toda força o instinto, e o mais poderoso, o que pode dominar por completo um ser vivo: o instinto de sobrevivência. Quanto mais próximo o perigo, ele vai subindo para o mais alto nível da agonia. Aquele que nunca experimentou isso e que, ao contrário, só conhece as alegrias do amor, não é capaz de ter uma noção dessa fúria dolorosa. O que caracteriza o momento de voluptuosidade para o instinto amoroso superestimulado é o mesmo que caracteriza o instinto de sobrevivência, só que são lados opostos do espectro. O momento em que a ferocidade exaurida colapsa sob a captura da matilha.

– Mas, Tilling! – de novo o tom acusatório de Tia Marie. – Na frente das meninas! Palavras como volupt...

– E na frente de um rapaz – complementou meu pai com o mesmo tom acusatório. – Na frente de um quase soldado, palavras como medo da morte.

Friedrich deu de ombros.

– Eu aconselharia a riscar do dicionário a palavra natureza – contrapôs.

A convalescença de Friedrich fazia grandes avanços. Também a do mundo febril lá de fora. A palavra paz era dita cada vez mais e cada vez mais alto. Os prussianos, que já não encontravam resistência, marcharam tranquilamente para Viena. No meio do caminho, passarem por Brno e o prefeito entregou a chave da cidade ao rei Guilherme. Essa marcha parecia mais um passeio que uma campanha militar. No dia 26 de julho, houve um verdadeiro cessar-fogo em Mikulov, com preliminares para um acordo de paz.

Meu pai ficou muito feliz com a notícia que estava correndo por aí, de que o almirante Tegethoff teve uma vitória nas imediações de Lissa. Navios italianos explodiram pelos ares, o "Affundatore" foi destruído, que satisfação! Eu era incapaz de partilhar dessa alegria. Na verdade, não consegui entender muito bem o porquê dessa batalha naval, se Veneza havia sido cedida. Uma coisa era certa: não só meu pai se encheu de júbilo com o acontecimento, mas todos os jornais vienenses. É uma tradição de milênios conferir glória exagerada a algo dessa magnitude, como de uma vitória bélica. Ao ser anunciada, cada um sente-se como tomando parte dela. Se um general da pátria derrota um general estrangeiro, cada integrante do Estado vitorioso recebe as congratulações. Se alguém ouve que todos os outros se alegram, o que é gratificante, ao fim cada um se alegra de fato. "Sentimentos do rebanho", como chamaria Friedrich.

Um outro acontecimento político foi que a Áustria se uniu à Convenção de Genebra.

– Está satisfeita agora? – perguntou meu pai quando leu essa notícia. – Você percebe que a guerra, que você sempre chama de barbáric, torna-se cada vez mais humana com o progresso da civilização? Eu sou a favor da condução mais humana da guerra: os feridos têm direito de todo cuidado e de todo alívio possível... Isso por causa de motivos estratégicos, o que, ao fim, é o mais importante nas questões de guerra. Com um tratamento adequado dos doentes, muitos podem voltar a combater e serem colocados de novo nas fileiras.

– Você tem razão, papai: um material reutilizável. Isso é o mais importante. Mas depois das coisas que eu vi, uma Cruz Vermelha não é suficiente. Se houvesse dez vezes mais pessoas e meios de combater a desgraça, a que se segue depois de uma batalha...

-- Combater não, amenizar sim. O que não se pode evitar é necessário tentar amenizar.

– A experiência mostra que amenizar não é possível. Por isso, vou inverter a frase: o que não é possível amenizar deve-se evitar!

Começou a se tornar uma ideia fixa para mim a de que guerras deviam parar de existir. E cada pessoa *tem* de contribuir com o que puder para que a humanidade se aproxime desse objetivo, nem que seja um milímetro mais próximo. As imagens que eu vi na Boêmia nunca mais me deixaram. Sobretudo à noite, ao despertar de um sono profundo, sentia uma dor aguda em meu coração e, ao mesmo tempo, minha consciência advertindo-me de um dever, como se alguém me desse um comando: "Impeça, evite, não tolere!". Só quando ficava desperta por completo e me dava conta de onde estava é que vinha a clareza de minha impotência: "Como é que eu vou conseguir impedir e evitar?". Seria a mesma coisa de alguém me dar uma ordem ante a maré-alta e o mar intempestivo: não tolere! Esvazie o barco! E o meu pensamento seguinte, especialmente ao ouvir a respiração de meu marido, era um pensamento de profunda felicidade: "Eu tenho Friedrich de volta", e mergulhava nessa ideia, da forma mais vivaz possível. Então, eu o abraçava, sob o risco de acordá-lo, e lhe beijava a boca.

Meu filho Rudolf tinha razão por sentir ciúmes do padrasto. Nos últimos tempos, era esse o sentimento que havia se despertado no coração do pequeno. O fato de eu ter partido de Grümitz sem lhe dizer adeus, de não ter corrido abraçá-lo primeiro quando regressei, de ficar quase o dia todo ao lado do esposo. Isso tudo levou o pobre menino, em uma bela manhã, a chorar e soluçar:

– Mamãe, mamãe, você não gosta mais de mim!

– Como você pode falar uma coisa dessas, meu filho?

– Só o papai... não... quero... mais... crescer... se você... não gosta mais de mim!

– Não gostar mais de você, meu amor? – beijei e acariciei a criança. – Você, meu único filho, meu orgulho, a alegria do meu futuro! Eu gosto tanto de você, tanto, mais que, não, não mais que *tudo*, mas para sempre!

Depois desse pequeno incidente, voltei à maior consciência do amor pelo meu menino. De fato, fui tomada, nos últimos tempos, pelo medo que sentia por causa de Friedrich, e o pequeno Rudolf ficou no segundo plano.

Os planos que nós dois, Friedrich e eu, traçamos para o futuro era o seguinte: após o término da guerra, ele sairia da carreira militar e iríamos nos recolher em um lugar pequeno e com menor custo de vida, onde os proventos de Friedrich e os meus adicionais pudessem bastar para nossa vida doméstica. Ficávamos felizes pela perspectiva dessa convivência solitária e autônoma, como um casal de jovens apaixonados. Pelos últimos acontecimentos, havíamos aprendido, em definitivo, que *significávamos tudo um para o outro*. A propósito, o pequeno Rudolf não estava excluído dessa comunidade. A sua educação deveria ser a principal tarefa da existência que planejávamos. Não queríamos passar os dias ociosos e sem propósito. Entre outros, formulamos, para isso, uma lista de estudos, que queríamos cultivar juntos. Na área científica, era o ramo das Ciências Jurídicas, do *direito internacional*, ao qual Friedrich planejava se dedicar. Pretendia ficar longe de todas as teorias sentimentais e utópicas e investigar o lado real da paz entre os povos. Por meio da leitura de Buckle, para o qual *eu* havia incentivado, da publicação das mais recentes conquistas das ciências naturais, que os livros de Darwin, Büchner e outros o haviam revelado, ficou plenamente convencido de que o mundo estava prestes a passar por uma nova fase do conhecimento. Adquirir esse conhecimento o máximo que pudesse parecia-lhe, a partir dali, um motivo suficiente para sua vida, junto das alegrias da vida doméstica.

Meu pai, que por ora nada sabia de nossas intenções, fazia planos completamente diferentes para nós:

– Agora você se tornará coronel, Tilling, e, em dez anos, certamente general. Até lá, eclode mais uma guerra e você pode comandar todo um corpo de exército ou, quem sabe, a honra de ser um generalíssimo e, aí, talvez você tenha a grande sorte de restabelecer o esplendor das armas austríacas, que passam por um momento obscuro. Quando introduzirmos os fuzis de agulha ou, quem sabe ainda, um sistema mais efetivo, daí poderemos colocar os senhores prussianos no chinelo.

– Quem sabe – disse eu – talvez a inimizade com a Prússia deixe de existir, talvez façamos uma aliança com eles...

Meu pai deu de ombros.

– Quando as mulheres querem falar de política... – disse, com desdém. – Depois do ocorrido, temos que castigar esses arrogantes. Temos que ajudar os Estados anexados (é o que dizem, eu chamo de "roubados") a recobrar os seus direitos. É o que se exige de nosso renome e do interesse de nossa posição de poder dentro da Europa. Amizade e aliança com esses malfeitores? Nunca mais. A menos que eles venham pedir de joelhos.

– Nesse caso – observou Friedrich – eles iriam é colocar os pés em nossas nucas. Só buscamos ou selamos alianças com aqueles que nos impressionam ou que podem oferecer proteção contra um inimigo comum. O egoísmo é o maior princípio na arte da política.

– Que seja – respondeu meu pai – se o ego é o "patriotismo", todo o resto deve se submeter a um *tal* egoísmo. Tudo é adequado e permitido quando se trata do interesse desse Eu.

– Só é desejável – respondeu Friedrich – que, no intercurso das relações comuns, obtenha-se esse mesmo comportamento bastante civilizado, que suplante o culto grosseiro do Eu, calcado na lei da selva, nas relações individuais, e que ganhe cada vez mais espaço o discernimento de que os interesses próprios sejam fomentados sem prejudicar o outro, na verdade em associação com o outro, o que é mais efetivo.

– O quê? – perguntou meu pai, colocando a mão no ouvido.

É evidente que Friedrich não quis repetir e explicar toda a sua longa frase, e a discussão chegou ao fim.

"Chego amanhã à uma hora em Grümitz, Konrad."

Pode-se imaginar a alegria de Lilli com esse telegrama. Ninguém é recebido com maior alegria e entusiasmo que aquele que retorna de uma guerra. Claro que, nesse caso, não seria como a mais bela representação gravada em uma calcografia ou uma balada tocante: "O regresso do *vitorioso*". Os sentimentos humanos de dois noivos que se amam não se comprometem com os patrióticos. Se o primo Konrad tivesse "tomado" a cidade de Berlim, creio que isso não teria sido capaz de aumentar o carinho com que Lilli o receberia.

É evidente que ele teria preferido regressar com tropas vitoriosas e que tivesse contribuído com a conquista da Silésia para o seu imperador. De qualquer modo: ter ido combater já é uma honra para o soldado, mesmo que ele tenha sido o derrotado, até mesmo derrotado e morto. Morrer é ainda especialmente louvável. Otto contou que na Academia de Wiener Neustadt registraram-se em uma placa de homenagem os nomes de todos os aspirantes agraciados com o mérito de terem ficado diante do inimigo.

"Morto em combate", como se diz na França e aqui, como em todo lugar, é uma virtude muito apreciada entre os ancestrais. Quanto mais pessoas mortas em combate na galeria dos antepassados de uma família, sejam elas vitoriosas ou derrotadas, mais orgulhoso é o neto, mais valor ele deve dar ao seu nome do que à sua vida. Para mostrar solenidade aos antepassados mortos, é preciso demonstrar uma alegria radiante pela carnificina, participando dela ou não.

Enquanto há guerras, tanto melhor que existam pessoas que encontrem nisso enlevo, entusiasmo, até mesmo satisfação. Entretanto, o número de pessoas assim tem diminuído cada vez mais, ao passo que o número de soldados tem se tornado cada vez maior... para onde isso vai levar?

A algo *insuportável*.

E para onde isso leva?

Konrad não pensava tão longe. Sua percepção afinava-se perfeitamente com a ária do tenente, em *La Dame Blanche*: "Ah, que prazer em ser um soldado, ah, que prazer..." Quando o ouvíamos falar, podíamos até ficar com inveja da expedição da qual acabara de participar. Meu irmão Otto sentia mesmo inveja disso. Esse guerreiro, que havia regressado de um batismo de fogo e de sangue, cujo uniforme de hussardo, que sempre teve uma aparência cavalheiresca, agora contava com um adorno respeitável, um arranhão sobre o queixo, esse cavalheiro esteve em meio a uma chuva de balas, talvez tenha dado cabo de algum inimigo, e agora parecia que, em sua volta, resplandecia um halo heroico.

– Não tivemos sorte nessa campanha, isso preciso confessar – disse Konrad. – Ainda assim, trouxe algumas boas lembranças de lá.

– Conte, conte – insistiram Lilli e Otto.

– Não posso contar muitos detalhes. Tudo ficou para trás como um delírio... A pólvora sobe na cabeça da gente de uma forma estranha. Na verdade, é quando começa a embriaguez e a febre, a chama bélica, para dizer em uma palavra, e já na partida. A despedida de meu amor foi dolorida, o coração ficou uma hora tomado de uma dor branda, mas foi só estar lá fora, com os camaradas, daí o lema é partir para a tarefa mais grandiosa que a vida pode conceder a um homem, a de defender a pátria amada. Quando a banda começou a tocar a marcha de Radetzky e a seda das bandeiras drapejava pelo ar, daí preciso confessar que, nesse momento, não quis regressar, nem para os braços do amor... Sentia que só poderia ser digno desse amor se eu estivesse lá fora, ao lado de meus irmãos, cumprindo meu dever. Eu não tinha dúvidas de que marchávamos para a vitória. Como poderíamos saber daqueles fuzis de agulha execráveis? Eles é que foram os culpados da derrota. Vou dizer a vocês: eles caíram sobre nossas fileiras como chuva de pedra. Nossa liderança também foi ruim, Benedek. Vocês vão ver, ele ainda vai estar diante de um tribunal de guerra... Deveríamos ter atacado... Se eu fosse comandante, minha tática seria atacar, sempre atacar, "agir pela antecipação", invadir a terra inimiga... Só há uma forma, a mais difícil, que é a da defesa:

Tem que ser, chega antes para a glória
No ataque repentino, nos espera a vitória

diz o poeta. Mas não foi o que ouvimos: o imperador não deu a ordem suprema, por isso sou inocente ante esse fracasso tático. Os generais vão ter que se resolver com seu comandante maior e com suas próprias consciências, nós, oficiais e tropas, cumprimos o nosso dever. Se era para ter lutado, nós lutamos. E esse é um êxtase à parte... Já a expectativa, a tensão, quando enfrentamos o inimigo e quando é para atacar de verdade... A consciência de que, nesse momento, é um pedaço da História que se reproduz, e depois o orgulho, a alegria pela própria coragem, à direita e à esquerda a morte, grande e misteriosa, que a masculinidade enfrenta...

– Como o próprio Gottfried Tessow – murmurou Friedrich para si – enfim, é a mesma escola...

Konrad prosseguiu com entusiasmo:

– O coração bate mais forte, a pulsação acelera, e o verdadeiro êxtase: a vontade de lutar se desperta, a fúria fica em chamas, o ódio pelo inimigo, ao mesmo tempo o amor mais flamejante pela pátria ameaçada, e avançar, trucidar, tornam-se um deleite. Sentimo-nos transportados para um outro mundo, diferente daquele onde nascemos, um mundo no qual os sentimentos e os pontos de vista habituais transformam-se no seu contrário: a vida torna-se uma ninharia, matar torna-se dever. A honraria, o heroísmo, o autossacrifício mais sublime são o que resta, outros termos perdem-se no emaranhado. Ainda a nuvem de pólvora, o grito de guerra... vou dizer para vocês, é uma situação que não se compara a nenhuma outra. No máximo, alguém só consegue acender esse mesmo fogo ao caçar um tigre ou um leão, quando a fera selvagem está diante...

– Sim – interrompeu Friedrich – a luta com o inimigo que ameaça de morte, o desejo ardente, ansioso e orgulhoso de superá-lo, repleto de uma luxúria própria, perdão, tia Marie, como tudo o que a vida mantém e distribui, o que a natureza assegura pela recompensa. Enquanto o ser humano sentia-se ameaçado pelos agressores selvagens de quatro ou duas patas, a luta era um deleite, pois executar aquele que o ameaçava iria prolongar um pouco mais a sua própria vida. Se, na guerra, esse mesmo prazer ainda respinga sobre nós, seres humanos civilizados, trata-se aí de uma reminiscência herdada. E como agora, na Europa, não há nem selvagens nem animais predadores, aquele deleite não evadiu de nós totalmente, então criamos agressores artificiais. Ou seja: cuidado, vocês têm fraques azuis e aqueles lá têm fraques vermelhos. Se vocês baterem palmas três vezes, os fraques vermelhos vão se transformar em tigres, ao passo que, para os outros, vocês se tornarão feras selvagens. Atenção: um, dois, três, e tomar de assalto, o rufar dos tambores, já! Devorem-se! E dez mil ou centenas de milhares de tigres artificiais, a depender dos reforços do exército, são devorados sob uivos recíprocos de prazer pela luta, em um vilarejo X e, assim, há a batalha do vilarejo X, ela entra para a "história". Os que bateram as palmas se reúnem, então, em torno de uma mesa verde, na cidade X, definem as novas fronteiras no mapa, barganham as quantias dos pagamentos e assinam um documento que, nos anais da história, registram-se como acordo de paz da cidade X. Mais uma vez batem palmas três vezes e dizem aos que permaneceram, de paletós vermelhos e azuis: se abracem, irmãos!

Na região, estavam alojados prussianos por todas as partes. E agora havia chegado a vez de Grümitz.

Embora já estivesse em curso o cessar-fogo e a paz quase assegurada, o medo e a desconfiança ainda tomavam conta da população em geral. Ninguém lhe afastava a ideia de que o tigre de capacete *pickelhaube* pudesse a estraçalhar, se pudesse. As três palmas de Mikulov não foram capazes de abolir o efeito das três palmas da declaração de guerra, nem suficientes para fazer a população voltar a ver nos "prussianos" os seus irmãos. Em tempos de guerra, a mera menção ao adversário ganha todo tipo de conotações desprezíveis. Não é mais um nome genérico de uma nação com a qual se está temporariamente guerreando, torna-se, isso sim, o sinônimo de "inimigo" e contém em si toda repulsa que essa palavra expressa.

Assim, acontecia de as pessoas da região tremerem, como quando há uma invasão de lobos, ao se aproximar um quartel-mestre do exército prussiano, para conseguir alojamento a uma parte da tropa. Alguns não demonstravam só pavor, mas também ódio, e imaginavam cumprir um dever patriótico, se ferissem algum prussiano, se metessem neles uma "bala" de algum esconderijo. Isso aconteceu várias vezes e quando se descobria o culpado, ele era executado sem cerimônias. Esses exemplos fizeram com que as pessoas engolissem o ódio e acolhessem os soldados aquartelados sem resistência. Depois, para seu espanto, davam-se conta de que o "inimigo" na verdade eram semelhantes benevolentes, amigáveis e bons pagadores.

Em uma manhã, em um dos primeiros dias de agosto, sentava-me à janela saliente da biblioteca e olhei pela janela, que estava aberta. Dali podia-se ter uma ampla visão do lugar. Parecia-me que estava vendo uma tropa de cavalheiros vindo de longe, que vinha pela estrada em nossa direção.

"Aquartelamento prussiano" foi a primeira coisa que pensei. Olhei pelo binóculo que havia na janela e olhei para aquela direção. De fato: um grupo de mais ou menos dez cavaleiros, com bandeirinhas pretas e brancas na ponta de suas lanças. Entre eles, alguém a pé, com roupa de caçador. Por que ele vinha entre os cavalos? Era um prisioneiro? A lente não era precisa o suficiente. Não conseguia perceber se o pretenso prisioneiro não seria nosso guarda florestal.

Precisava avisar daquela fatalidade iminente aos outros moradores do castelo. Sai correndo da biblioteca para procurar meu pai e tia Marie. Eles estavam no salão.

– Os prussianos estão vindo! Os prussianos estão vindo! – disse, já sem fôlego. É sempre bom ser o primeiro a dar uma notícia.

– O diabo que os carreguem – foi a primeira frase hospitaleira de meu pai, enquanto tia Marie disse a mais acertada:

– Já vou dar ordens à Sra. Walter para os preparativos necessários.

– Onde está Otto? – perguntei. – É preciso dar-lhe a notícia e alertá-lo para não deixar escapar seu ódio pelos prussianos, para que ele não seja mal-educado com a visita.

– Otto não está em casa – respondeu meu pai. – Saiu cedo para caçar perdizes. Você tinha que ter visto: estava todo paramentado com sua roupa de caça, será um rapaz excelente, esse me dá alegria.

Nesse ínterim, a casa ficou movimentada. Ouvia-se passos rápidos e vozes ansiosas.

– Os cabeças-de-vento estão vindo! – suspirava meu pai.

Abriu-se a porta e Franz, o criado, entrou apressado:

– Os prussianos, os prussianos – era como se estivesse gritando "fogo, fogo".

– Eles não vão nos devorar – resmungou meu pai.

– Mas eles estão trazendo alguém junto – o homem continuou com a voz trêmula – alguém de Grümitz, não sei quem, alguém que atirou neles. E quem não quer atirar nesse bando? Mas ele está perdido...

Agora, ouvia-se o barulho dos trotes de cavalo, misturado à confusão de vozes. Entramos no corredor e olhamos pela janela que dava para o pátio. Acabavam de chegar os ulanos e, no meio deles, com o rosto pálido e contrariado, Otto, meu irmão.

Meu pai soltou um grito e desceu correndo as escadas. O meu coração ficou apertado. O que estava para acontecer era terrível. Se Otto realmente atirou contra os soldados, e isso condizia muito com ele, não queria pensar no que poderia acontecer.

Não tive coragem de seguir meu pai. Só encontrava consolo e assistência para as minhas preocupações em Friedrich. Recompus-me e fui para o quarto de Friedrich. Antes que eu fosse até lá, meu pai já voltava com Otto atrás de si. Pelo rosto dos dois, o perigo havia passado.

O resultado do interrogatório foi o seguinte: o tiro partiu por acaso. Quando os ulanos se aproximaram, Otto queria vê-los de perto. Atravessou o campo, tropeçou e caiu em um barranco da estrada, com isso, a arma disparou. Em um primeiro momento, colocaram em dúvida a declaração do jovem. Pegaram-no e o trouxeram ao castelo como seu prisioneiro. Ao descobrirem que o jovem era filho do general Althaus e um aspirante militar, concederam-lhe o direito de uma justificativa. "O filho de um soldado e ele mesmo prestes a se tornar um, não seria executado pelos adversários de forma traiçoeira e em época de cessar-fogo, mas em um verdadeiro combate." Com essas palavras de meu pai, o sargento prussiano libertou o jovem.

– E você é mesmo inocente? – perguntei a Otto. – Do jeito que você odeia os prussianos, não seria de se admirar que...

Ele sacudiu a cabeça.

– Espero que eu tenha outras oportunidades para poder atirar em alguns deles – respondeu. – Nunca iria atirar por trás, não sem oferecer a eles o *meu* próprio peito.

– Muito bem, meu rapaz! – exclamou meu pai, encantado com aquelas palavras.

Não partilhei do mesmo encanto. Todas essas frases feitas, que jogam com a *vida*, a própria e a dos outros, de uma forma tão depreciativa e prepotente, soavam-me repugnantes. Mesmo assim, estava aliviada por aquilo ter passado. Como teria sido terrível para meu pobre pai, se o pretenso culpado tivesse sido punido sem demora. Então, o infortúnio daquela guerra, que até ali havia poupado a nossa casa, a teria lançado a uma desgraça...

Aquela divisão tinha vindo de fato para aquartelar-se. O castelo de Grümitz havia sido designado para hospedar dois coronéis e seis oficiais do exército prussiano. O restante foi alojado na vila. Dois homens foram colocados no pátio para fazer vigia.

Depois de umas duas horas, os hóspedes involuntários e não convidados acomodaram-se entre nós. Há vários dias, já estávamos preparados para isso e a Sra. Walter já tinha cuidado para que todos os quartos e as camas estivessem prontos. Também o cozinheiro havia organizado as provisões e o porão acomodava um número considerável de barris e garrafas de vinhos maturados. Não faltaria nada aos senhores prussianos.

Quando, nesse dia, as pessoas do castelo se reuniram no salão após o sinal para nos sentarmos à mesa, o quadro que se ofereceu foi reluzente e alegre. Com exceção do ministro "De fato", que por acaso era um de nossos hóspedes, todos os senhores vestiam uniforme; as damas com o seu melhor traje. Havia muito tempo que não ficávamos assim. Lori, a coquete, que havia chegado de Viena no mesmo dia, por causa da notícia de que os oficiais estrangeiros estariam ali, desembrulhou seu melhor traje e se enfeitou de rosas recém-colhidas. Claro que sua intenção era fazer um ou outro representante do exército inimigo virar a cabeça. Por mim, ela podia conquistar todo o batalhão, desde que deixasse Friedrich intacto. Lilli, a noiva feliz, vestia um vestido azul-claro; Rosa, provavelmente muito feliz por poder mostrar-se a um jovem cavaleiro, estava coberta de musselina cor-de-rosa. Apenas eu, com minha visão de que o tempo de guerra sempre é tempo de luto, mesmo que nenhum ente querido tenha morrido, havia vestido um traje preto.

Ainda me recordo da impressão que causei, naquele dia, ao entrar no salão e me juntar aos outros, já reunidos. Brilho, alegria, distinção e luxo, as mulheres em seus trajes de festa, os uniformes adornados: que contraste com as imagens tão recentes de sofrimento, sujeira e pavor. E os que brilham, tão alegres e distintos, são os *mesmos* que, de bom grado, desencadeiam o sofrimento e não querem fazer nada para impedi-lo. Ao contrário, o glorificam, e seus bordos e estrelas dourados explicitam o orgulho de serem portadores e apoiadores do sistema de sofrimento!

Minha entrada interrompeu as conversas entre os diferentes grupos, então, foram-me apresentados todos os nossos convidados prussianos. Os nomes, em sua maioria, soavam refinados: "ow" e "witz", muitos com "von" e até mesmo um príncipe, um Heinrich, não sei de qual geração, da casa Reuß.

Então eram esses os nossos inimigos! Uns completos cavalheiros, com seus uniformes polidos. Agora estava claro: hoje em dia, quando se conduz uma guerra contra uma nação vizinha, sabemos que não se trata de hunos e vândalos. Entretanto, seria muito mais natural imaginar o inimigo como uma horda selvagem e é difícil concebê-lo como cidadãos iguais e civilizados. "Deus, que ataca com o poder de sua defesa aqueles que são oponentes dos que creem no Senhor, ouça nossas súplicas por tua misericórdia e conceda-nos a graça de podermos agradecer eternamente ao Senhor pela supressão do ódio do inimigo." Era assim que o padre de Grümitz havia rezado todos os domingos. Como a comunidade iria imaginar o "inimigo cheio de ódio"? Certamente não como essa gente cortês e nobre que, agora, oferecia o braço às damas para levá-las até a mesa... Além disso, dessa vez Deus atendeu a oração dos outros e suprimiu o *nosso* ódio. O inimigo espumando de raiva, com sede de matar, atacado pelo poder da defesa divina (chamamos isso de fuzis de agulha), esse inimigo éramos *nós*, ah, quanto contrassenso! ... Tais eram os meus pensamentos enquanto nos sentávamos, em fileiras coloridas, à mesa forrada de flores e frutas. Por ordem do dono da casa, a prataria foi retirada de seu esconderijo. Sentei-me entre um coronel robusto "ow" e um tenente delgado "itz". Lilli ao lado de seu noivo, evidentemente. Rosa foi conduzida à mesa pelo príncipe Heinrich e a maldosa da

Lori conseguiu de novo sentar-se ao lado de Friedrich. Mas só isso! Eu não iria sentir ciúmes, ele era o "meu" Friedrich, sobretudo...

A conversa foi longa e animada. Os "prussianos" sentiam-se muito contentes por voltar a uma mesa festiva, cheia e em boa companhia, depois de tantos esforços e restrições. Da mesma forma, a consciência de que a campanha militar a que sobreviveram havia sido vitoriosa contribuía para elevar o bom ânimo. Porém, nós, os derrotados, não deixávamos perceber nada do ressentimento e da vergonha, e esforçávamo-nos por encenar os anfitriões mais amáveis possíveis. Ainda que isso deva ter custado alguma superação a meu pai, do jeito que eu o conhecia, ele executou o seu papel com uma cortesia exemplar. O mais indignado era Otto. O ódio que nutria pelos prussianos nos últimos tempos, o seu anseio de expulsar o inimigo do seu país eram totalmente contrariados pelo dever de passar pimenta e sal, com educação, para esse mesmo inimigo, em vez da permissão para furá-lo com a baioneta. Na conversa, tivemos o cuidado de evitar o tema da guerra. Tratamos os estrangeiros como se fossem viajantes de férias que, por acaso, haviam vindo nos fazer uma visita. Eles estavam ainda mais temerosos em aludir à circunstância de que acolhíamos um conquistador. O jovem tenente ao meu lado não perdia a ocasião de me fazer a corte. Jurava por tudo que era mais sagrado que lugar algum era mais agradável que a Áustria e, lançando um olhar de canto, que ali estariam as mulheres mais atraentes. Não vou negar que fui um pouco coquete com aquele filho adornado de Marte. Só o fiz para mostrar a Lori Griesbach e seu vizinho que eu, da mesma forma, era capaz de fazer certa vingança... mas aquele do outro lado estava tão tranquilo quanto *eu*, que, no fundo de meu coração, também estava. O mais razoável e mais conveniente teria sido se meu tenente "espirituoso" tivesse mirado seu olhar mortífero à bela Lori. Konrad e Lilli, na qualidade de noivos (é aconselhável manter essas pessoas sempre no cabresto), trocavam olhares apaixonados, cochichavam e,brindavam, furtivos, as suas taças, entre outras manobras de pombinhos de salão. Ao que me parecia, começava a desenrolar um terceiro *flerte*. Era o príncipe Heinrich, de não sei qual geração, que não perdia a oportunidade de conversar com minha irmã Rosa. Sua feição não escondia a admiração que sentia.

Depois de recolhida a mesa, todos se dirigiram ao salão, cujos lustres espalhavam agora uma luz festiva.

A porta do terraço estava aberta. Eu saí. A noite morna de verão estava banhada pela luz suave da Lua. O astro noturno lançava seus raios sobre o gramado perfumado do parque e espelhava seu brilho prateado sobre o pano de fundo do lago. Seria a mesma Lua que, há pouco tempo, havia me mostrado um monte de cadáveres apoiados no muro da igreja e envoltos por um bando de abutres a grasnar? E foram as mesmas pessoas ali de dentro... um oficial prussiano abriu o piano, para tocar uma canção de Mendelssohn... foram elas que, há pouco, pegavam em seus sabres para decapitar outras pessoas?

Pouco depois, vieram também o príncipe Heinrich e Rosa. Não me viram no meu canto escuro e passaram por mim. Agora, recostavam-se na balaustrada, juntos, muito juntos. Cheguei a acreditar que o jovem prussiano, o inimigo, tomou a mão de minha irmã. Falavam baixinho, ainda assim, consegui ouvir alguma coisa da fala do príncipe: "moça adorável... paixão repentina e arrebatadora... Anseio por uma felicidade doméstica... Lançar os dados... por misericórdia, não diga 'não'... Eu desperto sua repulsa?". Rosa balançava a cabeça, negando. Então, ele levou sua mão até os lábios e tentou abraçá-la. Bem-comportada que era, soltou-se dele rapidamente.

Ah, eu quase teria preferido que o brilho da Lua tivesse iluminado um beijo de amor... Depois de todas aquelas imagens de ódio e sofrimento que eu tive de ver há pouco, uma imagem de amor e prazer suave teria sido como que uma compensação...

– É você que está aí, Martha?

Agora era Rosa que havia percebido a minha presença. Primeiro ficou muito assustada por alguém ter observado aquela cena, depois tranquilizou-se por ter sido *eu*.

Quem ficou bastante constrangido e consternado foi o príncipe. Aproximou-se de mim e disse:

– Acabo de pedir a mão de sua irmã, minha senhora. Diga-me uma palavra de apoio? Meu jeito pode parecer às senhoras um tanto rápido e ousado. Em outros tempos, talvez eu tivesse procedido com mais reflexão e modéstia, mas, nas últimas semanas, acostumei-me a avançar com rapidez e atrevimento, não havia permissão para demora e hesitação... e tudo que pratiquei na guerra estou voltando a usar involuntariamente no amor... Perdoe-me senhora, seja-me condescendente. A senhora não diz nada, condessa? A senhora está recusando minha mão?

– Minha irmã não pode decidir seu destino com tanta rapidez – fui ao socorro de minha irmã, que tinha se virado e estava profundamente comovida. – Não sei se nosso pai iria permitir o casamento com um "inimigo", não sei se Rosa irá responder a uma afeição tão repentina, quem pode saber hoje em dia?

– Eu sei – ela respondeu e estendeu as mãos para o jovem. Ele as arrebatou e as colocou em seu coração.

– Ah, crianças tolas! – eu disse, dando alguns passos para trás, até a porta do salão, para cuidar que, ao menos *naquele* momento, ninguém saísse.

No dia seguinte, celebramos o noivado.

Meu pai não ofereceu resistência alguma. Eu teria acreditado que seu ódio pelos prussianos não permitiria aceitar um dos soldados inimigos e vitoriosos na família. Talvez porque fizesse uma separação estrita entre a questão nacional e individual – era um procedimento usual: asseveravam com frequência "Eu o odeio como nação, mas não como indivíduo", ainda que isso não fizesse sentido, da mesma maneira que se alguém dissesse: "Eu odeio vinho como bebida, mas dos goles eu gosto". Uma frase feita, muito popular, não precisa ser racional. Pelo contrário. Seja porque a ambição tenha prevalecido e relações com a casa real dos Reuß o lisonjeava, seja porque o amor repentino, expressado com tanto romantismo pelos jovens, o tivesse tocado: enfim, fato é que ele disse um "sim" sem pestanejar. Quem não estava muito de acordo era tia Marie: "Impossível!" foi a sua primeira interjeição. "O príncipe é de confissão luterana." Por fim, o que a consolou foi a perspectiva de que provavelmente Rosa iria converter o esposo. O coração de Otto trovejava de rancor: "Como?" disse ele. "Vocês querem que eu escorrace meu cunhado, se outra guerra estourar?" Mas também a ele foi explicada a grandiosa teoria da diferença entre nação e indivíduo e, para meu espanto, pois jamais eu a compreendi, ele a compreendeu.

Como é fácil e rápido esquecer o sofrimento passado quando a circunstância é alegre! Dois pares românticos ou, tenho a ousadia de dizer, *três*, pois eu e Friedrich, os casados, não estávamos menos apaixonados um pelo outro que os noivos. Tantos pares amorosos naquele pequeno círculo só poderiam resultar em uma atmosfera feliz e enlevada. Nos dias que se seguiram, o castelo de Grümitz foi o reduto da felicidade e da alegria de viver. Aos poucos, fui sentindo também que as imagens terríveis das últimas semanas foram saindo de minha memória. Observei, não sem algum remorso, o quanto a minha compaixão, há pouco ainda tão acalorada, havia desaparecido por completo em alguns momentos. Ainda soavam notícias tristes do mundo lá fora: o lamento das pessoas que haviam perdido seus bens ou entes queridos; notícias de catástrofes financeiras, do surgimento de epidemias: diziam que a cólera havia aparecido entre as tropas prussianas. Um caso havia surgido até mesmo em nosso vilarejo, porém ainda questionável: "É disenteria, aparece todo verão", era o consolo. Todos tentavam espantar os pensamentos sombrios e os piores temores com dizeres simples: "Não é nada", "já passou", "não virá nada". Bastava um forte chacoalhar de cabeça e se afugentavam as ideias desagradáveis...

– Escute só, Martha – disse-me, um dia, a noiva feliz – a guerra, sem dúvida, foi algo tenebroso, mas eu ainda tenho de abençoá-la. Será que, sem ela, eu teria ficado tão feliz como estou agora? Será que eu teria conhecido Heinrich? E ele teria encontrado uma noiva tão amorosa?

– Claro, minha querida Rosa, quero partilhar dessa tua visão: que seus corações afortunados possam equilibrar o lado da balança com os milhares de corações partidos...

– Não se trata apenas de um destino individual, Martha. A guerra também traz para o todo, para aqueles que vencem, um ganho expressivo, para todo um povo. É preciso ouvir Heinrich falando sobre isso. Ele diz que a Prússia cresceu com isso, que no exército reina um contentamento geral e imensa gratidão e amor pelos comandantes que a levaram para a vitória... com isso, para a civilização alemã, para o comércio, ou ele disse "prosperidade alemã", não sei bem... a missão histórica... enfim, é preciso ouvi-lo falar.

– Por que o seu noivo não fala do amor de vocês, em vez de questões políticas e militares?

– Nós falamos de tudo, e tudo o que ele diz me soa como música... Sinto junto com ele o orgulho e a bênção de ele ter combatido, nessa guerra, pelo rei e pela pátria...

– E de ter recolhido ainda o despojo de uma noiva tão apaixonada – complementei.

O futuro genro muito agradou a meu pai. E quem não teria gostado de um jovem tão magnífico? Ainda assim, expressava a ele sua simpatia e bênção com certas reservas:

– Tenho-lhe muito apreço como pessoa, soldado e príncipe, meu caro Reuß – repetia meu pai de diferentes maneiras – mas não posso tolerá-lo como oficial prussiano e, apesar das relações familiares, eu me reservo o direito de desejar nada menos que, em uma próxima guerra, a Áustria compense a derrota de agora com uma vitória eficiente. É preciso separar a questão política da pessoal. Um dia, Deus conceda que eu presencie isso, meu filho irá para o campo de batalha contra a Prússia. Eu mesmo, se não fosse tão velho e se meu imperador me convocasse, assumiria um comando na hora para lutar contra Guilherme I e, sobretudo, contra o arrogante do Bismarck. Isso não significa que eu não reconheça as virtudes militares das forças armadas prussianas e a arte estratégica de seu líder. Também que eu não ache natural que, se em uma próxima campanha, o senhor comandasse um batalhão e quisesse tomar de assalto a nossa capital e mandasse botar fogo na casa onde mora seu sogro, enfim...

– Enfim, a confusão de sentimentos não tem cura – interrompi uma daquelas rapsódias. – As contradições e contrastes se enovelam como os infusórios em uma gota de água apodrecida... É o que acontece sempre, quando se enjaulam termos conflituosos. Odiar um todo e amar as partes. Querer pensar o ser humano de uma forma e o cidadão de um país, de outra. Isso não funciona: ou uma coisa ou outra. Por isso eu admiro o cacique dos botocudos: o fato de ele não sentir outra coisa pelo membro de uma outra tribo, que ele não considera um "indivíduo", senão vontade de arrancar-lhe o escalpo.

– Mas Martha, minha filha, esses sentimentos selvagens não combinam com o grau de civilização e humanidade alcançado por nossa cultura.

– Prefiro dizer, o mal de nossa cultura não combina com a selvageria que nos foi transmitida por tempos antigos. Enquanto ela, ou melhor, enquanto o espírito de guerra não for enxotado, a nossa tão louvada "humanidade" não pode ser defendida com *racionalidade*. Você não vai fingir que sua fala de há pouco é racional, não é? Uma fala em que você assegura ao príncipe Heinrich que o quer amar como genro e odiar como prussiano; estimá-lo como pessoa e abominá-lo como primeiro-tenente; que você lhe concede a bênção paternal e, ao mesmo tempo, admite que ele tem o direito de, por ventura, disparar contra você... perdoe-me, meu querido pai, isso é racional?

– O quê você disse? Não entendi uma palavra!

A tão cara dificuldade de ouvir foi acionada na hora certa.

Dois dias depois, Grümitz voltou a ficar tranquila. Nosso aquartelamento foi desfeito e Konrad recebeu ordens para voltar a seu regimento. Lori Griesbach e o ministro *evidentemente* já haviam partido antes.

O casamento de ambas as minhas irmãs havia sido marcado para outubro. As duas iriam se casar no mesmo dia. O príncipe Heinrich queria abandonar a carreira militar. Após aquela campanha gloriosa, na qual ele conquistou sua promoção, era fácil para ele tomar a decisão de repousar sobre seus louros e suas propriedades.

A despedida dos casais foi a mais dolorida e a mais feliz ao mesmo tempo. Prometeram uns aos outros que escreveriam todos os dias e a perspectiva concreta da felicidade que se aproximava não permitia uma despedida dolorosa de fato.

Perspectiva *concreta* de felicidade?... Na verdade, isso não existe, muito menos em tempos de guerra. Nela, a desgraça paira tão densa como nuvens de gafanhoto. A chance de conseguir um cantinho que permaneça incólume à praga é muito pequena.

Entretanto, a guerra tinha acabado. Ou seja, haviam declarado que a paz havia sido selada. Uma palavra basta para desencadear os horrores e seria possível acreditar que uma palavra também bastaria para suspendê-los de imediato. Mas disso nenhum veredito é capaz. As hostilidades são suspensas, a Hostilidade, porém, continua. O germe de guerras futuras é lançado e o fruto da que terminara há pouco continua se desenvolvendo: miséria, barbarização, pestes. Sim, não adiantava mais negar e procurar não pensar mais nisso: a cólera se alastrava pelo país.

Era a manhã do dia 8 de agosto. Estávamos todos sentados à mesa do café da manhã, na varanda, e líamos nossas cartas que haviam acabado de chegar. As duas noivas correram para suas cartas de amor, eu folheava os jornais. A notícia de Viena era:

> "O crescimento do número de mortes por cólera é alarmante. Hospitais militares e civis já sinalizaram que muitas enfermidades devem ser caracterizadas como a autêntica *cholera asiatica*. Medidas rigorosas estão sendo tomadas em todo o território para controlar a disseminação da epidemia."

Queria ler a passagem em voz alta, quando tia Marie gritou, assustada, segurando a carta de uma amiga que morava em um castelo vizinho:

– Que coisa terrível! Betti me escreveu que, em sua casa, duas pessoas morreram de cólera, e agora, também seu marido está doente.

– Excelência, o professor deseja falar com o senhor.

Atrás do criado, já se encontrava o anunciado. Ele estava de aparência pálida e perturbada.

– Sr. Conde, anuncio, com pesar, que tive de fechar a escola. Ontem duas crianças ficaram doentes, e hoje morreram.

– Cólera? – exclamamos.

– Acho que... precisamos chamá-la pelo nome. A tal da "disenteria" que irrompeu entre os soldados que foram aquartelados aqui e que já matou vinte homens era a cólera. O pânico tomou conta do vilarejo, pois o médico que veio da cidade para cá disse, sem pestanejar, que já não há dúvidas de que essa terrível doença pegou uma grande parte da população.

– O que é isso? – perguntei, enquanto ouvia algo atentamente. – Estou ouvindo soar os sinos.

– É o sino fúnebre, Sra. Baronesa – respondeu o mestre-escola. – Alguém deu o seu último suspiro... o médico contou que, na cidade, os sinos já não param mais de tocar.

Olhamos uns para os outros. Todos em volta da mesa, mudos e pálidos. Ali estava ela de novo, a morte, e cada um de nós via sua mão ossuda sobre a cabeça de algum ente querido.

– Vamos fugir! – sugeriu tia Marie.

– Fugir para onde? – contrapôs o professor. – A desgraça já está espalhada por tudo.

– Para longe, para além das fronteiras.

– Certamente já erigiram algum cordão para não deixar passar ninguém.

– Mas isso é terrível! Não vão impedir as pessoas de abandonar uma terra pesteada?

– Com certeza as regiões não acometidas não vão permitir infiltração.

– O que fazer? O que fazer? – e tia Marie cruzou as mãos.

– Esperar pela vontade divina – respondeu meu pai com um profundo suspiro. – Você acredita tanto no destino, Marie, não entendo tua vontade de fugir. Todo destino alcança o homem, não importa onde ele esteja... De todo modo, eu preferia que vocês fossem embora e você, Otto, não toque mais em fruta alguma.

– Vou telegrafar imediatamente para Bresser, para que nos mande produtos de desinfecção – disse Friedrich.

Não tenho mais condições de narrar os detalhes do que aconteceu em seguida, pois o episódio da mesa de café da manhã foi a última coisa que registrei nos cadernos vermelhos naqueles dias. Só consigo relatar os acontecimentos dos dias seguintes a partir de minha memória. O medo e a aflição tomaram conta de nós todos, todos. Quem não iria estremecer, quando se vive junto dos entes queridos? Sobre suas cabeças, pairando a espada de Dâmocles, e morrer de forma tão terrível e imprestável. Quem não tinha os pensamentos tomados por esses horrores? Era preciso ter muita coragem para não pensar naquilo.

Fugir? Essa ideia também me ocorreu, sobretudo para proteger meu pequeno Rudolf...

Meu pai, apesar de todo fatalismo, insistia na fuga dos outros. No dia seguinte, toda família deveria ir embora. Ele só queria ficar para não deixar à mercê do perigo a criadagem e os habitantes do vilarejo. Friedrich declarou, contundente, que, da mesma forma, queria ficar, e claro que essa também foi a minha decisão: jamais eu sairia de perto do esposo.

Tia Marie, as duas moças, Otto e Rudolf iriam partir o quanto antes. Para onde? Ainda não estava decidido. Iriam temporariamente para a Hungria, o mais longe possível. As noivas não se contrapuseram e ajudaram, assiduamente, a fazer as Malas... morrer... quando o futuro acena com a realização do anseio amoroso mais intenso, quando o êxtase é dez vezes maior, também o medo da morte é dez vezes maior.

As malas foram levadas para a sala de refeições, para que todos ajudassem a concluir o trabalho mais rapidamente. Eu trouxe as roupas de Rudolf embrulhadas em meus braços.

– Por que tua criada não faz isso? – perguntou meu pai.

– Não sei onde Netti se enfiou... toquei o sino inúmeras vezes e ela não veio... Então, preferi eu mesma fazer o serviço.

– Você deixa a tua gente mal-acostumada – disse meu pai, indignado, e deu ordens expressas ao criado presente, para procurar a moça e trazê-la imediatamente.

Pouco depois, ele voltou, com a feição perturbada.

– A Netti está deitada em seu quarto... ela está... ela está...

– Não consegue falar? – esbravejou o meu pai. – Como ela está?

– Toda preta...

Todos gritaram ao mesmo tempo. E o terrível fantasma estava em nossa casa.

– O que fazer? Não podemos deixar a coitada da moça morrer desamparada! Mas quem se aproximar dela, também vai acabar morrendo, e vai passar para todo o resto. Ah, uma casa em que a peste entrou é como se tivesse sido tomada pelos ladrões ou se tivesse toda incendiada. Em todos os cantos e extremidades, em cada passo e pegada, a morte sorri.

– Vá buscar o médico imediatamente – ordenou meu pai. – E vocês, crianças, se apressem para partir.

– O médico voltou para a cidade há uma hora – respondeu o criado à instrução de meu pai.

– Maldição... estou enjoada! – disse Lilli, com os lábios pálidos e se contorcendo em uma poltrona.

Corremos até ela:

– O que você tem? Não seja tola... é só o medo.

Mas não era medo, não restavam dúvidas: tivemos de levar a desafortunada até seu quarto, onde ela vomitou de imediato e foi acometida pelos outros sintomas. Naquele dia, o segundo caso de cólera no castelo.

Era terrível ver o quanto Lilli sofria. E não havia médico algum! Friedrich era o único que se revestiu da função o máximo que pôde. Deu ordens para que se trouxesse o necessário: compressas mornas, massa de mostarda sobre o estômago e, nas pernas, gelo e champanhe. Nada ajudava. Esses métodos bastavam para casos leves de cólera, ali já não podiam ajudar. Eles ao menos traziam certo consolo à doente e aos que estavam presentes. Após os acessos cederem, vieram os espasmos, contração e distensão de todo corpo, *de modo que os ossos fizeram um ruído.* A pobre queria gemer, mas não conseguia, a voz falhava... a pele tornou-se azulada e fria, a respiração estagnou...

Meu pai andava de um lado a outro com as mãos cruzadas. Uma hora me postei diante dele:

– Essa é a guerra, pai! – eu disse – Não vai amaldiçoar a guerra?

Libertou-se de mim e não deu resposta.

Após dez horas, Lilli estava morta. Netti, a criada de quarto, já havia morrido mais cedo. Sozinha em seu quarto, ficamos todos ocupados com Lilli e ninguém da criadagem ousou se aproximar da já "totalmente preta".

- - - - - - - - - - - - - -

Nesse ínterim, o Dr. Bresser havia chegado. Ele mesmo trouxe os medicamentos pedidos pelo telégrafo. Eu teria beijado sua mão, quando entrou inesperadamente para dedicar os seus serviços extremosos a seus velhos amigos. Assumiu de imediato o comando da casa. Mandou colocar os dois corpos em um quarto afastado e trancou aqueles em que as pobres haviam morrido. Ele submeteu a nós todos a um procedimento poderoso de desinfecção. Um cheiro forte de fenol passou a tomar conta de todos os espaços. Ainda hoje, se sinto esse cheiro, aqueles dias terríveis de cólera ressurgem em minha memória.

Pela segunda vez, a fuga planejada não se realizou. Já no dia após a morte de Lilli, a carruagem que levaria minha tia Marie, Rosa, Otto e o meu pequeno estava preparada, quando o cocheiro, atingido pelo mal invisível, teve de abandonar o posto.

– Deixa que eu levo vocês – disse meu pai, quando a notícia lhe foi trazida. – Rápido. Está tudo pronto?

Quando Rosa apareceu:

– Podem ir – ela disse – *eu* tenho que ficar... eu... eu vou seguir a Lilli...

E estava dizendo a verdade. Ao nascer do dia, também a segunda jovem noiva foi levada ao quarto dos cadáveres.

É evidente que o sobressalto causado por esse novo caso impediu a partida dos outros.

Em meio à minha dor, ao meu medo enfurecido, de novo fui tomada pelo ódio profundo daquela tolice maior, que provocava *aquele* tipo de desgraça. Quando o corpo de Rosa estava sendo retirado, meu pai estava de joelhos, a cabeça na parede...

Eu entrei e o peguei no braço:

– Pai – eu disse – isso é a guerra.

Não respondeu.

– O senhor está ouvindo? Agora ou nunca, o senhor vai ou não amaldiçoar a guerra?

Mas ele se recompôs:

– Você me recorda... que eu tenho que suportar essa desgraça com a coragem de soldado... Não sou só eu! Toda a pátria precisou exigir o sacrifício de sangue e lágrimas...

– De que servem os sofrimentos do senhor e de seus irmãos para a pátria? De que lhe serviram as batalhas perdidas, a vida que se foi das duas meninas? Pai, me faça esse favor: amaldiçoe a guerra! Olhe lá – levei-o até a janela, um caixão preto acabava de ser levado para o pátio em uma carroça. – Olhe! Este é para Lilli, amanhã chega um igual para Rosa... depois de amanhã, talvez um terceiro... e por quê? Por quê?

– Porque Deus quis, minha filha!

– Deus, sempre Deus! Toda tolice, toda selvageria, toda violência humana sempre se escondem atrás desse escudo: a vontade de Deus!

– Não blasfeme, Martha, agora não blasfeme, pois a mão castigadora de Deus é visível...

Um criado entrou correndo:

– Excelência, o marceneiro não quer levar o caixão no quarto onde estão as condessas... ninguém tem coragem de entrar...

– Você também não, covarde?

– Não posso levar sozinho...

– Eu te ajudo. Eu mesmo vou colocar minha filha... – E foi até a porta. – Para trás! – gritou para mim, quando eu quis segui-lo. – Você não tem permissão para vir junto. Você não tem permissão para morrer... pense no teu filho!

O que fazer? Eu titubeava... Isso é mais torturante nessas situações: não saber onde reside o dever. Cuidar, com carinho, dos doentes e dos mortos, daqueles que moram em nossos corações e arrastar consigo o germe da desgraça e levar o perigo aos outros que ainda estão ilesos? Queremos nos sacrificar, mas sabemos que esse risco também arrisca levar os outros ao sacrifício.

Só há uma saída para o dilema: não levar a vida em conta, não só a própria, como também a dos que amamos. Aceitar que todos irão morrer, e ficar junto deles até o último suspiro. Respeito, cautela: é preciso interromper tudo isso. União! A bordo do navio que naufraga não há salvação para ninguém: "vamos ficar abraçados, juntos, colados uns aos outros, até o último minuto e adeus mundo tão belo!".

Todos ficaram resignados. Todos desistiram dos planos de fuga. Todos íamos para perto de cada doente e os enterrávamos. Bresser já não tentava mais impedir nosso comportamento, o único que era humano. Sua proximidade, seus comandos enérgicos e infatigáveis dava-nos uma sensação única de segurança: ao menos o nosso navio iria naufragar com um capitão.

Ah, essa semana de cólera em Grümitz! Já são vinte anos desde então. Mas sinto o mesmo frio na espinha quando volto a pensar nisso. Lágrimas, lamentos, as cenas com os moribundos de partir o coração. O cheiro de fenol, o ranger dos ossos daqueles que se contorciam, os sintomas asquerosos, o toque incessante dos sinos dos mortos, os funerais: não, os enterros, pois, nesses casos, não há nenhuma cerimônia fúnebre. Suspendeu-se o ordenamento natural da vida: sem refeições, a cozinheira havia morrido. Ninguém ia dormir de noite, aqui e ali uma beliscada na comida, pela manhã, cochilos. Lá fora, a natureza, com sua ironia indiferente, oferecia um clima magnífico de verão, os melros alegres, o brilho exuberante das flores coloridas nos canteiros. No vilarejo, a morte ininterrupta, os prussianos que ficaram para trás estavam todos mortos.

– Hoje encontrei o coveiro – disse Franz, o criado de quarto – quando ele voltava do cemitério com sua carroça vazia. "Desovou mais alguns?", perguntei. "Sim, uns seis ou sete... todo dia uma meia dúzia, às vezes mais... também acontece de um outro ainda se mexer na carroça, não faz mal. Só jogar na cova com os prussianos!"

No dia seguinte, o próprio brutamontes morreu e um outro precisou assumir o seu ofício, o pior que podia haver naquela época. O correio só trazia notícias sombrias. De todos os cantos, a peste enfurecida e cartas de amor, que ficariam para sempre sem resposta, as cartas do príncipe Heinrich, que não sabia do que ocorrera. Eu havia preparado Konrad para o pior, enviei-lhe uma linha: "Lilli muito doente". Ele não conseguiu vir na hora, o serviço o havia impedido. Somente no quarto dia o infeliz chegou, intempestivo

– Lilli? – chamou – É verdade, então? – ficara sabendo do ocorrido no caminho.

Confirmamos.

Ficou em um silêncio aterrorizador, sem choro.

– Eu a amei tantos anos. – disse baixinho, para si mesmo. Depois, mais alto:

– Onde ela está? No cemitério? Quero visitá-la... adeus, ela está me esperando...

– Devo acompanhá-lo? – alguém lhe ofereceu.

– Não, prefiro ir sozinho.

E foi. Não o vimos de novo. No túmulo da noiva, meteu uma bala na cabeça.

Assim, encerrou-se a vida de Konrad Althaus, primeiro-tenente no quarto regimento dos hussardos, aos vinte e sete anos de idade.

Em outros tempos, a tragicidade daquele acontecimento teria causado um efeito mais comovente, agora, porém, quantos jovens oficiais a guerra não tinha levado? Esse, de certa maneira, também. No momento que soubemos do fato, irrompeu uma nova desgraça em nosso círculo, que nos causou muita angústia: Otto, o único e amado filho de meu pobre pai, foi tomado pelo anjo da morte.

Seu sofrimento durou a noite toda e o dia seguinte. Entre esperanças e desesperanças, às sete da noite estava tudo acabado.

Meu pai lançou-se sobre o cadáver com um grito tão arrepiante, que retumbou por toda casa. Foi difícil arrancá-lo do morto. Ah, e esse lamento de dor que continuava: sons desesperados de uivo, de bramido, de ronco saíam do velho homem por horas a fio... Seu filho, seu orgulho, seu Otto, seu tudo!

Depois desses surtos, uma apatia repentina: silenciosa e estática. Não foi capaz de acompanhar o enterro do predileto. Ficou em um sofá, sem se mexer, e quase parecia inconsciente. Bresser ordenou que lhe trocassem as roupas e o levassem para a cama.

Após uma hora, parecia que ele voltava. Tia Marie, Friedrich e eu ficamos a seu lado. Ficou um tempo olhando em volta, com os olhos perquiridores. Em seguida, sentou-se e tentou falar. Mas não emitia uma palavra e contorcia o rosto de dor para respirar. Então, começou a se sacudir e se jogar, como se lhe tivessem acometido aqueles espasmos terríveis dos últimos sintomas da cólera, ainda que, antes, não tivesse apresentado nenhum dos outros iniciais. Finalmente, disse algo: "Martha".

Ajoelhei-me a seu lado:

– Pai, meu querido e pobre pai!

Ergueu sua mão sobre minha cabeça:

– Teu desejo... – disse com esforço – se cumpre... eu am... eu amaldi...

Não conseguiu terminar e afundou a cabeça no travesseiro novamente.

Nesse ínterim, veio Bresser e respondeu às nossas inquietações: o que matou meu pai foi um infarto.

– O mais terrível – disse tia Marie, depois de o enterrarmos – é que ele se despediu com uma maldição nos lábios.

– Não se preocupe, tia – eu a tranquilizei. – *Se* essa maldição sair de todos os lábios, todos mesmo, será a maior bênção para a humanidade.

Essa foi a semana da cólera em Grümitz. Em um período de sete dias, dez moradores do castelo foram levados: meu pai, Lilli, Rosa, Otto, minha camareira Netti, a cozinheira, o cocheiro, dois palafreneiros. No vilarejo, morreram mais de oitenta pessoas nesse mesmo período.

Ao se dizer isso com tanta sobriedade, é como se soasse como um comentário digno de nota. Mas se é para constar em uma narrativa, soa como uma fantasia exagerada do autor. Entretanto, não se trata nem de algo sóbrio, nem algo ultrarromântico, e sim de uma realidade fria, palpável, prenhe de tristeza.

Não foi só Grümitz que foi tomada com tanta força em nossa região. Se formos folhear os anais das localidades e castelos vizinhos, é possível encontrar muitos casos semelhantes de um infortúnio coletivo. Exemplo disso é o castelo próximo ao pequeno castelo de Horn, o Stockern. No período de 9 até 13 de agosto de 1866, da mesma forma após a partida dos prussianos aquartelados, dos membros dessa família, quatro foram mortos pela peste: Rudolf, de vinte anos, suas irmãs Emilie e Bertha, tio Cândido, além de cinco pessoas da criadagem. A filha mais nova, Pauline von Engelshofen, foi poupada. Depois, ela se casou com um certo Barão Suttner. Também ela fala ainda hoje, com estremecimento, sobre a semana da cólera em Stockern.

Naquela época, fui tomada por uma tal resignação de luto e de morte, que eu esperava que a morte levasse a mim e meus outros entes queridos a qualquer momento. Havia dois meses que a cidade estava marcada por ela. Chorava por meu Friedrich e meu Rudolf já com antecipação. Ainda assim, apesar de tanto desalento, eu vivia doces momentos. Era quando eu me encostava no peito de meu marido, era envolvida por ele com carinho e eu podia derramar minhas lágrimas sobre seu fiel coração. A suavidade com que me dirigia palavras não de consolo, mas de compaixão e de amor, aquecia o meu próprio coração. Não, o mundo não era tão ruim, acabava pensando sem querer, o mundo não é só sofrimento e crueldade: nele também vive a compaixão e o amor... ainda que nas almas dos indivíduos, e não como preceito de ampla validade, como condição normal, mas eles *existem*.

Assim como essas emoções nos envolviam, tornavam mais doce aquele tempo de tanta dor; assim como elas habitavam muitas outras almas, a *maioria* delas, um dia elas também iriam rebentar por completo e dominar todo o comportamento da espécie humana: o futuro pertence à bondade.

- - - - - - - - - - - - - - -

Passamos o restante do verão em Genebra. Foi o Dr. Bresser, com sua brilhante retórica, que nos convenceu a fugir daquele lugar pesteado. No começo, relutava por abandonar tão rápido os túmulos de meus familiares e, como disse há pouco, estava tão resignada à morte, que me encontrava totalmente apática e achava inútil toda z\tentativa de fuga. Por fim, Bresser venceu quando me repreendeu, ao dizer que seria meu dever de mãe arrancar o pequeno Rudolf do perigo, o quanto fosse possível.

Escolhemos a Suíça como lugar de fuga para satisfazer o desejo de Friedrich. Desejava conhecer os homens que criaram a "Cruz Vermelha" e se informar, *in loco*, sobre as conferências que aconteceram lá, bem como sobre os demais objetivos da convenção.

Friedrich submeteu a sua baixa da carreira militar e, até a conclusão daquele requerimento, recebeu meio ano de férias. Tornei-me muito rica. A morte de meu pai e de meus irmãos tornou-me única proprietária de Grümitz e de todas as posses da família.

– Veja aqui – disse para Friedrich, quando os documentos me foram entregues pelo tabelião. – O que você diria se eu quisesse louvar a guerra, por causa das vantagens que ela proporcionou?

– Então, não seria a minha Martha! Porém, entendo o que você quer dizer. O egoísmo desumano, que é capaz de se alegrar com os ganhos materiais, os quais brotam da desgraça alheia, esse sentimento tem o indivíduo suficientemente baixo, que, no entanto, tem o cuidado de escondê-lo, ao passo que as nações e as dinastias o confessam aberta e orgulhosamente. Milhares perecem sob uma dor inexplicável, mas, com isso, nós ganhamos território e poder: devemos agradecer aos céus pela guerra afortunada.

Vivíamos muito tranquilos e retraídos em um palacete à margem do lago. Sentia-me tão abalada pelos últimos acontecimentos, que não queria contato com ninguém estranho. Friedrich respeitava o meu luto e, de forma alguma, procurava sugerir algum remédio banal de "distração" contra isso. Meu esposo, sensível, percebia que eu necessitava consagrar minhas lágrimas a meus entes falecidos no recôndito do meu silêncio. Os que foram arrancados desse mundo com tanta rapidez e crueldade, da mesma maneira não deveriam ser arrancados com rapidez e frieza do memorial que possuíam dentro do meu coração enlutado.

Friedrich ia com frequência à cidade, para a finalidade de sua longa estada, ou seja, para conduzir seus estudos sobre a questão da Cruz Vermelha. Já não me recordo com tanta nitidez dos resultados desses estudos. Naquela época, não escrevia em meu diário. Por isso, muito do que Friedrich me contou sobre suas experiências nesse sentido escapam à minha memória. Recordo-me de apenas uma impressão, que o entorno me proporcionou: a tranquilidade, a descontração, a ocupação serena de todas as pessoas com as quais por acaso me deparei, como se vivessem em meio à mais pacífica época, à mais agradável. Quase não havia eco da guerra que ocorrera, ao máximo um tom anedótico, como se se tratasse de um acontecimento interessante, nada mais que isso. Ela fornecia matéria mais favorável para as conversas, ao lado de outros mexericos relativos à Europa. Era como se o retumbar macabro dos canhões nos campos de batalha da Boêmia não tivessem nada de trágico, como uma nova ópera de Wagner. Aquilo passava a pertencer à história, tinha levado a mudanças no mapa, mas o seu componente arrepiante havia desaparecido da consciência. Talvez nunca tivesse estado nas daqueles que não participaram... Ele era esquecido, superado, apagado. Com os jornais se dava o mesmo. Na maioria das vezes, eu lia os franceses: voltavam-se para a preparação da Exposição Universal de Paris, a ocorrer em 1867; para as festas da corte em Compiègne; para as personalidades literárias (surgiam alguns talentos controversos: Flaubert, Zola); para os eventos do teatro: uma nova ópera de Gounod, um papel principal de Offenbach para Hortense Schneider, ou algo do gênero. O pequeno duelo apimentado que a Prússia e a Áustria tiveram *là-bas*, em Bohème, já eram águas passadas... Ah, como a anteninha curta do coração humano e de sua memória são incapazes de sentir o que se passou há três meses ou está distante trinta léguas!

Em meados de outubro deixamos a Suíça. Voltamos para Viena, onde o gerenciamento de minha herança demandava minha presença. Depois de resolvidas essas questões, tínhamos intenção de nos fixarmos por um longo período em Paris. Friedrich tinha em mente preparar o terreno para a ideia de uma liga para a paz, se fosse possível, e era da opinião de que a Exposição universal, que estava prestes a acontecer, oferecia a melhor ocasião para realizar um congresso dos amigos da paz. Considerava Paris o lugar mais adequado para que uma questão internacional surtisse efeito.

– Deixei de lado o ofício da guerra – disse ele. – Eu o fiz pela convicção que adquiri na própria guerra. Quero atuar em prol dessa convicção. Vou entrar para o exército da paz. No entanto, é um exército bem pequeno, cujos combatentes não possuem outras armas e defesas, senão a concepção do direito e o amor pela humanidade. Tudo que se torna grande um dia começou pequeno e singelo.

– Ah – dei um suspiro de contraposição – é um começo sem esperança. O que você quer alcançar como indivíduo contra esse baluarte poderoso, de milhares de anos e defendido por milhões de seres humanos?

– Alcançar? Eu? ... Tão insensato eu não sou de esperar que eu, sozinho, vou causar uma transformação. Só disse que quero entrar para as *fileiras* do exército da paz. Por acaso, quando me encontrava na guerra, esperava que *eu* salvaria a pátria, que *eu* conquistaria uma província? Não, o indivíduo só consegue *servir*, mais ainda: ele deve servir. Quem se entusiasma por uma questão não pode fazer outra coisa, que não atuar por ela, empregar sua vida nela, mesmo sabendo que essa vida, por si só, pode contribuir pouco para a vitória. Servimos, porque temos de servir: não só o Estado, como também a própria convicção, se entusiasmada, impõe um serviço obrigatório, como nas forças armadas.

– Você tem razão. Quando milhões de entusiastas bastarem para esse serviço obrigatório, então aquele baluarte de milhares de anos será abandonado por seus defensores e irá colapsar.

De Viena, fiz uma peregrinação a Grümitz, onde passei a me tornar soberana. Porém não entrei no castelo. Apenas deixei quatro coroas no cemitério e voltei.

Depois de termos acertado os negócios mais importantes, Friedrich sugeriu que fizéssemos uma viagem a Berlim, para fazermos uma visita à tia Kornelie, que estava profundamente triste. Concordei. Por conta de nossa ausência, entreguei meu filho aos cuidados de tia Marie. Por causa dos eventos da semana de cólera em Grümitz, ela sentia-se bastante deprimida. Todo seu amor, todo o interesse de sua vida, transferiu-se ao meu pequeno Rudolf. Tinha esperanças de que esse tempo com ele a distraísse um pouco e a fizesse voltar ao prumo.

No dia primeiro de novembro, deixamos Viena. Interrompemos nossa viagem em Praga e pernoitamos lá. No dia seguinte, prosseguimos a viagem para Berlim, voltamos a fazer uma peregrinação.

– Finados! – disse, ao perceber a data de um jornal, trazido com o café da manhã em nosso hotel.

– Finados! – repetiu Friedrich. – Quantos mortos perto daqui, nos campos de batalha, que não podem se beneficiar desse dia, pois não foram sepultados... Quem irá visitá-los?

Mirei-o por alguns instantes, em silêncio. Depois disse a meia voz:

– Você gostaria?...

Ele afirmou. Nós nos entendemos e, uma hora mais tarde, estávamos a caminho de Chlum e Königgrätz.

Que vista! Logo ocorreu-me uma elegia de Tiedge:

Que vista! Venham ver, dirigentes!
Aqui, em meio às ruínas de osso
Ao povo as juras de um líder manso
Do mundo o deus da paz vai se tornar.

Venha ver, se tua sede é de fama e glória
Conte os cálices de crânios, oh pastor
E nessa vista grave um dia, destronada,
Tua cabeça no silêncio eterno pousará.

Deixe a vida nos teus sonhos em lamúria
Que aqui se foi em gélido horror
É tão grande assim tua sede, que em ruína
teu louro da história vai se fiar?

Infelizmente *é* mesmo grande, enquanto a história universal, ou melhor, aqueles que a escrevem, erigirem estátuas de heróis com as ruínas e os escombros da guerra; enquanto as coroas se estendem aos titãs do genocídio. Será que o poeta pensava que seria nobre prescindir da coroa de louros, renunciar à glória? Aquilo, do qual parece fazer bem prescindir, primeiro deveria ter o seu halo despido, assim nenhum ambicioso iria querer alcançá-lo.

Chegamos em Chlum ao entardecer e, de lá, de braços dados, fomos adentrando os campos de batalha, em um silêncio arrepiante. Havia uma névoa mesclada de pequenos flocos de neve e as hastes despidas das árvores curvavam-se ante o assobio estridente daquele vento frio de novembro. Várias sepulturas e sepulturas de vários por toda parte. Mas um *cemitério*? Não. Ali não estavam acomodados para o descanso eterno os peregrinos cansados que partiram dessa vida, mas jovens guardiões do futuro, no auge de suas vidas e de sua virilidade, que foram jogados, ali, de maneira precipitada e cobertos pela terra. Esparramados, sufocados, silenciados para sempre, todos os corações partidos, os membros dilacerados, os olhos de lágrimas amargas, os gritos desesperados, as orações inúteis...

Aquele campo de guerra não estava deserto. O Dia de Finados havia trazido muitos para lá, também do país inimigo, que vieram para se ajoelhar naquele reduto, onde seus entes haviam morrido. Já o trem com o qual havíamos chegado estava repleto de outros enlutados, e por horas eu ouvi, em minha volta, gemidos e lamentos. "Perdi três filhos em Sadowa... três filhos... um melhor, mais belo e mais querido que o outro", contou-nos um senhor de aparência bastante destroçada. Muitos outros acrescentaram com suas queixas: o irmão, o esposo, o pai. De todos esses, porém, nenhum me deixou mais impressionada que aquele surdo "três filhos, três filhos", e sem lágrimas, do pobre senhor.

Já no campo, viam-se de todos os lados, de todos os caminhos, as pessoas vestidas de preto andando ou se ajoelhando, ou se arrastando com esforço, irrompendo em soluços altos. Poucos eram os sepulcros individuais, poucas eram as cruzes ou as pedras com inscrições. Curvamo-nos para decifrar alguns nomes, enquanto a luz do ocaso permitia.

Major von Reuß do 2º Regimento da Guarda Prussiano.

– Talvez um parente do noivo de nossa pobre Rosa – observei.

Conde Grünne, ferido em 3 de julho, morto em 5 de julho...

O que ele não deve ter sofrido nesses dois dias! Será que não era um filho do Conde Grünne, que havia dito uma frase conhecida antes da guerra: "Vamos escorraçar os prussianos com trapos úmidos?". Ah, mas como soa lunática e blasfema, de uma dissonância estridente, cada palavra de provocação dita antes da guerra. Se a repetissem em um lugar como aquele!

Palavras, nada além disso, palavras de bravatas, palavras de escárnio, palavras de ameaça: faladas, escritas e expressadas, elas *somente* é que haviam encomendado aquele campo...

Continuamos a andar. Por todos os lados, montes de terra menos ou mais altos, menos ou mais amplos... mesmo onde o solo não se elevava tanto, talvez apodreciam corpos de soldados sob os nossos pés.

A névoa tinha pingos cada vez mais grossos.

– Friedrich, coloque o seu chapéu, você irá se resfriar.

Mas ele continuava a descoberto, não repeti minha advertência.

Dentre os que vieram render tributo aos mortos, encontravam-se, além disso, muitos oficiais e soldados. Era provável que fossem os mesmos que haviam participado do dia fatídico de Königgrätz e, agora, peregrinavam por onde seus camaradas mortos descansavam.

Chegamos ao lugar onde a maioria dos combatentes, adversários, estavam enterrados lado a lado. Ele estava cercado como um cemitério de igreja. A maioria dos enlutados vieram para cá, pois ali era o local mais provável onde teriam enterrado os seus entes queridos. Naquele cercado, os despojados se ajoelhavam e soluçavam, ali colocavam suas coroas e acendiam suas velas.

Um homem alto e magro, de uma aparência jovem e distinta, coberto por um casaco de general, viera até o jazigo. Os outros se afastaram com reverência. Eu ouvi algumas vozes cochichando:

– O imperador!

De fato, era Francisco José. O comandante-geral, o soberano das forças armadas, que viera para o Dia de Finados, para dirigir uma oração silenciosa aos seus nativos mortos, para seus combatentes mortos. Também ele estava lá, de pé, com cabeça descoberta e curvada, em profunda tristeza, reverenciando a majestade da morte.

Ficou muito tempo imóvel. Não conseguia tirar meus olhos dele. Quais pensamentos moviam a sua alma? Quais sentimentos atravessavam o seu coração? Era um coração bom e sereno? Disso eu tinha certeza. Aquilo me invadiu de tal forma, que era como se eu estivesse sentindo o que ele sentia, como se eu compartilhasse dos pensamentos que atravessavam sua cabeça inclinada: "Vocês, meus pobres valentes... mortos... e para quê?... Nós nem vencemos... minha Veneza! Perdida... tanto, tanto que foi perdido... as suas jovens vidas... E vocês a entregaram como forma de autossacrifício... para mim... Ah, se eu pudesse devolvê-las a vocês! Não desejei esse sacrifício por mim, foi por vocês, pelo seu país, que vocês, meus filhos, foram enviados a essa guerra... E não foi por minha causa... se eu não tivesse dado o comando... e não *tive* que dá-lo? Não são os súditos que estão a meu dispor. Não! É por causa de vocês que subi ao trono... e estaria disposto a morrer por meu povo a qualquer momento!... Ah, se eu tivesse seguido os impulsos do meu coração e nunca ter dito 'sim', quando todos gritavam em minha volta: 'guerra, guerra!'... Como eu ia me contrapor? Deus é testemunha de que não pude... O que me motivou, o que me forçou, nem mesmo eu saberia exatamente. Só sei que foi uma pressão incontornável vinda de fora... de vocês mesmos, vocês, os soldados mortos... Que tristeza, que tristeza... O que vocês não devem ter sofrido e agora estão aqui e em outros campos de batalha, levados por cartuchos de canhão pelo açoite dos sabres, pela cólera e pelo tifo... Se eu tivesse dito não... você me pediu, Elisabeth... Se eu tivesse dito! É insuportável a ideia de que... ah, que mundo imperfeito e miserável... é muito lamento, lamento demais!".

Enquanto pensava por ele, não tirava meus olhos de sua feição e agora – era o "muito lamento, lamento demais" – ele cobriu seu rosto com ambas as mãos e irrompeu em um choro intenso.

Assim aconteceu no Dia de Finados de 1866, no campo dos mortos de Sadowa.

Quinto livro

Tempos de paz

Toda a cidade de Berlim estava exultante. Qualquer vendedor ambulante e qualquer desocupado ostentava sua autoconfiança de vitorioso: "*Nós* derrubamos o outro". Parecia uma sensação imponente e partilhada por toda a população. Ainda assim, nas famílias que visitamos, encontramos algumas pessoas em profundo abatimento, aquelas que tinham algum ente querido e inesquecível nos campos de batalha alemães ou boêmios. Temia rever sobretudo tia Kornelie. Sabia que o seu filho maravilhoso, Gottfried, tinha sido seu ídolo. Conseguia imaginar a dor que a mãe, despojada dele, deveria estar sentindo. Bastava imaginar que meu Rudolf, depois de crescido... não, não queria imaginar *aquilo*.

Nossa visita foi anunciada. Entrei na casa da Sra. von Tessow com o coração acelerado. Já no vestíbulo da casa predominava o luto. O criado que nos deixou entrar vestia uma libré de cor preta. Na grande sala de estar, cujos móveis estavam cobertos, não havia um candelabro aceso, e fitas pretas estavam penduradas nos espelhos e nos quadros. As portas para o quarto de tia Kornelie nos foi aberta dali. Lá, ela nos esperava. Era uma sala bastante grande, dividida por uma cortina, atrás da qual encontrava-se a cama, que servia, agora, como estada permanente da tia Kornelie. Não saía mais da casa, à exceção dos domingos, quando ia à igreja, e raramente deixava o quarto. Todos os dias passava uma hora no gabinete de estudos de Gottfried. Suas coisas estavam intactas, do mesmo jeito de quando ele partiu. Durante nossa visita, ela nos levou até lá e nos deu uma carta para ler, que ele havia colocado em sua pasta:

"Minha única e querida mãe! Sei que minha amada mãe irá vir aqui depois de minha partida, e a senhora irá achar essa folha. A despedida pessoal terá ocorrido. Tanto maior será tua alegria e surpresa ao descobrir *ainda* mais um sinal, uma última palavra minha, e cheia de contentamento e esperança. Tenha coragem: eu vou voltar. Dois corações tão próximos como os nossos não podem ser separados pelo destino. Estou predestinado a sobreviver a uma campanha exitosa, a conquistar estrelas e cruzes, depois: torná-la seis vezes avó. Beijo tua mão e tua testa macia, minha mãezinha adorada.

Gottfried."

Quando adentramos o quarto de tia Kornelie, ela não estava sozinha. Um senhor, vestido de um longo fraque negro, que logo se via ser um pastor, estava sentado diante dela.

A tia se levantou e veio em nossa direção. O pastor fez o mesmo, porém se manteve atrás dela.

Aconteceu o que eu imaginava: quando abracei a velha senhora, nós duas rebentamos em um choro convulsivo. Também os olhos de Friedrich não se mantiveram secos ao apertar a enlutada em seu peito. Não falamos nada nesse primeiro instante. Em momentos como esses, no primeiro encontro depois de uma desgraça, as lágrimas bastam para expressar o que necessitamos dizer.

Ela nos conduziu até onde estava sentada e nos indicou as poltronas a seu lado. Após enxugar suas lágrimas:

– Meu sobrinho, coronel barão Tilling, capelão militar e conselheiro consistorial, Sr. Mölser – apresentou.

Curvaram-se em silêncio.

– Meu amigo e conselheiro espiritual – complementou – que está tomando conta de mim, para que eu supere minha dor...

– ... que não está conseguindo levar a resignação adequada à senhora, o regozijo da cruz, minha cara amiga – disse ele. – Por que tive de ver mais um derramamento de lágrimas, um sinal de tua irresolução?

– Ah, perdoe-me! A última vez que vi meu sobrinho e sua querida e jovem esposa, meu Gottfried... – não conseguiu terminar de falar.

– ... teu filho ainda se encontrava nesse mundo pecaminoso, submetido a todas as tentações e perigos, ao passo que, agora, ele está no regaço do Pai, depois da morte abençoada, mais gloriosa, pelo rei e pela pátria. O senhor, coronel – dirigiu-se ao meu marido – que há pouco me foi apresentado como soldado, poderia me ajudar a dar consolo a essa mãe abatida, cujo destino do filho é digno de inveja. O senhor deve conhecer o contentamento pela morte que anima os valentes guerreiros: a resolução de sacrificar sua vida no altar da pátria transfigura toda dor da separação. E, se no calor da batalha, ele cai sob o raio do canhão, o que espera é ser transferido para o grande exército e estar lá, quando o Senhor de Todos os Exércitos fizer a Sua inspeção de tropas. Sr. Coronel, o senhor regressou junto daqueles a quem a providência divina concedeu a vitória justa...

– ... perdão, Sr. Conselheiro, estive ao lado da tropa austríaca.

– Oh! Pensei que... ah... – respondeu o outro, bastante encabulado. – Também um exército excelente e valente o da Áustria – levantou-se. – Mas não quero incomodar... Certamente, os senhores querem falar sobre questões familiares... Passe bem, minha senhora, voltarei em alguns dias. Até lá, volte seus pensamentos ao Misericordioso. Nenhum cabelo de nossa cabeça irá cair sem a Sua vontade. Aqueles que o amam terão sempre o melhor, também tribulações e sofrimento, adversidades e morte. Minhas mais sinceras saudações.

Minha tia apertou-lhe a mão.

– Espero ver o senhor em breve, muito em breve, não? Por favor.

Curvou-se para nós todos e começou a dirigir-se até a porta. Friedrich o interpelou.

– Sr. Conselheiro, o senhor me permitiria um favor?

– Fale, Sr. Coronel.

– Notei que sua fala foi permeada pelo espírito religioso, tanto quanto pelo militar. O senhor, então, poderia me fazer uma gentileza.

Eu ouvia muito curiosa. Aonde Friedrich estava querendo chegar?

– Minha esposa – prosseguiu – é tomada de todos os tipos de dúvidas e incertezas... ela acredita que, do ponto de vista cristão, a guerra não seria permitida. Eu sei que é exatamente o contrário, pois nada é tão semelhante quanto a posição de sacerdote e a de soldado. Mas me faltam argumentos para demonstrá-lo à minha esposa. O senhor nos concederia, Sr. Conselheiro, uma hora de conversa amanhã ou depois de amanhã, para...

– Ah, claro – interrompeu o sacerdote. – O senhor me passaria o seu endereço? – Friedrich entregou-lhe o seu cartão e combinaram o dia e o horário para a visita solicitada.

A partir dali, ficamos sozinhos com a tia Kornelie.

– A senhora acha que esse amigo pode mesmo lhe oferecer consolo? – ele perguntou a ela.

– Consolo? Para mim, não há consolo algum nessa Terra. Mas ele fala tanto e com tanta beleza sobre coisas que eu mais gosto de ouvir agora: sobre morte e luto, sobre cruz e sacrifício, e renúncia... ele retrata o mundo, que meu pobre Gottfried teve de deixar, e que também eu desejo deixar, como sendo um vale de lágrimas, um mundo de depravação, de pecado, de degeneração cada vez maior... Por isso, parece-me menos triste, que meu filho tenha sido levado. Ele está no céu e, aqui, nessa Terra...

– ... prevalecem as ações do mal, isso é verdade, de novo presenciei isso – respondeu Friedrich, refletindo.

Depois disso, a pobre mulher perguntou sobre as duas campanhas, sobre a que ele tinha participado junto com Gottfried e a que ele participou contra. Ele teve de citar centenas de detalhes e, com isso, conseguiu dar àquela mãe o mesmo consolo que, um dia, ele me havia trazido da guerra italiana: o de que aquele para quem estava de luto havia sofrido uma morte rápida e indolor. Foi uma visita longa e triste. Da mesma forma, narrei os detalhes da terrível semana de cólera e de minhas vivências nos campos de batalha da Boêmia. Antes de irmos embora, tia Kornelie nos levou até o quarto de Gottfried, onde derramei mais lágrimas de amargura ao ler a carta que citei há pouco. Mais tarde, pedi para fazer uma cópia dela.

– Agora me explique – disse a Friedrich, ao embarcarmos na carruagem que nos aguardava em frente ao casarão da Sra. von Tessow. – Por que você pediu ao Sr. Conselheiro...

– ... uma conferência para você? Você não entende? Isso vai me servir de material de estudo. Quero ouvir de novo, dessa vez anotar, quais os argumentos dos sacerdotes a favor do genocídio. Transferi o papel de condutora da contenda para você. É mais apropriado a uma jovem mulher ter dúvidas sobre o ponto de vista cristão que justifica a guerra, do que a um "senhor coronel".

– Você sabe que não é do ponto de vista religioso, mas humano que nós...

– Não vamos demonstrá-lo ao Sr. Conselheiro, caso contrário a questão irá se conduzir para outro caminho. As intenções de paz daqueles que pensam sobre ela não sofre de contradições internas. E é justamente a contradição entre os estatutos do amor cristão e dos preceitos da guerra que eu quero ouvir sendo esclarecida por um capelão militar, ou seja, por um representante do militarismo cristão.

O sacerdote se apresentou pontualmente. Era evidente que lhe atraía a perspectiva de poder dar um sermão instrutivo e doutrinador. De minha parte, via aquela conversa com certo sentimento de constrangimento, pois não iria exercer um papel honesto. Entretanto, pelo bem da matéria, com a qual Friedrich passaria a dedicar sua vida, consegui superar um pouco esse sentimento e me confortei com a frase "os fins justificam os meios".

Após todos os cumprimentos, sentamo-nos os três em cadeiras baixas, próximas à lareira, e o conselheiro consistorial começou:

– Permita-me abordar o tema que levou à minha visita, minha cara senhora. Trata-se de banir algumas incertezas de sua alma, as quais possuem uma natureza de aparente legitimidade, mas cuja falácia é fácil demonstrar. Por exemplo, a senhora acha que o mandamento de Cristo, de amar os vossos inimigos, além daquela "Viva pela espada, morra pela espada", estão em patente contradição com os deveres de um soldado, que é tomado pelo desejo de ferir e matar o inimigo...

– De fato, Sr. Conselheiro, essa contradição me parece insolúvel. Há, além disso, o outro mandamento: "Não matarás".

– Bem, a julgarmos pela superfície, é realmente difícil, mas quando nos aprofundamos, as dúvidas desaparecem. No que concerne ao quinto mandamento, o correto, de acordo com a edição inglesa da Bíblia, seria: "Não *assassinarás*". Matar por necessidade não é assassinato. E a guerra não passa de uma grande necessidade. Segundo a advertência suave de nosso redentor, para que amemos nosso inimigo, não significa que não possamos nos defender da clara injustiça e dos atos de violência.

– Assim sendo, podemos depreender disso que somente as guerras de defesa são justas e só é permitido desferir o golpe da espada, quando o inimigo aparecer em nosso país? No entanto, o país adversário parte do mesmo pressuposto, então como pode um combate ter início? Na última guerra, foi o seu exército, Sr. Conselheiro, o primeiro a cruzar a fronteira e...

– Se queremos repelir o inimigo, minha senhora, o que é um direito sagrado, não é preciso, para isso, perder a melhor ocasião e esperar primeiro, até que ele invada o nosso país. Sob determinadas circunstâncias, o soberano é livre para se antecipar à violência e à injustiça do outro. Com isso, ele acata a palavra escrita: "Viva pela espada, morra pela espada". Ele está se colocando a serviço de Deus, vingando-se do inimigo, ao desferir-lhe o golpe da espada e fazê-lo morrer com ela...

– Algum falso silogismo deve estar escondido aí – disse, balançando a cabeça – esses motivos podem ser usados por *ambos* os lados como justificativa...

– No que se refere à incerteza – prosseguiu o sacerdote, sem prestar atenção em minha objeção – de que Deus desaprova a guerra, isso desaparece entre os cristãos que se fixam na Bíblia, pois a escritura sagrada possui provas suficientes de que o próprio Senhor do povo de Israel ordenou que se conduzissem guerras, para conquistar a terra prometida, e concedeu vitória e bênção a seu povo para isso. No livro 4, Moisés, 21, 14, existe uma fala no livro das guerras de Jeová. E é frequente, nos Salmos, louvar o auxílio que Deus garantiu a seu povo na guerra. A senhora não conhece o Salmo (22: 31):

> Prepara-se uma cavalaria para o dia do combate,
> mas no fim, a vitória depende do senhor.

No Salmo 144, Davi agradece e louva o Senhor, o seu rochedo, que "adestra as mãos para o combate e os punhos para a batalha".

– Eis a contradição predominante entre o velho e o novo testamento: o Deus dos hebreus era belicoso, mas Jesus, o manso, anunciava a mensagem de paz e ensinava o amor pelo próximo e pelo inimigo.

– Também no novo testamento, Jesus fala, na parábola de Lucas (14, 31), sem a repreensão habitual de um rei, que almeja conduzir uma guerra contra outro rei. O apóstolo Paulo também usa, com frequência, imagens da vida da guerra. Ele diz (Romanos 13:4), que não é em vão a autoridade terrena, "não é em vão que ela traz a espada: castigando, está a serviço de Deus para manifestar a sua cólera contra o malfeitor".

– Bem, então a contradição está na própria escritura sagrada. Ao me mostrar que é possível encontrá-la na Bíblia, o senhor não a suprimiu.

– Aí, vê-se a maneira superficial e, ao mesmo tempo, presunçosa de julgamento, com o qual se quer elevar a própria e débil razão sobre a palavra de Deus. Contradição é algo imperfeito, não é divino. Ao demonstrar, que algo aparece na Bíblia, está fornecida a comprovação de que, nela, não pode haver qualquer contradição, seja ela compreensível ao ser humano ou não.

"Isso se, muito mais, a demonstração da contradição, não comprovar que as passagens em questão de forma alguma são de origem divina", essa foi a resposta que pairou sobre meus lábios, mas eu a reprimi, para não aumentar ainda mais a contenda.

– Veja bem Sr. Conselheiro – agora Friedrich se envolvia na conversa – com ainda maior contundência que o senhor, um certo capitão, no século XVII, demonstrou a legitimidade dos horrores da guerra ao apelar para a Bíblia. Eu guardei uma cópia do trecho e já li para minha mulher, mas ela não foi capaz de simpatizar com a sagacidade contida ali. Confesso que, para mim, a questão surge de uma maneira um tanto pesada... e eu gostaria de ouvir sua opinião sobre isso. Se me permite, eu trouxe o documento.

Tirou um papel da gaveta, abriu-o e leu:

> "A guerra foi inventada pelo próprio Deus, que a ensinou aos seres humanos. Deus colocou os primeiros soldados à porta do paraíso, a fim de interditar o primeiro rebelde, Adão. Em Deuteronômios, é possível ler como Deus enviou Moisés para encorajar seu povo à vitória e oferecer-lhe até mesmo seus sacerdotes na linha de vanguarda. O primeiro estratagema foi ensinado à cidade de Aí. Na guerra dos judeus, o Sol brilhou no firmamento durante dois dias, para que a guerra e a vitória pudessem ocorrer e milhares fossem mortos e os reis enforcados. Deus endossa todos os horrores da guerra, pois toda a escritura sagrada está repleta delas e isso é prova suficiente de que a guerra legítima é criação divina, que todo homem pode servi-la, viver e morrer por ela de consciência tranquila. Que o inimigo seja queimado e chamuscado, maltratado massacrado ou fatiado – *tudo isso está correto*, que os outros julguem o quanto queiram. Nisso, Deus não exerce o seu interdito, mas endossa os modos mais cruéis de matar pessoas.
>
> A profetiza Débora fincou uma estaca na cabeça do general de Sísera. Gideão, o líder do povo enviado por Deus, vingou-se dos generais, em Senhot, que lhe haviam negado provisão, como um soldado: forca e roda,

espada e fogo foram o mínimo. Seus corpos foram cravados de espinhos e rasgados, o que da mesma forma foi justo aos olhos de Deus. O profeta da realeza, Davi, um homem de Deus, inventou os meios de tortura mais cruéis contra os filhos vencidos de Amom, em Rabot: ele ordenou que fossem cortados com sabres, atropelados por carros de ferro, cortados com facas de modo que ganhassem a forma de tijolos, foi o que ele fez em todas as cidades dos filhos de Amom. Ainda..."

– Isso é horrendo, é abjeto! – interrompeu o sacerdote. – Só mesmo um soldadesco bruto da época sombria da Guerra dos Trinta Anos poderia se remeter a esses exemplos da Bíblia, a fim de justificar os horrores contra o inimigo. Agora anunciamos ensinamentos totalmente diversos: na guerra, permite-se aspirar nada além do que evitar a infâmia do adversário, até a morte, sem intenções maldosas contra a vida do indivíduo. Se houver intenções como essas, ou mesmo prazer de matar e crueldade contra os indefesos, matar em guerra passa a ser tão imoral e inadmissível quanto em tempos de paz. De fato, em séculos passados, nos quais os líderes dos *lansquenetes* e o povo conduzido praticavam a guerra como um ofício, um capitão poderia escrever algo do gênero. Hoje em dia, porém, não se conduzem campanhas por soldos ou despojos, e sem saber contra quem e por que, mas em prol dos mais elevados ideais da humanidade, por liberdade, autonomia e nacionalismo, por direito, fé, dignidade, cultura e civilidade...

– O senhor, Sr. Conselheiro – interpus – de qualquer modo é mais ameno e humano que o capitão. Não retirou da Bíblia nenhuma comprovação de que a crueldade fosse admissível, e com a qual se aprazíam nossos antepassados medievais e provavelmente ainda mais os antigos hebreus. No entanto, é o mesmo livro e o mesmo Jeová, que não foi capaz de se tornar mais ameno, e de quem qualquer um pode retirar toda confirmação que convier à sua visão de mundo.

Com essas palavras, acabei ganhando um pequeno sermão sobre minha falta de reverência à palavra de Deus e sobre minha falta de discernimento com relação à exegese.

Ainda assim, consegui fazer nossa conversa voltar ao tema de interesse e, dessa vez, o conselheiro consistorial procedeu a uma longa explanação sobre a relação entre espírito militar e cristão. Falou sobre a consagração religiosa "que habita o juramento à lealdade, em cerimônias militares, quando os estandartes são conduzidos à igreja com acompanhamento musical, na presença de dois oficiais uniformizados, munidos de suas espadas. Então, o recruta entra pela primeira vez em público, com capacete e adaga, e segue, também pela primeira vez, a bandeira de seu batalhão, que surge à frente do altar do Senhor, lacerada e adornada com os sinais honrosos das batalhas, onde foram usadas..." Falou dos pedidos de intercessão aos domingos, na igreja: "Proteja o exército real e todos os servos leais do rei e da pátria, instrua-os em memória de Cristo e abençoe suas ações, para glória de Vosso Nome e da pátria. Deus esteja conosco", continuou explanando, "é a inscrição da fivela dos cintos, na qual os membros da infantaria colocam a sua adaga, esse é o lema que lhes dá confiança. Se Deus está conosco, quem será contra nós? Anunciam-se também os dias de oração e arrependimento no começo de uma guerra, para que o povo suplique, em suas orações, pelo auxílio do Senhor, na esperança de Seu apoio e, ao mesmo tempo, na confiança do êxito alcançado por esse apoio. Que bênção para os combatentes que vão partir, com que poder isso não eleva seu contentamento pela batalha e pela morte! Quando o rei o chama, ele pode adentrar, confiante, as fileiras dos combatentes e contar com o triunfo e a bênção por uma questão justa: Deus não priva o seu povo deles, como outrora o povo de Israel não foi privado, se formos à batalha dirigindo nossas orações a Ele. A relação entre oração e vitória, entre devoção e valentia produz-se com facilidade, pois o que é capaz de permitir mais contentamento, em vista da morte, que a certeza da graça divina, quando soa a última hora no tumulto da batalha? Lealdade e fé, unidas à virilidade e a capacidade bélica, pertencem às tradições mais antigas de nosso povo".

E continuou nesse mesmo tom. Ora em uma suavidade pegajosa, de cabeça baixa, falando, com uma inflexão meiga, sobre amor, céu, humildade, "minhas crianças", salvação e "coisas preciosas". Ora com a voz de comando militar, com a postura de alguém cheio de orgulho, com rigor e força, severo e intrépido, de arma e espada. Usou a palavra "alegria" em contextos de alegria pelo combate, pelo matar e morrer. Do ponto de vista da provação em campo de batalha, justamente matar e morrer é que parecem ser consideradas as mais nobres das alegrias da vida. Todo mais é entorpecimento, prazer pecaminoso. Vou citar alguns versos:

Começarei com Körner:

Pai, guia-me!
Guia-me para vencer, para morrer!
Senhor, reconheço Vossos mandamentos.
Senhor, guio-me como quereis
Deus, eu Vos reconheço.

Agora, a antiga canção popular da Guerra dos Trinta Anos:

Há morte no mundo mais venturosa,
que das mãos inimigas o assassínio,
Em campo livre, em relva verde e vistosa,
não se permite o lamento de infortúnio.
Na cama estreita, sozinho a deus-dará,
Esperando a chegada da morte,
Aqui companhia mais distinta não há
Que ter da erva selvagem a mesma sorte.

Além disso, a canção de Lenau sobre o prazer da fabricação de armas:

A vida do homem na paz
abandonada, devastada,
Dos feitos d'outrora se gaba,
Que teias de aranha se apraz...
Ah! Súbito se ouve a guerra chegar
Ferida ou outra abre e rebenta
Só não abre a boca lamurienta
Batalha e morte vêm ao mundo animar.

Por fim, a palavra de Lutero:

"Vejo a guerra como algo que protege esposa, filhos, casa, o campo, a propriedade e a honra. Assim se obtém e se preserva a paz, a guerra *é algo precioso*."

– Bem, se vejo uma pantera como uma pomba, então a pantera é um animalzinho manso – observei, como se não tivesse ouvido.

Eu teria adorado rebater sua verborragia poética com os versos de Bodenstedt:

Que anunciem de guerreiros e heróis celebridade
O tanto e o quanto queiram anunciar
Calem-se, apenas, da pretensa cristandade
Que a garganta dos canhões sói pregar.
Se tua coragem carece de prova
Que lutem na sanha dos pagãos de outrora,
E se esqueçam do sangue o quanto for
Só não falem, armados, do Salvador.
Lutam também os turcos na sua fé
Para a glória do nome de seu Alá,
Odin, em nosso panteão, não mais se vê
Mortos são os deuses de Valhalla.
Sejam o que for, livres e plenos
De um lado ou outro, não nos importemos,
Me toma de fúria a tua hipocrisia
Que ama a guerra o nosso Nazareno.

Mas o nosso "nazareno" não via o que se passava em meu espírito: ele não se perdia em seu discurso e, ao se preparar para partir, tinha consciência de ter-me contribuído com duas coisas, de que a guerra era justificável do ponto de vista cristão e que, por si só, era algo precioso. Tendo cumprido o seu dever profissional com essa vitória retórica e, com isso, tendo prestado um serviço importante ao senhor coronel, sentia-se bastante satisfeito, pois, ao levantar-se para ir embora e ao expressarmos nosso agradecimento pelo esforço e prontidão, ele revidou com um gesto de repreensão:

– *Eu* é que devo agradecer aos senhores pela oportunidade oferecida, de dissipar as dúvidas que deviam atormentar tanto a mulher cristã, quanto a esposa de soldado, usando de minhas débeis palavras, cujo efeito deve-se atribuir muito mais à palavra de Deus. Que a paz esteja convosco!

– Ah! – disse depois de ele ter se retirado – que tortura!

– Sim, de fato – confirmou Friedrich. – Em especial nossa desonestidade não me foi agradável, o falso pressuposto sob o qual movemos o desenvolvimento de sua eloquência. Por um momento, quase me veio o ímpeto de dizer a ele: espere aí, caríssimo senhor, nutro os mesmos pontos de vista de minha esposa sobre a guerra, e o que o senhor está falando só me serve para investigar mais a fundo seus argumentos fracos. Mas eu me calei. Para que ferir a convicção de um homem honesto, uma convicção que, ainda por cima, é o fundamento de sua profissão?

– Convicção? Você está certo disso? Será que ele acredita mesmo estar dizendo a verdade? Ou ele ilude sua comunidade de propósito, ao lhe prometer a vitória certa, com o apoio de Deus, sabendo que seu apoio também é suplicado pelo inimigo? Esses apelos ao "nosso povo", à "nossa" causa, a única justa, que é também uma causa de Deus, só são possíveis em uma época em que o povo está fechado para todos os outros povos, que se considera o único a ter razão de existir, o único amado por Deus. E, depois, essas promessas vazias da existência celeste tornam mais fácil abrir mão da vida terrena, todas essas cerimônias: consagração, votos, cânticos, para despertar no peito daqueles enviados para a guerra o tão adorado "contentamento pela morte" (isso me arrepia), isso não é...

– Tudo tem seus dois lados, Martha – Friedrich interrompeu. – O fato de execrarmos a guerra faz com que tudo que a sustenta e embeleza, e que disfarça o seu horror, pareça-nos digno de nosso ódio.

– Sim, claro, o ódio se nutre disso.

– Não só... As velhas instituições têm suas raízes milenares e, enquanto elas persistem, é bom que persistam aqueles sentimentos e ideais pelas quais se embeleza, pelas quais não só sejam suportáveis, como até mesmo amadas. A quantos pobres diabos esse "contentamento pela guerra" não ajudou a superar a dor da morte; quantas almas devotas não se edificaram, confiantes, na ajuda de Deus assegurada pelo pregador; quanta vaidade inocente e o orgulho de um sentimento de honra não se despertaram e se satisfizeram por aquelas cerimônias; quantos corações não bateram mais fortes quando soaram aqueles cânticos? Com todo o sofrimento que a guerra tenha trazido às pessoas, ao menos é possível subtrair aquele que os poetas e os sacerdotes da guerra conseguem dissipar com o canto e com a mentira.

Tivemos de ir embora de Berlim às pressas. Um telegrama me informava que tia Marie estava muito doente e desejava nos ver.

Os médicos não tinham mais esperanças na cura da velha senhora.

– Agora chegou a minha vez – disse ela. – Na verdade, estou indo de bom grado... desde que meu irmão e seus três filhos foram levados, esse mundo já não me traz alegrias. Nunca superei esse baque... Vou reencontrá-los do outro lado... Konrad e Lilli uniram-se lá... não estavam predestinados a se unirem na Terra.

"Se o desarmamento tivesse ocorrido a tempo", quis contrapor, mas me segurei. Não podia iniciar uma contenda com a moribunda e tentar abalar sua teoria predileta do "destino".

– O que me consola – prosseguiu – é que pelo menos você está feliz, querida Martha... Teu marido regressou de duas campanhas, a cólera os poupou. Ficou claro que vocês estão predeterminados a envelhecerem juntos. Procure apenas tornar o pequeno Rudolf um bom cristão e um bom soldado, para que teu pai tenha uma alegria lá de cima...

Também preferi silenciar sobre o fato de estar decidida a não tornar meu filho um soldado.

– Vou sempre rezar por vocês... para que vivam muito e contentes.

Claro que não contrapus o fato de que um "destino inabalável" dispensava a influência de orações constantes. Interrompi a pobre ao pedir-lhe que não se desgastasse e contei-lhe sobre nossas vivências na Suíça e em Berlim, para distraí-la. Contei que havíamos encontrado o príncipe Heinrich e que ele mandou erigir um monumento de mármore em seu castelo em homenagem à sua noiva, que havia conquistado com a mesma rapidez com que a perdera.

Três dias depois, devota e resignada, tendo recebido a desejada extrema unção com sua devoção característica, faleceu minha pobre tia Marie. Assim, todos com quem havia crescido haviam se despedido dessa Terra.

Em seu testamento, legou todo seu pequeno patrimônio a meu filho Rudolf e, como tutor, o ministro "De fato".

Essa circunstância fez com que eu mantivesse contato com o outrora amigo de meu pai. Ele era praticamente o único que nos visitava. A profunda tristeza a que me levou a semana de cólera de Grümitz fez com que eu vivesse bastante reclusa. Nosso plano de viajar a Paris só pôde se realizar quando meus negócios ficaram em ordem, o que, de qualquer modo, havia levado alguns meses ainda.

Nosso amigo, o ministro, que, como dito, era quase que nosso único contato, despediu-se da carreira, ou foi demitido, nunca soube exatamente, em suma: retraiu-se à vida privada, porém continuou ocupando-se, por prazer, da política. Sempre conduzia suas conversas ao seu tema predileto e nós o acompanhávamos de bom grado. Como Friedrich passara a se ocupar, com diligência, dos estudos sobre direito internacional, toda discussão que tocava esse âmbito era-lhe bem-vinda. Após as refeições (o senhor "De fato" – continuávamos o chamando assim entre nós – vinha duas vezes por semana tomar uma refeição), os dois senhores costumavam aprofundar-se em uma longa conversa sobre política, sendo que meu marido evitava, no entanto, levar a conversa para um teor de politicagem que ele tanto odiava, esforçava-se, isso sim, por conduzi-la a perspectivas generalizantes. Nisso, de fato o "De fato" não era capaz de segui-lo, pois, como diplomata e burocrata arraigado, havia se acostumado às questões "práticas da política" ou "*Realpolitik*", algo próximo de interesses muito específicos e que não têm a ver com questões teóricas da área sociológica.

Ficava perto, ocupada com algum trabalho manual, e não me intrometia na conversa, o que parecia muito natural ao senhor ministro, pois é sabido que, para as mulheres, a política "vai longe demais". Convencia-se de que eu pensava em outras coisas, enquanto eu, ao contrário, ouvia com bastante atenção, já que meu ofício era gravar em minha memória o máximo que pudesse daqueles diálogos e, em seguida, registrá-los em meus cadernos vermelhos. Friedrich não escondia seus ideários, embora soubesse o quanto pode haver de ingratidão em assumir o papel de quem se revolta contra o universalmente válido, e de quem representa ideias no estágio em que são muito mais ridicularizadas, quando não consideradas subversivas.

– Tenho uma notícia interessante para lhe dar, caro Tilling – disse o ministro, com expressão séria, em uma tarde. – Corre nos círculos governamentais, ou seja, no Ministério da Guerra, uma ideia de tornar o serviço militar obrigatório também entre nós.

– Como? O mesmo sistema do qual zombávamos e menosprezávamos antes da guerra? "Aprendizes de alfaiate armados", etc.?

– De fato tínhamos um preconceito com isso até há pouco tempo, porém o senhor há de convir que os prussianos se mostraram eficazes. Na verdade, do ponto de vista moral, mesmo democrático e liberal, pelos quais o senhor parece ter grande interesse, é, sim, matéria justa e edificante, se todo filho da pátria, não importa a classe social e o grau de instrução, tiver de cumprir o mesmo dever. Do ponto de vista estratégico, a pequena Prússia jamais poderia ter vencido não fosse a linha de reserva. Será que teríamos sido vencidos, se tivéssemos uma também?

– Ou seja, tivéssemos tido mais material, de nada teria adiantado o do inimigo. Portanto, se a linha de reservistas tivesse se instituído em todos os lugares, não haveria vantagem para ninguém. O tabuleiro da guerra ganhou mais peças, mas a partida continua dependendo da sorte e da agilidade dos jogadores. Se todas as potências europeias introduzirem o serviço militar obrigatório a todos, a relação de poder permanece a mesma. A diferença reside em decidir se centenas de milhares ou se milhões, são abatidos.

– O senhor acha justo e adequado que somente uma parte da população se sacrifique para defender os bens mais valiosos dos outros e esse outros, especialmente se são ricos, podem ficar tranquilos em casa? Não, não, isso irá acabar com essa nova lei. Não haverá mais barganha, todos terão de participar. Justo os eruditos, os estudantes, esses que aprenderam algo, contribuirão com elementos da inteligência, portanto elementos de potencial vitorioso.

– Os mesmos elementos estão disponíveis para o inimigo. Ganha-se com as vantagens conquistadas com oficiais letrados. Por outro lado, mantém-se, em ambos os lados, a perda de material intelectual valioso, do qual o país irá se privar, a fim de transformar a *intelligentsia* em alvo de canhões inimigos, quando poderiam promover a cultura com invenções, artes ou pesquisas científicas.

– Que nada! Inventar, produzir arte e investigar crânios... são coisas que não aumentam o poder de um Estado nem um milímetro sequer...

– Humm...

– Como?

– Nada, prossiga, por favor.

– ... para isso há tempo suficiente. Elas não terão de servir toda a sua vida, mas receber instrução por alguns anos fará bem a todos e os tornarão mais capacitados para o exercício dos demais deveres civis. Todos terão de pagar o imposto sobre o sangue, e ele será distribuído por igual.

– Se essa distribuição viesse menor para cada indivíduo, aí seria algo à parte. Mas não seria o caso, o imposto sobre o sangue não seria distribuído, e sim aumentado. Espero que o projeto não avance. É imprevisível para onde ele levará. Uma potência deseja superar a outra e, finalmente, já não haverá mais exércitos, e sim apenas povos armados. Cada vez mais gente será obrigada ao serviço militar, o tempo de serviço será cada vez mais longo, cada vez maiores os custos dos impostos de guerra, os custos de armamento... Sem lutar entre si, as nações iriam sucumbir elas mesmas ante a prontidão para a guerra.

– Mas, meu caro Tilling, o senhor pensa longe demais!

– Nunca se pensa longe demais. Devemos esgotar todas as possibilidades de tudo que empreendemos, ao menos até onde o espírito alcança. Há pouco comparamos a guerra ao jogo de xadrez, também a política é um jogo como esse, Excelência, e os jogadores são fracos, não concebem nada além de *uma* jogada e se contentam se tiverem ameaçado um peão. Desejo que a ideia de as Forças Armadas terem um crescimento ininterrupto e de haver a universalização do serviço militar continue se desdobrando até o limite extremo, na verdade, até que não haja mais limites. Se todos forem atingidos, todo o contingente e todos os limites de idade, e se uma nação tiver de recrutar mulheres para o regimento? As outras irão imitá-la. Ou de formar um batalhão de crianças? As outras terão de imitá-la. E com relação ao armamento? Como com relação aos meios de distribuição? Quais seriam os limites? Ah, esse afundar-se-no-abismo cego e selvagem!

– Acalme-se, caro Tilling... O senhor é muito fantasioso. Diga-me um meio de acabar com a guerra, isso seria de fato muito bom. Enquanto isso não for possível, cada nação tem, sim, de procurar se preparar para isso da melhor forma, a fim de garantir maiores chances de vencer na luta inexorável pela existência (é assim que esse Darwin, tão moderno, fala, não é?).

– Se eu quisesse sugerir meios para acabar com a guerra, o senhor voltaria a me repreender, chamando-me de fantasioso, um sonhador sentimental, acometido por "vertigens humanitárias" (é assim que os partidários da guerra falam, não é?).

– De fato, não poderia esconder do senhor que, para se atingir um ideal como esse, faltam todos os fundamentos práticos. É preciso contar com os fatores disponíveis. A isso pertencem as paixões humanas, as rivalidades, a divergência de interesses, a impossibilidade de haver consenso sobre todas as questões...

– O que também não é necessário: quando as rivalidades começam, existe um tribunal de arbitragem para decidir, não a violência.

– Os Estados soberanos irão almejar adequar-se a um tribunal, mas nunca os povos.

– Os povos? Os potentados e os diplomatas é que não almejam. Mas o povo? Se perguntarmos a ele, descobriremos que fervilha o desejo de paz, enquanto as asseverações de paz, que provêm do governo, com frequência são mentira, hipocrisia, ou ao menos o são em outros governos. É isso que significa "diplomacia". E cada vez mais os povos clamam por paz. Se a ampla obrigatoriedade do serviço militar continuar se expandindo, a tendência para a guerra crescerá na mesma proporção. Ainda é concebível uma *classe* de soldados entusiastas da profissão: por meio da excepcionalidade que se considera uma honraria, que oferece à condição excepcional um substituto para o sacrifício. Se a excepcionalidade deixa de existir, no entanto, deixa de existir a distinção. Desaparece a gratidão consagrada pelos que ficaram em casa, para aqueles que partiram para protegê-los, porque já não haverá os que ficaram em casa. Os sentimentos de amor à guerra que se atribuem aos soldados, e que acabam sendo despertados com isso, serão muito menos instigados. Quem são, afinal, os mais corajosos para os feitos heroicos, que se encantam com mais força pelos grandes feitos e perigos bélicos? Aqueles que estão protegidos disso, os catedráticos, os políticos, os beberrões, o coro dos velhos, como no *Fausto*. Se perdem a proteção, o coro se cala. Mais ainda: se não se dedicam ao serviço militar aqueles que o amam e veneram, mas também aqueles que são obrigados a ele, que o execram, esse sentimento acabará se fazendo valer. Poetas, intelectuais, amigos da humanidade, os mansos, os temerosos: de seus pontos de vista, todos irão amaldiçoar o ofício forçado.

– O senhor tenha a prudência de silenciar essa sua visão, para não parecer covarde. Para não cair em desgraça em meios mais importantes.

– Silenciar? Nem sempre. Assim como eu estou falando, embora tenha me calado por muito tempo, outros irão falar. Quando a visão amadurece, ela se torna palavra. Eu precisei fazer quarenta anos para amadurecer minha convicção, depois para ter conseguido expressá-la. E assim como eu precisei de duas ou três décadas, as massas talvez precisem de duas ou três gerações, e em algum momento irão falar.

Ano novo de 1867!

Celebramos o ano novo completamente sozinhos, meu Friedrich e eu. Quando soaram as doze badaladas:

– Você se recorda do brinde que meu pobre pai fez, nessa mesma hora, no ano passado? – perguntei, suspirando. – Agora não ouso te desejar felicidade. Às vezes, o futuro esconde coisas terríveis e inesperadas e nenhuma pessoa é capaz de espantá-las...

– É para isso que serve a virada do ano, Martha, para refletir sobre o ano que acabou de passar, em vez de refletir por antecipação. E tudo o que minha pobre e valente esposa teve de suportar! Enterrar seus entes queridos... e aqueles dias assombrosos nos campos de batalha da Boêmia...

– Não me arrependo de ter visto aquelas atrocidades. Ao menos posso participar de suas ambições com todas as minhas forças.

– Temos que educar o teu Rudolf, o *nosso* Rudolf, para continuar as mantendo. Na época *dele*, talvez, haverá uma clareza maior no horizonte. Na nossa, é difícil. Como as pessoas fazem algazarra nas ruas, voltam a celebrar o ano novo, apesar do sofrimento que o ano anterior proporcionou, e que também foi celebrado. Ah, como as pessoas esquecem!

– Não as repreenda tanto, Friedrich. O sofrimento que passei já começa a desvanecer em minha memória como um sonho, e o que sinto agora é a felicidade do presente, a felicidade de tê-lo, meu amor! Também acho que não devemos falar sobre o futuro, mas creio, no entanto, que temos um futuro belo pela frente... União, amor, independência, riqueza, quantos deleites esplendorosos a vida nos reserva: vamos viajar, conhecer o mundo, esse mundo tão belo... Belo enquanto dure a paz, e ela pode durar agora muitos e muitos anos... E se eclodir de novo uma guerra, você não irá mais participar... também não há essa ameaça para Rudolf, pois ele não irá se tornar um soldado...

– E se todos forem obrigados, como relatou o ministro De Fato?

– Ah, bobagem. Mas o que eu queria dizer ainda é que vamos viajar, criar nosso Rudolf para ser um modelo de ser humano, vamos perseguir nosso nobre objetivo de propagar a paz... e nós, nós nos amamos!

– Ah, essa minha esposa querida! – Puxou-me para si e me beijou na boca.

Era primeira vez desde toda aquela época de separação, terror e luto que uma chama se imiscuiu à suavidade de seus carinhos. Uma chama que ardeu em mim como uma doce brasa. Esquecemos da guerra, da cólera, dos falecidos, naquela noite venturosa de ano novo e... batizamos nossa filhinha com o nome de *Sylvia*, nascida em primeiro de outubro de 1867.

O carnaval daquele ano trouxe de volta bailes e diversões de todos os tipos. Claro que não para nós, meu luto mantinha-me longe de tudo aquilo. O que me deixou admirada foi que nem todo mundo abriu mão daquela algazarra. Quase que em todas as famílias tinha havido perdas, mas, ao que parecia, isso não foi impedimento para a diversão. Algumas casas permaneceram fechadas, em particular nos meios aristocráticos. Entretanto, não faltavam ocasiões para a juventude dançar e claro que os pares prediletos eram aqueles que haviam regressado das campanhas italianas ou boêmias. Dentre esses, os mais celebrados eram os oficiais da marinha, especialmente os que haviam lutado em Lissa. Quase todas as damas se apaixonaram pelo almirante Tegethoff, como um dia pelo belo general Gablenz na campanha de Schleswig-Holstein. "Custozza" e "Lissa" eram os maiores trunfos das conversas sobre a guerra ocorrida há pouco. Depois, os fuzis de agulha e linhas de reserva, duas coisas que deveriam ser introduzidas o mais rápido possível e que iriam nos garantir vitórias futuras. Vitória: quando e contra quem? Sobre isso ninguém se pronunciava, porém a ideia de revanche que acompanha toda partida que se perde – mesmo que seja apenas de jogo de cartas – pairava sobre todas as manifestações dos políticos. Se nós mesmos não atacássemos a Prússia, talvez outros pudessem fazê-lo, e assim nos vingaríamos. Ao que tudo indicava, a França queria investir contra nossos vencedores, dessa maneira, eles poderiam pagar pelo que fizeram. Isso já tinha até nome nos círculos diplomáticos: "La revanche de Sadowa". Foi o que nos informou o ministro De Fato, com satisfação.

Era começo da primavera, quando, de novo, surgia no horizonte o tal do "ponto negro", uma "questão". As notícias do armamento da França ofereciam às conjunturas políticas a tão sonhada "guerra à vista". Dessa vez, a questão era com os luxemburgueses.

Luxemburgo? O que de novo isso teria de tão importante para o mundo? E de novo eu tive que mergulhar nos estudos, como havia sido com Schleswig-Holstein. O nome só me era conhecido da opereta de Suppé, *Os Janotas*, em que um conde de Luxemburgo desperdiçava, e desperdiçava, o seu dinheiro. Eis o resultado de minhas pesquisas:

Conforme os tratados de 1814 e 1816 (ah, de novo: tratados, é daí que derivam os processos internacionais, uma bela instituição, esses tratados), Luxemburgo pertencia ao rei dos Países Baixos e, ao mesmo tempo, à Confederação Alemã. A Prússia tinha direito de ocupação na capital.

A Prússia, porém, saiu da antiga Confederação em junho de 1866, como é possível manter a ocupação? Essa era a questão. A Paz de Praga havia instituído um novo sistema na Alemanha e, com ele, Luxemburgo não pertencia mais a ela, então por que os prussianos mantinham sua ocupação? De fato aquilo era um imbróglio e o mais vantajoso e justo era acabar com a vida de centenas de milhares em uma nova batalha, todo político "inteligente" tinha que admitir. O povo holandês nunca se ocupou muito do grão-ducado, nem o rei Guilherme III, e o que ele teria preferido era entregá-lo à França mediante uma boa quantia. Então, deu-se início a negociações *sigilosas* entre o rei e o gabinete francês. Evidente: sigilo é o âmago de toda diplomacia. O povo não deve saber nada das animosidades. Uma vez que elas se transformem em resolução para conflito, aí ele tem direito a derramar sangue por isso. Por que e para que ele combate, são questões secundárias.

Ao fim de março, o rei deu a notícia oficial e, no mesmo dia, telegrafou sua anuência para a França, o enviado prussiano ficou sabendo em Haia. A partir daí, deu-se início às negociações com a Prússia. Ela apelou para a garantia dos tratados de 1859, sobre cujo fundamento subsiste o reinado da Holanda. A opinião pública na Prússia (quem é ela, essa opinião pública? Os articulistas?) estava indignada, pois o antigo território do império alemão iria se desmantelar. No parlamento do norte alemão, no dia primeiro de abril, a matéria sofreu interpelações acaloradas. Embora a questão de Luxemburgo lhe fosse indiferente, Bismarck aproveitou a oportunidade para se armar contra a França, o que teve por consequência, é claro, o armamento da França. Ah, como conheço essa melodia! Como estremeci, naquela época, ante a possibilidade de um novo incêndio na Europa. Não faltava estímulo para isso. Em Paris, Cassagnac e Emile de Girardin; em Berlim, Menzel e Heinrich Leo. Será que esses agitadores tinham a mínima noção da monstruosidade de seu crime? Acreditava que não. Naquela época – soube disso muitos anos depois – o professor Simon havia externado ao príncipe herdeiro Frederico o seguinte:

> "– Se a França e a Holanda já entraram em acordo, então vai haver guerra.
> Ao que o príncipe herdeiro reagiu com muita agitação e perplexidade:
> – O senhor nunca viu a guerra. Se o senhor a tivesse visto, não iria pronunciar tal coisa com tanta tranquilidade. *Eu* vi, e posso lhe dizer que *não há dever maior* do que o de evitar ao máximo a guerra."

Dessa vez ela havia sido evitada. Em Londres, houve uma conferência no dia onze de maio, que levou ao resultado esperado. Luxemburgo se declarou neutra e a Prússia retirou suas tropas. Os amigos da paz respiraram aliviados, mas houve gente o suficiente que se irritou com essa virada. Não o imperador da França, ele desejava a paz, mas os partidários franceses da guerra. Também na Alemanha, houve vozes que condenaram o comportamento da Prússia, achavam um "sacrifício de uma obra", "uma permissividade que soava a temor", e coisas do gênero. Também os indivíduos, que abdicaram de alguma posse por conta da decisão judicial, teriam sido permissivos. Não seria melhor não se curvarem a tribunal algum e bater com os punhos à mesa? O que a Conferência de Londres alcançou sempre era possível de se alcançar em controvérsias como aquela. Da mesma forma, que os líderes de Estado sempre conseguem impedir aquilo que o futuro Frederico III, Frederico o Nobre, chamou de *dever maior*.

Em maio, fomos a Paris para visitar a exposição.

Eu ainda não tinha visto aquela cidade cosmopolita e fiquei bastante impressionada com a sua exuberância e sua vivacidade. Especialmente naquela época – o império estava no auge de seu esplendor e toda a coroa da Europa estava presente lá – Paris oferecia uma imagem da mais alegre e pacífica magnificência. Nao me parecia a capital de *um* país, mas uma capital internacional, a cidade que três anos depois seria bombardeada por seu vizinho do leste. Todos os povos da Terra haviam se reunido no grande Champ de Mars-Palaste para a competição pacífica, na verdade bastante útil, porque era criadora, e não destruidora. Reuniam-se tantas obras de arte e tantas maravilhas da indústria, que os expectadores deviam sentir orgulho de viver em uma época tão avançada, que prometia ainda mais avanços futuros. Junto desse orgulho, também poderia ter surgido a resolução para impedir o furor do aniquilamento, em meio a todo desenvolvimento cultural, que tanto nos deleitava. Será que, com tanta gentileza, cordialidade e votos de felicidade, não teria ocorrido aos reis, príncipes e diplomatas que se reuniram como convidados do imperador e da imperatriz trocar tiros mortais entre si? Não. Respirei aliviada. Toda aquela celebração me parecia o aval de que uma era de longos e muitos anos de paz se iniciava. Aquela gente civilizada poderia empunhar a espada ao máximo contra um ataque dos mongóis ou algo parecido, mas uns contra os outros? Não iríamos mais vivenciar isso. O que corroborava essa minha visão era a informação do plano predileto do imperador: o *desarmamento geral*. Sim, Napoleão III estava resoluto. Ouvi isso da boca de seus parentes e amigos mais próximos. Numa ocasião oportuna, ele iria submeter a proposta a todos os regentes europeus, para levar o contingente das forças armadas ao mínimo. Como era bom ouvir isso! Era uma ideia muito mais racional que aquela de um fortalecimento geral das forças armadas. Com isso, o postulado conhecido de Kant se cumpria:

> "Os exércitos permanentes (*miles perpetuus*) devem, com o tempo, de todo desaparecer. Pois ameaçam incessantemente os outros Estados com a guerra, devido à sua prontidão para aparecerem sempre preparados para ela; os Estados incitam-se reciprocamente a ultrapassar-se na quantidade dos mobilizados que não conhece nenhum limite, e visto que a paz, em virtude dos custos relacionados com o armamento, se torna finalmente *mais opressiva* do que uma guerra curta, eles próprios são a causa de guerras ofensivas para se libertarem de tal fardo [...]."

Qual governo iria recusar uma proposta como a que o francês planejava, sem se revelar um obcecado pela conquista? Qual povo não iria se revoltar contra uma tal recusa? O plano haveria de dar certo.

Friedrich não partilhava de minha confiança:

– Do que mais duvido é que Napoleão esteja sendo sincero ao nutrir uma proposta como essa – disse ele. – Mesmo assim, a pressão dos partidários da guerra irá impedi-lo de executá-la. Primeiro, os detentores dos tronos como um todo sempre serão impedidos pelos chavões das opiniões predominantes de seu entorno. Segundo, nenhum ser vivente se deixará comandar com um "a mim nada, a você nada", para, então, deixar de existir. Ele pegará em armas, isso sim.

– De qual ser vivente você está falando?

– Do exército. Ele é um organismo e, como tal, tem forças para desenvolver vida e se autoperpetuar. No momento, esse organismo está no auge de sua formação, e como você está vendo, prestes a se expandir com toda força. De fato, o sistema geral das forças armadas deve ser introduzido também em outros países.

– Mesmo assim, você quer combatê-lo?

– Sim, mas não ao chegar e dizer a ele: "Morra, seu monstro!", pois esse organismo não iria me conceder o obséquio e cair morto. Eu o combato, ao defender um outro ser vivo, ainda em estágio de um frágil embrião, que deve espantar aquele, ao aumentar suas forças e sua amplitude. O fato de eu estar usando metáforas das ciências naturais é culpa *tua*, Martha. Você foi a primeira a me induzir ao estudo de obras escritas por pesquisadores modernos. Assim é que alcancei o entendimento de que também os fenômenos da vida social só podem ser compreendidos quando surgem imprevistos no curso de seus desdobramentos futuros. Disso a maioria dos políticos e altos dignatários não tem a menor ideia, muito menos os tão louváveis militares. Há alguns anos, isso também não teria ocorrido a mim.

Estávamos hospedados no *Grand Hôtel*, no Boulevard des Capucines. A maioria dos outros hóspedes era ingleses e americanos. Encontramos poucos austríacos: não é um povo que gosta de viajar. Mas não procurávamos ligação alguma: meu luto ainda não havia encerrado e não desejávamos diversão social. Claro que meu filho Rudolf estava comigo. Estava com oito anos e era um homenzinho maravilhoso e inteligente. Havíamos contratado um jovem inglês, que fazia o papel ora de tutor, ora de babá do pequeno. Ainda não podíamos levá-lo junto para as nossas longas incursões no palácio da exposição ou para as inúmeras excursões na região. Havia começado o período de estudos para ele.

Aquele mundo que se abrira era novo, completamente novo para mim! Todas as pessoas vindas dos quatro cantos do mundo, todos os ricos e mais distintos, aquelas festas, aquela extravagância, aquele alvoroço... estava literalmente anestesiada. Porém, mesmo que fosse interessante e prazeroso assimilar aquelas impressões surpreendentes e avassaladoras, no fundo eu ansiava fugir daquele ruído para um lugarzinho pacato, isolado, onde pudesse viver uma reclusão tranquila com Friedrich e o meu filho – meus *filhos*, já antevia de novo as alegrias da maternidade. É estranho como surgia o anseio por acontecimentos, feitos, vivências e divertimentos, quando me encontrava em isolamento e, ao tê-los, voltava o anseio por solidão e tranquilidade. Tenho confirmações recorrentes disso nos cadernos vermelhos.

Mantínhamo-nos distantes da alta sociedade. Permitimo-nos apenas uma visita ao nosso embaixador Metternich, para quem mencionamos não desejarmos trânsito na corte e na sociedade, por conta do luto familiar.

Por outro lado, procuramos conhecer algumas personalidades políticas e literárias extraordinárias. Em parte, por interesse pessoal e para estímulo intelectual, em parte por conta do "serviço" de Friedrich. Apesar das poucas esperanças que tinha por um sucesso palpável de suas aspirações, jamais as perdia de vista e transitou com diversas pessoas influentes, das quais ele pudesse conseguir fomento para sua questão ou, ao menos, receber informações sobre a situação. Havíamos organizado um caderninho de notas, o qual chamamos de "política de paz", no qual registrávamos o conjunto de documentação, anotação, artigos etc. sobre essa matéria. Transcrevíamos também algo da história da ideia de paz, quando descobríamos algo. Junto disso, citações de diversos filósofos, poetas, juristas e escritores sobre "guerra e paz". Logo o caderninho cresceu em volume e, ao longo do tempo, seguiram-se a ele vários outros volumes – até hoje, continuo conduzindo-os. Se levarmos em conta as bibliotecas, que são tomadas de obras de conteúdo estratégico: de incontáveis volumes sobre a história da guerra e sua glorificação, de compêndios sobre ciência e técnica militares e manuais sobre treinamento de recrutas e balística, de crônicas de campos de batalha e relatos de generais de estado-maior, canções de soldados e poemas de guerra, é evidente que, perto disso, são muito tímidas as quantias de caderninhos de literatura sobre a paz, isso se queremos medir a força e o teor de futuro de algo conforme a sua extensão. Se considerarmos, por outro lado, que *uma* semente contém, em si, a possibilidade virtual de fazer surgir uma floresta, que irá suplantar todas as ervas daninhas espalhadas pelos campos; se considerarmos mais ainda que, no reino do espírito, ocorre o mesmo que no reino das plantas, não precisamos nos preocupar com o futuro, porque, a partir de agora, a história se esboça pelo desdobramento de um caderninho.

Quero citar algumas passagens, conforme constam em nosso protocolo da paz no ano de 1867. Na primeira página, há um panorama histórico compacto:

> "Quatrocentos anos antes de Cristo, Aristófanes escreveu uma comédia: 'A paz', na qual há uma tendência humanitária.
>
> A filosofia grega – mais tarde, transplantada para Roma – representa o anseio pela 'unidade humana', a partir de Sócrates, conhecido por 'cidadão do mundo', de Terêncio, 'familiarizado ao humano', e de Cícero, que situa a

'caritas generis humani' no mais alto grau da perfeição. No primeiro século de nosso calendário, aparecem Virgílio e sua famosa Bucólica n.º 4, a qual prevê a paz perpétua no mundo, sob a vestimenta mitológica da época de ouro que ressurge. Na Idade Média, era frequente os papas tentarem colocar-se como árbitros entre os Estados, mas tudo em vão. No século XV, um rei teve a ideia de formar uma liga da paz. Foi Jorge de Poděbrady da Boêmia, que desejava pôr fim às brigas entre o imperador e o papa. Por esse motivo, dirigiu-se a Ludwig XI da França, o qual não concordou com a sugestão. Ao fim do século XVI, o rei Henrique IV da França planejou uma federação dos Estados europeus. Depois de ter-se libertado dos horrores das guerras religiosas, quis assegurar-se da tolerância e da paz para o futuro. Desejava os dezesseis Estados que formavam a Europa (a Rússia e a Turquia ainda eram consideradas asiáticas) unidos em uma Confederação. Cada um desses dezesseis Estados teria que enviar dois representantes para um 'parlamento europeu'. A tarefa desse parlamento, composto de 32 membros, seria garantir a paz religiosa e arbitrar todos os conflitos religiosos. Se cada um dos Estados se comprometesse à submissão às decisões do parlamento, todo foco de uma guerra futura na Europa desapareceria. O rei informou seu plano a seu ministro Sully, que reagiu empolgado a ele e, de imediato, começou a negociar com os outros Estados. Logo ganharam para a causa Elisabeth da Inglaterra, o papa, Holanda e vários outros, somente a casa real da Áustria mostrou resistência, porque lhe seria demandado concessões territoriais, com as quais ela não concordava. Era necessária uma campanha militar para romper com essa resistência. A França formaria o exército principal, que, logo de saída, iria renunciar a toda expansão territorial. A única finalidade da campanha e a única condição de paz a ser submetida à Áustria teria sido a entrada na Confederação dos Estados. Já estava tudo preparado e Henrique IV estava prestes a se colocar ele mesmo no comando-geral do exército, quando no dia 13 de maio de 1610 morreu assassinado nas mãos de um monge maluco. Nenhum de seus sucessores e nenhum outro soberano voltou a retomar esse plano glorioso para alcançar a felicidade dos povos. Regentes e políticos mantiveram-se fiéis ao velho espírito bélico. Os intelectuais de todos os países, no entanto, nunca mais deixaram morrer a ideia de paz. No ano de 1647, surge a seita dos quacres, cujo fundamento é o repúdio à guerra. No mesmo ano, William Penn publica sua obra sobre a paz europeia no futuro,

ao apoiar-se no plano de Heinrich IV. No começo do século XVIII, publica-se o livro *La paix perpétuelle*, de Abbé de St. Pierre. Ao mesmo tempo, o mesmo plano é desenvolvido pelo Landgrave de Hessen, que recebe um comentário favorável de Leibniz. Voltaire faz a seguinte afirmação: 'Toda guerra europeia é uma guerra civil'. Mirabeau, na memorável reunião de 25 de agosto de 1790, pronuncia as seguintes palavras: 'Talvez, não estejamos tão distantes do momento em que a liberdade, como soberana absoluta sobre ambos os mundos, venha satisfazer o desejo dos filósofos: libertar a humanidade do crime que é a guerra e proclamar a paz perpétua. Então, a felicidade dos povos será o único objetivo do legislador, a única glória das nações.' No ano de 1795, um dos maiores intelectuais de todos os tempos, Immanuel Kant, escreve seu tratado *A paz perpétua*. O publicista inglês Bentham associa-se, com entusiasmo, às séries cada vez mais presentes dos representantes da paz – Fourrier, Saint-Simon, entre outros –; Beranger escreve *Die heilige Allianz der Völker* [A santa aliança dos povos]; Lamartine, *La Marseillaise de la Paix* [A Marselhesa da paz]. Em Genebra, o Conde Cellon funda uma Associação de Paz, em nome da qual ele troca correspondência de teor panfletário com todos os regentes europeus. Dos Estados Unidos, Massachusetts, é de onde vem o 'douto ferreiro', Elihu Burritt, que espalhou pelo mundo milhões de exemplares de uma espécie de panfleto, as *Oliven-Blätter* [Folhas de oliveiras], e de seu escrito *Funken vom Amboß* [Faíscas da bigorna]. Em 1849, ele conduz a presidência de uma Assembleia dos amigos ingleses da paz. No Congresso de Paris, que pôs fim à guerra da Crimeia, a ideia de paz chegou à diplomacia e, ao tratado, acrescentou-se uma cláusula, a qual define que as potências se obrigam a se sujeitar a mediações prévias caso houvesse conflitos futuros. Essa cláusula contém um reconhecimento oferecido pelo princípio do tribunal de arbitragem, porém ela não foi *cumprida*. No ano de 1863, o governo francês sugeriu às potências que organizassem um congresso, no qual se estabelecesse o fundamento do desarmamento geral e da prevenção acordada de guerras futuras."

Nessa época, os registros que preenchiam meu protocolo eram muito escassos! Mais tarde isso mudou. Eles comprovam, porém, que já há muito se tinha em vista a *possibilidade* da paz mundial. As vozes que se pronunciavam eram esporádicas, separadas por longos espaços de tempo, e arrefeciam não só por ninguém prestar atenção nelas, como, na maioria das vezes, também por não serem ouvidas. Em meio a todas as descobertas, todo avanço, todo *crescimento*, nada mudou:

> Desponta, ao longe, a primavera,
> gorjeando os pássaros lá e cá,
> e avança o campo sem cessar,
> vai o coro a crescer, sem parar.
> E no círculo extenso do tempo
> Lá e cá há muito os murmúrios,
> se vem *certo* o momento,
> Vão todos, uníssonos, a cantar.
>
> (O rubro de março)

E de novo se aproximava a minha hora.

Dessa vez, porém, diferente daquele tempo em que Friedrich precisou me deixar, a favor dos Augustenburgos. Dessa vez, ele estava ao meu lado, no posto concernente ao esposo para aliviar o sofrimento da esposa com sua presença, sua compaixão. A sensação de tê-lo por perto foi tão tranquilizadora e feliz, que quase havia me esquecido da adversidade física.

Uma menina! Era a realização de um desejo secreto. As alegrias de um filho já nos haviam sido oferecidas pelo pequeno Rudolf. Agora podíamos viver aquelas alegrias, que uma filhinha florescente concede aos pais. Não duvidávamos, nem por um minuto, que ela, nossa pequena Sylvia, seria a síntese de beleza, graciosidade e doçura.

De modo algum, tentarei contar o quanto nós dois nos tornávamos infantis ao ficarmos sobre o berço dessa criança, das doces bobagens que expressávamos e com a qual nos comportávamos. Pais que não são apaixonados não o entenderiam, e os que são ficam completamente bobos.

Como a felicidade nos torna egoístas! Havia sido um tempo, para nós, em que felizmente esquecêramos tudo que não tivesse a ver com nosso paraíso doméstico. A terrível semana da cólera havia assumido, em minha memória, um sonho ruim que se apagava. A energia de Friedrich para perseguir seus objetivos havia cedido, de certa forma. Também, tudo era desencorajador: em todos os lugares em que chegávamos com essas ideias, as pessoas davam de ombros, sorriam com certa compaixão, quando não vinham com reprimendas. Parece que o mundo não quer ser apenas enganado, como também tornar-se feliz. Como quando lhe sugerimos acabar com a miséria e o sofrimento, e sua resposta foi "utopia, sonho infantil", depois não ouve mais nada.

Ainda assim, Friedrich não perdeu totalmente de vista o seu objetivo. Aprofundava-se cada vez mais no estudo do direito internacional, mantinha correspondência com Bluntschli e outros especialistas desse ramo. Ao mesmo tempo, e junto comigo, estudava com afinco outras áreas, em especial das ciências naturais. Planejava escrever uma obra grandiosa sobre o tema "guerra e paz". Antes, porém, de dar início a ela, queria equipar-se e instruir-se com pesquisas detalhadas.

– Sou um antigo oficial das forças armadas austríacas – disse ele – e a maioria de meus colegas contemporâneos e do mesmo posto iriam desprezar uma tal entrega ao aprendizado... é comum as pessoas se considerarem muito astutas quando estão ativas na profissão. Eu mesmo, há alguns anos, pensava isso a meu respeito. Depois que, de repente, um novo horizonte se abriu para mim, depois que vislumbrei o espírito moderno, aí me veio a consciência de minha ignorância... De tudo o que conquistei em termos de novos conhecimentos, e em todas as áreas, ou não aprendíamos *nada* em minha juventude ou aprendíamos bem o contrário disso. Apesar dos fios brancos em minhas têmporas, tenho que começar bem do começo.

Após o nascimento de Sylvia, passamos o inverno em Viena, bastante sossegados. Na primavera seguinte, viajamos para a Itália. Havia se tornado parte de nosso projeto de vida conhecer o mundo. Éramos livres e ricos, nada nos impedia de conduzi-lo. Filhos pequenos incomodam um pouco durante as viagens, mas quando se tem babás e governantas, daí o empreendimento é possível. Contratei uma velha criada, que outrora havia sido minha babá e de minha irmã, depois havia se casado com um funcionário da área econômica e agora estava viúva. A "Sra. Anna" merecia toda minha confiança e eu podia deixar minha pequena Sylvia em suas mãos com toda tranquilidade, quando eu e Friedrich deixávamos o hotel para seguir em excursões de vários dias. Do mesmo modo, Rudolf estava em boas mãos com seu tutor, Mr. Foster. Às vezes levávamos o homenzinho de oito anos junto.

Que tempo bom! Pena eu ter negligenciado tanto os cadernos vermelhos naquela época. Era quando eu justamente podia registrar o que havia de mais belo, interessante e alegre. Mas eu omiti tudo isso e os detalhes daqueles anos desapareceram, em sua maioria, de minha memória. Só consigo recordar em traços muito gerais.

Tive a oportunidade de registrar algo positivo no "protocolo da paz". Para ser mais exata, um artigo de jornal assinado por B. Desmoulins, anunciando que o governo francês iria sugerir a condução dos Estados europeus para o desarmamento, ao dar o exemplo.

"E, assim, a França irá assegurar a aliança e a amizade sincera de todos os Estados, os quais não devem mais temê-la e necessitam de seu auxílio. O desarmamento geral iria se regularizar por si só, *o princípio da conquista seria abandonado para sempre* e a confederação dos Estados iria criar um tribunal superior de justiça internacional, que estaria em condições de conciliar todos os conflitos pela via do tribunal de arbitragem. A guerra jamais será capaz de decidi-los. Ao agir dessa forma, a França terá a seu lado a única força real e durável, a do direito, e terá inaugurado uma nova era para a espécie humana de uma maneira gloriosa."

(*Opinion Nationale*, 25 Jul. 1868)

Claro que esse artigo não recebeu a devida *atenção*.

No inverno de 1868, até 1869, voltamos a Paris, e dessa vez mergulhamos no "grande mundo" da alta sociedade – também queríamos conhecer esse lado da vida.

Foi uma empreitada um tanto cansativa, mas, por um tempo, até que agradável. Para não deixar de termos um lar, alugamos uma pequena moradia mobiliada no bairro Champs Elisées, onde às vezes podíamos oferecer uma retribuição aos nossos inúmeros conhecidos, por quem éramos convidados para uma festa ou outra. Fomos introduzidos ao Palácio das Tulherias por nosso embaixador e, lá, alocados nas instalações da imperatriz. Além disso, as portas das casas de todos os embaixadores estavam abertas a nós, assim como os salões da princesa Mathilde, da duquesa de Mouchy, da rainha Isabella da Espanha etc. Também conhecemos grandes personalidades da literatura, claro que não a maior, Victor Hugo, pois ele havia sido banido. Encontramos Renan, Dumas, pai e filho, Octave Feuillet, George Sand, Arsène Houssaye e alguns outros. Fomos a um baile de máscaras na casa desse último. Quando o autor de *Grandes dames* dava uma de suas festas venezianas, em seu suntuoso palacete da Avenue Friedland, era costume que nela as grandes damas, de fato, sob a proteção da máscara, dessem uma olhada nas "damas menores" em sua volta – atrizes conhecidas ou algo do gênero –, as quais faziam reluzir seus diamantes e seus gracejos.

Também éramos assíduos frequentadores do teatro. Ao menos três vezes por semana passávamos nossas noites ou na ópera italiana, onde Adelina Patti, então noiva do Marquês de Caux, encantava a plateia, ou no Théâtre Français ou em algum teatro menor do Boulevard, para ver Hortense Schneider como grã-duquesa de Gerolstein, ou outras celebridades das operetas ou do gênero francês de *vaudeville*.

É realmente estranho quando caímos nesse redemoinho do luxo e das diversões, o quanto esse pequeno "grande mundo" de repente nos surge com uma importância absurda e as leis que regem, ali, o ser elegante e "chique" (na época, ainda se falava "chique") impõem um tipo de dever levado bastante a sério. No teatro, ocupar um lugarzinho menor que um proscênio; aparecer no Bois com uma charrete sem uma parelha impecável; ir ao baile da corte sem uma vestimenta de 2000 francos "assinada" por Worth; sentar-se à mesa (*Madame la baronne est servie...*), mesmo que não haja convidados, sem que o respeitável *maître d'hôtel* e alguns lacaios sirvam os pratos mais refinados e os vinhos mais nobres, seriam todas violações severas.

Como é fácil ser capturado pelas engrenagens de uma tal existência, de modo a utilizar toda a capacidade de pensar e sentir nessa empreitada, no fundo, sem pensamentos e sentimentos; de modo a esquecer de tomar parte no curso do mundo real lá fora, ou seja, do universo, e de ser componente do próprio mundo interior, ou seja, da felicidade doméstica. Eu talvez fosse capturada, mas Friedrich me protegia disso. Não era o tipo de homem a se deixar arrebatar e enredar pelo turbilhão do alto padrão de vida parisiense. Para além do mundo onde nos movíamos, não se esquecia nem do universo, nem do nosso lar. Como sempre, passávamos algumas horas de nossas manhãs dedicadas à leitura e à nossa família. Assim, alcançávamos a proeza de cultivar, junto das diversões, também a felicidade.

As pessoas nutriam muita simpatia por nós, austríacos. Nas conversas sobre política, era comum aludirem a uma "revanche de Sadowa", como se estivessem certos de que deveríamos compensar a injustiça sofrida há dois anos. Como se algo assim pudesse ser mesmo *compensado*! Brigas que se redimem apenas com brigas nunca mais acabam. Acreditavam que justamente a mim e a meu marido, pois tivera carreira militar e participara da campanha militar da Boêmia, não haveria algo mais agradável e educado a dizer que uma alusão esperançosa de uma vingança de Sadowa prestes a acontecer, um acontecimento a ser tratado como algo histórico, a assegurar o "equilíbrio europeu" e garantir pelas precauções político-diplomáticas. Uma necessidade do ponto de vista da pedagogia para os povos era um infortúnio a ser proporcionado aos "prussianos" em uma próxima ocasião. A questão não iria resultar em algo trágico... apenas abafar a arrogância de certas pessoas. Talvez bastasse para essa finalidade essa espécie de chicote pendurado: a de que se esse arrogante sofresse de acessos de atrevimento, já estaria advertido de que iriam partir para cima dele, a revanche de Sadowa.

É evidente que recusávamos tais consolos. Infortúnios passados não se apagam como um novo infortúnio, da mesma maneira que uma injustiça passada não se redime com uma nova injustiça. Assegurávamos não nutrirmos outro desejo que não o prolongamento indefinido da paz atual.

O mesmo desejo de Napoleão III, pelo menos era o que ele afirmava. Transitávamos com tantas pessoas próximas ao imperador, que tínhamos ocasiões suficientes para conhecer os seus pontos de vista políticos, segundo o que ele confiava a elas. Ele não desejava apenas a paz momentânea, como também nutria o plano de *sugerir às potências o desarmamento geral*. Mas não se sentia seguro o bastante junto ao seu povo para executá-lo. Fervilhava uma grande insatisfação entre a população e, entre as pessoas muito próximas do trono, havia partidários que se esforçavam por demonstrar que esse trono não poderia se firmar de outra forma que não por uma guerra exitosa no estrangeiro. Um pequeno passeio triunfal ao outro lado do Reno, e a existência e o esplendor da dinastia napoleônica estariam assegurados. "É preciso fazer bonito" era a opinião desses conselheiros. Estavam muito insatisfeitos com o malogro da guerra, no ano anterior, com relação à questão de Luxemburgo. O armamento dos dois lados havia agora prosperado tanto, a coisa estaria superada. Mas uma batalha entre a França e a Prússia há muito tempo que era inevitável... Eram incessantes os apelos nessa direção. Porém só um eco enfraquecido dessas coisas chegava até nós. Estávamos acostumados a ler isso nos jornais com a mesma regularidade de ondas quebrando no litoral. Isso não traz motivo para pensar em uma tempestade. Ouvimos, tranquilos, a música à capela produzir alegres melodias na praia. As ondas acompanham apenas como um baixo discreto e quase imperceptível.

A atividade resplandecente, imposta pelo esforço por divertir-se, atingiu seu clímax nos meses de primavera. Acrescentava-se a ela longos passeios pelo Bois, de charrete aberta, exposições de arte variadas, festas no jardim, corridas de cavalo, excursões para piqueniques, isso tudo além do teatro, das visitas, jantares e soirées, que se davam não menos que no inverno. Logo no começo sentimos falta do sossego. Na verdade, esse tipo de vida só atrai quando há histórias de coquetismos e de amor. Meninas que procuram por um partido; mulheres que se deixam cortejar e homens que desejam aventuras, para todos eles há um grande interesse em uma nova festa, onde é possível encontrar o objeto de seus sonhos. Mas eu e Friedrich? O fato de eu ter sido absolutamente fiel ao meu marido, de não permitir, em momento algum, que outro se aproximasse de mim com expectativas ousadas, isso eu conto com um misto de muito orgulho por essa virtude. É evidente. Se, em outras condições, eu iria me contrapor a todas as tentações, às quais uma bela jovem está submetida em um tal redemoinho de diversões, isso já não posso saber. Entretanto, quando o coração carrega um amor tão profundo e tão repleto de felicidade, como o que eu sentia pelo meu Friedrich, ficamos blindadas ante todo perigo. E no que se referia a ele: havia fidelidade? Só posso dizer que jamais duvidei disso.

Quando o verão despontou, e o *"grand-prix"* tinha passado e os diversos membros da sociedade parisiense começavam a partir, uns para Trouville e Dieppe, para Biarritz e Vichy, outros para Baden-Baden, outros ainda para seus castelos, a princesa Mathilde para St. Gratie, a corte para Compiègne, fomos exortados a escolher um destino de viagem e aceitarmos os convites para as casas de campo, mas não queríamos de modo algum transferir para o tempo veranil a campanha de luxo e diversão que havíamos acabado de empreender no inverno. Por enquanto, eu não desejava regressar a Grümitz: ainda temia muito que se despertassem as recordações dolorosas. Por causa de parentes e vizinhos, ainda não teríamos encontrado lá a solidão desejada. E mais uma vez escolhemos um canto tranquilo da Suíça como lugar de estada. Prometemos a nossos amigos parisienses que voltaríamos no inverno seguinte e, como colegiais de férias, adentramos nossa viagem de verão.

O que se seguiu foi de fato um tempo de descanso. Longos passeios, longas horas de leitura, longas horas de brincadeiras com as crianças e nenhum registro nos cadernos vermelhos, um sinal de despreocupação e paz de espírito.

Também a Europa parecia, naquela época, estar em relativa despreocupação e tranquilidade. Ao menos não se via "pontos negros" em lugar algum. Até mesmo sobre a famosa revanche de Sadowa não se ouvia nada. A grande preocupação que eu sentia foi-me causada pela obrigatoriedade geral do serviço militar, introduzida na Áustria há um ano. Não podia conceber que um dia meu Rudolf *tivesse* de se tornar soldado. E as pessoas ainda fantasiavam a ideia de liberdade!

– Um ano de "voluntário" – consolava-me Friedrich – isso não é muito.

Eu meneava a cabeça.

– Que fosse *um* dia! Ninguém deveria obrigar uma pessoa de se revestir de uma função, que talvez ela odeie, mesmo que por um dia. Pois, nesse dia, ela tem de ostentar o contrário do que ela sente, tem que jurar fazer com alegria o que ela abomina. Em suma: ela tem que mentir, e eu gostaria de educar meu filho sobretudo para a veracidade das coisas.

– Então, ele teria de ter nascido alguns séculos mais tarde, querida! – revidou Friedrich. – Só é possível ser totalmente verdadeiro o homem que é totalmente livre. Estamos mal servidos com essas duas, a verdade e a liberdade, em nossos dias atuais, isso fica cada vez mais claro para mim quanto mais me aprofundo nos estudos.

Naquela nossa reclusão, Friedrich tinha o dobro de tempo livre para os seus trabalhos, debruçava-se neles com verdadeiro afã. Embora estivéssemos felizes e satisfeitos com a solidão na qual vivíamos, estávamos decididos a passar o inverno seguinte de novo em Paris, porém, dessa vez não com a intenção de nos divertirmos, e sim para, em certa medida, colocarmos em prática nossa tarefa de vida. Não estávamos *confiantes* por alcançar algo, mas quando surge uma possibilidade ínfima de uma chance mínima de empreender algo, e a favor de uma questão que reconhecemos como sendo a mais nobre do mundo, a sensação que temos é que aproveitar essa chance é um dever irrecusável. O que tínhamos em mente era o que havíamos recapitulado em nossas conversas íntimas sobre as recordações parisienses, também sobre aquele plano do imperador Napoleão que chegou a nossos ouvidos por intermédio de seu círculo mais íntimo, o de propor o desarmamento das potências. Era a isso que atrelávamos nossas esperanças e os nossos projetos. Com as pesquisas de Friedrich, caíram em suas mãos as memórias de Sully, nas quais estão registradas em detalhes o plano de paz de Henrique IV. Queríamos enviar uma cópia ao imperador dos franceses.

Ao mesmo tempo, iríamos tentar preparar ambos os governos, da Áustria e da Prússia, por meio de nossos contatos, para as propostas do governo francês. Eu podia realizá-lo com o ministro De Fato e, na Prússia, Friedrich possuía um parente que gozava de muito boa reputação como ocupante de uma posição política influente e também junto à corte.

Em dezembro, quando estávamos prestes a nos realocar para Paris, tivemos um impedimento. Nossa amada e pequena Sylvia ficou doente. Que momentos aflitos! Claro que Napoleão III e Henrique IV ficaram no segundo plano, nossa filha quase morreu!

Mas não foi o caso. Após duas semanas, o perigo tinha passado. O médico nos proibiu de viajar durante o frio rigoroso do inverno. Transferimos nossa partida para março.

A doença e a convalescença, o perigo e a salvação, como isso abalou nossos corações e o que eu achava impossível aconteceu: ficamos ainda mais próximos com isso! O temor compartilhado de uma desgraça atroz, especialmente se o temor é por causa do desespero do outro, e as lágrimas de alegria compartilhadas, quando a desgraça vai embora, têm o poder maior de fundir uma alma na outra.

Sexto livro

1870/71

Premonições? Isso não existe. Quando chegamos em Paris, em uma tarde ensolarada de março de 1870, a cidade não poderia ter me causado uma impressão mais alegre e com mais promessas de divertimento. Hoje, sabemos que naquela época a mesma cidade estaria prestes a enfrentar coisas terríveis, mas eu não senti a menor sombra de um pressentimento.

Havíamos alugado por antecedência, através do agente John Arthur, o mesmo palacete em que havíamos ficado no ano anterior. Logo que entramos, esperava-nos também o nosso *maître d'hôtel* daquele mesmo ano anterior. Quando passávamos pelos Campos Elísios, para chegar até nossa hospedagem, era bem a hora dos passeios pelo Bois e encontramos vários de nossos velhos conhecidos e trocamos saudações alegres por causa de nosso reencontro. As muitas pequenas carroças com violetas, as quais circulam pelas ruas de Paris nessa estação, preenchiam o ar com mil promessas primaveris. Os raios de Sol luziam e formavam arco-íris nas fontes da praça redonda, também se refletiam no candeeiro das inúmeras charretes e nos arreios dos cavalos. Entre outros, passou por nós a bela imperatriz em uma charrete *à la Daumont* e acenou com a mão, reconhecendo-me.

Há imagens e cenas isoladas que se gravam na memória em som e fotografia junto das impressões que as acompanham, além de algumas palavras pronunciadas. "Mas é bonita Paris!", Friedrich exclamou, e a minha sensação ficou marcada como uma alegria infantil pela estada que se aproximava. Se eu soubesse naquela época o que me esperava, o que estava prestes a acontecer com todo o esplendor e alegria daquela cidade...

Dessa vez, evitamos nos lançar no redemoinho das diversões mundanas, como fizemos antes. Declaramos nosso desejo de não aceitar convite algum para bailes e nos mantivemos distantes de todas as grandes recepções. Também não frequentamos muito o teatro, apenas alguma peça ou outra que tivesse repercussão. Assim, passávamos a maioria das noites em casa, sozinhos ou na companhia de poucos amigos.

No que concernia aos nossos planos relacionados à ideia de desarmamento do imperador, os resultados foram péssimos. Embora Napoleão III não tivesse desistido por completo de sua ideia, o momento era completamente inadequado para sua execução. Ao redor do monarca, a consciência de que o trono estremecia era geral. Havia uma insatisfação imensa entre a população e, para diminuí-la, todas as medidas policiais e de censura foram reforçadas, o que tinha por consequência uma insatisfação ainda maior. A única coisa que garantiria à dinastia esplendor e existência seria uma campanha militar exitosa, era o que diziam algumas pessoas. Não havia muita previsão para isso, porém, falar em desarmamento, seria um grande erro. Com isso, destruiria-se toda a auréola dos Bonaparte, que se baseava na herança do grande Napoleão. Além disso, não houve nenhum retorno encorajador da parte de nossos contatos da Prússia e da Áustria. Estávamos na era da ampliação do poderio militar (a expressão "forças armadas" começava a entrar na moda) e falar em desarmamento seria uma dissonância grosseira. Pelo contrário, para alcançar as bendições da paz, era necessário aumentar o contingente do poderio militar, não se podia confiar nos franceses, também não nos russos, muito menos nos italianos, eles não perderiam a oportunidade de tomar Trieste e Trento, em suma: era necessário cultivar, com afinco, o sistema da linha de reservistas.

– O momento certo ainda não chegou – dizia Friedrich ao recebermos essas informações. – E a esperança de que eu, como indivíduo, possa acelerar a vinda desse momento ou que veja brotarem os frutos almejados, disso eu tenho que ser racional e desistir. O que tenho a contribuir é ínfimo. Mas, a partir do momento em que reconheci essa parcela ínfima como sendo meu dever, aí ela tornou-se grande, por isso vou perseverar.

Ainda que, por ora, o projeto de desarmamento tivesse ido por água abaixo, uma coisa me tranquilizava: não havia previsão de guerra. Seus partidários, tanto na corte, quanto na população, que pensavam que a dinastia deveria "renovar-se em sangue" e devolver um quinhão de glória ao país, esses foram obrigados a abdicar dos planos de ataque e à tentação de uma "pequena campanha militar nas fronteiras do Reno". A França não tinha aliados; a seca se alastrava pelo país; havia previsão de escassez de alimento para os animais; também a necessidade de se vender os cavalos das forças armadas; não havia no ar alguma "questão"; o contingente de recrutas foi reduzido pelo legislativo, em suma: Ollivier aproveitou a oportunidade para declarar do alto de sua tribuna "A paz da Europa está assegurada".

Assegurada. Fiquei feliz com essa palavra. Ela se repetia nos jornais e milhares se alegravam comigo. O que pode haver de melhor para a maioria das pessoas, senão a paz assegurada?

Hoje sabemos quão seguro é o anúncio de um homem de Estado, em 30 de junho de 1870. Naquela época, entretanto, já poderíamos muito bem saber que tais afirmações de um homem do Estado, ouvidos pelo povo com a mesma confiança ingênua, não continham garantia alguma. A situação na Europa não indicava uma "questão no ar", *por isso* a paz está assegurada. Que lógica frágil! As questões podem ser lançadas no ar a qualquer momento. Somente se tivermos um outro meio de prontidão, além da guerra, para um caso como esse, é que estaremos seguros de que ela não irá acontecer.

De novo a sociedade parisiense se distraía, vagando por todas as direções do vento. Nós, porém, nos mantivemos reclusos, em parte por questões de negócios. Tínhamos recebido a oferta muito vantajosa de uma compra. Por causa da partida inesperada de um americano, uma pequena casa inacabada foi colocada à venda na Avenue de l'Imperatrice, cujo valor não era muito maior do que aquele já utilizado para a decoração e a mobília. Como tínhamos a intenção de no futuro passar alguns meses do ano em Paris, e como o negócio em questão era, ao mesmo tempo, excelente, nós o fechamos. Queríamos acompanhar nós mesmos o término da casa e ficamos em Paris para esse propósito. Além do mais, a decoração do próprio ninho é um trabalho tão prazeroso, que aceitamos bem as inconveniências de se ficar na cidade em pleno verão.

Aliás, havia conversa o bastante para nossas relações sociais. O castelo da princesa Mathilde, St. Gratien; mais distante o castelo Mouchy; depois, a propriedade do Barão de Rothschild, Ferrières e vários outros domicílios de conhecidos nossos ficavam próximos de Paris. Uma ou duas vezes na semana, visitávamos ora um, ora outro.

Recordo-me que foi no salão da princesa Mathilde que ouvi, pela primeira vez, a "questão", que viria a "pairar".

Após o *brunch*, os convidados foram para o terraço com vista para o parque. Quem estava presente? Já não me ocorre mais, apenas uma ou duas personalidades presentes se fixaram em minha memória, Taine e Renan. A soberana intelectual de St. Gratien amava ficar rodeada de grandes literatos e cientistas.

A conversa foi bastante animada, e eu consigo me lembrar que quase sempre era Renan quem tomava a palavra, muito sagaz e brincalhão. O autor que escreveu sobre a vida de Jesus é um bom exemplo de como alguém pode ser incrivelmente feio, porém exercer um fascínio inacreditável.

Então, a conversa passou para a política. Procurava-se um candidato para o trono espanhol. Um príncipe dos Hohenzoller iria assumi-lo. Mal prestei atenção nisso, pois o que poderia haver de mais indiferente a mim e a todos que estavam ali, do que o trono real espanhol e aquele que iria se sentar nele? Até que alguém disse:

– Um Hohenzoller? A França não irá tolerar isso.

Aquela palavra me marcou profundamente, pois qual o sentido desse "não tolerar"? Se algo assim é dito em nome de um país, bem se pode imaginar uma estátua gigante de uma virgem, que personifica esse país, a cabeça para trás, desafiadora, empunhando uma espada.

Logo a conversa passou para outro tema. Nenhum de nós tinha ideia da gravidade daquela questão do trono espanhol. Aquela hipótese de "a França não irá tolerar" ficou gravada em minha memória como uma dissonância e, com ela, toda a cena em volta.

A partir dali, a questão do trono espanhol tornou-se cada vez mais forte e insistente. A cada dia, o espaço que ela ocupava em jornais e nas conversas de salão era cada vez maior e sei que isso muito me entediava, não se ouvia mais nada senão a candidatura dos Hohenzoller. A indignação era grande quando se falava sobre isso, como se não houvesse ofensa maior para a França. A maioria via, aí, uma espécie de provocação dos prussianos para a guerra. Está claro que a França não era capaz de tolerar aquilo. Se os Hohenzoller continuassem insistindo, o desafio seria patente. Eu não compreendia. Acima de tudo, estava despreocupada. Recebíamos cartas de Berlim, de fontes muito fidedignas, em que nos informavam que a corte não dava o menor valor para o fato de a coroa espanhola ser concedida aos Hohenzoller. Assim sendo, ocupávamo-nos muito mais da construção de nossa casa que da política.

Entretanto, prosseguíamos mais e mais atentos. Assim como as folhas fazem ruídos na floresta, antes de uma tempestade, algumas vozes em meio ao povo produziam ruídos antes da guerra. "Nous aurons la guerre, nous aurons la guerre!", ressoava nos ares parisienses. Uma aflição indescritível tomou conta de mim. Não por causa dos austríacos, pois, por ora, estávamos fora da jogada. Pelo contrário: era provável que isso nos proporcionasse uma "reparação", a tal da vingança de Sadowa. Mas havíamos desaprendido a ver a guerra do ponto de vista nacional, sabia-se, isso sim, o que ela era do ponto de vista humano, da nobreza humana. Algumas palavras que uma vez ouvi da boca de Guy de Maupassant expressam exatamente isso:

> "Quando eu penso, somente, nessa palavra, guerra, vem a mim um sobressalto como se me falassem de feitiçaria, de inquisição, de uma coisa distante, acabada, abominável, monstruosa, contra a natureza."

Quando veio a notícia de que Prim ofereceu a coroa a Leopoldo, o duque de Grammont fez um discurso no parlamento que lhe rendeu muitos aplausos. O conteúdo era mais ou menos o seguinte:

> "Não nos intrometemos em questões estrangeiras. No entanto, não acreditamos que a atenção aos direitos de um Estado vizinho nos obrigue a tolerar que uma potência estrangeira, ao colocar um de seus príncipes no trono de Carlos V, atrapalhe o equilíbrio de forças na Europa, causando-nos prejuízo, e ponha em risco os interesses e a dignidade da França."
> (ah, esse equilíbrio, quem foi o hipócrita sedento por guerra que inventou essa mera frase de efeito?)

Conheço um conto de fadas de George Sand, chamado Gribouille. Esse Gribouille tem a peculiaridade de pular no rio, por medo de molhar-se, quando há ameaça de chuva. Ao ouvir o clamor pela guerra, como forma de proteção contra o perigo, sempre penso em Gribouille. Toda uma geração dos Hohenzoller poderia sentar-se sobre o trono de Carlos V ou ainda em outros tronos, sem que os interesses e a dignidade da França sofressem um milésimo do prejuízo, que lhes despertou o tão sagaz "não podemos tolerar".

O orador prosseguiu:

"Nutrimos a confiança de que isso não irá acontecer. Contamos, nessa matéria, com a sabedoria do povo alemão e com a amizade do povo espanhol. Se esse não for o caso, *então*, meus senhores, saberemos cumprir nosso dever sem titubear e sem esmorecer, com o forte apoio dos senhores e da nação." (E um turbilhão de "bravo").

Deu-se início a uma incitação à guerra na imprensa. Era sobretudo Girardin quem não se cansava de incitar os compatriotas, a dar a devida punição ao atrevimento revoltante que residia naquela candidatura ao trono. "Se a França não vetar esse tipo de coisa, será indigno para ela. E é claro que os prussianos não irão ceder, pois é próprio deles, desses loucos, provocar a guerra. Inebriados por sua vitória de 1866, acreditam poder conduzir uma nova marcha triunfal, e de pilhagens. Mas nós estamos aqui, graças a Deus, para afastar essas vontades desses *pickelhaube* arrogantes." E o discurso prosseguia nesse tom. De fato, Napoleão III continua desejando a manutenção da paz, mas, em volta dele, a maioria acreditava que a guerra seria inevitável, que, de qualquer maneira, o povo continuava insatisfeito, que o melhor a se fazer para assegurar o respeito pelo país ávido por glória seria uma guerra exitosa: "É preciso fazer bonito".

A partir daí, realizaram-se consultas sobre a matéria em outros gabinetes europeus. Todos declaravam desejar a paz. Na Alemanha, publicou-se um manifesto dos círculos populares assinado por, entre outros, Liebknecht, que dizia o seguinte: "A mera ideia de uma guerra franco-prussiana já é um crime". Nessa ocasião, fiquei sabendo de algo, que pude registrar em meu protocolo da paz: "Há uma grande aliança, com centenas de milhares de membros, que reivindica a condição de agenda a supressão de todos os prejuízos da situação e da nação".

Benedetti recebeu a missão de exortar o rei da Prússia para que proibisse o príncipe Leopold a aceitar a coroa. O rei Guilherme encontrava-se, naquele momento, em uma estação de tratamento, em Ems. Benedetti foi para lá e conseguiu uma audiência em 9 de julho.

Como ela seria? Eu havia esperado, trêmula.

A resposta do rei era simplesmente de que ele não poderia proibir nada a um príncipe maior de idade.

Essa resposta deixou os partidários da guerra indignados: "A que ponto chegamos! Querem nos fazer perder a paciência? O chefe da casa real não deve e não pode proibir ou exigir algo de um membro? Ridículo! Isso é claramente um complô: os Hohenzoller querem se estabelecer na Espanha, e depois atacar o nosso país pelo leste e pelo sul. Vamos esperar por isso? Precisamos aceitar a degradação, porque não dão atenção a nosso protesto? Nunca! Sabemos muito bem o que a honra, o patriotismo nos demanda!".

O ruído do presságio de tempestade era cada vez mais alto e pavoroso. Quando no dia 12 de julho chegou a mensagem que me encheu de êxtase: Don Salusto Olozaga fez um anúncio oficial ao governo francês de que o príncipe Leopold de Hohenzoller *renunciou* à coroa, para não possibilitar pretexto algum para uma guerra.

Gottlob: com isso, toda a "questão" havia sido varrida. A notícia foi dada à Câmara ao meio-dia e Ollivier declarou que isso era o fim da briga. No mesmo dia, entretanto, (uma clara execução de ordens anteriores) tropas e materiais foram levados a Metz e, na mesma sessão, Clement Duvernois fez a seguinte interpelação:

"O que nos assegura que os prussianos não vão provocar outros imbróglios, como essa candidatura à coroa espanhola? Precisamos nos prevenir."

Gribouille voltou a se revolver: é possível, talvez, que uma chuvinha nos ameace molhar: vamos correr para o rio! E de novo Benedetti foi enviado para Ems, dessa vez, para exortar o rei Guilherme para proibir de vez que o príncipe Leopold voltasse a se candidatar àquela coroa. Será que é possível esperar outra coisa, ante uma exigência como aquela, para qual aquele a quem se exige nem autorização tem, senão um impaciente dar de ombros? Certamente, aqueles que fazem a exigência sabem disso.

No dia 15 de julho, houve uma outra sessão memorável. Ollivier pediu um crédito de quinhentos milhões para a guerra. *Thiers votou contra*. Ollivier contrapôs: ele que se responsabilizasse diante da história. O rei da Prússia negou-se a receber o emissário francês, e o fez através de uma nota oficial. A esquerda solicitou ver a nota. A maioria proibiu terminantemente e por meio de uma votação, a apresentação do documento (que provavelmente não existia). Essa maioria concedeu tudo o que o governo requereu para a guerra. Esse autossacrifício patriótico, que concede toda *ruína* sem pestanejar, é venerado, claro, com os clichês apropriados de antemão.

No dia 16 de julho, a Inglaterra fez tentativas para evitar a guerra. Em vão... Bem, houvesse um tribunal de arbitragem estabelecido, como seria fácil acabar com um conflito tão insignificante!

19 de julho. O encarregado de negócios francês entregou ao governo prussiano, em Berlim, a declaração de guerra.

Declaração de guerra. Uma expressão pronunciada com tanta serenidade. O que se segue a isso? O começo de uma ação de política externa e, de passagem, a sentença de morte para milhões.

Também registrei esse documento nos cadernos vermelhos. Ele diz o seguinte:

> "O governo da majestade, o imperador dos franceses, não vê o plano de um príncipe prussiano de reivindicar o trono espanhol como outra coisa, senão como um empreendimento contra a segurança do território da França e, por isso, sentiu-se compelido a solicitar à majestade, o rei da Prússia, a garantia de que uma tal ação não volte a acontecer com a sua aprovação. Como a Sua Majestade se negou a nos assegurá-lo e, pelo contrário, declarou ao nosso emissário que, para esse incidente, pretendia manter a possibilidade de questionar as circunstâncias, isso fez com que o governo imperial reconhecesse nessa declaração do rei intenções escusas, o que ameaça a França e o equilíbrio europeu (e de novo esse afamado equilíbrio: Vejam essa prateleira e, sobre ela, tigelas valiosas, ela está balançando, as tigelas podem cair, vamos esbarrar nela!). Essa declaração conserva um caráter ainda mais penoso por causa da notificação,dada ao gabinete sobre a recusa por receber o enviado do imperador e do início de novos embates com ele (ou seja, por causa desse tipo de coisa, das relações menos ou mais amistosas entre regentes e diplomatas, é que se define o destino dos povos...). Por consequência, o governo francês tomou como seu dever (!) pensar, sem demora, na defesa de sua dignidade ferida (sim, sim, defesa, nunca é ataque), de seus interesses violados, e decidiu tomar todas as medidas concernentes a esse fim e, a partir de agora, se considera em estado de guerra com a Prússia."

Estado de guerra... Será que o autor, que escreveu essas palavras em sua escrivaninha coberta de pano verde, sabe que mergulhou sua pena em chamas, em lágrimas de sangue, em veneno pestilento?

Por causa da procura por um rei para a vaga do trono e, consequentemente, de uma negociação entre dois monarcas, é que dessa vez desencadeou-se a tempestade? Será que Kant tem mesmo razão com seu primeiro artigo definitivo sobre a paz perpétua:

"A constituição civil de cada Estado será republicana?"

É certo que, por meio da implementação desse artigo, algumas causas para a guerra desapareceriam, pois a história mostra quantas campanhas militares ocorreram por causa de questões dinásticas, e todo estabelecimento do poder monárquico de fato tem relação com a condução exitosa de uma guerra. No entanto, também as repúblicas são bélicas. É o *espírito* que instiga o ódio, a sanha pela briga, a ambição pela vitória, esses elementos antigos, selvagens presentes nos povos, tenham eles a forma de governo que tiverem.

Recordo-me bem do estado de ânimo peculiar que tomou conta de mim mesma naquela época por conta da guerra franco-prussiana que se preparava, e depois iria eclodir. Essa atmosfera densa de antes de uma tempestade, esse sopro violento de tempestade depois da declaração. Toda população estava em polvorosa, e quem seria capaz de controlar isso? É claro que, segundo o velho costume, o início de uma campanha militar é visto já como campanha triunfal, é o dever patriótico. "À Berlin, à Berlin!" era o grito exultante das ruas e dos transportes públicos, em todos os cantos ouvia-se a Marseillaise: *Le jour de gloire est arrivé*! Em todas as sessões do teatro, a primeira atriz ou cantora, na ópera era Marie Saß, surgia vestida de Joana D'Arc, cantando essa canção e balançando a bandeira. O público, em pé, ouvia e às vezes cantava junto. Também nós, em uma noite, o presenciamos, Friedrich e eu, e também nós tivemos de nos levantar de nossa poltrona. "Tivemos" não por uma clara imposição, até poderíamos ter nos retraído ao fundo do camarote, mas porque estávamos *eletrizados*.

– Está vendo, Martha – explicou-me Friedrich – essa faísca, que pula de um para outro e que leva toda a multidão a bater o coração em uníssono e com entusiasmo, isso é o amor.

– Você acha? Mas essa é uma canção de exortação ao ódio.

"Que um sangue impuro banhe nossos campos!"

– Isso não é problema. O ódio também é uma forma de amor. Onde dois ou mais se reúnem em um sentimento em comum, aí reside o amor. Por um momento, considere um termo mais elevado que o de nação, como o de humanidade, no duplo sentido da palavra, como um ideal coletivo...

– Ah, e quando será isso? – suspirei.

– Quando? Isso é muito relativo. Se levarmos em conta a duração de nossa existência, é nunca. Mas para aquela de uma geração, é amanhã.

Quando eclode uma guerra, todos os partidários dos Estados neutros se dividem em dois grupos: um toma partido de um lado, outro, de outro. É como uma grande aposta flutuante em que todos participam.

E eu e Friedrich? Com quem deveríamos nos simpatizar? A quem desejávamos a vitória? Havia uma perfeita justificativa "patriótica" de que, como austríacos, gostaríamos de ver aqueles que nos derrotaram sendo derrotados. Além disso, é natural que tenhamos maior simpatia por aqueles em cujo meio vivemos e cujos sentimentos nos invadem de forma involuntária. E nós estávamos cercados de franceses. Ainda assim, Friedrich era de origem prussiana e não seriam os alemães, com quem eu partilhava o idioma materno, muito mais próximos a mim do que os seus oponentes? Além do mais, a declaração de guerra não havia partido dos franceses, por um motivo tão insignificante? Não, não eram motivos, eram *desculpas*. Por isso, não devíamos reconhecer que a questão dos prussianos era mais justa, que eles foram compelidos à batalha somente por defenderem-se e sendo obrigados a isso? Não era unânime que os alemães, que há pouco brigavam entre si, agora estavam unidos? O rei Guilherme disse muito bem em seu discurso de 19 de julho:

> "O povo alemão e o francês, que gozam da mesma bendição da cristandade e de uma prosperidade crescente, foram conclamados a uma competição mais benéfica que aquela sangrenta das armas. Entretanto, os *dirigentes da França* souberam explorar o ego justificável, porém irritadiço, de nosso grande vizinho por meio da má condução calculada a favor de paixões e interesses pessoais [...]"

De sua parte, o imperador Napoleão proclamou o seguinte:

"Fizemos nossas objeções contra tanta reivindicação arrogante por parte da Prússia. Elas foram ridicularizadas. Seguiram-se procedimentos[1] que nos depreciaram. Nosso país ficou profundamente irritado com isso e, no momento, ecoa o grito de guerra em todos os cantos da França. Não nos resta outra coisa que não nos abandonarmos ao destino, que nos ordena lançar mão das armas. Não entramos em guerra contra a Alemanha, cuja independência estimamos. Nossos maiores votos são os de que os povos que compõem os alemães disponham de seus destinos livremente. No que concerne a nós, exigimos que haja a correção de um estado de coisas que garanta nossa segurança e nosso futuro. Queremos conquistar uma paz duradoura, fundada nos reais interesses dos povos. Queremos que pare essa situação penosa, na qual todas as nações esgotam seus recursos para se armarem umas contra as outras."

Que lição, que lição poderosa pode-se extrair desse escrito, quando a atrelamos aos acontecimentos seguintes! Ou seja, a França empreendeu essa campanha militar por segurança, pela conquista de uma paz duradoura? E o que se conseguiu com isso? *"L'Année terrible"** e uma inimizade duradoura, bastante duradoura. Não, não: não é com carvão que algo fica branco, com assa-fétida que se espalha o bom aroma e não é com a guerra que se assegura a paz. Essa "situação penosa", a qual Napoleão aludiu, como piorou ainda mais a partir dali! O imperador falava muito sério ao querer iniciar um plano de desarmamento da Europa, eu o soube por parentes próximos. Mas os partidários da guerra o pressionaram, forçaram, e ele cedeu. Ainda assim, não se absteve de fazer soar sua ideia predileta na proclamação de guerra. Sua realização só estava adiada. "Depois da campanha, depois da vitória...", dizia para consolar-se. Acabou sendo de outro jeito.

1. Tais procedimentos foram avaliados 18 anos mais tarde da seguinte forma: em sua obra sobre a campanha militar de 1870, o General Boulanger escreveu "Depois de termos obtido uma vitória legítima, quisemos impor uma humilhação ao rei da Prússia. Assumimos uma posição diplomática agressiva, quase inconscientemente. A renúncia formal do Príncipe Leopold de Hohenzollern nos beneficiou, nós tínhamos o consentimento do rei da Prússia em relação a essa renúncia. A reparação era suficiente pois ela permaneceu sob o domínio respectivo dos interesses da França, os direitos da França e as obrigações do chefe da família Hohenzollern. Nós deveríamos ter parado aí. Nosso governo foi muito além. Ele quis um engajamento categórico do rei Guilherme em relação ao futuro. Com suas reivindicações tão ambiciosas, ele movia o objeto e o terreno da disputa. Fez disso uma provocação direta ao soberano da Prússia".

* Série de poemas de Victor Hugo publicados em 1872, que tratam da Guerra Franco--Prussiana, do trauma de perder seu filho Charles e da Comuna de Paris. [N. da R.]

De que lado estávamos, afinal? Quando se chega ao ponto de abominar a guerra por si só, como era o meu caso e o de Friedrich, já não é cabível uma "passionalidade" ingênua pelo começo de uma campanha militar. A única sensação que se tem é: que essa campanha não tivesse nem começado, e que acabasse logo!

Eu não acreditava que aquela guerra iria durar muito tempo e teria consequências significativas. Uma ou duas batalhas ganhas aqui e ali, e certamente haveria debates e ela teria um fim. E pelo que se combatia, afinal? Por absolutamente nada. Tudo não passava de um desfile de armas: da parte dos franceses, pela sanha cavalheiresca por aventura e, da parte dos alemães, pela valentia de cumprir um dever de defesa. Ambos trocariam uns golpes de espada e os adversários iriam se dar as mãos de novo. Mas que tola! Como se as consequências de uma guerra mantivessem a proporção das causas de seu surgimento! É o *curso* que determina as suas consequências.

Preferiríamos ter deixado Paris, pois todo aquele entusiasmo da população nos era absolutamente penoso. Entretanto, a partir daquele momento, o caminho para o leste estava *bloqueado*. Também a construção de nossa casa nos mantinha ali. Em suma: ficamos. Já quase não mantínhamos mais contatos sociais. Os que puderam, fugiram de Paris e, sob aquelas circunstâncias, nenhum dos que ficaram pensava em trocar convites. Apenas alguns de nossos conhecidos dos círculos literários, que ainda estavam presentes, procuravam-nos com certa frequência. Justo nessa fase de início da guerra é que era interessante para Friedrich conhecer as opiniões e pareceres sobre a questão por parte dos espíritos extraordinários. Havia um escritor muito jovem, que mais tarde tornou-se celebridade, Guy de Maupassant, cujas observações, que calaram fundo em minha alma, eu anotei, em parte, nos cadernos vermelhos:

> "Quando ouço pronunciar a palavra guerra sinto um pavor como se me falassem de bruxaria, de inquisição, de uma coisa longínqua, abominável, monstruosa, contra a natureza. A guerra, brigar entre si! Estrangular, trucidar! Numa época como essa, com a nossa cultura, com o saber tão ampliado, crentes de que atingimos um nível elevado de desenvolvimento, e possuímos escolas que ensinam a matar – a matar a longa distância, e um grande número de pessoas de uma vez.
>
> ... O mais impressionante é que os povos não se voltam contra isso, que toda a sociedade não se revolta com a mera palavra guerra. Todo aquele

que governa tem o dever de evitar a guerra, da mesma forma que o capitão de navio para evitar que ele naufrague. Se um capitão perde o leme, ele se torna réu em um tribunal e sofrerá uma sentença, caso se reconheça a culpa de sua negligência. Por que um governo não é julgado cada vez que declara guerra? Se todos os povos o compreendessem, se se negassem a matar sem motivo aparente, a guerra iria desaparecer."

E de Ernest Renan escutei o seguinte:

"Parte o coração pensar que tudo o que nós, homens da ciência, empenhamo-nos por construir em cinquenta anos irá ser destruído de um só golpe: a mútua simpatia entre os povos, o entendimento recíproco, a colaboração profícua. Uma guerra como essa mata o amor pela verdade! Quanto não será o afinco da mentira, da infâmia, que sofrerá um povo pelo outro nos próximos cinquenta anos e que irá separá-los por tempos imensuráveis! Que atraso para o progresso europeu! Não conseguiremos nos reerguer em cem anos ante o estrago que essa gente está causando em um dia."

Tive a oportunidade de ler a carta que Gustave Flaubert escreveu a George Sand, naqueles primeiros dias de julho, quando a guerra havia acabado de eclodir. Ei-la:

"Desespero-me com a ignorância de meus conterrâneos. A barbárie irremediável da humanidade me enche de profunda tristeza. Esse entusiasmo, esvaziado de qualquer ideação, faz com que eu queira morrer para não o ver mais. O bom francês quer combater: 1) porque acredita ser desafiado pelos prussianos; 2) porque a condição natural do ser humano é a selvageria; 3) porque a guerra contém um elemento místico, que impele os seres humanos. Será que voltamos aos conflitos étnicos? É o que temo... As batalhas horrendas à espreita não têm sequer uma desculpa para si. É o prazer de brigar por brigar. Lamento a explosão de pontes e túneis. Todo esse trabalho humano que se perde! O senhor viu que um cavalheiro, na câmara, sugeriu saquear o grão-ducado de Baden. Ah, por que não posso viver entre os beduínos?"

– Ah! – exclamei após terminar a leitura da carta. – Se não tivéssemos nascido quinhentos anos mais tarde, seria ainda melhor que viver entre os beduínos.

– O ser humano não precisa ir tão longe para tornar-se racional – disse Friedrich, assertivo.

Essa era a fase das proclamações e das instruções das forças armadas.

Era sempre a mesma e velha lira e o mesmo público a aplaudir e a se entusiasmar. Ele ficava exultante pela vitória que se garantia nos manifestos, como se já tivesse sido conquistada.

No dia 28 de julho, Napoleão III promulgou o seguinte decreto no quartel-general de Metz (também o registrei, não porque partilhava da admiração causada, e sim por raiva daquela mesma ladainha vazia):

> "Estamos defendendo a dignidade e o chão da pátria. Iremos vencer. Nada é extremo para os esforços perseverantes dos soldados da África, da Crimeia, da China, da Itália e do México. Mais uma vez, eles verão do que é capaz o exército francês, que refulge de amor pela pátria. Não importa o caminho pelo qual enveredamos fora de nossas fronteiras, sempre encontraremos os vestígios de nossos antepassados. Iremos honrá-los. O destino de nossos êxitos depende da liberdade e da civilização. Soldados: façam a sua parte, e o Deus dos combates estará do nosso lado."

Claro que não podia faltar *"le Dieu des armées"*. O fato de os líderes dos exércitos vencidos terem dito a mesma coisa umas centenas de vezes, não impede os outros de fazer o mesmo em uma nova campanha e, com isso, despertar a mesma confiança. Existe algo menor e mais frágil que a memória dos povos?

No dia 31 de julho, o rei Guilherme deixou Berlim e promulgou o seguinte manifesto:

> "Hoje, ao me dirigir ao exército para lutar junto com ele pela dignidade e pela manutenção de nossos bens mais valiosos, decreto anistia para criminosos políticos. Meu povo e eu sabemos que o rompimento da paz e a hostilidade não estão do nosso lado. Porém, ao sermos desafiados, decidimos pelo combate, desafiados assim como nossos antepassados e na firme confiança em Deus, para a libertação da pátria."

Autodefesa, sempre a autodefesa: a única permissão para matar. "Eu me defendo", gritam os dois oponentes. Isso não é um contrassenso? Nem tanto. Sobre ambos, paira um terceiro poder, o poder do tradicional e velho espírito de guerra. Todos deviam se unir para se defender dele.

Junto dos manifestos anteriores, encontrei em meus cadernos vermelhos um registro com um título estranho:

"Se Ollivier tivesse se casado com a filha de Meyerbeer, a guerra teria estourado?"

Era assim que a questão se comportava. Dentre nossos conhecidos de Paris, havia também o literato Alexander Weill, ele é que lançou o argumento acima, quando nos narrava o seguinte:

– Meyerbeer estava procurando por um esposo talentoso para sua segunda filha e sua escolha recaiu sobre meu amigo Emile Ollivier. Ollivier é viúvo. Na primeira vez, casou-se com a filha de Liszt, aquela da famosa pianista Condessa d'Agoult (Daniel Stern), com quem viveu durante muito tempo. O casamento era muito feliz e Ollivier tinha a fama de ser um esposo muito virtuoso. Não tinha posses, mas era muito famoso por ser orador e homem de Estado. Meyerbeer queria conhecê-lo pessoalmente e, em abril do ano de 1864, organizei um grande baile para esse fim, em que estariam presentes a maioria das celebridades do meio artístico e científico e, claro, em que Ollivier, já informado por mim sobre a intenção de Meyerbeer, seria o protagonista. Não foi fácil executar o plano. Meyerbeer conhecia a originalidade e independência de sua segunda filha, que não iria se casar com alguém que não fosse de sua livre escolha. Ficou combinado de Ollivier ir até Baden, para que fosse casualmente apresentado à moça, quando Meyerbeer morreu de forma repentina, quatorze dias após o baile. Ollivier é quem fez o discurso fúnebre e laudatório na estação norte, recordam-se disso? Afirmo, pois estou certo disso: se Ollivier tivesse se casado com a filha de Meyerbeer, a guerra entre a França e a Alemanha não teria estourado! Eis os meus argumentos plausíveis. Primeiro, Meyerbeer odiava o império de tal maneira que chegava a condená-lo e não teria permitido que o esposo de sua filha se tornasse ministro do imperador. Sabemos que, se Ollivier tivesse ameaçado a Câmara antes mesmo de renunciar, em vez de declarar guerra, essa mesma câmara jamais teria declarado guerra. A guerra atual é obra de três secretários pessoais da imperatriz: Jerome David, Paul de Cassagnac e Duc de Grammont. Instigada pelo papa, pois ela é o seu fantoche, a imperatriz desejou essa guerra, de cuja vitória não duvida, para garantir a sucessão de seu filho. Disse ela: *'C'est ma guerre à moi et à mon fils!'* e os três 'anabatistas' papais, que citei há pouco, foram suas armas secretas para compelir à guerra o imperador, que não queria guerra alguma, e a câmara, por meio de despachos ardilosos e ilícitos vindos da Alemanha.

– É o que se chama de diplomacia! – interrompi, horrorizada.

– Ainda tem mais – prosseguiu Alexander Weill. – No dia 15 de julho, Ollivier me disse, ao encontrá-lo na Place de la Concorde: 'A paz está assegurada antes de eu renunciar.' Como pode o mesmo homem, alguns dias mais tarde, em vez de renunciar, ter declarado a guerra *d'un coeur léger*, como ele disse na câmara?

– De coração leve! – exclamei, arrepiada.

– Aqui há um segredo que eu posso esclarecer. O imperador, para quem o dinheiro não serve para outra coisa senão para adquirir amor e amizade, acredita, assim como Jugurta, em Roma, que toda a França se venderia, tanto homens quanto mulheres. Ele tem o costume de presentear com um milhão de francos um ministro que não seja rico, para mantê-lo junto de si. Somente Daru, que me confiou esse segredo, é que recusou o presente: *timeo Danaos et dona ferentes*. E somente ele, que não estava aprisionado ao imperador, é que renunciou. Ollivier, preso ao seu senhor com uma corrente de ouro, declarava-se a favor da paz, enquanto o imperador hesitava. Tão logo sua esposa e seus três anabatistas ultramontanos o derrotaram, também Ollivier declarou-se a favor da guerra e desencarnou em vida, de 'coração leve' e de bolso cheio.[2]

– Monsieur, madame, que alegria, que grande notícia! – Foram com essas palavras que um dia o criado de Friedrich e, atrás dele, o cozinheiro, irromperam em nosso quarto. Foi o dia da batalha de Wörth.

– O que houve?

– A bolsa recebeu um telegrama: nós vencemos. O exército do rei da Prússia foi aniquilado. A cidade está enfeitada com bandeiras de três cores, hoje vai ficar iluminada.

No entanto, durante a tarde, descobriu-se que a notícia, uma manobra da bolsa, era falsa. De sua sacada, Ollivier fez um discurso à multidão.

2. *Briefe Hervorragender Männer an Alexander Weill* [Cartas de homens extraordinários a Alexander Weill] Zurique: Verlagsmagazin.

Tanto melhor. Ao menos não seria necessário iluminar nada. Essas manifestações de alegria por ocasião de "um exército aniquilado", ou seja, por ocasião de inúmeras vidas interrompidas e de corações partidos, também teriam voltado a me despertar o desejo de Flaubert: "Ah, por que não posso viver entre os beduínos?".

No dia 7 de agosto chegou uma mensagem catastrófica. O imperador saiu apressado de St. Cloud para o palco de guerra. O inimigo estava invadindo o país. Os jornais expressavam com toda severidade a sua indignação com aquela invasão. Parecia-me que o grito "à Berlin!" também significava algo proposital, não havia *aí* indignação de fato. Que os bárbaros do leste se sujeitassem a invadir a bela França, amada por Deus, isso não passava de selvageria, sacrilégio e deveria ser rapidamente revidado. O ministro de guerra interino lançou um decreto para que todos os cidadãos vigorosos, entre trinta e quarenta anos e que ainda não pertencessem à guarda nacional, se incorporassem a ela imediatamente. Formava-se um ministério da defesa. O empréstimo aprovado para a guerra de quinhentos subiu para bilhões. Que agradável perceber o quanto as pessoas estão sempre dispostas a sacrificar dinheiro à vida dos outros. Entretanto, o público acaba percebendo uma pequena inconveniência financeira: se querem trocar notas bancárias, terão de pagar dez por cento para a casa de câmbio. Não há tanto ouro disponível que permita ao banco da França despender notas.

Enquanto isso, do lado alemão, vitória atrás de vitória...

A fisionomia da cidade de Paris e de seus habitantes se modificou. Em vez da disposição pretensiosa e orgulhosa para a batalha, a consternação e a fúria. Cada vez mais, disseminava-se o sentimento de que uma horda de vândalos havia se instalado no país, algo terrível, ultrajante, como uma nuvem de gafanhotos ou uma outra praga qualquer da natureza. O fato de que, com essa declaração de guerra, eles tenham evocado essa praga, que a tenham considerado indispensável, para que, num futuro distante, não ocorresse a um Hohenzoller qualquer de se candidatar ao trono espanhol, esse fato eles esqueceram. Circulavam, sobre o inimigo, mitos terríveis. "Os ulanos, esses ulanos" soava como algo fantástico e demoníaco, quase como se tomasse o sentido de "o exército selvagem". Na imaginação das pessoas, essa espécie de tropa assumia a forma de um ser demoníaco. Sempre que a cavalaria alemã executava uma jogada ousada, atribuíam aos ulanos. Eram como um tipo de sub-humanos, sem soldo, fadados a viver apenas dos despojos. Ao lado dos rumores de tragédia surgiam também os de triunfo. Da mesma forma, eram deveres chauvinistas mentir sobre os êxitos. Evidente: a coragem tem de continuar firme. O preceito da veracidade, como todos os outros preceitos morais, perde sua validade durante a guerra. Friedrich ditou para eu escrever em meus cadernos vermelhos a seguinte passagem do jornal Le Volontaire:

> "Até 16 de agosto, os alemães já perderam 144.000 homens, o restante está prestes a morrer de fome. Chegaram da Alemanha os últimos reservistas, 'a linha de reserva e as milícias'. Velhos de 60 anos, munidos de pederneiras; do lado direito, uma imensa lata de tabaco; do esquerdo, uma garrafa ainda maior de aguardente; na boca, um longo cachimbo de argila. Curvados pelo peso das mochilas, *sobre* as quais não deve faltar o moedor de café e *nas* quais não deve faltar o chá lilás, marcham da margem direita para a esquerda do Reno, tossindo e assoando os narizes, amaldiçoando aqueles que lhes arrancaram de seus netos, para conduzi-los à morte certa." "As notícias trazidas sobre a vitória do lado alemão são as conhecidas mentiras prussianas."

No dia 20 de agosto, o conde de Palikao anunciou na câmara que três corpos do exército, reunidos contra Bazaine, haviam sido lançados nas pedreiras de Jaumont (muito bem! muito bem!). Ninguém sabe, porém, que tipo de pedreiras eram aquelas, onde estariam alocadas exatamente e como os três corpos do exército se comportaram nelas. Mas a mensagem jubilosa correu de boca em boca: "O senhor já sabe?... nas pedreiras...", "Sim, sim, de Jaumont". Ninguém duvidava ou questionava, era como se todos fossem nativos da região de Jaumont e conhecessem muito bem as pedreiras engolidoras de exército, como conhecem o próprio bolso. Por essa mesma época, surgiram rumores de que o rei da Prússia havia *enlouquecido* por conta do desespero com relação à situação de seu exército.

Continuávamos a ouvir absurdos como esses. O alvoroço, a febre da população, aumentava a cada hora. Deixaram de ver a guerra "*là-bas*" como um desfile de armas, que as forças liberadas estariam trazendo agora, algo de terrível para o mundo. O tema passou a ser apenas exércitos aniquilados, dirigentes enlouquecidos, horas demoníacas, batalhas sangrentas. Ouvia as pessoas esbravejarem e se ressentirem. Erguera-se uma tempestade de ódio e de desespero. Retratou-se a batalha nas imediações de Bazaille de Metz, como se lá os bávaros tivessem cometido atrocidades desumanas.

– Você acredita nisso? – perguntei a Friedrich. – Acredita que os dóceis bávaros tenham feito isso?

– Pode ser. Não importa se são bávaros ou soldados coloniais franceses, se alemães ou os próprios franceses ou indianos. Todo o guerreiro ao defender a vida e ser levado a matar deixou de uma vez de ser "humano". Nele se desperta e se incita com todas as forças a besta.

Metz rendida... Era essa notícia de início prematura, mas, depois, confirmada, que retumbou na cidade como um único e imenso grito de horror.

Para mim, a notícia da tomada de um forte é antes um alívio, pois eu penso que isso traz uma tomada de decisão. E só por isso, quando a partida sangrenta estivesse *encerrada,* é que eu ansiava. Mas não: nada estava decidido ainda, havia ainda mais fortalezas. Depois de uma derrota, todos só pensavam em se recompor e revidar com forças redobradas. A sorte das armas sempre pode mudar. A vantagem poderia estar ora aqui, ora ali. Pena o lamento e a morte certa estarem dos dois lados.

Trochu sentiu-se induzido a motivar o povo por meio de um novo pronunciamento e invocou um antigo lema da Bretanha: "Com a ajuda de Deus, a favor da pátria". Isso não me soou como novidade, já havia escutado a mesma coisa em outros pronunciamentos. E ele não perdia o seu efeito: as pessoas ficam entusiasmadas. Agora era transformar Paris em uma fortaleza.

Paris em uma fortaleza? Eu não conseguia conceber tal coisa. A cidade chamada por Victor Hugo de "a cidade das luzes", centro de atração de todo universo rico e civilizado que busca deleites e arte, a origem do esplendor, da moda, do intelecto, é essa cidade que quer se isolar em um forte, ou seja, tornar-se alvo dos ataques inimigos e de tiros, isolar-se de todo tipo de trânsito e impor-se o risco de ser incendiada ou ser acometida pela fome? E as pessoas o faziam de boa vontade, com autossacrifício, com entusiasmo, como se fosse a realização da obra mais necessária e nobre. Puseram-se a trabalhar com uma pressa frenética. Era preciso construir paredões para a implementação de equipes e fazer as lacunas para o tiro; escavar trincheiras na frente dos portais; construir pontes para os pelotões; refazer os diques; construir pontes nos catais e despejar entulhos para fazer parapeitos;

construir depósitos para munição e armar uma flotilha de botes de canhões sobre o Sena. Quanta sanha para a ação, quanta dedicação e dispêndio de esforços; quantos custos imensos de trabalho e dinheiro! Tudo seria gratificante e edificante se fosse em prol do bem comum, mas é inacreditável que aquilo tivesse como objetivo a inflição de prejuízos, de aniquilamentos, que sequer tinham um motivo em si, era uma jogada estratégica, isso sim.

Para poder resistir a um cerco previsto para ser longo, a cidade estava fazendo provisões. Conforme as experiências até então, não houve um forte sequer incapaz de ser tomado. A rendição era uma questão de tempo. Ainda assim, fortes continuavam sendo erigidos, provisões continuavam sendo organizadas, apesar da matemática demonstrar que é impossível se proteger da fome a *longo prazo.*

As medidas tomadas eram extraordinárias. Erigiram-se moinhos e estabeleceram-se pastos, mas, por fim, chegaria o momento em que se consumiriam os grãos e a carne. As pessoas não pensam tão longe. Até lá, é recuar o inimigo para fora das fronteiras ou aniquilar dentro do território. O exército compunha-se de todo o povo. Todos se alistaram ou foram levados a fazê-lo. Todo o corpo de bombeiros foi convocado para a ocupação de Paris. Entretanto, que toda a província fosse incendiada, qual era sua importância? Pequenos infortúnios desaparecem, quando se trata de um desastre nacional. No dia 17 de agosto, 60.000 artilheiros já tinham entrado na capital. A marinha também foi convocada. Todo dia formavam-se novas tropas sob diversos nomes: voluntários, batedores, franco-atiradores...

Os acontecimentos iam se seguindo em um movimento cada vez mais acelerado. No entanto, eram sempre acontecimentos bélicos. Todo o resto estava suspenso. Em nossa volta, não havia outro pensamento que não o *"mort aux Prussiens"*. Acumulava-se uma tempestade de ódio selvagem. Ela ainda não havia caído, porém ouvíamos seus rumores. Em todas as manifestações oficiais, nos burburinhos das esquinas, em todas as medidas públicas de precaução, o objetivo era um só: *"mort aux Prussiens"*. Todas aquelas tropas, regulares e irregulares, as munições, os operários com suas ferramentas e carroças para apressar a construção do forte, os transportes de arma: tudo que se via e se ouvia indicava, na forma e no tom, como algazarras e fulgurações, como bramidos e brilhos, *"mort aux Prussiens!"*. Ou, em outras palavras, *"pour la patrie"*, soando muito mais como um chamado de amor e enchendo os corações mansos, ainda assim continuava a mesma coisa.

Perguntei a Friedrich:

– Você tem origem prussiana, como você se sente com essas convicções inimigas que se tornam cada vez mais audíveis?

– Você me colocou a mesma questão no ano de 1866 e o que respondi naquela época, como o responderei também hoje, é que eu lamento essas expressões de ódio, não como pertencendo a uma nacionalidade, mas como ser humano. Se eu me coloco no lugar das pessoas, aqui, do ponto de vista nacional, dou toda razão a elas. Elas chamam isso de *la haine sacrèe de l'ennemi*. Esse impulso forma um componente importante do patriotismo bélico. Elas se movem por essa ideia: de voltar a libertar o seu país da invasão inimiga. Elas esquecem o fato de que *elas* mesmas é que chamaram os invasores com sua declaração de guerra. E não foram elas que o fizeram, e sim o governo, que as fizeram acreditar que deveriam fazer isso. Agora, não perdem tempo com acusações, com deliberações sobre *quem* evocou essa desgraça. O problema já está dado e todas as forças, todo o entusiasmo, serão utilizados para evitá-la. Ou irão sucumbir, unidas, no mais despreocupado autossacrifício. Acredite, nós, seres humanos, temos muita capacidade para o amor nobre, pena que a desperdicemos com uma velha inimizade coletiva... E do outro lado, os que são odiados, os invasores, os bárbaros do leste de "cabelos ruivos", o que eles estão fazendo? Eles foram desafiados e invadem o país daqueles que ameaçaram invadir o seu: "à Berlin, à Berlin!". Você ainda se recorda de como esse grito ecoou em toda a cidade, até mesmo dos alto-falantes dos transportes públicos!

– Agora, aqueles estão marchando "para Paris!". Por que os que gritam "à Berlin" acusam-nos de criminosos ao procederem assim?

– Porque não há lógica e justiça alguma nesse sentimento nacional, cujo fundamento primeiro é o de: nós somos nós, ou seja, os primeiros, os outros são bárbaros. Fico admirado com o avanço dos alemães de vitória a vitória. Também já fui soldado e sei o quanto esse termo vitória é responsável por um certo fascínio, o quanto de orgulho e júbilo há nisso. O objetivo é a recompensa por todo sacrifício, pela renúncia ao sossego e à felicidade, pela *vida* que foi utilizada.

– Por que os derrotados, que também são soldados e sabem quanto de glória há em vencer, por que não admiram os vencedores? Por que nunca há uma notícia sobre uma batalha por parte dos derrotados, que diz ter o inimigo conquistado uma vitória *gloriosa*?

–Vou repetir: porque o espírito de guerra e o egoísmo patriótico é *a negação de toda justiça.*

Vejo em todas as nossas conversas daqueles dias, registradas nos cadernos vermelhos, que não conseguíamos pensar em outra coisa senão no desenrolar do duelo de povos que ora acontecia.

Nossa felicidade, pobre de nossa felicidade, nós a *tínhamos*, porém não nos era permitido aproveitá-la. De fato, possuíamos tudo o que o céu aprazível na terra era capaz de nos proporcionar: amor imensurável, riqueza, posição, Rudolf, um menino que se desenvolvia de maneira extraordinária, nossa bonequinha amada Sylvia, independência, grande interesse no mundo intelectual... mas tudo foi como que colocado atrás de uma cortina. Como podíamos viver nossas alegrias, enquanto em nossa volta havia sofrimento e tremor, gritos e clamores? Era como se quiséssemos ser amigáveis em um navio fustigado pela tempestade.

– Que homem teatral, esse Trochu – relatou-me Friedrich um dia, era 25 de agosto. – Adivinha qual o golpe que ele deu hoje? Você nunca vai adivinhar.

– Convocar as mulheres para o serviço militar? – adivinhei.

– Trata-se de fato de mulheres, mas não foram convocadas, pelo contrário.

– A remoção das vivandeiras ou das freiras piedosas?

– Ainda não adivinhou. A remoção faz parte, porém só se as vivandeiras oferecem o cálice do prazer. Num certo sentido, as removidas são piedosas. Sem mais delongas: as mulheres decadentes foram expulsas.

– Foi o ministro da guerra que tomou essa resolução? O que isso tem a ver?

– Também acho que nada, mas as pessoas sempre se animam com medidas. Sempre ficam felizes, quando *algo acontece.* Com esse decreto esperam uma virada, como alguns doentes que saúdam todo meio utilizado para uma cura possível. Se a imoralidade sai das costas do Estado, assim pensam os devotos, quem sabe se o céu, claramente irritado, não volta a despejar suas bênçãos sobre os habitantes? E agora que todos se preparam para o tempo severo e repleto de privações do cerco, por que perder tempo com essas heteras? Para a maioria, à exceção dos atingidos, a medida parece digna, moral e de passagem patriótica, pois a grande maioria dessas mulheres é estrangeira. Inglesas, mediterrâneas, até mesmo alemãs, quem sabe não houvesse espiãs entre essas! Não, não, agora a cidade só tem lugar para seus próprios filhos, e para os virtuosos!

No dia 28 de agosto, a situação ficou ainda mais crítica. Mais uma expulsão: dentro de três dias, todos os *alemães* deveriam deixar Paris.

Aqueles que prescreveram tal medida não tinham noção do veneno mortal e duradouro que residia nela. Despertou-se o ódio pelos alemães. Quais não foram os frutos colhidos desse infortúnio ainda muito depois da guerra, é o que percebo hoje. A partir dali, França e Alemanha, dois grandes países, florescentes, esplêndidos, não eram mais duas nações, cujos exércitos conduziam batalhas cavalheirescas: o ódio por todo o povo adversário invadia *todo* o povo do outro lado. A inimizade foi institucionalizada, o que não se limitou à guerra, e sim assegurou sua continuidade entre as gerações vindouras, como uma "inimizade herdada".

Expulsos, ter de deixar a cidade em três dias: tive a oportunidade de ver como essa ordem foi dura, desumana, com algumas famílias inofensivas e honestas. Dentre os comerciantes que nos forneciam mercadorias para equipar a nossa casa, encontravam-se vários alemães: um fabricante de carruagens, outro de papel de parede e um ebanista. Assentados em Paris há dez, até vinte anos, onde haviam construído um lar, onde estabeleceram relações de parentesco com os parisienses por meio do casamento, onde possuíam todas as suas relações comerciais, agora precisavam ir embora, dentro de três dias fechar a casa, abandonar tudo que lhes era caro e habitual, suas posses, sua clientela, perder suas aquisições. Consternadas, as pobres criaturas correram até nós e nos informaram daquela desgraça que lhes atingia. Também os serviços que estavam prestes a nos fornecer tinham de ser interrompidos, as oficinas seriam fechadas. De mãos postas e lágrimas nos olhos, lamentaram conosco o seu sofrimento. "Tenho um pai idoso e doente", disse um, "e minha mulher vai parir a qualquer momento e em três dias temos de ir embora?". "Não tenho um centavo em casa", lamentou o outro, "os clientes que nos devem dinheiro não vão poder cumprir seus deveres com tanta rapidez, eu mesmo não tenho como pagar meus empregados, que são franceses. Faltariam oito dias para eu concluir uma grande encomenda, que teria me tornado um homem bem-sucedido. Agora vou ter que deixar todos na mão..."

E por quê? *Por que* tudo aquilo tinha de recair sobre aqueles pobres? Porque pertenciam a uma nação, cujo exército tinha cumprido seu dever com êxito? Ou porque, para retomar a cadeia de causas, porque talvez, no futuro, um Hohenzoller poderia ter a ideia de aceitar a proposta de um trono espanhol? Não, esse porquê não concernia à causa última, ele servia de desculpa, não de motivo para aquela guerra.

Sedan! "O imperador Napoleão entregou sua espada."

A notícia nos arrebatou. Acontecia uma verdadeira e grande catástrofe histórica. O exército francês estava derrotado, seu líder, enfraquecido e opaco, a partida, encerrada: a Alemanha venceu com esplendor.

– Acabou, acabou! – eu exclamava com júbilo. – Se já houvesse pessoas com direito a se designarem cidadãs do mundo, hoje poderiam iluminar suas janelas. Se já houvesse templos da humanidade, poderíamos entoar o hino de *Te Deum nessa* ocasião. A carnificina está encerrada!

– Não fique exultante tão rápido, meu bem – advertiu Friedrich. – Há muito tempo que essa guerra não tem mais o caráter de uma partida jogada num tabuleiro de campos de batalha. Toda a nação está lutando junto. Para *cada* exército aniquilado, mais dez brotam do chão.

– Isso é justo? Somente soldados alemães invadiram o país, não o povo alemão. Somente soldados franceses podem confrontá-los.

– Você continua apelando para a justiça e a razão. Como você é irracional! Por dor e raiva, a França se apressa, e do ponto de vista do amor por sua pátria, a dor é sagrada, a sua raiva é justificada. Tudo que ela faz por desespero não é egoísmo, mas um grande autossacrifício. Se ao menos tivéssemos chegado a um tempo em que a virtude, tão inerente ao ser humano, se voltasse para o trabalho do contentamento, em vez do aniquilamento! Mas essa guerra infeliz nos fez dar bons passos para trás com relação a isso.

– Não, não, eu espero que a guerra tenha chegado ao fim.

– Mesmo que isso tenha acontecido (o que duvido), as sementes para guerras futuras foram lançadas. Pudera se fossem apenas sementes do rancor que levaram à expulsão dos alemães. Algo assim tem efeito em gerações.

4 de setembro. De novo um ato de violência, um surto emotivo e, ao mesmo tempo, de novo um medicamento para a salvação da pátria. O imperador foi destronado. A França declarou-se uma república. Nada do que Napoleão III e seu exército fizeram era válido. Erros, traição, covardia foram delitos de algumas pessoas, do imperador e seus generais. Não foi a França que os cometeu, ela não era responsável por aquilo. Ao se destituir o trono, simplesmente arrancaram-se as folhas do livro de história francês, que continham Metz e Sedan. Só agora é que o próprio *país* iria conduzir a guerra, se a Alemanha ousasse prosseguir com aquela invasão infame.

– E se Napoleão tivesse vencido? – perguntei, quando Friedrich me informou o ocorrido.

– Aí teriam interpretado a vitória e a fama como sendo a vitória e a fama do país.

– Isso é justo?

– Você não consegue se desacostumar dessa pergunta, não?

Logo vi desaparecer minha esperança de que a catástrofe de Sedan pusesse fim à campanha militar. Em nossa volta, tudo era mais bélico do que nunca. O ar estava infestado de rancor e repleto de sede de vingança. Rancor contra o inimigo e quase que também contra a dinastia derrubada. As injúrias, os panfletos, que choviam sobre o imperador e a imperatriz, sobre seus generais desafortunados, as suspeitas e as difamações, os xingamentos, o escárnio: tudo aquilo causava nojo. Com isso, a massa rude acreditava atribuir a derrota do país a algumas pessoas. Agora que essas pessoas estavam prostradas, jogavam pedras e dejetos nelas, agora sim é que o país iria mostrar o quanto era invencível.

Os preparativos para a fortificação de Paris prosseguiam a todo vapor. As edificações na área de batalha do recinto principal foram abandonadas ou mesmo demolidas. O entorno tornou-se inóspito. Um tropel de pessoas saía de suas casas pela cidade. Ah, que tristes caravanas de carroças e cavalos de carga e gente carregada, que arrastava os escombros de seus lares destruídos. Eu já tinha visto isso na Boêmia, onde o povo fugia do inimigo vitorioso, e de novo vi a mesma imagem de aflição na alegre e resplandecente cidade cosmopolita. Eram as mesmas feições assustadas, sombrias, o mesmo esforço e a mesma pressa, a mesma dor.

Graças a Deus, finalmente uma boa notícia. Por intermédio inglês, organizou-se um encontro entre Jules Favre e Bismarck, em Ferrières. Certamente chegariam a um acordo, a um tratado de paz!

Pelo contrário! O abismo tornava-se agora bastante evidente. Já há algum tempo que os jornais alemães defendiam a ocupação da Alsácia-Lorena. Desejavam incorporar novamente a antiga terra alemã. O argumento histórico para reivindicação daquelas províncias mostrava-se válido em parte, ao lado disso, alegava-se o argumento estratégico: "eram imprescindíveis como baluarte em guerras que se previam para o futuro." Sabe-se que os motivos estratégicos têm muito mais importância, que são irrefutáveis, um motivo ético tem validade secundária. Por outro lado: a França havia perdido partida bélica, não era justo que o vencedor recebesse seu prêmio? Caso os franceses tivessem tido êxito, por acaso não iriam querer se apropriar das províncias do Reno? Se o término de uma guerra não tem como consequência a expansão territorial de um ou de outro lado, para quê então conduzi-la?

Entretanto, o exército vitorioso não interrompeu o seu avanço. Os alemães já estavam nos portões de Paris. Exigiam oficialmente a concessão da Alsácia-Lorena. Contra isso, logo vinha o ditado: "Nenhuma polegada de nosso território, nenhuma pedra de nossas fortificações" (*Pas un pouce, pas une pierre*).

Claro, milhares de vida, sim, mas nenhuma polegada de terra. Essa é a ideia fundamental do espírito patriótico. "Querem nos humilhar", gritavam os patriotas franceses, "antes disso, a Paris rancorosa será soterrada em seus escombros."

Decidimos que era urgente irmos embora. Qual a necessidade de permanecer em uma cidade sitiada; para quê viver entre pessoas tomadas por ideias de ódio e vingança, que nos lançavam olhares de desconfiança e, com frequência, nos examinavam de punho cerrado quando nos ouviam falar em alemão? Claro que, agora, não era possível sairmos de Paris, da França, sem dificuldades. Era necessário passar por áreas de batalha. Em geral, as viagens de trem não estavam disponíveis aos indivíduos comuns. Abandonar nossa casa nova não era algo agradável, mas isso não importava, nossa permanência já não era mais aprazível. Na verdade, havíamos permanecido tempo demais. As emoções dos últimos tempos haviam me abalado de tal maneira que meus nervos já não aguentavam mais. Os calafrios me eram frequentes e, algumas vezes, fui acometida de crises de choro.

Nossas malas estavam feitas e tudo estava pronto para a partida, quando tive um novo ataque, e tão forte, que tive de ser levada para a cama. O médico que foi trazido explicou que estava em curso uma febre tifoide ou mesmo uma encefalite. Por ora, nem pensar em me submeter aos esforços de uma viagem.

Fiquei semanas a fio de cama. As recordações dessa época me são bastante enevoadas. O mais estranho é que são doces recordações. Estava acometida por uma doença severa e, no lugar onde estava, uma cidade sitiada, as notícias tristes e horripilantes eram incessantes. Ainda assim, quando volto a pensar nesse período, sinto-o como peculiarmente alegre. Alegria, de fato uma alegria intensa, como as crianças costumam senti-las. A doença cerebral pela qual eu atravessava, a ausência quase perene, ou melhor, a presença parcial de minha consciência, o fato de que o pensamento e o juízo, a capacidade de deliberar e refletir, haviam desaparecido de minha cabeça e só me restava um vago deleite existencial, como o que as crianças experimentam, como dito antes, ou como as crianças tratadas com carinho... O tratamento carinhoso não me faltava. O marido, cioso e amável, incansável, ficava dia e noite em minha volta. Também era frequente trazer as crianças para perto de mim. Tudo que meu Rudolf não ficou me contando! Não entendia quase nada, mas a sua voz querida soava como música, os balbucios de nossa pequena Sylvia, nossa bonequinha, como aquilo me divertia. Eu e Friedrich concordamos e brincamos umas centenas de vezes sobre as gesticulações de nossa filha... Não sei mais do que consistiam tais brincadeiras. Só sei que eu ria e me alegrava com muita obstinação. Qualquer divertimento habitual me parecia o ápice do humor e, quanto mais se repetia, mais tornava-se engraçado. E que prazer eu sentia ao beber o gole das bebidas que me traziam. Em determinada hora do dia, eu recebia uma limonada. Nunca, em toda minha vida, estando com saúde, eu havia saboreado uma bebida como essa, dos deuses. Toda noite, eu ainda recebia um medicamento que continha ópio, cuja reação era me fazer dormir suavemente, me embalando a um cochilo *consciente*, preenchendo-me de uma tranquilidade benfazeja. Ali, eu sabia que o esposo amado estava ao meu lado, protegendo-me e salvaguardando o tesouro mais caro de seu coração. Não sabia quase nada da guerra, que lá fora rebentava diante dos portões. Se por vezes me vêm lampejos de memória sobre isso, vejo-a como algo tão distante, que não me afeta nem um pouco, como se tivesse ocorrido na China ou em outro planeta. Meu universo era no quarto de doente, muito mais no quarto da convalescença, pois sentia-me curada, à espera da felicidade.

\- - - - - - - - - - - - - -

Felicidade? Não. Com a recuperação, voltou o discernimento e a percepção das coisas hediondas em nossa volta. Estávamos em uma cidade sitiada, acometida pela fome e pelo frio, tomada pela aflição. A guerra continuava fazendo estragos.

Nesse meio tempo, o inverno irrompeu, e rigoroso. Só naquele momento tomava ciência do que havia acontecido durante meu longo período de inconsciência. A capital do "país irmão", Estrasburgo, a cidade "maravilhosa", "genuinamente alemã", "cerne da germanidade", havia sido atacada. Sua biblioteca, destruída, ao todo 193.722 disparos, quatro ou cinco por minuto.

Estrasburgo estava *tomada*.

O território tinha caído em pleno desespero, daqueles que se degeneram em frenesi e loucura. Eram feitas consultas no Nostradamus para ver se nele havia profecias sobre aqueles acontecimentos, novos profetas eram ouvidos. E o pior: revelavam-se os endemoniados, como se estivéssemos retrocedendo ao lado obscuro do espírito, como na Idade Média, alastrado pelo fogo do inferno.

– Eu poderia viver entre os beduínos? – era o clamor de Gustav Flaubert.

– Poderia voltar à terra onírica e parcialmente consciente de minha doença? – eu lamentava.

Estava saudável de novo e tive que saber e entender os horrores que aconteciam em nossa volta. E de novo voltaram os registros nos cadernos vermelhos, e descobri as seguintes anotações:

1º de dezembro: Trochu estabeleceu-se nos montes de Champigny.
2 de dezembro: Luta obstinada nas imediações de Brie e Champigny.
5 de dezembro: O frio cada vez mais rigoroso. Ah, as pobres criaturas, tremendo e sangrando, acamados lá fora, na neve, *morrendo*. Também aqui, na cidade, as pessoas estão sofrendo com o frio. Os serviços tinham acabado. Não era possível conseguir provisões para fazer fogo. O que alguns não dariam por um pouco de madeira, nem que fosse um trono da Espanha.
21 de dezembro: Ataque de Paris.
25 de dezembro: Uma pequena divisão da cavalaria prussiana foi recebida pelas casas das localidades de Troo e Sougé com tiros de espingarda (um dever patriótico). O general Kraatz ordenou uma punição para essas localidades (um dever dos comandantes) e mandou incendiá-las. "Atear fogo" é a palavra de comando e as pessoas – provavelmente rapazes dóceis e amáveis – obedecem (um dever de soldado) e ateiam fogo. As chamas vão até o céu e as pobres casas desabam, crepitando, sobre homem, mulher e criança, sobre seres humanos e animais lamuriosos, bramindo, flamejando e tentando escapar.

Como a época do Natal é alegre, bem-aventurada e sagrada!

Será que Paris sofreria com a fome ou seria bombardeada?

A consciência civilizada não imaginaria tal coisa. Essa *"ville-lumière"*, centro de atração de todos os povos, o esplendor das artes, bombardeá-la com suas riquezas e tesouros insubstituíveis, como se fosse uma verdadeira cidadela? Isso era impensável. A imprensa, tão neutra (como soube depois), protestou contra aquilo. Ao contrário, a imprensa partidária da guerra, em Berlim, encorajava o ato: era a única forma de colocar fim à guerra e *conquistar* a cidade do Sena, qual não seria a glória! Os protestos, a propósito, são justamente os determinados por certos círculos em Versailles, por adotar essas medidas estratégicas, já que um bombardeio não é nada. Assim, escrevi, no dia 28 de dezembro, com as mãos trêmulas: "Ei-lo... de novo um estrondo surdo... pausa... e de novo".

Não escrevi mais nada. Porém, recordo-me bem das sensações daquele dia. Nesse "ei-lo", havia junto do pavor uma certa libertação, um alívio, um abrandamento da tensão nervosa, que havia se tornado quase insuportável. O que há muito esperávamos e temíamos, em parte por considerarmos impossível para os seres humanos, havia chegado.

Estávamos fazendo o desjejum (ou seja, comendo pão e queijo, pois os alimentos estavam escassos), Friedrich, Rudolf, seu tutor e eu, quando retumbou o primeiro estrondo. Todos levantamos a cabeça, assustados, e trocamos olhares. Será que...?

Mas não, talvez fosse apenas o portão de uma casa que se fechava, ou algo parecido. Silêncio. Retomamos a conversa interrompida, sem mencionarmos o pensamento que aquele barulho nos havia despertado. Após três até quatro minutos, outro estrondo. Friedrich saltou de sua cadeira:

– É o bombardeio – disse e correu até a janela.

Eu o segui. Um murmúrio vinha da rua, grupos haviam se formado: as pessoas estavam paradas, ouvindo ou trocando algumas palavras tensas.

Nosso camareiro irrompeu na sala, ao mesmo tempo que uma nova salva se ouvia.

– Senhor e senhora, é o bombardeio!

Entraram pela porta aberta todos os outros serviçais, até o ajudante de cozinha. Nas catástrofes, sejam elas por causa da guerra, de fogo ou falta de água, desaparecem as barreiras sociais, os ameaçados se reúnem. Muito mais que diante das leis, mais que diante da morte – que ainda revela as diferenças nas cerimônias fúnebres – todos sentem-se iguais diante do *perigo*. "É o bombardeio! É o bombardeio!" Cada um que vinha até nós lançava esse mesmo grito.

Foi terrível e, ainda assim, recordo-me com exatidão de minhas sensações: um certo tremor de admiração, uma espécie de satisfação por vivenciar algo tão poderoso. Estar no meio desse evento pesado e *não* estremecer pelo próprio risco de vida. Minha pulsação estava acelerada, como posso dizer: sentia algo de orgulho e coragem.

De resto, aquilo era menos arrepiante do que pareceu no primeiro momento. Nem prédio incendiado, nenhum amontoado de gente gritando de pavor, nenhuma chuva de bomba a cair do céu sem cessar, mas somente aqueles estrondos surdos e longínquos, a cair de quando em quando. Depois de um tempo, começávamos até a nos acostumar. Os parisienses escolhiam como lugares de passeio os pontos a partir dos quais era possível ouvir melhor a música dos canhões. De vez em quando, caía um projétil na rua e estourava, mas era raro alguém estar perto. Algumas bombas causaram mortes, porém, em uma cidade com milhões de pessoas, isso é algo tão pontual, como quando se ouvem diversos casos de infortúnios nas notícias locais, sem que isso atinja a cidade de forma especial: "Um pedreiro caiu de um andaime de quatro andares" ou "uma mulher respeitável caiu sobre o parapeito da ponte, dentro do rio", ou algo do gênero. A verdadeira aflição, o verdadeiro pavor do povo não era os bombardeios, era a fome, o frio, a miséria. Porém, houve uma notícia de morte por causa do estrondo que me abalou profundamente. Ela chegou em minha casa na forma de um aviso de falecimento, emoldurado em preto:

> "Sr. e Sra. N. anunciam a morte de seus dois filhos, François (8 anos de idade) e Amélie (4 anos), que foram atingidos por uma bomba que entrou pela janela. Pede-se que as condolências se deem em silêncio."

Condolências em "silêncio"? Soltei um grito depois de ter passado os olhos pela página. Um pensamento, um lampejo de imagem que passou por minha cabeça, mostrou-me todo o lamento que residia naquele pequeno anúncio... eu via *nossos* filhos, Rudolf e Sylvia, não, isso era inconcebível.

As notícias que recebíamos eram escassas. Claro que o correio estava interrompido. A comunicação com o mundo lá fora se dava somente por pombos-correios e balões. Os rumores que surgiam de todos os lados eram do tipo mais contraditório. Ora as informações eram de ataques vitoriosos, ora de que o inimigo estava prestes a invadir Paris para incendiá-la e colocá-la abaixo. Ou asseguravam que, antes de deixar um alemão sequer entrar pelos muros da cidade, os comandantes dos fortes iriam explodir a si mesmos e toda Paris. Ouvíamos que toda a população, a do Sul especialmente (*le midi se lève*), iria atacar os sitiantes pelas costas, para arrancar-lhes as espaldas e aniquilar até o último homem.

Junto com as notícias falsas chegavam até nós também algumas verdadeiras, que mais tarde se confirmavam. Por exemplo, sobre o pânico instaurado na rua, em Grand Luce, próximo a Le Mans, aconteceram coisas abomináveis: soldados descontrolados tiravam os feridos dos vagões, prontos para partir, para tomar os seus lugares.

Dia após dia era difícil conseguir mantimentos. As provisões de carne estavam esgotadas. Há muito que não havia mais bovinos e ovinos nos pastos arranjados. Logo os cavalos também seriam consumidos e, por fim, chegaria o momento em que cachorros e gatos, ratazanas e ratos, os animais do jardim botânico, mesmo os tão amados e pobres elefantes teriam de servir como alimento. Já quase não era possível conseguir pão. As pessoas tinham que ficar horas e horas na fila das padarias para receber a sua pequena porção, mas a maioria voltava de mãos vazias. Esgotamento e doenças produziam uma alta safra de mortos. Enquanto normalmente morriam 1.100 pessoas na semana, a lista de mortos em Paris indicava um índice entre 4.000 e 5.000 por semana. Por dias, as mortes por causas não naturais, ou seja, por *assassinato*, eram de aproximadamente 400. Ainda que o assassino não fosse um indivíduo, porém um ser despersonalizado, a *guerra*, isso não deixava de ser assassinato. Quem era o responsável? Seria algo como aqueles grandes oradores que, em seus discursos de incitação, declaravam, comovidos ao extremo, tomarem "para si a responsabilidade por uma guerra, diante da história", como Girardin, na sessão de 15 de julho? Será que os ombros de um único homem eram fortes o suficiente para carregar tamanho fardo criminoso? Certamente que não. Também não ocorria a ninguém fazer o fanfarrão cumprir sua palavra.

Um dia, era perto de 20 de janeiro, Friedrich entrou em meu quarto com a feição agitada, após regressar de uma caminhada pela cidade.

– Pegue o seu caderno de registros, minha historiógrafa diligente! – exortou-me. – Hoje temos uma mensagem importante. – E jogou-se em uma poltrona.

– Qual dos meus cadernos? – perguntei. – O protocolo da paz?

Friedrich fez que não com a cabeça:

– Ah, o tempo desse já se foi. A guerra de agora é de uma natureza poderosa demais para não prosseguir com efeitos bélicos. Do lado dos vencidos, ela disseminou uma tal provisão de sementes de ódio e de vingança, que daí só pode haver uma colheita futura de mais combates. E, por outro lado, ela trouxe aos vencedores êxitos de tamanha reviravolta que, lá, uma semeadura igualmente grande irá crescer em orgulho bélico.

– Mas o que aconteceu de tão significativo?

– O rei Guilherme foi aclamado imperador alemão em Versailles. Agora há *uma* Alemanha, um império próprio e um poderoso. Isso irá delinear um capítulo na história. E você pode imaginar como um novo império, que surgiu por obra das armas, não irá honrar essa obra. As duas civilizações avançadas do continente são as que, a partir de agora, tratarão de cultivar o espírito da guerra. Uma, para revidar o golpe, outra, para garantir a posição de poder que conquistou. Na primeira, por ódio, na segunda, por amor; lá, por sede de retaliação, aqui, por gratidão. Não importa: encerre teu protocolo da paz. Por muito tempo ainda vamos viver sob o signo sangrento e inabalável de Marte.

– Imperador alemão! – exclamei. – Isso é mesmo extraordinário. – E pedi que me contasse detalhes daquele acontecimento.

– Só não consigo evitar de me alegrar com essa notícia, Friedrich – disse eu – Toda obra dessa batalha não foi totalmente perdida, já que dela surgiu um grande e novo império.

– Do ponto de vista francês, ela foi duplamente perdida. Nós dois teríamos o direito de não examinar essa guerra de forma parcial, ou seja, da perspectiva alemã. Não só como seres humanos, até mesmo segundo a estreiteza do termo nacional, teríamos o direito de lamentar os êxitos de nossos inimigos e vencedores de 1866. Ainda assim, confesso a você que a unificação alcançada da Alemanha outrora fatiada é uma *bela* coisa. A prontidão com que todos os outros monarcas alemães concederam o trono imperial ao vencedor de cabelos brancos tem algo de entusiástico, de admirável. É pena que uma tal unificação tenha surgido não de uma obra pacífica, e sim bélica. Se Napoleão III não tivesse feito o desafio no dia 19 de julho, não haveria entre os alemães amor patriótico o suficiente, ou força popular e união, para desenvolverem aquilo sobre o qual baseiam agora o seu orgulho nacional: "Um único povo de irmãos"? Agora irão se regozijar, o desejo do poeta foi satisfeito. O fato de que há poucos quatros anos estivessem em pé de guerra, de que, em Hannover, Saxônia, Frankfurt, Nassau, entre outros, não houvesse expressão mais hostil que "Prússia", isso por sorte será esquecido. Aqui, no entanto, como irá prosperar o ódio pelos alemães!

Estremeci.

– A mera palavra ódio... – comecei...

– É algo que você odeia? Você tem razão. Enquanto não considerarmos esse sentimento indigno e incabível, não haverá humanidade de fato. O ódio religioso foi superado, mas o étnico ainda é parte da educação dos cidadãos. Mesmo assim, existe aqui apenas um sentimento enobrecedor e que traz felicidade, que é o amor. Não é, Martha? Disso *nós* entendemos bem.

Encostei minha cabeça em seu ombro e olhei para ele, enquanto afastava, com carinho, o cabelo de minha testa.

– Sabemos – prosseguiu – quão doce é quando há tanto amor no coração, um pelo outro, por nossos pequenos, por todos os irmãos da grande família dos seres humanos, os quais desejaríamos tanto, *mas tanto*, poupar do sofrimento ameaçador... Mas eles não o desejam.

– Não, meu Friedrich, meu coração não abarca tanta gente. Não consigo amar aqueles que odeiam.

– Sentir pena, talvez?

Continuamos a conversa nessa direção por um bom tempo. Ainda hoje sei disso com exatidão, porque, naquela época, junto dos eventos da guerra, era frequente eu registrar nos cadernos vermelhos também fragmentos de nossas conversas atreladas a eles. Naquele dia, também voltamos a falar sobre o futuro: agora, Paris tinha de se render, a guerra chegaria ao fim, então poderíamos voltar a ser feliz de consciência tranquila. Fazíamos um panorama das garantias de nossa felicidade. Durante os oito anos de nosso casamento, não trocamos uma palavra dura ou rude, passamos juntos por muito sofrimento e deleite, era dessa forma que nosso amor, nossa união, se consolidava, de modo que não temíamos qualquer redução disso. Pelo contrário: ficávamos cada vez mais íntimos, cada vivência em comum nos conferia, ao mesmo tempo, um novo laço. Quando nos tornássemos dois velhinhos de cabelo branco, qual não seria nossa alegria ao olhar para o nosso passado imaculado, qual não era o matiz dourado e ameno do ocaso que se projetava para nossa vida futura! Imaginava com tanta frequência e vivacidade a imagem do casalzinho de velhos felizes que um dia iríamos formar, que ela havia me marcado com toda clareza e até se repetia em sonhos, como algo que de fato acontecia. Os detalhes eram diversos: Friedrich de boina e com uma tesoura de jardim... não sei por que, pois ele nunca havia demonstrado vontade de mexer no jardim, e uma boina jamais havia entrado em questão. *Eu*, com um lenço preto, muito coquete, sobre meus cabelos brancos, e o entorno, um canto de um parque iluminado pelo sol de verão. E ainda a troca gentil de olhares e palavras como: "Você sabe...? Lembra daquela época, quando..."

Muitas das linhas anteriores foram escritas com estremecimento e superação. Consegui retratar os acontecimentos que vivi em minha viagem para a Boêmia e a semana da cólera, em Grümitz, não sem um estremecimento interno. Eu o fiz para obedecer a um senso de dever. Uma vez, uns lábios muito queridos me fez um pedido solene: "Caso eu morra antes, você deve assumir minha tarefa de realizar a obra sobre paz". Não fosse esse pedido comprometedor, nunca teria me levado a reabrir as feridas de minhas recordações de forma tão cruel.

Agora, porém, é chegado o momento de algo que não consigo relatar, que não desejo retratar.

Não, não consigo!

Tentei: dez páginas incompletas e rasgadas estão no chão, perto de minha escrivaninha. Acomete-me um aperto no coração. As ideias ficam estagnadas ou giram em meu cérebro... tive que jogar longe a pena e chorar, chorar um choro amargo, intenso e miserável, como uma criança.

Algumas horas depois, retomei minha tarefa. Mas irei abdicar da descrição dos detalhes do que aconteceu em seguida, do que foi que senti.

Basta o fato:

Friedrich, meu amor, por causa de uma carta de Berlim encontrada em seus bolsos, foi acusado de espionagem... cercado por um bando de fanáticos – *"À mort, à mort le Prussien!"*, foi arrastado para um tribunal de patriotas... e, no dia 1º de fevereiro de 1871, sumariamente executado.

Epílogo

1889

Quando recuperei a consciência pela primeira vez, a paz estava selada e a comuna tinha sobrevivido. Por meses a fio, tinha me mantido viva em uma doença, cuidada por minha fiel Anna, sem saber que vivia. Até hoje não sei que doença havia sido. As pessoas em minha volta eram delicadas e diziam tifo, mas eu acho que era simplesmente loucura.

Tenho uma recordação bastante obscura de que os últimos tempos estavam tomados dos estampidos de arma de fogo e do crepitar dos incêndios. É provável que se misture às minhas fantasias os acontecimentos reais narrados em minha presença, em especial os combates entre os de Versailles e os comunardos, os incêndios das *pétroleuses*.

Ao recobrar a razão e, com ela, também a compreensão de minha profunda desgraça: o fato de eu não ter me machucado ou que a dor não tenha me matado, isso se devia a meus filhos. Por eles eu podia, *tinha* que viver. Ainda antes de minha doença, no mesmo dia em que aquele fato terrível recaiu sobre mim, Rudolf me manteve viva. Cai de joelhos, gritando de desespero, repetindo: "Morrer, morrer! Eu tenho que morrer!". Quando fui abraçada e um rosto suplicante e meigo de menino olhou-me de forma dolorosa:

– Mãe!

Até então, meu pequeno nunca havia me chamado de outra coisa senão de "mamãe". O fato de ele ter usado a palavra "mãe" pela primeira vez disse-me, com suas duas sílabas: você não está sozinha, você tem um filho que partilha de tua dor, que te ama acima de tudo e tem a honra de não ter ninguém nesse mundo, a não ser você, não abandone seu filho, mãe!

Apertei aquele ser amado em meu peito, para mostrar-lhe que eu havia entendido, e balbuciei:

– Meu filho, meu filho!

Ao mesmo tempo, lembrei-me de minha menina, a menina *dele*, e a decisão de viver estava tomada.

Mas a dor foi insuportável demais e eu caí em uma escuridão mental. E não foi só uma vez. No decorrer dos anos, em intervalos cada vez mais espaçados, ficava sujeita a recaídas de estados de estupor, dos quais não guardo a menor recordação ao me restabelecer. Agora, após vários anos, já estou completamente livre disso. Livre da melancolia inconsciente, mas não dos ataques conscientes de dores intensas da alma. Dezoito anos se passaram desde o primeiro de fevereiro de 1871, entretanto o profundo ressentimento e a profunda tristeza, que a tragédia daquele dia me instilou, jamais irão desaparecer, mesmo que eu viva cem anos. Ainda que, nos últimos tempos, os dias venham entrando nos eixos, que os acontecimentos me envolvam e eu não pense no infortúnio do passado, que eu até mesmo sinta junto a alegria de meus filhos com tanta intensidade, que chega a borbulhar em mim mesma como uma alegria de viver, não há uma noite sequer em que a miséria não me envolva. É algo peculiar, algo que dificilmente vou conseguir descrever e que só compreendem aqueles que passaram por algo semelhante. É como se houvesse uma dupla vivência da alma. Mesmo que *uma* consciência, em condição desperta, possa ser envolvida pelas coisas do mundo externo, que ela *esqueça* por um momento, existe, no recôndito de minha personalidade, uma segunda consciência, que guarda aquela recordação terrível com a mesma dor de sempre. E esse Eu, quando o outro adormece, então se faz valer, como que desperta o outro, para confiar-lhe o seu sofrimento. Toda noite desperto com uma sensação indescritível de dor, e deve ser sempre por volta da mesma hora... O coração aperta, como se eu tivesse de chorar um choro amargo, de soluçar de tanto lamento. Isso dura alguns segundos, sem que o Eu desperto saiba o porquê daquele outro infeliz estar tão infeliz... O estágio seguinte é o de uma comiseração envolvente, um suspiro da comiseração mais dolorosa: "Oh, pobre de vocês, de vocês seres humanos!". E, então, vejo vultos clamando e desmoronando, sob uma chuva de tiros mortais e, só agora, recordo-me que também o *meu* amor desmoronou dessa forma...

Em sonhos, porém, é curioso: não tenho ideia de minha perda. Com frequência, estou conversando com Friedrich e nos relacionamos como se ele ainda estivesse vivo. Reproduzem-se cenas do passado, mas não nebulosas: o reencontro depois de Schleswig-Holstein; as brincadeiras junto ao berço de Sylvia; nossos passeios a pé pelas montanhas da Suíça; nossas horas de estudo em livros prediletos e, vez ou outra, aquela imagem do ocaso de nossas vidas, meu marido de cabelos brancos, com sua tesoura de jardim, aparando os galhos da roseira... "Não é verdade", ele sorri para mim, "que nós somos um casal de velhos felizes?"...

Nunca mais deixei de usar meus vestidos de luto, mesmo no dia do casamento de meu filho. Quem amou um homem dessa forma, que o teve e o perdeu, e o perdeu *dessa forma*, esse amor é "mais forte que a morte", o rancor jamais irá esfriar.

Mas a quem devo dirigir minha raiva? Em quem devo me vingar? As pessoas que realizam o ato não têm culpa. O único culpado é o *espírito* de guerra e só a ele se aplica minha débil sanha de perseguição.

Meu filho Rudolf concorda totalmente com minhas convicções, o que, no entanto, não o impede de participar todos os anos dos exercícios militares e não é capaz de impedi-lo, se, amanhã, eclodir a grande guerra europeia que paira sobre nossas cabeças, e ele tiver de ir para o fronte. Talvez eu, mais uma vez, seja obrigada a ver alguém caro a mim tornar-se oferenda a Moloque, a ver desmoronar um lar abençoado pelo amor, que promete paz e tranquilidade para minha velhice.

Será que eu terei de viver *isso* e, depois, ser acometida por uma loucura irrecuperável? Ou ainda verei o triunfo da justiça e da humanidade que, agora, justo agora, uma ampla rede de alianças e todas as camadas das populações estão lutando com tanto anseio para que se estabeleça?

Os cadernos vermelhos, meu diário, não possuem mais registros. Em primeiro de fevereiro de 1871 fiz uma cruz imensa e, com isso, encerrei minha biografia. Apenas o assim chamado protocolo, um caderno azul, criado por mim e por Friedrich e no qual registramos as fases das ideias de paz é que, desde então, foi incrementado com algumas anotações.

Nos primeiros anos que se seguiram após a Guerra Franco-Prussiana, mal tive oportunidade de registrar alguma declaração sobre a paz por conta de minha condição psíquica. As duas nações mais influentes do continente estavam inebriadas pela ideia de guerra: uma, pelo orgulho de sua vitória alcançada, a outra, pela expectativa de uma revanche iminente. Aos poucos, tais ânimos foram se acalmando. De um lado do Reno, as imagens da Germânia foram sendo menos veneradas e, do outro lado, a cidade de Estrasburgo recebia menos coroas de flores. Foi quando dez anos depois, a voz do discípulo da paz voltou a ser ouvida. O grande estudioso do direito internacional – o mesmo com quem meu falecido marido havia entrado em contato, Bluntschli – conseguiu convencer diversos dignatários e governos de seu ponto de vista sobre a paz entre os povos. Naquela época, o discreto "pensador sobre batalhas" pronunciou a frase conhecida: "A paz perpétua é um sonho, e nem é um belo sonho".

"De qualquer modo: se Lutero tivesse perguntado ao papa o que ele acharia da queda de Roma, a resposta também não iria agradar a Reforma", escrevi, à época, no caderno azul, ao lado das palavras de Moltke.

Hoje em dia, quase não há ninguém que não sonhe com isso ou não queira admitir a sua beleza. Também existem sentinelas – aliás, sentinelas muito lúcidos –, que desejam despertar a humanidade do longo sono da barbárie, que se reúnem com o firme propósito de fincar a *bandeira branca*. Seu grito de guerra é "Guerra à guerra". Sua palavra de ordem, a única que estaria em condições de salvar a Europa armada da ruína, é: "Abaixo as armas!". Em todos os lugares – Inglaterra, França, Itália, países nórdicos, Alemanha, Suíça, América – formaram-se agremiações, cuja finalidade é mover os governos a transferir suas hostilidades futuras para um tribunal internacional de arbitragem, com representantes próprios, e, dessa forma, aplicar de uma vez por todas *o direito* no lugar da violência brutal. Isso por meio da coerção da opinião pública e da pressão imperativa da vontade popular. Os fatos comprovam que isso não é um sonho, "romantismo": Alabama, Ilhas Carolinas e várias outras "questões" já se resolveram dessa forma. Não só pessoas sem poder e posição, como outrora o pobre ferreiro, é que a partir de agora reúnem-se para a obra em prol da paz, não: membros do parlamento, bispos, acadêmicos, senadores e ministros fazem parte da lista. Há, ainda, aquele partido, que já possui milhões de membros, o partido dos trabalhadores, do *povo*, cuja agenda contempla, entre outras exigências importantes, a "paz entre os povos". Sei de tudo isso (o que a maioria não sabe), porque continuei me relacionando com aquelas personalidades com as quais Friedrich havia feito contato, em vista de sua nobre finalidade. O que descobri, com elas, sobre os êxitos e os planos das sociedades da paz ficou fielmente registrado no "protocolo".

O último desses registros é uma carta, em que o presidente da liga, que tem sede em Londres, responde a uma consulta minha relacionada a essa questão:

Associação Internacional de Arbitragem e Paz
Londres 41, Outer Temple
Julho de 1889.

Senhora,

Tive a honra de receber uma consulta sua sobre a real situação da grande questão, para a qual a senhora vem dedicando sua vida. Eis minha resposta: talvez em momento algum da história universal, tenha havido mais esperança para a causa pela paz e pelas boas relações. Parece que, por fim, a noite interminável de morte e destruição irá embora. Nós, que nos encontramos no topo da montanha da humanidade, acreditamos estar vendo o romper da aurora sobre a Terra, vinda do reino dos céus. Parece estranho dizermos isso em um tempo, em que o mundo nunca esteve tão repleto de homens armados e de máquinas terríveis, prontas a executar sua obra execrável. Entretanto, quando as coisas atingem o seu patamar mais sinistro, é que elas começam a se voltar para o que é melhor. De fato, a ruína que esses exércitos gigantescos trazem consigo leva a uma consternação geral. Logo, os povos desalentados terão de se levantar e clamar a seus dirigentes a *uma* só voz: "Salvem-nos e salvem nossas crianças da fome que nos ameaça, se as coisas continuarem desse jeito. Salvem a civilização e todas as conquistas realizadas por homens sábios e grandiosos. Salvem o mundo de um retorno à barbárie, ao saque e ao horror". A senhora poderia perguntar quais são as evidências de que tempos melhores virão. Ao que responderia com as perguntas: O encontro de delegações de mais de *cem* sociedades, que acabou de acontecer em Paris, para declaração da união internacional e implementação de um estado de justiça e legalidade, no lugar do estado de violência, não é um acontecimento que nunca houve na história? Não vimos ali reunirem-se homens de todas as nações, que discutiram e desenvolveram sugestões práticas para a finalidade maior, com entusiasmo e consonância? Também não vimos, pela primeira vez na história, um congresso de membros parlamentares de diferentes Estados, os quais se declararam a favor dos tratados, aos quais todos os Estados civilizados devem aderir e por meio dos quais se comprometem a transferir a reconciliação de suas hostilidades à sentença arbitral de um tribunal legalizado, em vez de encontrar refúgio no genocídio?

Além disso, esses parlamentares se comprometeram a se reunir, todos os anos, em alguma cidade europeia, para investigar casos que levam a desentendimentos e conflitos, e exercer sua influência sobre os governos, a favor das soluções justas e pacíficas. Até o pessimista mais convicto precisa confessar que tudo isso são evidências de um futuro em que a guerra será vista como a estupidez mais criminosa que a história da humanidade tem a oferecer.

Aceite a expressão de minha mais alta estima, minha senhora.

Sempre ao dispor
Hodgson Pratt.

A conferência interparlamentar, à qual Hodgson Pratt alude – a primeira assembleia desse tipo na história – foi presidida por *Jules Simon*. Eis um fragmento de sua fala de abertura:

Fico feliz com a presença, neste recinto, de representantes legais dos amigos da paz, provenientes de nações diversas. Percebo que há uma certa quantidade de pessoas. Pudera aparecessem mais, ou menos, porém não de pessoas voluntárias, e sim vindas de uma missão diplomática e oficial. Se não dispomos da forma legal, ainda assim somos capazes de contribuir com efetividade. Como representantes de diferentes Estados, podemos fazer uso bastante eficaz do maior poder que há, o que nos foi concedido por nossos eleitores. E eles devem saber, meus senhores, que a *maioria*, em nossos respectivos países, é a favor da paz. Em comum acordo com os franceses, quero dar-lhes as mais sinceras boas-vindas etc., etc.

Os membros dos parlamentos dinamarqueses, espanhóis e italianos dessa conferência decidiram que, no decurso das sessões seguintes, iriam submeter a seus respectivos governos uma proposta de implementação de tribunais internacionais de arbitragem. A próxima conferência interparlamentar deve ocorrer em julho de 1890, em Londres.

No caderno azul encontra-se também um manifesto real datado de março de 1888, um manifesto que rompe com velhos hábitos e, finalmente, propugna um espírito pacífico, em vez do bélico. Esse homem tão nobre, que promulgou tais palavras a seu povo, e à custa de suas últimas forças de moribundo, recorreu a seu cetro, mas é como se tivesse manuseado um simples galho de palmeira, e ficou confinado, impotente, em seu leito de morte. E, em pouco tempo, tudo estava acabado...

E se o seu sucessor se entusiasmasse pelo ideal de paz? Ele, tão repleto de entusiasmo, tão desejoso de coisas grandiosas? Nada é impossível.

– Mãe, que tal deixar de lado tuas vestes de luto depois de amanhã?

Foi com essas palavras que Rudolf entrou em meus aposentos, hoje. Depois de amanhã, ou seja, 30 de julho de 1889, é o batizado de seu primeiro filho.

– Não, meu filho – respondi.

– Imagine que a senhora não estará triste nessa ocasião tão festiva e alegre. Por que, então, manter a aparência de tristeza?

– E você, por acaso, é supersticioso, e irá temer que o vestido preto da avó possa trazer infortúnio ao neto?

– Claro que não, é que isso não combina com a alegria do entorno. A senhora fez um juramento?

– Não, é só uma decisão tomada por mim. Mas uma decisão atrelada de tal modo a uma memória – você sabe o que quero dizer – que toma a forma da indissolubilidade de um juramento.

Meu filho inclinou a cabeça e não insistiu mais.

– Interrompi algo? A senhora está escrevendo...

– Sim, minha biografia. Graças a Deus está no fim. Foi o último capítulo.

– Como a senhora vai concluir sua história? A senhora ainda vive... e ainda irá viver por muitos anos, muitos anos felizes entre nós. Mãe! Com o nascimento de meu pequeno Friedrich, a quem irei ensinar a idolatrar sua avó, começa um novo capítulo em sua história.

– Você é um bom menino, meu Rudolf. Eu seria muito ingrata se não sentisse orgulho e alegria por você. Sinto o mesmo orgulho de minha amável Sylvia, que é *dele* também. De fato, terei uma velhice abençoada. Uma noite amena, mas a história do dia se encerra, quando o sol se põe, não é?

Ele respondeu com um olhar silencioso e cheio de compaixão.

– Sim, é justificado eu colocar um "fim" em minha biografia. Quando tomei a decisão de escrevê-la, ao mesmo tempo também decidi interrompê-la em primeiro de fevereiro de 1871. Só se você me tivesse sido arrancado pela guerra, o que não teria sido difícil – por sorte, você ainda não estava na idade de se alistar na época da campanha militar da Bósnia – é que eu teria de continuar o meu livro. Porém, como ele foi escrito, isso já me causou dor o bastante.

– E causará também em sua leitura... – observou Rudolf, folheando o manuscrito.

– Assim espero. Se essa dor despertar em alguns corações uma grande repulsa pela fonte da desgraça retratada, ali, então não terá sido em vão todo o sofrimento que a escrita me causou.

– A senhora procurou esclarecer todos os lados da questão? Esgotou todos os argumentos? Analisou a raiz do espírito de guerra? Reconstruiu os fundamentos científicos com precisão? A senhora...

– Meu caro, no que você está pensando? Só consigo dizer o que se passou em *minha* vida, nos círculos restritos de minhas experiências e sensações. Esclarecer todos os lados da questão? Claro que não! O que uma pessoa de minhas posses e posição sabe dos sofrimentos que a guerra infligiu sobre o povo? Qual o meu conhecimento sobre as pragas e péssimas influências da *vida de caserna*? E os fundamentos científicos? E como eu teria tempo de transitar pelas questões de ordem econômicas e sociais? Tudo que sei é que elas são as que, por fim, determinam as reestruturações. Essas páginas não apresentam a história do direito internacional de outrora e do futuro, mas apenas uma biografia.

– A senhora não teme que possam entender mal a intenção do livro?

– Entenderão mal só se for por meio de uma intenção aparente, que a autora também aparentemente pensou em esconder. A minha, porém, é bastante visível. E está anunciada com todas as letras, ou melhor, com três palavras, logo no título.

O batizado aconteceu ontem. A celebração acabou se tornando algo duplamente promissor, pois minha filha Sylvia e o padrinho de seu pequeno sobrinho – por quem há muito tínhamos uma afeição secreta –, o conde Anton Delnitzky, ficaram noivos.

Desse modo, meus filhos me proporcionam um entorno feliz. Rudolf, que há seis anos se tornou o detentor da primogenitura das possessões da família Dotzky e, há quatro casou-se com aquela que já lhe estava predestinada desde a infância, Beatrix, nascida Griesbach, a criatura mais adorável que se possa imaginar, acaba de realizar o seu desejo mais profundo com o nascimento de seu herdeiro: o destino mais invejável e reluzente.

Os convidados do batizado se reuniram para um jantar no salão do jardim. As portas de vidro ficaram abertas e o ar da esplêndida tarde de verão entrava com o aroma das rosas.

A meu lado, na mesa, estava sentada a condessa Lori Griesbach, mãe de Beatrix. Ela tornou-se viúva. Seu marido morreu na expedição militar para a Bósnia. A perda não lhe foi tão dura. De forma alguma *ela* carrega um luto perpétuo. Pelo contrário: ela estava vestida de brocado vermelho-romã e joias muito brilhantes. Continua tão superficial quanto em sua juventude. Moda, alguns romances franceses e ingleses, fofocas da alta sociedade: isso continua preenchendo o seu horizonte. Não deixou nem mesmo de ser coquete. Embora não tenha mais em vista os jovens, agora são presas de seu apetite por conquistas personalidades mais velhas, da alta nobreza ou de altos cargos. No momento, parece-me que uma isca foi jogada para o ministro "De Fato". A propósito, seu nome agora é outro: nós o chamamos de "ministro por outro lado", por causa de outra expressão usada por ele com frequência.

– Preciso te confessar algo – disse-me Lori, depois de brindarmos à saúde do bebê. – Por causa dessa celebração, em que batizamos nosso neto, preciso aliviar minha consciência diante de você. Eu realmente fui apaixonada por teu marido.

– Você já me confessou isso várias vezes, minha querida.

– Mas ele sempre me ignorou.

– Também sei disso.

– Você teve um marido tão fiel, Martha! O que não posso afirmar do meu. De qualquer modo: senti muito pelo Griesbach. O que me consola é ele ter tido uma morte gloriosa. Claro que é entediante ser viúva. Sobretudo quando se é mais velha... enquanto existem pretendentes e galanteadores, a viuvez... mas agora, eu te asseguro, ficamos bastante melancólicas em nossa solidão... Com você é diferente: você vive com teu filho, e eu não vou pedir para viver com Beatrix, ela também não quer: não faz bem ter a sogra em casa, gostamos de ser a soberana de nossa casa... Às vezes a criadagem irrita, mas ao menos há alguém para dar ordens. Acredite: eu não seria relutante em me casar mais uma vez. Claro que seria um casamento razoável, com um homem maduro...

– Ministro ou algo assim – interrompi, sorrindo.

– Como você é esperta. De novo você olhando através de mim! Veja lá: não percebe como Toni Delnitzky fala com tua Sylvia? Isso é meio comprometedor.

– Não importa. No caminho da igreja para cá, os dois se uniram. Sylvia me confiou que, amanhã, o jovem irá pedir por sua mão.

– Não me diga? Meus parabéns! Levou uma vida um pouco dissoluta, o belo Toni, mas todos são assim, não tem como ser diferente e se considerarmos que ele é um excelente partido...

– Minha filha não está considerando isso. Ela o ama.

– Tanto melhor, isso é um bônus para o casamento.

– Bônus? Isso é o mais importante.

Um dos convidados, um coronel imperial-real a.D., bateu em sua taça. "Ah, não", deve ter pensado a maioria, interrompendo as conversas e se preparando, aborrecida, para ouvir o orador. Mas era mesmo de se aborrecer. O infeliz paralisou umas três vezes e a escolha de seus votos não foi menos infeliz. Felicitou o bebê por ter nascido em uma época em que, logo, a pátria necessitaria de seus filhos.

– Que ele conduza a espada com a mesma glória de seu bisavô materno e seu avô paterno. Que ele mesmo tenha filhos que honrem o pai e os pais... assim como tantos outros pais que permaneceram nos campos da honra... Pais, pela honra da terra de seus pais, que vençam... em suma: viva Friedrich Dotzky!

As taças tilintaram, mas o discurso não inflamou o público. Colocar aquela vida incipiente no rol de mortos de batalhas vindoura não casou boa impressão.

A fim de dissipar a imagem sombria, um dos presentes sentiu-se no dever de lançar umas palavras de consolo. Disse que as conjunturas atuais proporcionavam um longo período de paz, que a Tríplice Aliança...

Dessa forma, felizmente as conversas voltaram para o campo da política e o ministro "Por outro lado" tomou a palavra.

– De fato (e Lori Griesbach o ouvia atentamente), parece evidente que a eficiência militar alcançada por nós é algo grandioso e deve desencorajar todos os que desejam romper com a paz. A lei dos reservistas, a qual obriga ao serviço militar todos os cidadãos aptos, entre 19 e 42 anos, até mesmo antigos oficiais de até 60, nos permite compor um primeiro contingente de

4.800.000 soldados. Por outro lado, não podemos negar que a crescente necessidade da parte da administração das forças armadas recai de forma pesada sobre a população, que as medidas necessárias para a atuação de aparente sutileza do império na verdade residem na questão de ordem financeira. Por outro lado, é preciso destacar o quanto os representantes do povo, tomados de patriotismo e sentimento de autossacrifício, aprovam a sobrecarga exigida pelo ministério da guerra, sempre e em qualquer lugar. A despeito de outras questões, reconhecem a necessidade de se submeter à coerção ferrenha da fortificação militar. Necessidade esta admitida por políticos sensíveis à causa e condicionada pelos desdobramentos de defensibilidade de Estados vizinhos e pela situação política.

– Mas isso é um editorial por si só! – alguém observou a meia voz.

– Por outro lado – prosseguiu ele – tanto mais se irá garantir, com isso, a manutenção da paz. Pois, ao imitarmos nossos Estados vizinhos com o contínuo crescimento das forças armadas, exercendo o tradicional patriotismo para assegurar as fronteiras, cumprimos um dever sublime e, além disso, esperamos afastar todo tipo de ameaça. Assim sendo, ergo essa taça por aquele princípio, que eu sei ser caro à nossa baronesa Martha, um princípio que também os signatários da liga pela paz da Europa central têm na mais alta conta. Peço que a senhora brinde comigo: viva a paz! Que o benefício que ela nos traz permaneça conosco por muito tempo!

– Não vou beber por isso – disse eu. – A paz armada *não* é benefício algum e não devemos ficar protegidos da guerra *por muito tempo*, e sim para *sempre*. Se vamos navegar, não basta nos assegurarmos de que, por algum tempo, o navio não vá se chocar contra uma rocha. O verdadeiro capitão busca o êxito *completo* de sua

viagem.

Como sempre, o melhor amigo de nossa casa, Dr. Bresser, veio em meu socorro:

– De fato, excelência, o senhor realmente consegue acreditar no desejo sincero e honesto daqueles que são soldados por paixão e entusiasmo? Que não querem ouvir nada do que coloque *a guerra em risco*, como desarmamento, aliança entre os Estados e tribunal de arbitragem? Como é possível o prazer pelos arsenais, fortificações e exercícios militares, ou coisas do gênero, se elas são vistas como espantalhos de perigos iminentes? Ou seja, *para que* nunca mais fossem necessários os custos de sua produção!

Os povos têm que dispor de todo o seu dinheiro, a fim de construir fortes nas fronteiras, com o propósito de acenar por sobre eles e mandar beijinhos? Os militares não se deixam levar por uma simples guarnição para manutenção da paz, será que o comandante-geral irá presidir um exército dos que irão se esquivar eternamente da guerra? Atrás dessa máscara da *si vis-pacem*, veem-se as piscadelas dos olhares de comum acordo e os parlamentares que aprovam os orçamentos para a guerra piscam junto.

– Os representantes do povo? – interrompeu o ministro. – Só temos a louvar o autossacrifício ao qual eles se dispõem em tempos difíceis. Também é louvável a forma com que procedem em votações unânimes para as leis correspondentes à matéria.

– Perdoe-me, excelência, gostaria de invocar, uma por uma, essas vozes unânimes: o teu "sim" rouba o filho único de uma mãe; perfura os olhos da pobre criatura; incendeia uma biblioteca insubstituível; tritura o cérebro de um poeta que poderia ser a glória de teu país... Mas vocês disseram "sim" para não parecerem covardes, como se temessem o recrutamento para *si*. Vocês não foram escolhidos para fazer valer a vontade do povo? E o povo tem vontade de trabalho produtivo, de desoneração, de paz...

– Eu espero, caro doutor – o coronel fez uma observação mordaz – que o senhor nunca se torne um parlamentar, pois todo o parlamento iria vaiá-lo.

– Se me impusesse tal coisa, isso só iria demonstrar o quanto não sou covarde. Nadar *contra* a corrente exige nervos de aço.

– E se houvesse uma emergência e estivéssemos despreparados para isso?

– Estaríamos preparados pela situação legal, o que tornaria impossível uma emergência. Porque, hoje em dia, Sr. coronel, ninguém tem de maneira clara o que será *essa* emergência. Em vista da monstruosidade da tecnologia de armamento alcançada hoje e que cresce cada vez mais, das forças armadas tão robustas, a próxima guerra certamente não será algo "urgente", sério, e sim... não sei se há expressão para isso... um caso de aflição gigantesca. Auxílio e cuidados serão impossíveis, as provisões sanitárias e de mantimentos se mostrarão pura ironia. A próxima guerra, sobre a qual as pessoas falam de forma tão corriqueira e indiferente, não irá significar perda para um e ganho para outro, mas *decadência para todos*. E quem entre nós, aqui, vota a favor desse caso?

– Eu, de fato, não – disse o ministro. – O senhor também não, caro doutor, mas as pessoas em geral... Nosso governo também não, isso posso garantir, mas os outros Estados...

– Com que direito o senhor considera outras pessoas piores ou mais irracionais que eu ou o senhor? Para isso, vou lhe narrar um curto conto de fadas:

"Diante do portão fechado de um belo jardim, havia um amontoado de pessoas ansiosas para olhar para dentro, contavam mil e uma pessoas. O porteiro foi instruído para deixá-las entrar, desde que a maioria o desejasse. Chamou um sujeito para perto: 'Me diga, mas seja sincero, você gostaria de entrar? – 'Ah, claro, mas as outras mil com certeza não.' O porteiro anotou a resposta em seu livro de notas. Em seguida, chamou outro. Ele disse o mesmo. E, de novo, o porteiro perspicaz registrou com o número 1 a rubrica 'sim' e, para 'não', o número 1000. E assim foi até o último homem. Depois, ele fez a soma. O resultado foi 1001 'sim' e, mais de um milhão para 'não'. Dessa maneira, o portão ficou fechado, pois o 'não' teve a esmagadora maioria. Isso aconteceu, porque cada um, em vez de responder por si, acreditou ser necessário responder pelos outros."

– De fato – refletiu o ministro, e Lori Griesbach lançou outro olhar de admiração para ele. – De fato seria uma bela coisa se houvesse uma votação unânime para um projeto de lei para o desarmamento. Entretanto, por outro lado, qual governo ousará ser o primeiro? Nada é mais desejável que a harmonia, mas, por outro lado, enquanto houver emoções humanas, interesses próprios, como é possível considerar a harmonia *duradoura*?

– Permita-me – agora era Rudolf quem tomava a palavra. – Quarenta milhões de habitantes de um Estado formam um todo. Por que não poderiam ser mais cem milhões? Isso é comprovável em termos matemáticos e lógicos: enquanto houver emoções humanas e interesses próprios, 40 milhões podem abdicar de guerrear entre si. Até mesmo três Estados, como agora a Tríplice Aliança, conseguem se juntar e formar uma "liga pela paz", mas cinco Estados não conseguem? Não têm permissão para isso? Realmente: nosso mundo de hoje considera-se muito inteligente e se ri dos selvagens, ainda assim, em algumas questões não é capaz de contar até cinco.

Algumas vozes se exaltaram: "O quê? Selvagens? *Nós* e nossa cultura bastante refinada? Em pleno fim do século dezenove?".

Rudolf levantou:

– Sim, selvagens, não retiro o que disse. Enquanto continuarmos presos ao nosso passado, continuaremos sendo selvagens. Já estamos às portas de uma nova época, os olhares estão voltados para frente. Tudo se impele a outra conformação, mais potente, mais elevada. Muitos deram cabo da selvageria com seus ídolos e suas armas. Se estamos mais próximos da barbárie, como a maioria acredita, talvez também estejamos mais próximos do refinamento. Talvez já viva, entre nós, o *monarca ou o homem de Estado* que irá cumprir o feito a ser considerado o mais glorioso e radiante dos feitos na história do futuro, o de implementar o desarmamento geral. Já vemos ruir aquela insanidade, em virtude da qual o egoísmo de Estado se arroga o direito de uma aparência tão ilusória, a de que o prejuízo de um promove o proveito do outro. Já vemos se manifestar o reconhecimento de que a *justiça* deve servir ao fundamento de uma vida em sociedade, e é esse reconhecimento que fará florescer a humanidade, a humanidade nobre, como costumava dizer Friedrich Tilling. Mãe, quero brindar pela memória daquele que é teu amor inesquecível e por quem a senhora carrega o luto eterno, a quem eu agradeço o que penso e o que sou. Não beberei mais dessa taça – e a jogou contra parede, onde se despedaçou – e, hoje, que o brinde para o batizado do recém-nascido não seja outro que não: viva o futuro! Para cumprir as tarefas *desse futuro* é que iremos nos esforçar, e não é por nossos avôs, que nos esforçaremos por nos mostrar dignos, como quer o senso comum, não: será pelos nossos netos! Mãe? O que foi? – disse ele, interrompendo-se. – Você está chorando? O que você está vendo ali?

Meu olhar se dirigia para a porta aberta de vidro. Os raios do sol poente contornavam um arbusto de rosas com uma névoa dourada e a imagem de meus sonhos ganhava, ali, contornos de uma nitidez viva: via reluzir a tesoura de jardim, via resplandecer uma cabeça grisalha...

– Não é verdade? – ele olha para mim e sorri – que nós somos um casal de velhos felizes?

Ai de mim...

Biografia

1843 *9 de junho*: nascimento de Bertha Sophia Felicita Condessa Kinsky von Chinic e Tettau, em Praga, como segunda filha do conde Franz Joseph Kinsky von Chinic e Tettau, outrora general-marechal de campo (tenente-general), e de sua esposa Sophia Wilhelmina, nascida von Körner. O pai morreu ainda antes de seu nascimento.
A mãe se mudou com os filhos para Brno.

1856 Mudança da família para Viena.
Nos anos seguintes, até 1872, maior parte do tempo em Paris, durante o inverno, uma vez em Roma e Veneza. Durante o verão, com frequência em Wiesbaden, Bad Homburg, Baden-Baden, Castelo Teikowitz, na Morávia, em Baden, nas imediações de Viena.

1859 Mudança da família para Klosterneuburg, nas imediações de Viena.

1862 Noivado com Gustav von Heine-Geldern, o irmão mais novo de Heinrich Heine, em Viena. Pouco depois, dissolução do noivado.

1864 Aulas de canto, sobretudo em Baden e Paris (até 1871).

1868 Segundo noivado, e também logo dissolvido, em Paris.

1872 Noivado com Adolf Príncipe em Sayn-Wittgenstein. Ele falece durante a travessia para a América.

1873 *Verão*: Bertha von Kinsky torna-se educadora na casa do Barão von Suttner, em Viena (até 1876), onde conhece o filho mais novo Arthur Gundaccar von Suttner.

1876 Secretária e governanta na casa de Alfred Nobel, em Paris. Pouco depois, volta a Viena.
12 de junho: Casamento às escondidas com o Barão Arthur Gundaccar von Suttner, em Viena-Gumpendorf.
Viagem para o Cáucaso, onde o casal se estabelece, por nove anos, em Mingrélia (Geórgia Ocidental).

1878 Início da carreira como escritora. Primeiros folhetins são publicados no *Wiener Presse*, sob o pseudônimo de B.Oulot.

1883 Publicação do primeiro romance *Inventarium einer Seele* [Inventário de uma alma], sob o pseudônimo de "B.Oulot".

1885 *Maio*: Retorno à Áustria para a propriedade familiar de Harmannsdorf.
Outubro: Bertha von Suttner e seu marido participam do Congresso da Associação de Escritores em Berlim.
O primeiro artigo de Bertha von Suttner, "Wahrheit und Lüge" [Verdade e mentira], para a revista *Die Gesellschaft* [A sociedade], editada por Michael Georg Conrad.

1886 Romance *High Life*.
Inverno (até 1887): Estada em Paris. Reencontro com Alfred Nobel. Conhece os editores de jornal, Juliette Adam e Charles Buloz.

1888 *Schriftstellerroman* [Romance de escritores] (Romance). Início de um longo período de trabalho com o editor Edgar Pierson, em Dresden.

1889 Publicação do romance radicalmente contra a guerra *Abaixo as armas!*, o primeiro de seus livros sob o seu próprio nome. Ele se tornou um sucesso mundial. Até o seu falecimento, em 1914, teve 210.000 impressões, além das inúmeras traduções.

1890 *Inverno (até 1891)*: Estada em Veneza. Contato com o marquês Benjamino Pandolfi e Felix Moscheles.

1891 *Das Maschinenzeitalter. Zukunftsvorlesungen über unsere Zeit von, Jemand.* [A era das máquinas. Preleções futuras sobre o nosso tempo de alguém.]
Fundação de uma Associação contra o antissemitismo, por Arthur von Suttner.
30 de outubro: Fundação da Österreichische Gesellschaft der Friedensfreunde [Sociedade Austríaca dos Amigos da Paz], por Bertha von Suttner, que foi eleita sua presidente. Esforços recompensados para a participação da Áustria na Conferência pela Paz.
Novembro: Participação de Bertha von Suttner na 3ª Conferência Mundial pela Paz, em Roma, como presidente da Sociedade Austríaca dos Amigos da Paz. Em seguida, inauguração de um Escritório da Paz em Berna, como vice-presidente, Bertha von Suttner.

1892 *1º de fevereiro*: Publicação do primeiro número da revista mensal *Die Waffen nieder* [Abaixo as armas], editada por Bertha von Suttner e Alfred Hermann Fried, em Berlim, até 1899.
Último encontro com Alfred Nobel.

1896 *10 de dezembro*: Falecimento de Alfred Nobel, em San Remo. Por sugestão de Bertha von Suttner, ele instituiu, em testamento, no ano anterior, os prêmios, que posteriormente levariam o seu nome, sob cinco categorias, dentre elas uma pelos desempenhos em prol do movimento pela paz.

1897 *3 de junho*: Abaixo-assinado entregue por Bertha von Suttner ao imperador Franz Joseph, pedindo por um tribunal internacional de arbitragem.

1898 Falecimento do sogro. Arthur von Suttner assume os negócios em Harmannsdorf.

1899 *18 de maio a 29 de julho*: Participação de Bertha von Suttner como única mulher na Primeira Conferência pela Paz, em Haia, na qual se deliberaram a formação da corte do tribunal internacional de arbitragem (o Tribunal de Haia) e o esboço das convenções sobre a guerra (até 1907).

1902 *Marthas Kinder* [Os filhos de Martha] (romance, continuação de *Abaixo as armas!*)
Abril: participação no Congresso da Paz, em Mônaco
10 de dezembro: Falecimento de seu esposo Arthur Gundaccar von Suttner.
Dezembro: A propriedade de Harmannsdorf é leiloada por causa das dívidas. Bertha von Suttner se muda para Viena.

1903 *Primavera*: Estada em Mônaco, como hóspede do príncipe Albert I, para inauguração do Institut international de la Paix.
Maio: Viagem de Bertha von Suttner para Berna, como vice-presidente do Escritório da Paz.

1904 *Briefe an einen Toten* [Cartas a um morto].
Outono: Viagem para os EUA. Bertha von Suttner frequenta o Congresso da Paz, em Boston. Recepção pelo presidente Theodore Roosevelt, na Casa Branca, em Washington.

1905 *10 de outubro a 17 de dezembro*: Turnê de palestras por 28 cidades alemãs.
10 de dezembro: Anúncio da concessão do Prêmio Nobel da Paz para Bertha von Suttner.

1906 *18 de abril*: Concessão do Prêmio Nobel da Paz em Christiana (Oslo). Em seguida, turnê de palestras pela Escandinávia. Audiências junto aos reis da Noruega e da Dinamarca.
Publicação das obras completas de Bertha von Suttner, em doze volumes, por Edgar Pierson.
Randglossen zur Zeitgeschichte: Das Jahr 1905 [Marginálias sobre a História Contemporânea: o ano de 1905].

1907 *Stimmen und Gestalten* [Vozes e Formas] (Ensaios).
Randglossen zur Zeitgeschichte: Das Jahr 1906 [Marginálias sobre a História Contemporânea: o ano de 1906].
15 de junho a 18 de outubro: Participação na Segunda Conferência pela Paz em Haia.

1908 Participação na Conferência pela Paz em Londres. Audiência com o rei Edward VII.

1909 *Memoiren.*
Rüstung und Überrüstung [Armamento e transarmamento] (panfleto).

1911 *Der Menschheit Hochgedanken. Roman aus der nächsten Zukunft.* [Ideias elevadas da humanidade. Romance vindo de um futuro próximo]. Para o romance terminado já em 1909, não conseguiu encontrar editor ao longo de dois anos. A publicação saiu, finalmente, pela editora Friedens-Warte, em Berlim.

1912 *Die Barbarisierung der Luft* [A barbarização dos ares] (panfleto).
Aus der Werkstatt des Pazifismus [Da oficina do pacifismo] (panfleto).
Junho a dezembro: Segunda turnê de palestras pela América do Norte.

1913 *Janeiro*: Concessão de uma pensão futura para Bertha von Suttner, da Fundação Carnegie.
Versão fílmica do romance *Abaixo as armas!*.

1914 Preparativos para o Congresso da Paz, em Viena.
Compra de uma casa de campo em Rohitsch, no sul do estado de Steiermark.
Maio: viagem para Steiermark.
21 de junho: Falecimento de Bertha von Suttner, aos 71 anos, em Viena. Início da Primeira Guerra Mundial dois dias depois.

Texto composto em Palatino LT Std.
Impresso em papel Chambril Avena 80g na Cromosete.